"十二五"普通高等教育本科国家级规划教材

面向21世纪人力资源管理系列教材

Labor Relations

劳动关系

（第5版）

程延园　王甫希◎编著

中国人民大学出版社

·北京·

图书在版编目（CIP）数据

劳动关系/程延园，王甫希编著. --5 版. --北京：中国人民大学出版社，2021.7
面向 21 世纪人力资源管理系列教材
ISBN 978-7-300-29206-9

Ⅰ.①劳… Ⅱ.①程…②王… Ⅲ.①劳动关系-高等学校-教材 Ⅳ.①F246

中国版本图书馆 CIP 数据核字（2021）第 055117 号

"十二五"普通高等教育本科国家级规划教材
面向 21 世纪人力资源管理系列教材
劳动关系（第 5 版）
程延园　王甫希　编著
Laodong Guanxi

出版发行	中国人民大学出版社		
社　　址	北京中关村大街 31 号	**邮政编码**	100080
电　　话	010-62511242（总编室）		010-62511770（质管部）
	010-82501766（邮购部）		010-62514148（门市部）
	010-62515195（发行公司）		010-62515275（盗版举报）
网　　址	http://www.crup.com.cn		
经　　销	新华书店		
印　　刷	北京七色印务有限公司	**版　　次**	2002 年 8 月第 1 版
开　　本	787mm×1092 mm　1/16		2021 年 7 月第 5 版
印　　张	21.25 插页 1	**印　　次**	2025 年 5 月第 8 次印刷
字　　数	468 000	**定　　价**	49.00 元

总序

由中国人民大学人力资源开发与管理研究中心组织全国人力资源管理领域著名专家学者编写的人力资源管理系列教材以全新面貌与读者见面了。

中国人民大学人力资源开发与管理研究中心成立于2000年，聚集了学术界、政府研究机构的专家学者，致力于我国人力资源开发与管理研究。中心自成立以来，除了组织编写本系列教材之外，还翻译了我国第一套人力资源管理译丛。

改革开放以来，中国经济的高速增长为世人所瞩目。究其原因，学者们的共识是，成就主要源于两个因素：一是体制改革所造就的制度创新和激励机制；二是改革对生产要素，特别是劳动力要素的解放。改革激发了人力资源的活力，他们以各种方式投身于经济建设，使我国人力资源的优势得到充分发挥。正因为如此，人力资源管理在改革开放后特别是20世纪90年代以来，得到了企事业单位的高度关注。如何确定组织的人力资源战略、做好组织的人力资源规划，如何招聘、留住、开发以及激励组织需要的各类人才，如何把握好职位分析、绩效管理、薪酬管理等人力资源管理中的关键环节，如何建设良好的组织文化，已经成为企事业单位各级领导考虑的最重要的问题。随着移动互联网的发展、全球化步伐的进一步加快、人工智能等最新科学技术的发展以及95后开始大量进入职场，各种组织的人力资源管理面临诸多新的挑战，很多组织的人员数量可能会逐渐停止增长甚至下降，对员工的质量要求却大大提升，这就对组织的人力资源管理提出了更高的要求。

从我国改革开放40年的历程中可以清楚地看到，人力资源的确是推动中国经济发展的最重要资源，堪称“第一资源”。更为重要的是，如今，我国自然资源的人均占有量与世界相比并不占优势，国民财富生产中自然资源消耗水平已经很高，可以毫不夸张地说，我国经济与社会实现可持续发展的唯一出路在于进一步发挥人力资源的优势。需要指出的是，发挥人力资源优势并不像有些人所想象的，只是靠廉价的人工成本去竞争。世界各国发展的经验已经证明，人工成本必然会随着经济发展水平而不断提高。一个国家的人力资源优势主要体现在两个方面：一是人力资源的教育素质，体现为潜在的生产力；二是对已经实现就业的人力资源的管理水平，体现为对人力资源的开发利用程度。我国的教育，特别是基础教育，在世界上是有竞争力的，培养了一支高素质的劳动力队伍。而我国的管理水平，尤其是人力资源管理水平，与世界发达国家相比差距仍然存在。因此，提高我国企事业单位以及政府机构的人力资源管理水平是发挥我国人力资源优势的当务之急。近几十年来，我国几代领导人都强调人才对于国家发展的重要作用，人才是第一资源日益得到广泛的认同，人才强国战略更是将人力资源和人才问题提升到整个国家战略的高度。

为了提高我国人力资源管理水平，我们通过翻译教材与专著、邀请外国专家讲学等方法，努力将发达国家在人力资源管理方面的先进理念和经验介绍到国内。但是，人力资源管理是管理学诸学科中受到一个国家文化传统影响最大的领域，对人的管理必然受到社会价值观念、法律制度、人文传统等方面的影响，因此，仅仅依靠舶来品是不能真正解决自身问题的。

中国的管理学经过几十年的发展，已经到了建立具有自身特色的符合中国文化的管理理论的时候。鉴于管理学的文化根基特征，可以说，建立中国特色管理理论的关键在于建立具有中国特色的人力资源管理理论。

总而言之，无论是提高我国人力资源管理水平，还是建立具有中国特色的管理理论体系，都需要培养大批具有先进管理理念、掌握科学管理方法的人力资源管理专业人才。近年来，社会对人力资源管理专业人才的需求一直名列高校毕业生需求榜的前列。旺盛的需求同样导致供给的增加。据统计，自1993年中国人民大学在我国开设第一个人力资源管理本科专业以来，到目前为止，全国已经有500多所高校开设了人力资源管理本科专业，人力资源方向的硕士和博士培养也已经上规模。尤为可喜的是，不仅面向私营部门的人力资源管理专业人才培养日渐成熟，面向公共部门的人力资源管理专业人才培养也已经在很多高校中渐成规模，并且对公共部门人力资源管理水平的提高发挥了积极的作用。从2001年开始出版的本系列教材的第1版，到目前为止已完成了五次全面的再版修订工作，并不断有新的教材加入。本套教材对于满足我国各高校人力资源管理专业的教学需要起到了非常积极的作用，得到广大教师和学生的一致好评。

优秀的教材必须随着社会经济的发展与教学改革的深化而不断完善。我们根据作者的教学体会和教师对本系列教材的使用反馈，组织了这次重新修订工作。本系列教材从一开始起步阶段，就在编写中把握了以下三个重要原则：第一，优选教材作者。本系列教材的作者不限于一个学校，而是从我国各著名高校中最早从事人力资源管理教学与研究的著名学者中遴选，每位作者必须是在人力资源管理的相关领域或模块中的真正专家。同时要求这些学者必须亲自主笔，以保证教材的质量。第二，优化教材体系。本系列教材包括《人力资源管理概论》《人力资源战略与规划》《组织行为学》《工作分析的方法与技术》《培训与开发》《战略性绩效管理》《薪酬管理》《劳动经济学》《劳动关系》等，既可以满足人力资源管理专业的学生系统学习人力资源管理知识的需要，也可以为非人力资源管理专业的管理类学生根据需要选用。第三，重视本国案例的运用。最近几十年来，随着我国市场经济的长足发展以及企业人力资源管理水平的不断提高，涌现出大量有价值的本土化人力资源管理案例。因此，在修订时，我们特别强调多运用中国改革开放以来的案例，以帮助学生更好地理解和掌握相关理论与方法。

尽管已经付出了很大努力，我们仍然清楚地认识到，这套教材还有许多可以不断完善和修改的地方。我们真诚地希望广大读者不吝赐教，提出修改意见和建议，使之日臻完善，以推动我国人力资源管理水平的提高。

董克用

中国人民大学人力资源开发与管理研究中心

目录

第 1 章
劳动关系导论

学习目标

学完本章之后，你应当能够：

1. 理解并熟悉劳动关系的概念和实质
2. 理解个别劳动关系和集体劳动关系
3. 描述冲突的根源和背景
4. 理解合作的根源
5. 掌握冲突与合作的表现形式
6. 了解影响劳动关系的外部环境因素

引导案例

甲骨文中国裁员引发员工不满，N+6 赔偿真的“良心”吗

2019 年 5 月，甲骨文中国区研发中心（CDC）关闭已成内部共识。首批被裁的 900 余人中，超 500 人来自北京研发中心。整个中心约 1 600 人，近六成员工被裁，被裁员工的平均年龄在 37 岁左右。首批被确认在裁员名单中的 CDC 职员，被告知需在 5 月 22 日之前确认协议签字离开，赔偿方案为 N+6（N 为入职年限），但具体还有不同。

甲骨文是全球最大的企业级软件公司，总部位于美国。1989 年，甲骨文正式进入中国市场，2002 年在深圳成立第一家研发中心，随后在北京、上海、苏州、南京先后成立研发中心。

美国软件巨头甲骨文在中国大规模裁员引发业内强烈关注。对于裁撤原因，有人分析可能有以下几个：

（1）IT 市场整体向云计算转变，传统的软件行业面临巨大挑战。甲骨文是数据库领域的老大，一度占据较大的市场份额。但是，云计算的到来给传统软件业务带来了巨大冲击。在云业务下，与传统软件卖点相匹配的研发工程师岗位面临巨大调整压力，很多传统软件工程师惨遭裁员。

（2）中美整体对抗性增加，也可能是一个因素。众所周知，美国自第二次世界大战以来的整体国家战略，就是占据高端科技和知识产权领域，将下游制造和劳动密集型生产链条外包给东南亚等劳动力成本低廉的国家。而研发领域涉及技术和知识产权核心。因此，此次将中国区研发部门整体裁减，有可能是出于将研发部门收缩到美国本土或者其信得过的盟友国家，减少技术外泄至中国的考虑。

（3）外资企业人性化的办公要求，招架不住国内“996”式的高强度竞争。从整体上而言，欧美企业的内部工作环境和要求比中资企业要宽松很多。而市场经济下，一个基本竞争规律是，懒的斗不过勤快的。外资企业整体工作环境宽松，反过来也意味着企

业的整体工作效率和强度，比不过动辄讲究福报的中资企业。

此次甲骨文对离职员工的赔偿方案在大多数人看来还算比较有良心，最高为给予N（工作年限）＋6（个月薪酬）的赔偿，相当于被裁后公司还要养你半年。但是，一些级别高、年龄大的员工对这样的安排并不满意，因为甲骨文将月工资上限定在2.5万元，很多资深员工的工资远超这个数字。更有年龄大的员工担忧，短时间内可能找不到工作。一些员工甚至拉起了横幅："加班时我们全力以赴，裁员时请真情相对！""我们要工作，孩子要上学，为何如此下狠手！"5月8日，甲骨文中国官方回复称："随着云业务的增长，我们不断优化资源、调整开发团队，以确保为中国客户提供最佳的云服务。"这疑似是对于员工不满的回应。部分员工的不满得到了一些网友的理解：如果工作了20年，按月工资2.5万元补，可以拿65万元回来，一两年找工作的时间还是不愁生活的，不过40岁出头、高不成低不就、离退休又有年头、家里上有老下有小的压力就大了；年轻人觉得捞一笔换个工作更好，本身也没想在这个单位工作一辈子，年龄大的有家庭有负担，就没那么轻松了。这无疑意味着，对在CDC十余年的老员工来说是较大的损失。而CDC目前的确是资历较深的老员工居多，多为30岁以上的人。关于此前被许诺的股票期权，按照公司文件，一般在6月可以到手，但员工被要求5月底离开，这意味着股票期权承诺成了空头支票。对于这一赔偿方案，有部分员工并不满意，但公司的说法是，若不在规定期限内完成协议签字，则此后赔偿额度将减少。

资料来源：甲骨文中国裁员引发员工不满，N＋6赔偿真的"良心"么?．(2019－05－07). https://baijiahao.baidu.com/s? id＝1632950550898204200&wfr＝spider&for＝pc.

引导案例显示的是一个典型的劳动关系新问题，这是企业某一部门关闭引发的裁员风波，部分员工由于对公司裁员补偿方案不满，采取了拉横幅的抗议行为，而甲骨文已经按照高于法定标准给予补偿。为什么如此补偿还会引发劳动者的不满？酿成此类事件的最重要因素是什么？为什么在事件发生之前不能消除这些因素？这类事件如何才有可能不再发生？公司与劳动者在许多问题上具有不同的利益和看法，解决这一问题需要从劳动关系的基本理念着手，分析劳动关系的内部机制和外部环境。

第1节　劳动关系的概念

对于大多数劳动者来说，工作是最重要的财富来源之一，工作不仅是物质财产的主要来源，而且是社会地位和个人心理获得满足的主要源泉。对企业来说，劳动者的工作绩效、忠诚度、工资福利水平是影响生产效率、劳动力成本、生产质量的重要因素，甚至会影响企业的生存和发展。对整个社会而言，劳动关系还会影响经济增长、通货膨胀和失业状况、社会财富和社会收入的总量和分配，并进一步影响全体社会成员的生活质量，实现劳动关系的和谐发展是社会孜孜以求的目标。

一、劳动关系的词源

劳动关系或劳资关系是一个涉及范围很广的话题，包括众多学科门类。社会学家考察了雇员的异化，心理学家调查了雇员工作满意度的成因和工作激励的驱动因素，经济学家研究了工资的决定机制，政治学家评估了工会和管理层作为利益团体对政府政策和立法的影响。

“劳动关系”一词由英文 labor relations 翻译而来。它是雇员（劳动者）与雇主（我国称用人单位）之间在劳动过程中形成的社会经济关系的统称。雇员是指劳动力的提供者，有时也称为劳工、工人、劳动者、受雇者等。劳动关系研究最早出现在英国，在不同的国家或不同的体制下，又称为劳资关系、劳工关系、劳使关系、产业关系、雇员关系等，这些概念含有明显的价值取向，不同的称谓是从不同角度对于特定劳动关系的性质和特点的把握和表述。

劳资关系是资本与劳动之间的关系，其主体明确、关系清晰，含有对立的意味，强调劳资双方的界限分明，所展开的关系中包含一致性与冲突性。

劳工关系在英文中与劳动关系是同一个词。在中文中，劳工关系则更强调以劳动者为中心展开，着重于劳动者，以劳动者为本位进行思考，强调劳动者组成的团体，也比较强调工会与雇主之间的互动过程，尤其是集体谈判的过程。

劳使关系的称谓源自日本，主要是为了更准确地说明劳动者与劳动力使用者之间的关系，力图排除其价值判断，强调其技术性意义，因而用中性、温和的名词代替劳资关系这个含有对抗意味的概念。

产业关系又称工业关系，在欧美国家使用最早、最为广泛。英国最初使用产业关系一词，涉及的是传统制造业中工会组织率高的体力劳工与雇主之间的关系。美国学者米尔斯（Mills）将产业关系界定为：人类与其组织在工作场所乃至在整个社会中的种种互动过程，其目的是订立雇用条件。产业关系强调的是人与组织间关系的过程，而不仅仅是最后产出的雇用条件标准。狭义的产业关系指劳资关系，主要包括劳动者、工会与雇主之间的关系；广义的产业关系则指产业及社会中管理者与受雇者之间的所有关系，包括雇佣关系的所有层面，以及相关的机构和社会、经济环境①。产业关系的主体不仅包括劳资双方，而且包括政府一方。

浏览过去 20 多年里有关这一主题的论著的名称，可以了解到这一主题的重心发生了什么变化。20 世纪七八十年代，学者在其著作名字中多用产业关系（industrial relations）。近年来，人们习惯在书名中使用雇员关系（employee relation）和雇佣关系（employment relation）。其主要原因在于，产业关系是与日益衰落的“冒烟产业”、蓝领工人以及强调与之相伴的雇主与工会之间的集体谈判相联系的。这一名词反映的是，在传统制造业中那些拥有高工会组织率的体力劳动者与雇主之间的关系，反映了传统制造业中蓝领劳工与雇主的互动。雇员关系则意味着一个更加广泛的雇佣关系领域。在这

---

① 卫民．工会组织与劳工运动．台北：空中大学，1993.

一领域中，无工会的雇佣制度和白领的工作受到同样的重视。因而，用雇员关系取代产业关系更能体现雇佣关系在情景与内涵上的转变。过去，多数国家对产业关系的研究集中在劳资关系这一领域，其内容主要包括工会的成因、功能和影响。但近年来，产业关系研究范围已经逐步扩大到与工作相关的全部问题，诸如高绩效工作、职业安全和健康、雇佣歧视、雇员满意度、工作安全以及国际产业关系比较研究等。产业关系研究的这些变化与雇佣方式、雇佣关系发生的深刻变化有着广泛的联系。

另外，在谈到劳资关系时，不免要想到谁是“劳”，谁又是“资”。在资本主义经济体制中，拥有生产工具者是资本家，被归为资产阶级；未拥有生产工具、靠劳动力为生者是劳动者，被归为无产阶级。然而，今天这种划分方法已不合时宜，因为第二次世界大战后，经过管理革命，所谓的资本家逐渐被职业经理人取代，这些经理人运用他们的知识与技术掌控了企业各部门的决策权，他们本身并非雇主，但是在管理职能上又具有指挥和监督的职权，可以说兼具劳、资双重身份。另一方面，资本大众化的趋势使得劳动者或工会也可以通过购买股票成为企业的股东，而且在发达国家，劳动者的退休基金往往成为企业资金的重要来源，传统观念中的劳资分野不再那么明显。如今，西方国家已不再讨论劳、资之间的关系，而开始讨论管理层与员工之间的关系。资方的责任以及资方的权利等字眼已经从其词汇中消失，取而代之的是管理层的责任以及管理层的特权①。

在我国，劳动关系作为一个更加通用的概念被广泛接受，它实际上包容了上述各种概念的内涵。为避免不同所有制、不同政治立场带来的概念差异，兼顾我国的习惯用法，本书中多使用劳动关系的概念，但在研究外国的劳动关系制度时，也会用到劳资关系、雇员关系等概念。现在人们对劳动力（或称人力资源、人力资本）在现代经济发展和社会繁荣中所起的重要作用有了更深刻的认识。人们深刻地认识到，企业劳动关系状况的好坏是企业能否在日益复杂的产品市场上赢得竞争优势的关键。

二、劳动关系的定义

劳动关系是在就业组织中由雇佣行为产生的关系，是组织管理的一个特定领域，它以研究与雇佣行为管理有关的问题为特殊对象。由于极力追求资源使用效率，组织不可避免地面临雇主和员工利益平衡的难题。人力资源有效管理对组织保持竞争力至关重要。认可、尊重劳资双方的法律权益是企业建立良好劳动关系的关键一环，只有建立了良好的劳动关系，组织才能适应不断变化的竞争环境。稳健的劳动关系建立在信任的基础之上，劳资双方的一言一行都不能脱离信任这个基础。

劳动关系是指管理方与劳动者个人及团体之间产生的、由双方利益引起的表现为合作、冲突、力量和权力关系的总和，它会受到一定社会的经济、技术、政策、法律制度和社会文化背景的影响。劳动关系是在一种经济的、法律的、社会的、心理的以及政治的关系中，劳动者投入自己的时间和专业知识为就业组织谋利，以此换取一系列个性化

---

① 彼得·德鲁克. 管理的实践. 北京：机械工业出版社，2006.

的经济和非经济的报酬。劳动关系是以劳动换取报酬的经济关系，劳动力作为一种特殊商品，又具有人身和社会属性，即在获取经济利益的同时，劳动者还要从工作中获得人所拥有的体面、尊严和满足，因而劳动关系同时又是社会关系，其特点是“平等性兼隶属性，人身性兼财产性”[①]。可见，对劳动关系的调整是以加强和巩固伙伴关系为原则，以双赢为目标，使劳动关系良性发展。

劳动关系的本质是双方合作、冲突、力量和权力的相互交织。劳动关系双方要进行生产，就要共同合作，遵守一套既定的制度规则。劳动者通过提供劳动获得一定的报酬和福利，在法律上可以通过集体协议或劳动合同的形式表现。然而，劳动者在获取经济利益的同时，还要从工作中获得作为人所拥有的体面、尊严、归属感、成就感和满足。劳动关系的一些内容，比如对工作的预期和理解、工作保障、晋升机会、对团队的归属感以及社会声誉等，并不完全是用书面契约约定的，有时它建立在一种“心理契约”的基础之上，即建立在双方对“工资与努力程度之间的动态博弈”结果之上。虽然心理契约不是有形的，却发挥着有形契约的作用。企业清楚地了解每个员工的需求和发展愿望，并尽量予以满足；而员工也为企业的发展全力奉献，因为他们相信企业能满足自己的需求与愿望。这种非经济性报酬不但会因为雇佣关系本质的不同而不同，也会因为雇员个性的不同而有所差别。

与合作不可避免一样，在劳动关系中，由于双方的利益、目标和期望常常会出现分歧，产生冲突，甚至彼此背道而驰，因而冲突在所难免。冲突的形式，对劳动者来说，有罢工、旷工、怠工、抵制、辞职等；对管理方而言，有关闭工厂、惩罚或解雇等。

劳动关系双方选择合作还是冲突，取决于双方的力量对比。力量是影响劳动关系结果的能力，是相互冲突的利益、目标和期望以何种形式表现出来的决定因素。力量分为劳动力市场的力量和双方对比关系的力量。劳动力市场的力量反映了工作的相对稀缺程度，是由劳动者在劳动力市场供求中的稀缺性决定的。一般而言，劳动者的技能越高，其市场力量就越强。双方对比关系的力量是指劳动者进入就业组织后能够影响资方的程度，其中尤以退出、罢工、岗位三种力量最为重要。退出是劳动者辞职给用人方带来的成本，如寻找和培训顶替辞职员工的费用；罢工是劳动者停止工作给用人方带来的损失；岗位主要是由于在岗员工不服从、不配合用人方的工作安排而带来的管理成本的增加。在劳动关系中，管理方享有决策权。决策权是管理方拥有的权威，即对劳动者进行指挥和安排，以及影响劳动者行为和表现的各种方式。拥有决策权，使管理方在劳动关系中处于主导优势地位，但这种优势地位也不是固定不变的，在某些时间和场合可能会发生逆转。比如，由于航空市场飞行员人才稀缺，飞行员拥有强于航空公司的市场力量。在飞行员与航空公司的力量对比关系中，由于培训周期长、培训费用高，飞行员一旦辞职会给航空公司带来很大成本，飞行员在退出、罢工、岗位这三种力量上均具有优势地位。但同时，管理方享有决策权，承担着管理的责任，拥有对飞行员进行指挥和安排的权力，以及影响其行为和表现的权威。

---

① 董保华. 劳动法论. 上海：世界图书出版公司，1999.

《中华人民共和国劳动法》《中华人民共和国劳动合同法》将劳动关系描述为劳动者与用人单位之间的经济社会法律关系。劳动者是指具有劳动权利能力和劳动行为能力，依照法律规定能够建立劳动关系，给付劳动并获取劳动报酬的自然人，包括脑力劳动者，也包括体力劳动者；包括我国公民，也包括外国人和无国籍的人。在我国，劳动者应该是年满16周岁的公民，不满16周岁不能就业，不能与用人单位订立劳动合同。某些特定行业（文艺、体育和特种工艺单位）需招收未满16周岁的人员，要得到国家有关部门的批准。此外，对有可能危害未成年人健康、安全或道德的职业或工作《中华人民共和国劳动法》规定劳动者不应低于18周岁。用人单位则包括各类企业、个体经济组织和民办非企业单位。机关、事业单位、社会团体与劳动者建立劳动关系时，也属于用人单位。此外，依法成立的会计师事务所、律师事务所等合伙组织和基金会，也属于用人单位。

劳动关系就其构成形态而言，可以分为个别劳动关系和集体劳动关系。个别劳动关系是劳动者个人与雇主之间形成的社会经济关系。个别劳动关系是劳动关系的基本形态，是劳动者个人与雇主之间通过书面劳动合同来确定和规范双方的权利义务，比如建立、变更或解除劳动关系等。集体劳动关系是在个别劳动关系存在和发展的基础上形成的。集体劳动关系是指劳动者通过行使团结权，组成工会来实现自我保护，进而平衡和协调劳动关系。它是劳动者的团体（如工会），为维持或提高劳动条件与管理方之间的互动关系。集体劳动关系的一方是工会，另一方为雇主或雇主组织，是团体对团体的社会经济关系。双方主要通过集体谈判和集体协议的形式来体现其构成和运行。与美国、加拿大、日本等国家相比，欧洲国家的集体劳动关系更强。

三、劳动关系主体

劳动关系主体是指劳动关系中劳动力的所有者和劳动力的使用者，即拥有劳动力的雇员（劳动者）和使用劳动力的雇主（用人单位）。其中，劳动者也称劳动主体，用人单位亦称用人主体。在世界各国，哪些公民、社会组织能够成为劳动关系主体，一般由劳动法律规范予以确定和认可。

从狭义上讲，劳动关系的主体包括两方：一方是雇员以及以工会为主要形式的雇员团体，另一方是雇主以及雇主协会。由劳动关系主体双方组成的组织，可以称为就业组织，也就是我国通常所说的用人单位，它可以是营利性的，也可以是非营利的。从广义上讲，劳动关系的主体还包括政府。在劳动关系发展过程中，政府通过立法介入和影响劳动关系，其调整、监督和干预作用不断增强，因而政府也是广义的劳动关系的主体。

（一）雇员

雇员是指在就业组织中，本身不具有基本经营决策权力并从属于这种权力的工作者。雇员又称员工、劳动者，包括所有从事体力或脑力劳动而获取工资或报酬的工作者。

雇员的范围相当广泛，包括蓝领工人、医务人员、办公室人员、教师、警察、社会工作者，以及其他在西方被认为是中产阶级的从业者和低层管理者。因为低层管理者只负责监督和分配，无权命令或奖惩下属，所以也属于雇员的范畴。雇员不包括自由职业者、自雇佣者。从产业部门来看，雇员的范围包括第二产业和第三产业，即工业、服务业中所有不具有基本经营决策权的劳动者。第一产业中的农业劳动力，尤其是从事种植业和畜牧业的农民，一般不属于雇员的范畴，因为土地所有者与农民之间的关系同我们研究的雇主（管理方）与雇员之间的关系在总体上存在很大的区别。

劳动关系中的雇员指具有劳动权利能力和行为能力，由雇主雇用并在其管理下从事劳动以获取工资收入的法定范围内的劳动者。劳动关系中的雇员一般具有以下含义：（1）雇员是被雇用的人员；（2）雇员是在雇主管理下从事劳动的人员；（3）雇员是以工资为劳动收入的人员；（4）有些国家的劳动法规定某种或某几种人员不属于雇员，如公务员、军事人员、农业工人、家庭佣人、企业的高层管理者。

（二）雇员团体

雇员团体是指因为共同利益、兴趣或目标而组成的雇员组织，包括工会和类似于工会组织的雇员协会和专门的职业协会。

工会的主要目标是代表并为其成员争取利益和价值。在我国和世界上许多国家，工会是雇员团体的最主要形式。截至 2017 年 9 月底，我国工会会员达到 3 亿人，基层工会组织 280.9 万个，覆盖单位 655.1 万个[①]。我国已成为当今世界工会会员人数最多的国家。中华全国总工会成立于 1925 年，是一个统一的全国性群众团体，是各地方总工会和产业工会全国组织的领导机关。中华全国总工会的最高权力机关是五年一届的全国代表大会及其选举产生的中华全国总工会执行委员会。

非工会组织通常指独立于工会的雇员协会和职业协会。雇员协会往往是在一个就业组织内部形成的，如基于某一兴趣而组织的员工俱乐部、员工体育运动协会等，也包括由员工组成的非正式组织。职业协会是由跨企业、跨行业从事某种特定职业的雇员组成的组织，其主要目标是为其成员争取更多的特定职业方面的利益。

（三）雇主

雇主一般是指由于拥有法律赋予的对组织的所有权（一般称产权），而在就业组织中具有主要经营决策权力的人或团体。雇主也称管理方或资方，是指雇用他人为其工作，并支付工资或报酬的法人或自然人。在国际上，一般把招用劳动者并将劳动者纳入劳动组织中的自然人或法人称为雇主。雇主可以包括雇用劳工的业主、经营负责人或代表业主处理有关劳动事务的人。雇主处于管理方地位，其最重要的意义在于享有对员工的劳动请求权和指示命令权，以及决策的权力。在就业组织中，只有一个或少数几个人具有比较完全的决策权力，而其他管理层级的决策权力是逐级递减的，每一级都要在服从上级权力的情况下行使其权力。由此可见，管理方是分层级的，权力分布是不均衡

---

① 中国工会十七大发布会.（2018-10-19）. http://acftu.people.com.cn/n1/2018/1019/c392912-30351708.html.

的，多集中于管理方的上层。也就是说，除了最高层管理者之外，其他管理者都会同时处于服从上级和指挥下级这两种关系之中。低层管理者只负责监督和分配，而无权命令或奖惩下属，所以他们属于雇员的范畴，而不属于雇主方。

（四）雇主组织

雇主组织的主要形式是雇主协会，它们以行业或贸易组织为纽带，一般不直接介入雇员与雇主的具体劳动关系事务。雇主组织的主要任务是与工会或工会代表进行集体谈判，在劳动争议处理程序中向其成员提供支持，通过参与同劳动关系有关的政治活动、选举和立法改革（比如修订劳动法）来间接影响劳动关系。

（五）政府

政府在劳动关系中的角色有以下四种：一是劳动关系立法的制定者，通过立法介入和影响劳动关系，为劳动关系的调整提供法律保障和依据，切实保障劳动者的“劳动三权”，即结社权、集体交涉权和争议权；二是公共利益的维护者，通过监督、干预等手段促进劳动关系的协调发展，切实保证相关政策、制度的有效执行，并建立一整套执法与司法制度和程序，包括加强劳动监察、对违法者实行严厉的惩罚，建立解决集体谈判和集体协议纠纷的司法制度和程序等；三是公共部门的雇主，以雇主身份直接参与和影响劳动关系；四是有效服务的提供者，重点是加强对劳资双方的培训，并为劳资双方的谈判提供高质量的信息服务和指导。

四、劳动关系的特点

（一）法律的平等性

劳动者与企业都是劳动力市场的主体，双方都要遵循平等自愿协商一致的原则订立劳动合同，缔结劳动关系。任何一方在单方决定与对方解除劳动关系时，都要遵循一定的法律规定。双方法律地位平等，均须履行各自的义务并享有权利。在正常合理、未受到胁迫的情况下，双方在劳动合同的签订与执行中具有法律上的平等性。

（二）经济的依赖性

劳动者以劳动交换企业的薪酬福利，以满足其经济与生活上的需求，企业则需要将劳动者的劳务转换成产品与服务，以满足顾客的需求，创造投资的经济效益。劳资双方在经济上虽有相互依赖性，但在一般实务上，劳动者对企业的依存度较高，企业对劳动者的依存度则较低。个别劳动者对企业的依赖主要是经济上的，因为企业有能力对劳动者施展三种可能的控制：一是劳动者为了生存必须出卖劳动力，企业可以决定是否购买；二是劳动者想得到工作，因此在出卖自己的劳动时，会与其他劳动者相互竞争，降价求售，使得企业可以决定购买劳动力的价格；三是劳动者出售劳动所得，必须用来购买生活所需的一般商品，这些商品都是企业生产的，企业可以操纵这些商品的价格。

（三）管理的从属性

企业基于生产与服务的需要，必须安排劳动、指挥人员、行使管理权，劳动者则要服从指挥调度，依企业需求提供劳务。劳动关系一经确立，劳动者就要服从雇主的指挥和安排，完成一定的工作，双方之间存在管理与被管理、指挥与服从的关系。劳动者提供的是从属性劳动，基于明示、默示，或依劳动之本质，在一定时间内，对自己的作息时间不能自行支配。“除法律、团体协会、经营协定、劳动契约另有规定外，在雇主指挥命令下，由雇主单方决定劳动场所、时间、种类等。”① 管理的从属性主要表现在以下四个方面：一是劳动者要服从用人单位的工作规则。劳动关系的确立意味着劳动者不仅要遵守国家的法律法规，还要遵守用人单位的工作规则，如工作时间的起止、休息休假的安排等，劳动者自行决定自由的权利受到一定限制。二是劳动者要服从用人单位的指示和命令。在劳动关系存续期间，劳动者的工作内容会不断发生变化，劳动合同难以做到穷尽全部工作内容，因此用人单位有指示命令的权力，劳动者有服从的义务。三是接受监督、检查的义务。劳动者在工作中要接受用人单位的考察和检查，以确定是否遵守工作规则和雇主的指示。四是劳动者有接受制裁的义务。劳动者应对自己的错误行为承担责任，用人单位对违反工作规则的行为享有惩处权，惩处方式包括从口头申诫到解雇等多种。

（四）权益的冲突性

基于人性，绝大多数劳动者希望能以较少的劳务交换最高的薪酬福利，但为了创造最大经济效益与利润，企业往往竭尽所能降低劳动成本，激发出最大、最高产值的劳务。劳资双方为争取各自最大的权益，常常会引发许多隐性与显性的冲突，冲突结果虽然依劳资双方的实力、冲突议题、协商策略而定，但基于实力上的差异，企业常常是劳资冲突中占优势的一方。

（五）实力的差异性

劳资双方拥有和可行使的权力的程度有相当大的差异。实力是劳动者在劳动力市场讨价还价能力的体现，其差异受到工作性质、雇佣时间和雇佣关系有效期的影响。例如，医院里的清洁工、看门人与医生拥有的实力不同，清洁工和看门人谈判实力较弱，一旦离开，雇主很容易找到替代者。权力是劳资关系中的基本要素，对劳资关系的管理及其结果都有重大影响。实践中，企业的经济实力是其在劳资冲突中最重要的筹码，通过经济力量的发挥，个别劳动者几乎难以对抗雇主在法律、管理权上的优势地位，唯一的策略是整合多数劳动者的力量与企业抗衡。不过，即使面对集体劳动者的力量，在许多冲突中，拥有较多经济资源的企业，其实力仍强于集体劳动者。

---

① 刘志鹏. 劳动法理论与判决研究. 台北：元照出版公司，2002.

（六）冲突的影响性

劳资冲突的影响并非仅局限于企业内部，常常会波及劳动者家属、顾客、社会大众权益，加之劳动者占有较高的人口比例，劳资冲突的议题常常衍生为社会重大问题，全球化的趋势也有机会扩大劳资冲突的影响，如航空公司、港口公司的劳资冲突波及范围更广。

（七）互动的复杂性

基于人的心理特质，个人之间的互动关系本身就有其复杂性，而集体劳动者之间的互动、集体劳动者与企业之间既有竞争又有合作的互动关系，其复杂程度常常超出一般人的想象。劳动者、企业与政府不能低估劳资互动的复杂性。

因此，劳资关系可以说是另一种人际关系或社会关系。了解劳资关系的特点，有利于构建正面的劳资互动机制，也有利于体会良好的劳资关系对经济发展和社会安定的影响。

案例 1－1

平台企业与平台从业者之间是否形成劳动法认定的劳动关系

关于平台企业与从业者之间是否形成法律上的劳动关系，我国司法裁判模式主要有三种：

（1）不认定劳动关系。〔2019〕沪0106民初27907号判决书显示，2019年3月5日至2019年5月27日期间，尤培娥在河狸家网络平台（北京河狸家信息技术有限公司上海分公司）上以手艺人“康而美”的身份从事上门美容服务。该美容工作室由郭某某在河狸家平台设立。尤培娥接受郭某某委托，在河狸家平台接受顾客订单提供上门服务，并由郭某某结算服务费，河狸家网络平台代为支付。尤培娥认为自己与河狸家网络平台形成了劳动关系，要求平台公司支付未签订书面劳动合同双倍工资差额、延时和双休日加班工资、法定节假日加班工资以及违法解除劳动合同赔偿金。法院认为，该互联网平台是为美容师和消费者提供网络交易的场所，美容师没有接受平台的管理和指挥，与平台不存在身份、财产上的从属和依附关系，尤培娥在选择工作时间、工作地点、工作形式、获得工作收入等方面具有完全的自主性，从属和依附关系较弱，因此不足以认定为劳动关系，不支持尤培娥的诉求。

（2）认定劳动关系。〔2017〕京0108民初53634号判决书显示，李相国与北京同城必应科技有限公司发生劳动争议。李相国是在该平台公司注册的一名配送员，2016年7月24日在提供闪送服务时发生交通事故。李相国认为双方存在劳动关系，要求享受工伤待遇。同城必应公司则认为，李相国在工时安排、工作量、在线时长以及服务区域等方面享有完全自主决定权，双方属于平等的合作关系。法院从人格从属性、经济从属性等方面论证了双方之间属于劳动关系，认为平台公司告知了李相国具体工作方式、工作特点、收入计算、奖励等，对劳动者工作有一定的标准要求。李相国每天从事闪送服务时间 10 小时左右，主要收入来自闪送工作。虽然劳动者可以自主决定是否接单、具体工作时长以及使用何种交通工具等，但这种灵活性并不排斥劳动关系，公司不能因为采用了互联网技术手段和新的经营方式突破了传统劳动关系边界而不承担相应的法律责任和社会责任，最终确认双方之间存在劳动关系，李相国享受工伤保险待遇。

（3）不认定为劳动关系，但是需要承担用工主体责任。〔2018〕沪 02 民终 565 号判决书显示，2016 年 8 月 24 日，罗某以“饿了么”（拉扎斯公司的简称）的名义在送餐过程中发生交通事故，致一人死亡，交警支队认定罗某负事故主要责任。拉扎斯公司与礼记公司签有《蜂鸟配送代理合作协议》，授权礼记公司经营蜂鸟配送业务。礼记公司又与张静超签有《蜂鸟配送代理合作协议》，授权张静超经营蜂鸟配送业务。张静超雇佣了罗某。罗某使用自己的电动车及标识有“饿了么”的送餐箱及制服进行配送，发生了交通事故。最终，法院没有认定双方存在劳动关系，但是判决平台公司承担连带赔偿责任。主要理由是，罗某具备为“饿了么”服务的外观表征，其收入实源于拉扎斯公司。拉扎斯公司与礼记公司之间、礼记公司与张静超之间均系合作关系。根据协议，拉扎斯公司有权对礼记公司合作业务进行监督管理及做出相应处罚，礼记公司亦须接受监督并支付保证金。依据权利义务对等原则，拉扎斯公司应当对损害后果承担连带责任。

目前，我国劳动关系的认定标准主要根据原劳动和社会保障部文件《关于确立劳动关系有关事项的通知》（劳社部发〔2005〕12 号），从劳动者是否需要遵守企业规章制度、服从用人单位的管理和安排、所提供的劳动是否有偿、是否用人单位业务的组成部分等方面判定。在司法实践中，法官通常会结合网约劳动者的工作时长、接单情况、是否以此作为主要谋生手段等情形来确定。从司法实践可以看出，虽然平台用工并不完全符合现行劳动法有关工作时间、最低工资以及社会保险等的相关规定，但在实践中法院并没有因此拒绝向劳动者提供基本权利救济，而是采用更加灵活折中的方式解决平台劳动者面临的最急迫问题。比如，在闪送员李相国诉同城必应公司案件中，法院认定劳动关系所支持的仅限于交通事故的工伤赔偿责任。

资料来源：尤培娥与北京河狸家信息技术有限公司上海分公司其他劳动争议一审民事判决书.（2020－03－31）. http://wenshu.court.gov.cn/website/wenshu/181107ANFZ0BXSK4/index.html?docId=e195c9325e4e494ebe46ab8f00c951d7；李相国与北京同城必应科技有限公司劳动争议一审民事判决书.（2018－09－10）. http://wenshu.court.gov.cn/website/wenshu/181107ANFZ0BXSK4/index.html?docId=c079ab95686943698324a955001cfae5；拉扎斯网络科技（上海）有限公司与上海礼记餐饮有限公司、杨再科等机动车交通事故责任纠纷二审民事判决书.（2018－05－12）. http://wenshu.court.gov.cn/website/wenshu/181107ANFZ0BXSK4/index.html?docId=1fc9ae8b92824a4a9dcba8d30122fc04.

第 2 节　劳动关系的实质：冲突与合作

劳资之间的矛盾和问题是普遍存在的。虽然劳动关系非常复杂，但最终都可以归结为冲突和合作两个根本方面。深层次理解劳动关系，需要对冲突的根源以及阻碍这些冲突继续发展的合作的根源有全面的了解，弄清冲突与合作的根源及其相互作用方式。

一、合作的根源

合作是指在组织中，管理方与雇员要共同生产产品和服务，并在很大程度上遵守一套既定制度和规则的行为。这些制度和规则是经双方协商一致的，协议内容非常广泛，涵盖双方的行为规范、员工的薪酬福利体系、对员工努力程度的预期、对各种违反规定行为的惩罚，以及有关争议的解决、违纪处理和晋升提拔等程序性规定。

劳动关系理论通常认为，合作的根源主要有两方面，即被迫和获得满足。

被迫是指雇员迫于压力而不得不合作，即雇员如果要谋生，就得与雇主建立雇佣关系。而且如果他们的行为与雇主的利益和期望不符或矛盾，就会受到各种惩罚，甚至失去工作。即使雇员能够联合起来采取集体行动，但长期的罢工和其他形式的冲突，也会使雇员的收入受到损失，还会导致雇主撤资不再经营，或关闭工厂，或重新择地开张，最终使雇员失去工作。事实上，劳动者比雇主更依赖于这种雇佣关系的延续。而且从长期而言，他们非常愿意提高工作的稳定性、获得加薪和增加福利的机会。从这个角度讲，利益造成的合作与冲突同样重要。

获得满足主要包括以下内容：

（1）获得满足主要建立在雇员对雇主信任的基础之上，这种信任来自对立法公正的理解和对当前管理权力的限制措施。西方劳动关系领域对这种信任产生的原因主要有三种解释。一是认为工人在社会化的过程中处于一种接受社会的状态，雇主可以通过宣传媒体和教育体系向工人灌输其价值观和信仰，减少工人产生阶级意识的可能性，把工人塑造成团队成员，而非麻烦制造者。二是认为大多数工人都是很现实的，他们明白没有其他可行的选择可以替代当前的制度安排，并认为从整体上看，当前体系运行得还不错。三是认为工人的眼界有限，他们总是与那些具有相似资格的其他人进行比较，并且相信只要他们在这个圈子里过得不错，就没什么好抱怨的，因此那些从事“较差”工作的工人往往很乐于工作。

（2）大多数工作都有积极的一面，这是劳动者从工作中获得满足的更重要的原因。调查显示，当今欧美国家大多数雇员对其工作都有较高的满意度，认为自己已经融入工作，并且觉得自己的工作不但有意义，而且从本质上说也是令人愉快的。所以，虽然有时会感受到工作压力，或者工作超负荷，或者对工作缺乏指挥权，但他们仍然乐于工作。劳动者认识到工作的价值，因而产生某种自我价值的满足。具有工作责任感的雇员还认为，只要雇主没有破坏心理契约，他自己就有必要遵守这些契约。

（3）管理方也努力使雇员获得满足。管理主义提倡的“进步的”管理手段，以及雇主出于自身利益考虑向员工做出的让步，都在一定程度上提升了雇员的满意度。这些措施减少了冲突的根源的影响，加强了合作的根源的影响。

二、冲突的根源

劳资双方的利益、目标和期望不可能总是保持一致，相反经常会出现分歧，甚至背道而驰。冲突的根源可以分为根本根源和背景根源。前者是指由劳动关系的本质属性造成的冲突；后者是指由那些更加可变的，取决于组织、产业、地域、国家等因素的属性造成的冲突。

（一）冲突的根本根源

1. 异化的合法化

目前世界上主要的经济体制是资本主义市场经济，私营经济在多数国家经济中占绝对优势地位，其理论基础源自1776年亚当·斯密的《国富论》。斯密将英国描绘成“业主的国家”，认为这样的国家存在的主要规律是，当人们是为自己而不是为他人工作时，就会更加努力。以私有为基础的自由市场经济就是在这一规律的基础上繁荣发展起来的。但问题是大多数人并不是在为自己工作。资本主义市场经济存在资产阶级和无产阶级的分化，前者拥有并控制生产工具，后者则一无所有，只能靠出卖劳动力谋生。这种阶级地位的差别决定了现代资本主义社会的主要特征是，大多数劳动力市场的参与者都在为他人工作，实际上这也是目前资本主义经济中劳动关系最主要的特征。因为工人并非为自己劳动，在法律上既不拥有生产资料、产品以及生产收益，也不能控制生产过程，所以在法律上造成了劳动者与这些生产特征的分离。工人为了保住工作，可能会认同这种工作安排，并尽力工作。但在其他条件不变的情况下，工人缺乏努力工作的客观理由，因为生产的资料、过程、结果、收益在法律上都不归自己所有。这本身就是一个管理难题。

2. 客观的利益差异

市场经济更深层次的原则是企业的利润最大化目标，这一目标有利于企业提高效率和不断创新，并最终实现国民财富的最大化。然而，效率和创新并不是追求利润最大化的唯一途径，雇主还可以通过剥削工人追求利润最大化。在任何一个经济体系中，所有的价值都是由生产性劳动创造的。如果说雇主是按照劳动的价值支付工人报酬，那么利润就不会出现，投资方就没有任何投资的动机，最终就会导致经济崩溃。所以，资本主义存在的条件就是通过劳动力长期的过度供给（即失业）将工人置于不利地位，从而支付少于工人劳动创造的价值的工资，实现对工人的剥削。西方研究劳动关系的学者认为，无论是否接受剥削的论点，对利润的追求都意味着雇主和工人之间的利益存在根本的、本质上的冲突。在其他条件不变的情况下，雇主的利益在于支付雇员报酬的最小化，以及从雇员那里获得收益的最大化。同样，在其他条件不变的情况下，雇员的利益在于工资福利的最大化，以及在保住工作的前提下尽量少工作。毋庸置疑，雇主与雇员之间的利益是直接冲突的。从这个角度来说，冲突已经超出了工作设计本身包括的工资福利问题，因为工作设计的目标是使工作组织中非技术工人的比重加大（这样可以少付工资），并使工人工作努力程度和产出最大化。在雇主看来，工作设计无疑是提高效率的有效手段，从工人的角度来看却意味着为保住工作不得不付出更加辛苦的劳动。

当然，冲突的存在取决于雇主实际追求利润最大化的程度和采取的策略。如在德国和日本，管理方追求利润最大化的压力相对较小。在德国，企业被大银行控制，而银行将德国的长期社会福利最大化作为自己的目标。在日本，企业被看成是企业集团的成员，企业集团内部交叉控股，所以企业要对企业集团内的其他企业负责，而不是对投资者负责。因而在这两个国家，劳动者和管理方之间的本质冲突在一定程度上受到了削弱。20世纪四五十年代，北美洲也发生了类似的变化，即企业所有权非常分散，散户股东不能对管理方施加任何实际的压力。但在过去的几十年中，金融市场的变化使管理方不得不更加注重短期效益。这不但增加了管理方在利润最大化方面的压力，而且使他们更加注重压低成本和增加工作强度等短期策略。劳动关系内部存在深层次冲突，虽然这种冲突会随具体条件的不同表现为不同的形式，但这种深层次冲突本身是不会改变的。

3. *雇佣关系的性质*

管理方的权力在组织中是以一种等级分层的形式逐级递减的。这种权力来源于所有者的产权，在法律没有特别规定的情况下，雇员无权选举组织中直接的管理者或更高职位的人，管理者也无须对下属负责。虽然雇员拥有退出、罢工和离开岗位的力量，并能够与管理方协商有关管理规则，但由于雇员难以真正行使参与管理的权利，因此雇员力量的作用在很大程度上是负面的。在多数情况下，他们对抗管理权力的方法只有退出、罢工、投诉，或参加其他形式的冲突。在一些西方发达国家，法律对管理者的权力做出了很多限制，但雇员获得的权利与法理上应该具有的权利之间仍有很大的距离，只能通过集体协商（谈判）等产业民主制度来弥补。这说明，在西方发达国家产业民主化仍是不充分的，雇佣关系的性质仍然是冲突产生的深层根源。

劳动者与管理方之间之所以存在冲突，更深层的原因是：在一个崇尚个人自由和民主的社会，劳动者不愿意处于从属地位；更重要的是，管理权力的分布不是雇员的利益之所在，而是资本所有者的利益（利润）之所在。例如，现代企业中不断出现的信任危机反映了这种管理者利益导向带来的冲突：管理方可能希望获得雇员的信任，但只要雇员认识到管理方的决定最终是倾向于企业所有者的利益，而不是员工的利益，这种表面的雇佣关系之下就会潜藏着种种不信任。另外，如果雇主和员工个人之间签有详细的劳动合同，在合同中又明确规定了员工应当完成的工作任务、工作质量和数量、工作责任和范围，以及相应的报酬，那么理论上说，只有在其中一方没有履行合同时，冲突才会出现，需要重新协商变更或订立合同。但实际上，由于工作内容要求很难界定清楚，工作产出有时难以测量，因而劳动合同不可能非常详细周全、面面俱到，不产生任何歧义，且考虑到变化的因素。实际上，从全球劳动力市场看，劳动契约并不普遍，合同条款和内容不可能包罗万象，格式也不统一，有的甚至没有正式的书面合同。劳动关系的一些内容，比如对工作的预期和理解等，并不完全是用书面形式进行约定，有时它建立在一种心理契约的基础之上，即建立在双方对“工资与努力程度之间的动态博弈”结果之上。或者说，在心理契约形成之后，可以从薪酬水平推测出雇员的努力程度。实际的心理契约很复杂，它包括组织的全部工作规则，如雇员对工作保障、晋升机会、工作任务分配的预期，雇主对员工忠诚度和认同感的预期等。由于这种理解和期望的复杂性和模糊性，因此在日常工作中经常会产生对于“公平合理安排”的不同看法。即使在雇员个人与雇主签有正式书面合同的情况下，也会因对合同条款内涵的理解和解释不同而产生冲突。在管理方单方引入新的管理规则，变更、破坏心理契约时，这种冲突更为明显。

（二）冲突的背景根源

1. 广泛的社会不平等

经济剥削是20世纪工会和产业冲突增长的重要原因之一。在全球工人的工作生活条件已有很大改善的情况下，虽然工资不再是维持工人再生产的必要成本，但劳动者相对于雇主而言仍然受到了剥削，尤其是广泛存在的收入不公更说明了剥削的加剧。世界银行的发展报告显示，20世纪80年代以来，全球收入差距不是在缩小，而是在逐步拉大，各国的基尼系数总体上呈上升趋势。以美国为代表的许多发达国家，经济增长的成果仅仅被少数人享有，多数人分享到的经济增长成果相对很少，在某一时期和某些国家竟然出现了大多数人的实际生活状况并没有改变甚至变差的情况。一些西方经济学家和社会学家指出，资本主义市场经济的希望在于长期经济增长带来的利益能够惠及各阶层的大部分人口。但70年代后期以来，这种情况发生了改变，雇主变得越来越富，而劳动者却越来越看不到生活的改善，愤恨也就随之产生。不过由于劳动力市场竞争激烈，工人害怕失业，这种愤恨转化成产业冲突的可能性比较小。

2. 劳动力市场状况

20世纪上半叶以来，工人在劳动力市场上的地位有所上升，就业条件不断改善。除了收入增长之外，工时也在逐步缩短，管理方权威的强制性和独断性受到法律和制度的限制。随着法律对工人结社权及集体谈判权的确认，民主权利逐步延伸到工作场所。工会作为工人代表，参与雇佣条件的谈判和决策。工会使工人获得了大量权利，在与管理方的斗争中保护了工人利益免受管理方独断和不公平政策的损害。除了工会提供的保障外，国家还通过制定就业标准法、职业健康和安全法、公平就业法等相关劳动法律，保护工人权益不受侵害。社会保障政策也为工人提供了基本安全保障，降低了工人受剥削的程度，使工人免于承受过大的生存压力。但同时工人在劳动力市场上仍要面对很多问题，失业率不断上升不仅给劳动者寻找工作带来了更大的难度，用人方也因为有过多的选择而更加挑剔。

3. 工作场所的不平等

工作场所的不平等问题不仅表现在垄断与非垄断行业之间，还表现在不同地区、不同部门的工作场所之间。此外，工作场所中的性别不平等问题在全球仍十分显著，女性要获得与男性平等的工资福利，往往要付出加倍的努力。

4. 工作本身的属性

激进主义认为，雇主为了实现劳动成本的最小化和对工人控制程度的最大化，要不断压低对工人的技术需要，不断增加劳动强度以获得人均产出的最大化。雇主的这些政策使工人的工作过度紧张和超负荷，工作范围过于狭窄。工人附属于机器，造成工作的高度分工和人性的异化。但也有学者认为，人性的异化和工作的辛苦是大工业生产技术和大量的工业工厂岗位造成的。随着更先进和复杂的自动化技术的应用，以及高水平的以解决问题和团队工作为特征的服务性岗位的增加，这些工作带来的难题将会弱化，甚至消失。

这些冲突的根源，无论是内在的还是受环境因素影响的，都会在不同程度上对雇员的行为和劳动关系产生影响。需要注意的是，这些根源共同作用于劳动关系所产生的影响，比它们单独影响的简单加总要大得多。这些冲突的共同存在和相互加强使冲突成为劳动关系的本质属性之一。

虽然冲突的根源使劳动者不愿意工作，但是合作的根源又使更多的劳动者选择了从事工作。从总体上看，世界上大多数劳动者在从事工作，这就是合作的根源发挥作用的结果。

三、冲突与合作

（一）劳资目标的冲突

冲突与合作具体表现在企业和工会的具体目标设定上，企业与工会的目标在某些情况下是相似或一致的，而在另一些情况下则又存在潜在冲突，如表1-1所示。潜在冲突的目标可能会导致一种对抗性的劳资关系，而一致性目标又可能产生劳资合作与和平。在绝大多数情况下，工会与管理方能够不诉诸停工斗争而解决其分歧和矛盾。集体谈判本身就是由劳资双方设计的解决分歧的首选方式。

表1-1 企业与工会的目标

企业的目标	工会的目标
生存和保持竞争力	在企业生存和保持竞争力的同时，维持工会的生存与安全
发展和繁荣	企业与工会都能够发展和繁荣
从投资中获得有利的回报	企业从投资中获得有利的回报，并向雇员支付公平的工资和福利
有效地使用人力资源	企业在合同规定和政策允许的范围内有效地使用人力资源，并为工会成员提供工作安全和雇佣机会
吸引、保持和激励雇员	企业在合同规定和政策允许的范围内吸引、留住和激励雇员
保护管理方制定决策和保持灵活性的权利	通过谈判签订集体协议保护工会和雇员的权利
从工会获得承诺，在集体协议期限内不得举行罢工	从管理方获得承诺，在集体协议期限内不得闭厂

劳资双方都希望企业能够长期生存并保持竞争力。工会赞同这个目标是因为如果企业不存在，雇员将会失去工作，而工会没有企业也将无法生存。与此类似，工会希望能够长期作为企业雇员的代表，并且将采取行动以保持这种代表权。但当一家企业希望保持非工会状态或者希望工会丧失其代表权时，矛盾又会不可避免地出现。

企业也希望发展和繁荣，这是企业管理成功的一个标志。工会赞同并支持这一目标，因为它能够为雇员创造更多的工作机会与福利，增加工会会员的数量，从而使工会有更多的资金用于工会运动，加强工会的力量。同样，劳资双方都希望企业能够从投资中获得有利的回报。虽然劳资双方可能对“有利”的含义存在不同看法，但双方都能够理解企业的财务状况。然而，工会还要为雇员的努力、投入和贡献争取一个有利的或者公平的回报。这时，对于什么对投资者是一个有利的回报以及什么对雇员是一个公平的回报，劳资双方可能会产生不同意见。

企业两个相互关联的目标是有效地使用人力资源以及吸引、留住和激励雇员。只要企业能够遵守劳资双方谈判达成并且包含在集体谈判合同之中的规定，工会就能接受企业的这两个目标。企业希望拥有自主决策权，保持决策的灵活性以更好地经营业务，而工会的哲学则是，某些决策权由管理方独立行使会更好，比如产品的类型、价格、财务政策、客户关系、广告和营销决策、产品设计以及企业规划，同时另一些决策权，诸如工作转包、资历条款的使用、工作转换和晋升之类的事项，则可以由工会代表雇员通过谈判达成协议的方式确定，以便有效地保障雇员的利益和工作安全。企业希望获得工会的承诺，即在特定期限内不举行罢工或中断工作，以保证稳定的劳动力数量，并使企业能够对顾客做出产品承诺。这种工会承诺在集体合同中以一种“非罢工”条款的形式出现。与此同时，工会可能想从管理方获得的承诺则是，雇员有权使他们的申诉获得管理方的处理，并在必要时可以将申诉提交给一个中立的第三方（仲裁者）处理。

（二）明显与潜在的冲突的表现形式

虽然合作的根源的作用能够部分抵消冲突的根源的影响，但不能完全消除冲突本身。发达市场经济国家的劳动者对工作产生了一种复杂而矛盾的心理：一方面，由于合作的需要，他们表现出对工作的高度认同感；另一方面，又因为冲突的必然存在而不断产生抱怨和忧虑，二者相互依存和对立。所以，很多西方劳动关系学家认为，即使雇员获得了管理方的信任，实现了与管理方的合作，这种信任和合作也是脆弱的，一旦管理方破坏了心理契约或在行动上危害了雇员利益，合作与信任就会不复存在，而且在某些情况下，这种信任和合作也许根本无法实现，这时冲突就会通过各种方式表现出来。

冲突按其表现方式，可以分为明显的冲突和潜在的冲突。明显的冲突的产生原因是复杂的，对它的分析有助于对劳动关系模式的全面理解。

1. 罢工

罢工是冲突最明显的表现形式。因为罢工使双方都要付出成本，所以单纯从经济学角度讲，罢工是非理性的行为。然而，仅仅从经济学角度考察罢工，难免陷于狭隘和片面。由冲突的根源导致的潜在的矛盾逐渐积累，并在一定的条件下以罢工这种激烈的形式释放出来。罢工同样呈现出一些规律，当雇主破坏了明确的规则和心理契约时，就可能引发工人罢工。换句话说，罢工不仅是工人为了获得更好的工资和工作条件而对付雇主的手段，而且是一种表达工人集体意愿的途径，工人通过这种方法来反映自己的不满，并对他们认为不公平或不合理的雇佣行为进行反击。也就是说，罢工虽然从经济学角度而言不经济，从劳动者角度而言却非常理性。罢工看上去是个经济手段，实际上是工会代表提出经济利益的诉求渠道，是工人被压抑的敌视情绪的宣泄方式。工人对管理方行为的不满经常是罢工的导火索，若罢工渠道受阻，工人的敌视情绪就会继续被压抑，若缺乏其他渠道，那么冲突最终会以更为激烈的形式表现出来。劳动关系理论通常认为，罢工是表达集体不满的唯一有意义的方式。

罢工虽然是冲突最明显的表现形式，但并不总是可行的方法，罢工行为要符合国家各项法律规定。当然，工人也可以无视这些法律规定，组织非法罢工，但这么做会受到管理方很严厉的惩罚，因而这类罢工已经不多见。

2. 怠工

除了罢工，冲突还有其他表现形式，其中最明显的是各种不服从行为，例如工作松懈或低效率地工作、怠工，以及主观原因造成的缺勤或出工不出力。当雇员采取这些不服从行为时，可能并没有意识到这些行为是潜在冲突的一种反映，甚至没有认识到潜在冲突的存在。而且这些冲突的形式往往表现为在雇员群体中发生的相互独立的事件，这些事件不但会随着工作条件的变化而改变，而且受雇员个人的个性特征的影响。这些冲突形式是雇员接受和适应其所在环境的行为，反映了雇员在工作环境中产生的既有合作又有冲突的矛盾心态。

怠工是指雇员不离开工作岗位也不进行就地罢工，只是放慢工作速度或破坏性地工作，是雇员采取产业行动的一种基本手段。与罢工不同，雇员进行怠工不需要离开工作岗位或离职，只是在工作中故意懒散、怠惰，或浪费雇主和企业的原材料，以达到维持或改善劳动条件的目的，如果不仔细观察，雇主甚至可能无法发现怠工行为的存在。

3. 联合抵制

联合抵制是指阻止雇主出售最终产品，分为初级联合抵制和次级联合抵制。初级联合抵制是指工会通过直接对雇主施加压力迫使其接受谈判条件的运动；次级联合抵制是指工会向没有直接卷入劳资争议的雇主施加压力，使当事雇主面临不利地位而展开的有组织的运动。两者的区别是，初级抵制直接针对雇主施加压力，迫使其接受谈判条件，次级抵制则是针对其他雇主施加压力，迫使当事雇主接受条件。初级抵制通过力图劝阻消费者购买雇主的产品来限制雇主市场，次级抵制则是开展运动，使消费者不购买雇主的产品。

4. 纠察

纠察是指罢工工人对靠近工厂的入口处或有关区域实行的警戒。纠察通常伴有标语或者旗帜，是一种很有声势的活动。纠察的作用在于帮助罢工和联合抵制完成行动任务。在罢工中，纠察可以保证工会达到停产的目的，阻止雇主利用罢工替代者；对于那些软弱、缺乏纪律的工会来说，纠察可以防止工会会员穿越罢工划定的纠察禁区；在联合抵制中，纠察可以带来抵制人数的增加。

5. 关闭工厂

这是雇主惯用的方式，雇主通常把关闭工厂安排在工会准备罢工时。一开始，雇主暂时不会对工人提出要求，并声称这是不得已的行为。关闭工厂的主要目的是以少量损失避免产生重大损失甚至倒闭，同时通过解雇或者停职，断绝劳动者的工资来源，迫使劳动者完全降服于管理者的权威。

6. 雇用罢工替代者

这是指罢工期间，雇主通过雇用其他工人代替罢工工人进行生产活动，以抵制或破坏罢工的方法。雇用替代工人的目的，一是使罢工失去效力；二是削弱工会威望，使工会显得软弱。雇用罢工替代者的本意是缩短罢工时间，但实际上非但不能缩短罢工时间，反而会延长罢工持续的时间。罢工替代者认为，如果罢工继续下去，自己被雇用的时间也就越长，因此他们会想方设法延长罢工。

7. 雇主充当罢工破坏者

这是指罢工期间，雇主借助其他雇主的帮助完成生产任务。实际上是借用其他企业的生产能力，代替罢工替代者的角色。这种行为通常由雇主协会组织，当协会中的某个雇主受到一个工会或几个工会的打击时，其他雇主组织成员可以帮助他，答应日后将部分利润转让给他，以弥补罢工受到的损失。有时他们也可能全部关闭工厂，以免被工会各个击破。

8. 黑名单

黑名单又叫黑表，是指雇主通过秘密调查，将一些不安分或有可能在劳资冲突中发挥主要或带头作用的劳动者秘密登记在一张表上，并暗中通知本行业其他雇主不要雇用他们，导致被列在表上的劳动者丧失被雇用的机会。与工会在冲突中对雇主使用联合抑制手段一样，黑名单是雇主对劳动者采取的一种秘密报复行为，它损害了劳动者的名誉，因而在许多国家，雇主使用黑名单被视为非法行为，要承担法律责任。

其他的冲突表现形式还有退出行为，也称辞职。传统的经济学模型将工人视为理性的决策者，总是在寻找报酬最多的工作。在这种情况下，工人退出仅仅是因为他们可以在其他地方找到更好的工作。然而，实际上很多工人辞职并不是因为他们有更好的选择，而是因为他们不能忍受雇主的态度和行为，以及雇主提供的工作条件。在这种情况下，辞职成为回敬雇主和恢复自尊的最终行为。另一个不太明显的冲突形式产生于工人与其上级的日常交往中。由于劳动关系冲突根源的存在，工人及其上级之间的关系是高度等级化的，管理者力图从工人那里获得更高的绩效水平，而工人的反应是，如果上级准备了更多回报，则会服从监督和管理，否则会予以拒绝。例如，工人也许会因为赶订单而加快工作节奏，但作为回报，他们会要求在此之后放慢工作节奏或有一段非正式的间歇。如果管理者没有准备这些回报或其他替代方法，就不可能实现这种合作。

劳动关系的双方正是通过这种付出-获得的方式形成早期的心理契约的。从这个角度而言，心理契约也属于协商后的秩序，这种秩序反映了劳动关系存续期间工人与管理方之间的付出-给予关系。当然，管理方可以用纪律惩处的办法单方面撕毁契约，这就会引发很多问题。在西方社会，这些问题以前面提到的冲突的各种形式表现出来，包括低效率、怠工、非法罢工、缺勤率上升，以及辞职率不断上升等。在没有工会的地方可能会建立工会，在本来就存在工会的地方冲突会更加尖锐，甚至会出现遵循“同意才工作”原则的协商新机制，即只有在管理方明确同意工人提出的要求后，工人才开始工作，否则工人拒绝做任何事情。工会成员为了准备接下来的合同协商可能会举行罢工游行，甚至组织非法罢工。

案例 1－2

华为回应前员工“敲诈公司”被拘事件：支持其用法律武器维护权益

2019 年 12 月 2 日，华为公司就前员工李某某被以敲诈华为公司罪名拘留 251 天一事做出官方回应。华为称，支持其用法律武器维护权益。华为表示，华为有权利，也有义务，并基于事实对于涉嫌违法的行为向司法机关举报。华为尊重司法机关，包括公安、检察院和法院的决定。如果李某某认为他的权益受到了损害，华为支持他运用法律武器维护自己的权益，包括起诉华为。这也体现了法律面前人人平等的法治精神。

李某某是华为的前员工，2005 年入职，2018 年离职。离职时经过与人力资源部谈判，李某某获得 2N 裁员补偿，共计 33.16 万元。该补偿通过部门秘书私人账户转账，转账金额为 30.47 万元（税后金额，交易摘要为“离职金额补偿”）。之后，李某某被以敲诈华为公司的罪名拘留 251 天，后被无罪释放，并获得国家赔偿。

深龙检刑不诉〔2019〕637 号《深圳市龙岗区人民检察院不起诉决定书》显示，华为以敲诈勒索罪报案的理由是：2017 年 12 月至 2018 年 3 月期间，李某某以向华为公司上级审计、稽查部门举报其部门主管在部门业务上存在违规操作的行为进行要挟，从其部门主管何某某处勒索人民币 30 万元。2018 年 3 月 8 日，被害人何某某被迫通过部门秘书的个人渤海银行账户向李某某招商银行账户转款人民币 30 万元。此事被曝光后，2019 年 11 月 30 日，李某某在华为心声社区发帖称，“今天网络上的舆情汹汹并不是我本意，我的确会向公司讨要说法，但绝不期望是以这种方式”。12 月 1 日，李某某在接受媒体采访时表示，此事不是他主动曝光，系上周拿到国家赔偿后，将判决书分享到华为离职员工维权群中，被其他人发到了外面。

这件事情反映了企业与员工之间矛盾和问题是普遍存在的，虽然非常复杂，但都可以归结为冲突和合作。如何更加公平、理性地解决这种矛盾，对于企业和劳动者都是非常重要的。

资料来源：华为回应前员工“敲诈公司”被拘事件：支持其用法律武器维护权益.（2019-12-02）. https://www.sohu.com/a/357818834_100001551?&spm=smpc.content.huyou.9.1589219528791lnAEu1y.

四、冲突与合作的影响因素

前面介绍了冲突与合作的根源，以及由这些矛盾引起的行为表现。但是，并不能就此认为所有劳动者面对的合作和冲突的形式是相同的，因为冲突与合作的根源到底以何种形式表现出来（例如，冲突是采取罢工、怠工还是辞职形式），或者冲突与合作的程度如何（例如，由冲突引起的辞职率的高低）等劳动关系的表现形式会因个人的工作岗位、所在的就业组织、所在的行业部门和职位情况的不同而有所不同。那么，是什么决定着这些变化呢?

（一）文化因素的解释

从表面上看，劳动力市场状况的变化和工人的行为可以用文化因素来解释，它包括工人找到工作时的价值观和信仰，以及在工作期间对工作的态度和道德观的变化。换句话说就是，冲突是否出现，在很大程度上取决于工人对现实中自身所处地位的感受以及工人对自身可以接受的行为的理解。所以，如果工人在工作之前所处的文化氛围比较保守，提倡服从和尊重权威，并且工作岗位的文化氛围是员工对组织高度认同，敌视雇主和怠工会遭到其他员工的反对，那么冲突的程度就会比较低，工作低效率的现象相对就比较少，大多数管理方的行为也会得到正面的解释。但如果工人来自一种对抗性的文化，将对管理方的敌视和挑战看成是可以理解的，并且工作岗位的文化氛围是工人与雇主对立，对权威的服从和尊重被其他工人藐视，那么就容易引发冲突。

（二）非文化因素的解释

文化因素不能完全解释冲突的变化。影响冲突的变化的其他因素有很多，主要包括以下几种。

1. 客观的工作环境

在文化因素相同的环境中，也或多或少存在差别。例如，国外的研究发现，与其他类型企业相比，在大型机器工业企业中的工人更多地感受到来自管理方的异化压力，更容易产生冲突的行为。这些研究还指出，工作的性质和条件会对冲突的程度产生很大影响。

2. 管理政策和实践

正如管理主义所认为的，如果管理政策和实践是进步的，劳动者工作的满意度就会提高，其信任和认同感也会上升。

3. 宏观经济环境和政府政策

宏观经济环境和政府政策，如失业率和失业保险制度，对冲突的产生也有很重要的影响，因为它们能够影响工人被迫合作的程度，以及工人对工作的态度和预期。一般认为，这些客观因素并不能直接影响合作和冲突的表现形式，而是通过影响工作环境的人际关系和文化氛围、劳资双方的职业道德和心理契约，甚至全社会的发展进程，间接影响冲突与合作的具体表现形式。当然，除了这些文化的和非文化的解释因素之外，劳动关系双方具体的冲突或合作的表现形式还具有很大的不确定性，也可能要从更加复杂的经济和社会运行机制来解释。

（三）冲突和合作的根源与影响因素之间的关系

任何文化的和非文化的因素都只能影响冲突和合作的程度与表现形式，无法从根本上改变劳动关系的本质属性——冲突和合作的存在。冲突和合作的根源始终是劳动者与管理方关系的基础，这些根源对了解劳动关系有重要的意义。通过对根源与影响因素的比较，我们可以在以下两方面有所收获。

1. 人力资源策略的局限性

很多管理者为保证工人的忠诚度和工作认同感，采取了积极的人力资源策略，以此作为减少冲突、增加合作的主要方法。这些策略有：重新设计工作程序、使工人更加细心地工作、减少工人和管理方之间的认识差别、提供安全和愉快的工作环境、建立协商和信息共享计划，以及设计多种沟通方式来维持良好的人际关系。这些策略确实起到了一定的积极作用，但是它们本身并不能消除冲突的根源，所以尽管管理方可以获得来自员工的高度的忠诚和认同，但这些忠诚和认同与管理主义的支持者所设想的仍有非常大的差距。这也是这些策略没有像管理主义所期盼的那样被广泛地采纳，以及这些政策具有效率方面的局限性的原因所在。

2. 理解工会和集体谈判制度

新保守主义的支持者认为，工会是劳动者与管理方之间的人为障碍，是冲突产生的原因。但无论工会建立与否，劳动者与管理方之间的冲突都存在。工会加剧了双方的冲突，但也提供了一个解决冲突的渠道。正如正统多元主义所认为的，工会参与的集体谈判和限制管理方专权的程序是冲突有序解决的方法之一，在一定程度上防止了冲突向更尖锐和更隐蔽的形式转化。正因如此，工会既是问题的一部分，又是解决问题的方法的一部分。

第3节　劳动关系的外部环境

影响劳动关系的因素除了就业组织内部的因素之外，还有很多环境因素，这些因素统称为劳动关系的外部环境。它们可以归纳为五个方面：经济环境、技术环境、政策环境、法律和制度环境，以及社会文化环境。

一、经济环境

经济环境既包括宏观经济状况，如经济增长速度和失业率，也包括更多的微观经济状况，如在某一特定产品市场上雇主所面临的竞争程度。经济环境影响劳动关系的例子有很多。比如，作为经济环境的失业率如果很高，就会削弱劳动者凭其技术和能力获得工作的力量，即削弱他们的劳动力市场力量，从而影响他们对工作的预期。又如，在同行业工资普遍上升的情况下，企业可能就会面临更大的员工要求增加工资的压力。

经济环境能够改变劳动关系主体双方的力量对比。一方面，经济环境可能来自劳动力市场的变化，这些变化直接影响双方的劳动力市场力量的消长；另一方面，经济环境也可能来自厂商所面对的要素市场，要素市场的变化会通过影响雇主的生产函数和员工的消费函数来改变双方的成本收益，从而带来各种关系的力量变化。同样，偶发的经济冲击以及有规律的经济周期都会影响就业组织内部的劳动关系调整机制。经济冲击往往会造成产量的骤减，不同的企业会因为对未来预期的不同而制定不同的人力资源政策。在经济周期的影响下，就业组织内部的调整也会随着经济的起落而变化。一般来说，当经济处于繁荣阶段时，雇员的力量就会强些，管理方会做更多的让步；而当经济处于低谷阶段时，管理方让步的空间很小，雇员的力量相对较弱，雇员在谈判和冲突中处于不利地位。

经济环境往往会首先影响劳动者的工资福利水平、就业、工作转换，以及工人运动和工会的发展，其次会影响产品的生产、工作岗位的设计、工作程序等，最后可能会间接影响劳动关系的整体状况。

案例 1－3

国际劳工组织：全球逾 1/6 年轻人因疫情失业

根据国际劳工组织的一份报告，新冠肺炎疫情对年轻人的打击“比其他任何群体都更大更快”，有可能给他们的职业生涯留下终身的印记。自疫情暴发以来，已有超过 1/6 的年轻人停止了工作，即便是未遭解雇的青年群体，其工作时间也减少了 23%，其中女性受到的影响超过男性。国际劳工组织表示，疫情给青年群体带来三重打击：不仅影响现有职业，还打乱了教育和培训的安排，对于渴望进入劳动力市场或转换工作的群体更是制造了巨大的障碍。在美国，16～24 岁年轻男性的失业率从 2020 年 2 月的 8.5% 升至 4 月的 24%，年轻女性的失业率从 7.5%升至 29.8%。类似的趋势也在加拿大、澳大利亚和其他国家出现。在经济衰退期间进入劳动力市场的年轻人可能会遭受多年的影响，因为他们很难找到一份工作，或者不得不接受一份不符合他们教育背景的工作。国际劳工组织表示，截至 2019 年底，全球已经约有 2.67 亿年轻人未就业或仍在受教育或培训，这已经高于 2008 年全球金融危机之前的数字。国际劳工组织总干事盖伊·赖德表示，在新冠肺炎疫情暴发后，情况变得更加糟糕。所谓的封锁一代，或将面临永久性被劳动力市场排斥的危险。“对年轻人的冲击将持续十年甚至更长的时间，这会影响他们一生的（就业）轨迹。”

美国劳工部 2020 年 5 月 8 日公布的数据显示，受新冠肺炎疫情影响，4 月美国失业率升至 14.7%，为 20 世纪 30 年代经济大萧条以来最高值，当月美国非农业部门就业人口大幅减少 2 050 万人。巴西经济部 2020 年 5 月 21 日公布的数据显示，巴西 5 月前两周失业保险理赔人数为 504 313 人，相比上年同期激增了 76.2%。巴西央行行长罗伯托·坎波斯·内托表示，巴西失业率可能会超过 15%。

资料来源：国际劳工组织：全球逾六分之一年轻人因疫情失业.（2020－05－28）. https://baijiahao.baidu.com/s?id=1667898437114762186&wfr=spider&for=pc.

二、技术环境

技术环境包括产品生产的工序和方式，以及采用这些工序和方式所必需的资本密集（人均资本投资量）的程度、产品和工序是否容易受到新技术的影响、工作是否复杂和是否需要高水平的知识和技能。如果企业的产品易受新技术影响（比如IT产业）或者企业是资本密集型的（比如汽车生产商），那么雇员不服从管理会给管理方带来更多的成本，因而雇员的岗位力量就会增强。相反，在那些不易受新技术影响的行业（比如手工编织业）或者劳动密集型行业（比如餐饮业），雇员的岗位力量就弱些。

同样，技术环境的变化也会改变劳动力市场上不同技术种类工人的供求状况。例如，近年来随着我国IT产业的兴起，计算机、网络方面的人才需求量成倍增加，这类人才在劳动力市场上的力量上升，在劳动关系中的优势更大。

三、政策环境

政策环境是指政府的各种政策方针，包括货币政策和财政政策、关于就业的政策、教育和培训的政策以及其他政策。例如，作为政策环境的政府教育和培训政策，能够提高劳动力的素质和技术水平，最终会影响由雇主提供的工作种类以及工资和工作条件。

在诸多政策环境中，就业政策对于劳动力市场以及就业组织中的劳动关系的影响最直接。它往往通过对供求状况的调整来改变双方劳动力市场的力量，以经济激励和惩罚措施来改变双方在就业组织内部的关系的力量。例如，我国出台了促进残疾人就业的政策，对残疾人的比例达到一定标准的就业组织给予税收、费率等方面的优惠。这些政策从客观上促进了企业雇佣更多残疾人。

货币政策和财政政策也会通过宏观经济环境来影响各组织的劳动关系。另外，这两种政策还可以通过影响资本的价格，改变资本和劳动的价格比率来影响企业的雇佣决策和劳动关系。

教育和培训政策主要作用于人力资本投资的供求关系，改变劳动者的知识技术结构，从而改变不同种类的劳动力市场供求关系和企业的资本/劳动比重。因此，教育和培训政策对于劳动关系具有更加长期的影响。

政府政策也包括对于企业劳动关系的直接干预行动，包括制定和调整最低工资、直接调处罢工事件等。

案例1－4

2019年政府出台的社保改革政策

2019年4月4日，国务院办公厅发布《关于印发降低社会保险费率综合方案的通知》（国办发〔2019〕13号）。该通知从国家层面确定，自2019年5月1日起，社保缴费新政正式落地。缴费费率方面，城镇职工基本养老保险费率可降至 16%，并调整社会保险缴费基数为全口径城镇单位就业人员平均工资，合理降低部分参保人员和企业的社保缴费基数。全口径城镇单位就业人员平均工资首次出现在人们的视线中。2019 年 5 月 4 日，人力资源社会保障部、财政部、税务总局、国家医保局四部门联合印发贯彻落实《降低社会保险费率综合方案》的通知（人社部发〔2019〕35 号）。各省（自治区、直辖市）在 5 月 1 日前，也相继出台调整社会保险缴费的政策文件。

随着减税降费政策的落地，社保征缴监管的力度也在不断加强。2019 年 11 月，人力资源社会保障部发布《社会保险领域严重失信人名单管理暂行办法》（人社部规〔2019〕2 号）。时隔一年，人力资源社会保障部在 2018 年《关于对社会保险领域严重失信企业及其有关人员实施联合惩戒的合作备忘录》（发改财金〔2018〕1704 号）的基础上，对社保领域失信人的管理做了更细致的规定。12 月 12 日，国家税务总局在网站上更新了机构设置，新设社会保险费司（非税收入司），并任免相关工作人员，为后续“社保入税”的机构改革奠定基础。

除了 2019 年社保降费、社保监管的改革在不断深入之外，医疗生育险合并、国企资本划转社保基金、港澳台居民在内地缴社保的政策也相继出台。2019 年 3 月，《国务院办公厅关于全面推进生育保险和职工基本医疗保险合并实施的意见》（国办发〔2019〕10 号）下发，明确生育保险基金并入职工基本医疗保险基金，统一征缴，统筹层次一致。9 月，财政部、人力资源社会保障部、国资委、税务总局、证监会联合发布《关于全面推开划转部分国有资本充实社保基金工作的通知》（财资〔2019〕49 号）。11 月，《香港澳门台湾居民在内地（大陆）参加社会保险暂行办法》对外公布并规定，自 2020 年 1 月 1 日起，港澳台居民在内地参加社保将与内地居民同等待遇。

延续 2018 年“社保入税”改革的政策背景，2019 年政府在社保降费方面下足了功夫，为下一步依法堵漏增收，争取参保群体应保尽保，同时减轻企业负担做好了准备。从国务院到部委再到各地方，发布政策的密度前所未有，凸显对企业合规的重视。政策的落地实施，不仅让企业在当下受到冲击，长远来看，对劳动力就业市场的影响也不可小觑。

四、法律和制度环境

法律和制度环境是指规范雇佣关系双方行为的法律和其他力量的机制，这些机制规定了双方的权利义务，并具有相对的稳定性。比如，《中华人民共和国劳动法》规定了集体谈判中双方的权利义务、雇员的最低工资、健康和安全保护等。法律要求雇主承认工会，并同工会进行集体谈判，这一规定作为法律和制度环境，提高了工会有效代表其会员的能力，进而影响了工会会员的工资和工作条件。

市场经济国家在规范劳动关系、保护劳动者权益方面，制定了比较完善的法律体系，法律和制度是政府调整劳动关系的最基本形式。

五、社会文化环境

社会文化环境由各国、各地区甚至各工种的主流传统习惯、价值观、信仰等组成。如果社会文化外部环境表现为笃信工会的重要性和积极作用，那么，政府和企业就会通过制定政策，提高工会的密度，扩大工会的影响力。社会文化的影响是潜在的、不易察觉的，它通过社会舆论和媒介来产生影响，对于违反社会文化规则的个人和组织，虽然惩罚不像法律那样具有强制性，但其作用不可低估。

六、影响劳动关系的五个环境要素综述

我们可以通过图1-1来理解劳动关系的概念。外部环境对劳动关系有非常重要的影响。研究劳动关系，要将它放在特定的外部环境中，才可能得到有意义的结果。经济环境、技术环境、政策环境、法律和制度环境以及社会文化环境，这五方面是相互联系、相互影响的。技术环境会影响经济环境甚至社会文化环境，社会文化环境又会影响法律和制度环境，以及政策环境等。同时，对劳动关系外部环境的全面考虑，有利于理解劳动关系的本质和发展规律。

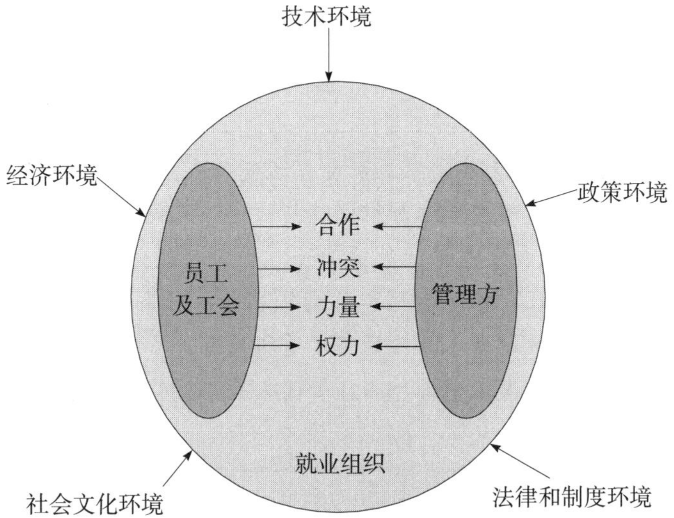

图1-1　劳动关系概念示意图

通过以上分析，我们可以进一步明确劳动关系的含义：第一，劳动关系的主体是员工及其团体和管理方。第二，他们之间的关系表现为合作、冲突、力量和权力的相互交织。第三，劳动关系受到来自经济、技术、政策、法律和制度、社会文化五大外部环境的影响。

➡ 关键术语

劳动关系　合作　冲突　力量　权力　罢工　怠工　联合抵制　黑名单　纠察　劳动力市场的力量　双方对比关系的力量　雇员　雇主

➡ 复习思考题

1. 谈谈你对劳动关系的含义和性质的理解。
2. 如何理解冲突与合作，以及产生冲突与合作的各种根源?
3. 结合本章内容，解释冲突产生的各种根源对冲突的影响。
4. 举例说明劳动关系中冲突变化的影响因素。
5. 试述劳动关系中冲突的具体表现形式。
6. 试述劳动关系的特征。

第 2 章
劳动关系理论

学习目标

学完本章之后，你应当能够：

1. 描述劳动关系的主要学派及其观点
2. 理解正统多元主义的内容
3. 熟悉管理主义的主要思想
4. 阐述新保守主义的劳动关系理论
5. 理解一元主义与多元主义
6. 了解劳动关系调整模式

引导案例

“996”大讨论：奋斗与生活真的只能二选一吗

2019 年“996”的讨论席卷舆论场。只是至今还没有讨论出个结果，不过也无非就是支持与反对而已。

支持者大多是高高在上的管理层，反对者多数为基层员工。2019 年 4 月 11 日，马云表示，能“996”是一种巨大的福气，很多人想“996”都没机会。不付出超越别人的努力和时间，怎么获得想要的成功？第二天夜间，他又在微博上表示，任何公司不应该也不能强制员工“996”。不为“996”辩护，但向奋斗者致敬！刘强东也在朋友圈发文，分享了自己“8116＋8”的工作模式：早 8 点开始，工作到晚上 11 点，一周工作 6 天，周日工作 8 小时。对程序员们而言，高强度的工作已是家常便饭，甚至“711”（早 11 点到晚 11 点，每周工作 7 天）很常见。马云、刘强东等对“996”的看法是出于对公司发展、竞争方面的考虑，但是以此为由而剥夺其他人的利益是不对的。在最早进行“996 • ICU”讨论的代码托管网站 GitHub，40 余家企业被爆出实行“996”工作制。“996”早已成为互联网行业的“潜规则”。

有些工作实行“996”是因为工作性质，如餐饮、服务业等，工作时间经常持续到很晚，除了这些，打着加班旗帜的企业多数还是在剥削员工们的剩余价值，付出与回报似乎并不是对称的。所以多数人也只能抱怨几声，该工作还得工作，该加班还得加班，最终还不是为了生存、为了不被淘汰？试想，谁会愿意加班到很晚，还是无偿的？

资料来源：“996”大讨论：奋斗与生活真的只能二选一吗?. (2019-04-16). https://baijiahao.baidu.com/s?id=1630912423706205293&wfr=spider&for=pc.

从引导案例可以看出，对于同样的行为，企业与劳动者的观点产生了根本分歧。孰是孰非，就涉及一个价值判断问题。什么样的劳动关系目标模式才是好的模式？市场经济国家对劳动关系问题是如何进行价值判断的？

本章主要介绍、分析市场经济国家劳动关系的五种基本观点，强调从劳动者与管理方关系的角度，尤其是从相互冲突和力量平衡，以及工会和集体谈判影响的角度，来描述和分析。

第1节　劳动关系理论：各学派的观点

西方学者从不同的立场、理念和对现象的认识出发，对劳动关系进行研究，得出了各不相同的结论，形成了比较有代表性的五大理论学派，按照从政治趋向上的“右翼”（保守）到“左翼”（激进）的顺序排列为：新保守主义、管理主义、正统多元主义、自由改革主义、激进主义。这些学派观点的相似之处在于，都承认劳动关系双方之间存在目标和利益差异。其主要区别体现在：（1）对雇员和管理方之间的目标和利益差异的重要程度、认识各不相同；（2）在市场经济中，对这些差异带来的问题提出了不同的解决方案；（3）对双方的力量分布和冲突的作用持不同看法，尤其是对冲突在劳动关系中的重要程度，以及雇员内在力量相对于管理方是否存在明显劣势这两个问题存在明显分歧；（4）在工会的作用，以及当前体系所需的改进等方面各执一词。

为便于研究，表2－1从六个方面比较、归纳了各学派的观点和看法。

表2－1　各学派对劳动关系的不同看法

观点和看法	新保守主义	管理主义	正统多元主义	自由改革主义	激进主义
主要关注的问题	效率最大化	雇员忠诚度的最大化	均衡效率和公平	减少不公平和不公正	减少体系内的力量不均衡
主要分析研究的领域	劳动力市场	管理政策和实践	工会、劳动法和集体谈判	雇员的社会问题	冲突和控制
对双方力量差异的重要程度的认识	不重要——由市场力量救济	若管理方接受进步的管理方法，就不太重要	一般重要	相当重要；其差异是不公平的主要来源	非常重要；体现了体系内劳动和资本之间的力量不均衡
所设想的内部冲突的严重程度	根本没有——由市场力量弥补	若管理方接受进步的实践，则冲突就很少	一般；受到以公众利益为中心的局限	依情况而定：在核心低，在周边高	尽管是依雇员力量而变化，却是基础性的
对工会在集体谈判中的影响的评价	对经济和社会产生负面影响	持矛盾心理；取决于双方合作的意愿	正向的社会效应，中性或正向的经济效应	在周边无效；在核心效用有限	在资本主义社会，工会的效率具有内在局限性

续表

观点和看法	新保守主义	管理主义	正统多元主义	自由改革主义	激进主义
改进雇员与管理方之间关系的办法	减少工会和政府对市场的干预	推进进步的管理实践，增强劳资双方的合作	保护工人集体谈判的权利；最低劳动标准立法	增加政府干预和增强劳动法改革	激进的制度变化；雇员所有和员工自治
政治立场	“右翼”◄				►“左翼”

资料来源：Godard J. Industrial relations，the economy，and society. 2nd ed. Concord，ON：Captus Press，2000.

一、新保守主义的主要观点

新保守主义也被称为新自由主义或新古典主义，基本由保守主义经济学家组成。这一学派主要关注经济效率的最大化，研究、分析市场力量的作用，认为市场力量不仅能使企业追求效率最大化，而且能确保雇员得到公平合理的待遇。

新保守主义认为，劳动关系是具有经济理性的劳资双方之间的自由、平等的交换关系，双方具有不同的目标和利益。从长期看，供求双方是趋于均衡的，供给和需求的力量保证了任何一方都不会相对处于劣势。雇员根据其技术、能力、努力程度，获得与其最终劳动成果相适应的工作条件和待遇，而且在某些企业，雇员还可能获得超过其他雇主所能提供水平的工资福利。雇主之所以提供高于市场水平的工资，是因为较高的工资能促使雇员更加努力工作，提高效率①。雇主也可以采取诸如激励性的奖金分配等方法，达到同样的效果。因此，假若市场运行和管理方的策略不受任何其他因素干扰，那么劳资双方会各自履行自己的权利和义务，从而实现管理效率和生产效率的最大化。资方获得高利润，雇员获得高工资、福利和工作保障，形成双赢格局。

由于劳动力市场机制可以保证劳资双方利益的实现，因此劳资双方的冲突就显得微不足道，研究双方的力量对比也就没有什么意义。若雇员不满，可以自由地辞职和寻找新工作；若资方不满，也可以自由地换掉工人。所以，工会的作用就不大了，工会开展集体谈判只会对经济和社会起负面作用，因为工会实际形成的垄断制度，干扰了管理方与雇员个人之间的直接联系，阻碍了本来可以自由流动的劳动力，破坏了市场力量的平衡，也使管理方处于劣势地位。由于工会人为地抬高工资，进而抬高了产品的价格，干涉了管理方的权力，最终会伤害管理方在市场上的竞争地位，也会削弱对雇员工作保障的能力。因此，要将市场规律引入工资和福利的决定过程，采用额外支付计划，使雇员的收入和绩效联系得更紧密。应该赋予管理方更大的管理弹性，减少限制管理权力的法律和法规，尤其是减少劳动法对管理方的限制。该学派认为，理想的劳动法应该使工人难以组织工会，或者即使有工会，其权力也很小。只有这样，劳动和资源的配置才会更加灵活，也才能提高劳动生产率。

在奉行新保守主义思想的国家中，以美国模式最为典型，加拿大和爱尔兰的主流思

① Akerlof G，Yellon J. Efficiency wage models of the labor market. Cambridge：Cambridge University Press，1986.

想也是新保守主义思想。在发达国家中，美国的劳动法律体系虽然比较完善，但功能较弱。雇员也相信并遵从“意思自治，选择自由”的理念，只要雇主不违反国家制定的反歧视法或劳动法，就可以在任何时候、以任何理由合法地解雇雇员，而无须提前通知，也无须支付解雇补偿费。由此许多人认为美国正在走向后契约式的就业模式。在这种模式下，雇主与雇员利益的一致程度很低，雇主很少向雇员提供培训机会，工作保障程度较低。雇员对雇主也没有归属感，仅仅是对经济激励做出反应①。美国工会的组建率较低。截至2018年，工会组建率为10.5%，工会会员人数是1 474万。其中公共部门的会员率尚有33.9%，而私营部门的会员率已经下滑到6.4%，公共部门员工加入工会的比例大约是私营部门员工的5倍之多；从事社会保护性服务的职业，以及教育、培训和图书馆职业的劳工，加入工会的比例最高；黑人比白人、亚裔和西班牙裔的工人，加入工会的比例要高；男性的会员率高于女性；纽约州以23.8%的会员率高居榜首②，工人享有的权利和工作保护较少。另外，美国的罢工发生率也低于加拿大等其他国家。一些学者认为，这反映了美国的低工会密度和低罢工力量，认为低罢工率反映的不是相互满意的关系，而是被压抑的劳动关系。事实上，美国的劳资关系是发达国家中最对立的，其主要原因是美国劳动法体系作用较弱，雇主很容易隔离和瓦解一个已经成立的工会，因而形成雇主和雇员对立的环境。所以，虽然罢工率并不高，但仍能说明美国劳资关系的对立。不过调查显示，美国是世界上人均国内生产总值（GDP）最高的国家，而且失业率相对较低。如果新保守主义政策可以带来像美国那样的经济绩效，那么，在全球推行这一政策会受到大多数人的欢迎。然而，这种经济上的繁荣不是没有代价的。新保守主义政策的负面影响主要表现在以下三方面：（1）美国是收入水平差距第二大的国家，其收入差距几乎是日本、荷兰、瑞典等国家的两倍。近来的研究显示，事实上美国人均GDP的增长很大程度上来自少数特权者收入的增加。以美国和加拿大相比，在美国的收入分配中，较穷的2/3的人的生活状况并没有改善，甚至有所恶化，其中大多数人对自己在过去几十年中实际收入的下降已经有所体察。（2）美国还是贫困指标比较高的国家，也是预期寿命达不到60岁的人口的百分比最高的国家。有4 000万～5 000万美国人不能享受健康保险，还有另外5 000万人只享受部分保险。（3）美国工人的年工时也很高，这无疑会增加人均GDP，而降低社会绩效。

也有人认为，美国良好的经济绩效以及制度的局限不能都简单地归因于新保守主义政策。例如，新西兰和英国在20世纪八九十年代也执行过新保守主义政策，但结果有很大不同。这两个国家人均GDP增长率不但低于美国，也低于不执行新保守主义政策的加拿大。尽管两国贫困率与加拿大相当，它们国内的收入差距却与美国处在同一水平。产生这些差别的原因之一可能是，与美国相比，在英国和新西兰采取新保守主义政策，与这两个国家过去的政策和传统发生了更大的背离，与两国的经济和社会文化也产生了更大的不适应，所以它们未能与美国走同一条道路。另外，这些国家还缺乏像美国

① Cappelli P, et al. Change at work. Oxford: Oxford University Press, 1997; Cappelli P. The new deal at work. Boston, MA: Harvard Business School Press, 1999.

② 数据来自美国劳工部（2019）。

那样的经济规模和实力，而经济规模和实力与新保守主义政策一样，对美国取得良好的经济绩效发挥了重要作用。于是，两国主流思潮开始了对新保守主义的批判，同时英国走上了趋于管理主义模式的道路。

二、管理主义的主要观点

管理主义多由组织行为学者和人力资源管理专家组成。该学派更关注就业关系中员工的动机，以及员工对企业的认同度、忠诚度问题，主要研究企业对员工的管理政策、策略和实践。

该学派认为，雇员与企业的利益基本是一致的，劳资之间存在冲突的原因在于，雇员认为自己始终处于被管理的从属地位，管理与服从的关系是雇员产生不满的根源。如果企业能够采用高绩效模式下的“进步的”或“高认同感的”管理策略，冲突就可以避免，并且会使双方保持和谐的关系。这种高绩效管理模式的内容包括：高工资高福利、保证员工得到公平合理的待遇、各种岗位轮换制度和工作设计等。若这些管理政策得到切实实施，生产效率就会提高，雇员辞职率和缺勤率就会降低，工作中存在的其他问题也会迎刃而解。

该学派对工会的态度是模糊的。由于工会的存在威胁到资方的管理权力，并给劳动关系带来不确定性，甚至产生破坏性的影响，因此应尽量避免建立工会。但另一方面，该学派也相信，在已经建立工会的企业，管理方应该将工会的存在当作既成事实，同工会领导建立合作关系。该学派不断强调，传统的、起“破坏作用”的工会主义已经过时，只有那些愿意与管理方合作的工会才有可能在未来生存。同样，该学派对集体谈判制度的态度也是灵活的。

与新保守主义相比，管理主义对纯市场经济的局限性的认识更多一些。在劳动关系和人力资源管理方面，管理主义主张采用新的、更加弹性化的工作组织形式，更强调员工与管理方之间的相互信任和合作，尤其赞赏高绩效模式中的“高度认同”的内涵，包括工作设计改革、员工参与改革，以及积极的雇佣政策，并认为工会只有以一种得到更多认同的伙伴角色来取代传统的对立角色，才能更好地发挥作用。

管理主义观点的基础是雇佣关系一元主义的信念和价值观。一元主义的观念是将组织看成是“由一个共同的目标团结起来的团队”，而这一共同的目标就是组织的成功的思想。一元主义的主要特征有：(1) 组织的全部雇员都属于一个由共同的目标团结起来的团队，全体雇员都追求这一共同的目标；(2) 只存在单一的权威来源，那就是管理方；(3) 因为所有雇员都追求同一个目标，所以冲突是不合理的，并且肯定是由于沟通不佳或没有共享这一目标的“麻烦制造者”引起的；(4) 第三方的出现对雇佣关系是一种侵扰，所以工会没有存在的必要。一元主义是一种主要的管理方的思维方式，这也是一些管理者对组织的雇佣关系的看法。这一论点可能就是保证让管理方成为组织中权力的唯一来源的一种手段，创造管理特权，有助于对外宣扬：管理方的决策是最佳的，任何对管理方的挑战都来源于受误导的人或是蓄意破坏的人。

自20世纪70年代后期起，日本劳动关系模式成为该学派主张的典范，直到90年代日本经济发展遇到困难，这一模式的影响力才开始变弱。近年来，英国劳动关系的改革也在朝该学派的方向发展。终身雇佣、年功序列、企业工会是日本劳动关系的突出特点。日本模式的产生与其社会文化传统和价值观念、信仰有关。在日本，企业更像“家族”，雇员被当成企业终身的成员，雇主愿意对其进行投资，并提供长期的就业和工作保障。工会以企业为基础，具有明显的企业工会主义特征，在企业中发挥着高度合作的作用。在每年 3 月举行的“春斗”（spring labor offensive）中，谈判双方之间没有那么直接对立，而且不太容易引起罢工。管理主义认为，这种和谐劳动关系产生的原因是，管理者自身也处于与雇员同样的薪酬支付体系之中，相对而言，他们不那么容易压低雇员工资。此外，因为雇员被认为是企业的成员，更有义务维持企业的长期发展，因此他们也愿意接受相对较低的工资增长率。

与管理主义主张比较接近的还有英国模式。英国在 20 世纪八九十年代推行了强硬的新保守主义政策，但 1997 年，随着托尼·布莱尔领导的新工党上台，政策开始发生变化，其中比较著名的改革是 1999 年对劳动法的修改。这一改革规定了工会要取得集体谈判资格，不仅要在谈判单位中获得多数支持，还要遵循法律上的“承认”程序。新法律对集体谈判的内容也做了限制性规定，仅限于对工资、福利和休假进行谈判，在罢工持续 8 周以上时，雇主可以依法雇用永久性替代工人。同时规定，雇员个人也可以在集体谈判协议基础上与雇主进行个别协商，签订劳动合同。英国劳动法的改革是建立在管理主义“效率与公平完全和谐”的假设基础之上的，其宗旨是在工作场所建立一种新型伙伴关系，鼓励劳资双方进行合作。新法律规定雇主必须每 6 个月至少与工会领导会面一次，商讨有关培训等事宜，如果雇主没有按期举行这样的会议，将被处以高额罚款。

与北美相比，英国改革的结果并不能令人满意。多重承认工会的过程，使雇主有了瓦解工会组织的机会，而对工会集体谈判的条款的限制性规定，又使雇主几乎可以忽视工会的存在。历史上，英国雇主有自愿承认工会的传统（当然是迫于各种经济政治压力），所以新的承认过程可能会推动劳资合作关系的发展，并使之强于北美国家。虽然要对这一模式下结论为时尚早，但各国可以从英国模式中学习经验教训，尤其是集体协商制度方面的经验。虽然这种制度还不算强大，但它已经使工会的包容性增强，负面作用减弱。

三、正统多元主义的观点

正统多元主义由传统上采用制度主义方法的经济学家和劳动关系学者组成，该学派的观点是第二次世界大战以来发达市场经济国家一直奉行的传统理念的延续。该学派主要关注经济体系中对效率的需求与雇佣关系中对公平的需求之间的平衡，主要研究劳动法律、工会和集体谈判制度。

该学派认为，雇员对公平和公正待遇的关心，与管理方对经济效率和组织效率的关心是相互冲突的。同时也认为，这种冲突仅限于诸如收入和工作保障等具体问题，而且

“这些具体利益上的冲突是可以通过双方之间存在的共同的根本利益加以解决的”[①]。相对于雇主，雇员个人往往要面对劳动力市场的“机会稀缺”——能够选择的工作种类少，如果辞职，很难再有选择机会。所以，雇员在劳动力市场上大多处于相对不利的地位。而工会和集体谈判制度则有助于弥补这种不平衡，使雇员能够与雇主处于平等地位，并形成工业民主的氛围。这不仅可以维护雇员的利益，确保更广泛的公平，而且对于鼓舞员工士气、降低流动率、提高生产效率具有重要意义。这些制度产生的经济效益足以抵消高工资、高福利给雇主带来的成本，所以工会和集体谈判是有积极作用的。

正统多元主义观点的基础是雇佣关系多元主义的信念和价值观。多元主义的观念认为，组织“像一个由不同利益群体组成的小型民主国家，政府的职责就是尽力去维持一种动态平衡”。从本质上讲，雇佣组织是一个微型社会，组织中有不同的利益群体，例如雇员和管理者显然就代表了不同的利益群体。他们都有实现某些目标的需求，对于如何达到目标的观点却不一致。另外，这些不同利益的合法性也是被认可的。管理者对于组织的整体效果和目标的实现负有责任。而雇员可能更关心个人目标，特别是希望获得更有利的雇佣条款和条件。同一组织中的不同群体在对有限的资源进行分配时，难免会发生利益的冲突，所以组织中不同利益群体的存在预示了组织中潜在的冲突。每一个群体都会尽力证明自己应该从那些资源中获得更多才是公平的。关键是要有一系列机制来防止这种利益冲突演化为一场混乱，进而影响组织绩效。实际上，工会和集体谈判、共同磋商就是这种防止有害冲突的有效解决方法和机制。因而，工会和集体谈判是必要的、合理的，工会“只不过是一种表达存在的阶层利益要求的高度组织化和连续性的一种形式”。这与一元主义将冲突的存在看作非理性的和把“侵扰性的”工会看作不必要的观点是完全对立的。

正统多元主义的核心假设是，通过劳动法和集体谈判确保公平与效率的和谐发展是建立最有效的劳动关系的途径，这也是第二次世界大战后许多国家奉行的劳动关系制度。该学派强调弱势群体的工会化，强调更为集中的、在产业层次上的集体谈判，反对因任何偏见解雇罢工工人，提出用工人代表制度等形式来保证劳动标准的推行，如建立工人与管理方共同组成的委员会，在公司董事会中要有工人代表，建立工厂委员会（works council），工人代表可以分享企业信息、参与协商以及联合决策等。对该学派持批评态度者认为，这一模式的缺点是，工会的覆盖面具有局限性，工会与管理方过于对立，以及在存在工会的情况下工人仍缺乏参与权。

德国是实施正统多元主义政策最典型的国家，德国模式也是该学派最推崇的现实模式。德国模式的特色是强势劳动法、员工参与制度、工厂委员会制度，政府为工会提供信息、咨询服务和共同决策权等制度。集体谈判主要在产业级别上进行，雇主可以自愿通过雇主协会同工会在产业层面上谈判，冲突的协商也不在工作岗位层面上进行。工会在产业层面上的集体谈判和协商，要比工厂委员会在企业层面上更能发挥作用。而且，通过谈判达成的协议即使在覆盖绝大多数工人的情况下，也不要求工人必须参加工会和

① Kochan T，Katz H. Collective bargaining and industrial relations. 2nd ed. Homewood，IL：Irwin，1988.

缴纳会费，因而，德国工会在产业层面上具有相当强的调整劳动关系的能力。集体谈判的覆盖面很广，10个工人中有8个被集体谈判签订的协议覆盖，德国罢工活动非常少，反映了德国的工会已经整合到德国的体制中，成为社会经济结构的一部分。集中化的集体谈判结构、工厂委员会及工人代表参与管理委员会制度，为冲突的显性化提供了另外的道路，避免了冲突的加剧。所以，与罢工率同样很低的美国相比，德国的低罢工率非但不是一个不良表现，反而是一个制度运行良好的信号。

德国体系也存在一些问题，20世纪90年代以来，德国经历了长期的高失业率的困扰。1990年德国的统一可能是产生这一现象的原因之一。德国东部在经历了大约半个世纪的计划经济管理之后，其技术水平和经济管理绩效都与西部有很大差距。两德合并比预想的要困难许多。这些困难，再加上一些其他问题，使一些怀疑论者认为德国的模式已经过时。而荷兰的制度体系与德国很相似，却没有遇到德国的这些问题。荷兰人均GDP、工会密度、罢工活动、贫困水平、不公平程度，以及预期寿命都与德国相似，但其GDP增长速度快于德国。尽管90年代早期荷兰也经历了较高的失业率，但在2000年，其失业率已经降到3%以下。失业率再次降低的部分原因在于工作分享制度的推广和工作周数的减少，但同时也说明，高失业率并非德国模式的长期问题。与该结论相一致的是，21世纪初，德国失业率也开始下降。总之，德国的强势劳动法，工厂委员会，政府为工会提供信息、咨询服务和共同决策等制度，都非常有特色，值得学习和借鉴。

四、自由改革主义的观点

自由改革主义更具有批判精神，积极主张变革。该学派十分关注如何减少或消除工人受到的不平等和不公正待遇①。该学派的观点在五个学派中内容最松散，包括对歧视、不公平、裁员和关闭工厂、拖欠工资福利、危险工作环境以及劳动法和集体谈判体系中的缺陷等问题的分析。该学派认为，劳动关系是一种不均衡的关系，管理方凭借其特殊权力处于主导地位②。从双方地位差异这个角度看，该学派与正统多元主义、管理主义并没有很大的分歧，但它认为现存的劳动法和就业法不能为工人提供足够的权利保护，因为公正、平等地对待工人往往不符合管理方的利益，也不是管理方凭借其自身能力所能实现的，所以，为了确保工人获得公正平等的待遇，必须加大政府对经济的干预力度。

自由改革主义的最大特点是提出了结构不公平理论③。该理论将经济部门划分成核心和周边两种部门。核心部门是指规模较大、资本密集且在市场上居于主导地位的厂商；周边部门则是指规模较小、劳动密集且处于竞争性更强的市场上的厂商。该学派认为，核心部门由于经济实力强，更能消化和转移附加成本，并且在核心部门工作的雇员

---

① Daniel D, Glasbeek H. Changing workplace. Toronto: Lorimer and Company, 1992.

② Hill S. Competition and control at work. Cambridge, MA: MIT Press, 1981.

③ Averitt R. The dual economy: dynamics of american industrial growth. New York: Norton, 1968; Farkas G, England P. Industries, firms and jobs. New York: Plenum Press, 1988.

具有更多的关系力量，所以与周边部门相比，核心部门能够为雇员提供更优厚的劳动条件，采用更进步的管理方式。而周边部门的工作岗位相对"不稳定"，甚至是临时性的、非全日制的，容易受到裁员政策的影响①。近年来，该学派将核心部门和周边部门的划分进一步扩展到了对单个雇主或产业的分析上。

对结构不公平的研究说明，工会的存在和集体谈判的开展是非常必要的。但自由改革主义同时又经常严厉地批判当前的劳动关系体系，甚至对工会也表示不满。该学派认为在当前体系下，那些在周边部门工作的雇员是最需要工会帮助的，但恰恰在周边部门，工会又是最无效的，因为周边部门的工人，其罢工力量很小，管理方迫于市场竞争压力也不可能做出实质性的让步。工会与管理方之间的尖锐对立，使工会无法为其成员争取更多的利益。另外，即使规模较大、在市场上颇具影响力的企业，工会作用的发挥也是有限的。工会难以战胜拥有强大权力的资方，从而无法为其成员提供切实有效的保护，甚至在工会受到严重影响时，也无法有效地保全自己。近年来，在经济全球化趋势的影响下，当雇主对工资福利的支出和绩效水平的提高不满时，相继采取了关闭工厂等手段，或者纷纷向海外人工成本较低的地区转移，这一现象引起了该学派的特别关注。自由改革主义支持强有力的劳动法和各种形式的工人代表制度，关注更广泛的经济社会政策，反对市场化，尤其是自由贸易协议，主张强势工会，认为工会应该比以往更加关注更为广泛的社会问题和事务。

瑞典模式是自由改革主义最具代表性的实例。瑞典是世界上最著名的社会福利国家之一，在传统上遵循积极的劳动力市场政策，被临时解雇的工人将享有不错的失业福利（相当于失业前收入的80%），主要用于为再培训计划以及再培训之后寻找新工作提供补助。瑞典工会在国家政策和管理方面的影响力很大，与福利社会有密切的联系，对失业保险体系的管理负有主要责任。在集体谈判方面，瑞典于20世纪90年代早期结束了传统的集中化集体谈判模式。如今，集体谈判很大程度上是在产业层面上进行的，允许有更大的变更，谈判在各部门之间显示出高度的协调性。另外，在瑞典任何工人团体都可以自由组成工会，其协议自动覆盖该工会所在的产业，工会的这些权力无须像北美那样要经过法定的"承认"程序。

瑞典企业迁移的增加和宏观经济政策的失误引起失业率上升，造成过去10年来瑞典模式力量削弱，尤其是在积极劳动力市场政策方面。可是，瑞典仍在许多方面表现良好。瑞典的人均GDP比美国低30%，比加拿大低15%，但瑞典的人均年工时也很少，达到德国的水平，并与其人均GDP的水平相适应。最值得一提的是，瑞典的低报酬就业少，不平等程度和贫困程度低。瑞典制度的另一个明显特征是工会密度高，4/5以上的工人是工会成员，工会已经成为瑞典制度结构的一部分。对瑞典的高工会密度的进一步解释是，工人的权利自动地由工会来代表，无须认证、承认过程，这就解决了其他许多发达市场经济国家所遇到的工会的代表能力障碍问题，而且工会在工作场所的活动非常积极，10%的会员在工会中有一定职位。

---

① Godard J. Industrial relations, the economy, and society. 2nd ed. Concord, ON: Captus Press, 2000.

尽管瑞典的经济政治环境在20世纪90年代末趋于稳定，但其未来的发展还很不明朗，简单地将其模式照搬到其他国家，也很难说会不会成功。瑞典会继续加强社会福利和工会的可操作性。问题不在于工会是“好”是“坏”，而是如何设计一套体系，使工会像瑞典工会那样，能借助自身的权力实现更广泛的社会目标。

五、激进主义的主要观点

激进主义具有比其他学派更加深刻的思想内涵，主要由西方马克思主义者组成。激进主义关注的问题与自由改革主义有许多是相同的，但它更关注劳动关系中双方的冲突以及对冲突过程的控制。该学派认为，自由改革主义指出的问题是资本主义经济体系本身固有的，因而其提出的政策主张作用十分有限。激进主义认为，在经济中代表工人的劳动的利益，与代表企业所有者和管理者的资本的利益是完全对立的。资本希望用尽可能少的成本获得尽可能多的收益，而工人由于机会有限而处于一种内在的劣势地位，由此，这种对立关系在劳动关系中比在其他地方都表现得更明显。冲突不仅表现为双方在工作场所的工资收入、工作保障等具体问题上的分歧，而且扩展到了劳动和资本之间在宏观经济中的冲突。

激进主义认为，其他学派提出的“和谐的劳动关系”只是一种假象。这是因为：(1) 管理方通过精心设计、安排工作职位，减少对工人技术和判断力的要求，来实现降低劳动成本、增加产出的目的。这种剥削方法使企业在产品、服务内容和技术水平一定的情况下，可以获得更多的利润。(2) 管理方通过监督和强迫相结合的办法控制工人的行为，从这个角度讲，所谓“进步”的政策和方法，只是一种与传统的权威相比更圆滑的策略而已。这些策略对于不可调和的冲突来说，从来也没有真正发挥过作用。(3) 管理主义的策略和方法实际是为管理方服务的，媒体和教育体系却把它宣传为一种双赢的策略，而将冲突仅仅描述为就业组织内部的矛盾。通过舆论导向使工人相信既定的制度安排是合理的，以制造资本主义劳动关系和谐的假象，防范那些威胁到现有体制的事情的恶化和传播。

激进主义认为，只要资本主义经济体系不发生变化，工会的作用就非常有限。尽管工会可能使工人的待遇得到某些改善，但这些改善是微不足道的。在中小企业，工会所争取到的让步会受到更多的竞争约束的限制。大企业虽然受到的约束限制较少，但通常会采用诸如关闭工厂、重新进行组织设计等措施对付工会。在技术变革和国际竞争不断加剧的今天，工会显得越来越力不从心。因为国际竞争总是更多地依赖人均劳动成本的优势，而非人均劳动生产率的优势，所以要使工会真正发挥作用，必须提高工人对自身劳动权和报酬索取权的认识，了解劳动关系对立的本质，进而开展广泛的与资本斗争的运动，挑战资本的主导权。

在实践模式上，激进主义面临的主要问题是：用何种社会制度来代替资本主义制度，以及如何完善这种新制度。该学派的主要倾向是建立雇员集体所有制。前南斯拉夫建立的工人自治制度、瑞典的梅得尔计划（Meidner plan），以及直到今天仍很成功的西班牙巴斯克地区的蒙作根体系（Mondragon system），曾受到该学派的特别关注[①]。

蒙作根这种合作性质的经济体系显示了很强的财务绩效，同时对工业民主及其成员的工作保障具有积极作用。然而，蒙作根体系在近年也出现了许多问题。其中之一就是如何吸引和留住技术工人，因为该体系奉行高度平均主义的政策，技术工人的工资低于私营企业相应的工资水平，因而针对工资制度进行过多次改革。另外，随着该体系的发展，出现了一些是雇员但不是企业所有者的雇佣关系，甚至在某些情况下还包含传统的私营所有制企业的成分。该体系的支持者认为，这种发展体现了试图使合作思想与国际资本主义体系的功能相和谐的意图。这就又回到激进主义对单个雇员所有制企业的“社会主义的孤岛”的看法上了。

不能确认如果该体系照搬到其他国家能否成功，也不能确认巴斯克地区是不是适合这一学派政策条件的唯一地区。另外一个问题是，它是否真的具有社会主义性质，或者仅仅是在给予工人少量权力的情况下，为经济发展服务的成功方法。无论如何，蒙作根体系说明了在该体系得到其自身的金融和教育制度支持时，雇员所有制所具有的潜在效益。激进主义认为该体系是未来劳动关系的发展道路，但不大可能作为现阶段的实际选择。

西方劳动关系学派的理论和观点反映了不同群体和个人对劳动关系的评判及其根深蒂固的价值观和理念。以建立雇员所有制为目标的激进主义，其思想理念源于马克思的资本主义劳动关系理论。追求以市场代表的效率和以工会、劳动法律制度代表的公平之间均衡的正统多元主义，以及强调劳动关系和谐与员工忠诚的管理主义的观点，可以追溯到埃米尔·迪尔凯姆（Émile Durkheim）的工业主义劳动关系理论。强调产业民主和工人自治的自由改革主义的理论观点，可以从马克斯·韦伯（Max Weber）的工业资本主义劳动关系理论中找到支持。而信奉市场效率的新保守主义的理论渊源更加久远，一般认为始于现代西方经济学鼻祖亚当·斯密1776年发表的《国富论》。对各学派的主要观点和代表国家的总结如表2-2所示。

表2-2　各学派的主要观点和代表国家

劳动关系学派	主要观点和主张	代表国家
新保守主义	减少政府税收，强调发挥市场规律对工人收入的调节作用	美国
管理主义	政府间接干预经济，重视人力资源的培训和开发，用管理手段实现高度认同	日本、英国
正统多元主义	政府承担更多的经济结构和培训的责任，主张较庞杂，如工厂委员会制度等	德国
自由改革主义	强有力的劳动法、工人代表制度和劳工运动	瑞典
激进主义	工会参与社会活动，雇员所有制和企业的雇员控制制度	西班牙（蒙作根体系）

① Godard J. Industrial relations, the economy, and society. 2nd ed. Concord, ON: Captus Press, 2000.

第2节　劳动关系理念溯源

对劳动关系的分析研究，不仅要了解劳动关系的理论和观点，而且要从更广泛的角度考虑劳动关系赖以存在和发展的经济社会土壤，回顾经济社会思想史中关于劳动关系性质和发展方向的研究，探寻劳动关系发展的内在规律和线索。

一、早期的劳动关系理论

19世纪劳动关系的演变规律比较复杂，要全面把握这些规律，需要逐一分析以下三种理论：(1) 资本主义理论；(2) 工业主义理论；(3) 工业资本主义理论。资本主义理论，顾名思义，就是将社会经济的性质和发展归因于资本的内在性质，尤其是归因于工作组织的私人所有制特征。而工业主义理论将此归因于工业化进程，很少认为它与资本本身的发展过程有关。工业资本主义理论则将其归因于资本的性质和工业化进程的联合作用，认为二者对西方市场经济的性质和发展同样重要。

三种理论分别可以追溯到马克思、埃米尔·迪尔凯姆和马克斯·韦伯的著作。尽管这三人完成著作的时间是在20世纪来临之前和世纪更替点上，距现在已有上百年的历史，但此后劳动关系思想理念的发展都是以这三人的著作为基础的。一般来说，激进主义的观点与资本主义理论一脉相承，正统多元主义和管理主义的观点又与工业主义理论联系紧密，而自由改革主义的观点可以从工业资本主义理论中找到支持。

新保守主义的理论渊源一般被认为是现代西方经济学鼻祖亚当·斯密1776年发表的著名的《国富论》。这一理论的基本假设是，资本主义之所以会带来生活水平的提高，是因为鼓励“自由”竞争和放松了对管理方权威的各种限制。后来的事实证明，将这一理论作为经济社会的性质和发展规律，会带来很多不容忽视的社会经济问题。实际上，资本主义、工业主义、工业资本主义三种理论从不同的角度，进一步发展了新保守主义在社会性质、经济绩效以及它们之间关系方面的思想。

二、马克思与资本主义理论

对资本主义理论做出过贡献的人有很多，马克思是其中当之无愧的大师。马克思的主要著作完成于19世纪中叶，多与恩格斯合作完成。他从分析资本主义最基本的组成部分——商品和货币出发，分析了资本主义体系的内在矛盾，指出资本主义必然被社会主义取代的规律。时至今日，有些西方学者认为他的理论已经过时了，只会将人们引入迷途并对社会产生破坏作用。这种认识大多源于对马克思理论的误解和扭曲。马克思对经济社会的深刻分析和对资本主义社会本质的揭露仍然具有现实意义。马克思主义思想的人文性，它对人的价值、自由、权利和全面发展的执着追求更具有跨越时代的意义。

下面从扩展劳动关系研究的角度，来回顾一下马克思在经济学和社会学方面的成就。

（一）阶级和阶级斗争

马克思的著作以及其他有关资本主义理论的著作都认为，资本主义社会由两大基本的阶级组成，即工人阶级或无产阶级，及资产阶级或剥削阶级。阶级划分的标准是，资产阶级成员拥有或控制生产资料或生产工具，而无产阶级成员没有生产资料或生产工具，只能靠出卖劳动力谋生。当然，在资本主义制度下也存在其他阶级，如地主和农民，但无产阶级和资产阶级这两大阶级之间的关系，是决定资本主义社会的性质和发展的主要推动力量。

无产阶级和资产阶级是一对相互依赖、互为前提的矛盾体。二者在利益上存在根本的、不可调和的冲突和矛盾。资产阶级的目标是从工人的劳动中榨取更多的剩余价值，这与无产阶级的目标完全对立。

（二）剥削

相对于资产阶级，无产阶级从根本上处于不利地位。失业是资本主义固有的现象，失业者形成了劳动力储备大军，工人为了工作必须相互竞争，从而使雇主可以将工资压低到维持工人及家庭再生产的基本水平。因此，工人得到的并不是其劳动的价值，而仅仅是维持其生活的工资，这就是剥削产生的原因。当工人开始工作时，其头三四个小时的劳动已经足以支付其工资；而其当天的其他劳动是为雇主创造的价值，这部分价值称为剩余价值。榨取工人的剩余价值，是资本主义存在的必要条件之一。资本家正是通过获取剩余价值的转化形式——利润，来实现再生产和积累的。

当然，工人的工资并非生产的唯一成本，机器、厂房、能源、原材料等都是成本。这些生产要素也是由工人生产出来的，因而也包含着凝固的或死的劳动。在整个资本主义社会，剩余价值代表着生产产品的价值与生产成本之间的差额。

（三）异化

劳动者的生活变得没有目的和意义，感觉自己与真实的自我以及其他人都疏远了。造成这种现象主要有两个原因。人类区别于其他动物的最基本特征是人的劳动创造特征，只有通过生产劳动才能使人们认识到自身的能力。在资本主义社会，劳动力成为商品，当劳动者出卖自身劳动力时，劳动就不再是他自己的，劳动者自身的创造能力就被异化了。

在资本主义私有制下，大工厂生产是以利润为中心的，这是异化的开端，因为在以利润为中心的大工厂中，人，人的自由意志、心志和情感统统被机器吞噬。机器的运转压倒了人不愿意被机器控制的自由本性。工人只是资本家眼中与机器、原料一样的工具和材料、数字和号码，而不再是人。这种异化逐渐扩展到其他群体及整个社会生活的各方面。这是第一个原因。

异化的第二个原因与工作本身有关。马克思定义了“形式上的隶属”① 和“实际上的隶属”② 两个概念。前者指工人形式上服从资本家的权威，但仍然保留许多生产过程中的权利。后者是指工人连这种生产过程的控制权也丧失了，资本家单独决定工人的生产步骤和程序。资本家通过提高劳动强度的方法，从工人那里榨取更多的劳动，加深了工人“实际上的隶属”的程度。工人的异化在劳动分工细化的情况下进一步加深，毁掉了工人作为人的完整意义，把人降为机器的附属品，工人工作的苦恼远远大于乐趣，并且个人在劳动过程中的智力潜能受到压抑。

异化使工人不仅失去了自我，而且觉得工作和生活没有意义，自己无力对自身和环境带来任何改进，与其他人无法沟通。失去自我、无意义、无奈和孤独这四种感觉是异化的重要社会心理表现，并随着资本主义的发展而快速蔓延。

（四）工会、国家和意识形态

工人自身提高工作生活条件的能力在资本主义社会受到极大的限制。虽然工人有时能得到雇主的让步，但更多的时候是失去工作。这是因为：（1）工会虽然能减轻工人受压迫的程度，组织更广泛的工人运动，但只要资本主义存在，工人就处于根本不利的地位；（2）工人在罢工中要承担更多的风险，因罢工挨饿的是工人，而不是资本家。而且，资本更善于变化，可以根据需要转变为金融投资以及其他形式的资本，从而受罢工的影响更小。

政府是资产阶级的工具，是为保护和加强资本主义产权服务的。因而，尽管政府也经常实施一些旨在提高工人工作生活条件的改革，但因为资产阶级掌握着国家经济命脉，所以这些改革一般比较软弱，不会触动资产阶级的根本利益。

资本家拥有和控制着新闻媒体，媒体用符合资本家利益的观点来影响公众舆论。控制物质产品生产的阶级同时也会控制精神产品的生产，所以一般而言，缺少精神产品的阶级的思想只能追随控制物质产品的阶级的思想。在资本主义生产过程中，一个由于所受教育、传统和习惯而将资本家的生产要求当作自然法则的工人阶级开始出现了。这些媒体宣传反而使工人误认为那些以改善当前状况为目标的工人运动与工人的实际利益是相互抵触的，从而保证了代表资本主义利益的公共政策的施行。

因为阶级关系将越来越激化，并且资本主义经济内部会不断爆发经济危机，所以资本主义制度注定要消亡。

（五）两极分化

阶级之间的贫富两极分化有以下四个原因。

（1）大企业更具经济实力，具有一定的规模经济效应，有能力将小的竞争者从市场上驱逐出去。这不仅造成财富的进一步集中，而且使小资本家沦为工人阶级。伴随着资本家财富的膨胀，富有者反而会越来越少。

---

①② 马克思，恩格斯. 马克思恩格斯全集：第23卷. 北京：人民出版社，1972：557.

（2）工厂规模的扩张使工人向大型工作场所集聚，机器大工业使工人的阶级同一性更加明显。

（3）为实现利润最大化，资本家总是想方设法通过使用资本密集的机器和提高劳动强度来提高生产率，造成工人内部技术差距日益缩小。资本对技术工人的需求在减少，工人内部的技术差别在减少，共性在增加，从而加强了工人阶级内部的团结。

（4）尽管随着时间的推移，生产率的提高会带来工人阶级整体生活水平的提升，但这与资本家从工人身上剥削的剩余价值相比微乎其微。工人与资本家之间贫富差距在不断扩大，进一步形成阶级之间的两极分化。

不断扩大的两极分化是工人阶级前赴后继追求革命的前提。尽管两极分化是资本主义经济发展的趋势，但这种分化更多地发生在经济衰退阶段。从这个角度来看，资本主义制度必然会导致经济危机，而经济危机会越来越严重，最终为资本主义覆灭提供了条件。

（六）资本主义经济危机

马克思的经济危机理论是复杂而又辩证的。在资本主义经济中，工人只得到其生产产品的一部分价值，并只能购买其产品的一部分，存在供给相对于需求的长期过剩。资本家可以通过许多形式将剩余价值转化成利润，但这部分增量最终只能形成过剩的生产能力。当生产能力出现长期过剩时，资本的回报（即利润）就会下降，那些资金相对紧缺的企业会在竞争中失败，被规模更大、实力更强的企业取代。但即使大企业也会不同程度地受到经济衰退的影响，同时，经济滑坡迫使资本家要从工人身上剥削更多的剩余价值，使用更多的机器，加深工人“实际上的隶属”程度和使用更多的非技术工人。

这些措施从短期而言，降低了单位劳动成本，有利于利润的增长和危机的结束，但从长期来看，小资本家被大资本家兼并，使经济力量逐渐集中于少而又少的资本家精英手中；工人的工资和技术差别的缩小，减少了工人阶级内部的分歧；危机会越来越严重，资本家会越来越难以找到增加利润的途径。最后，整个体系处于一种长期的危机之中，这时，联合起来的工人阶级就必然会以和平手段或暴力手段取得革命的胜利。正如马克思所说：“资本主义私有制的丧钟就要响了。剥夺者就要被剥夺了。”①

三、迪尔凯姆与工业主义理论

工业主义理论有时被称为“结构功能主义”，该理论认为，社会是以所有成员的功能整合的方式获得发展的，秩序和进步代表着经济和社会自然发展过程的主流，而冲突和停滞仅仅是局部的问题。迪尔凯姆是法国社会学家，是工业主义理论的主要代表人物，其著作主要完成于19世纪和20世纪之交，其代表作之一《社会分工论》被奉为工业主义理论的开山之作，出版于1893年。但直到20世纪中叶，该理论才得到充分发展，被当作一种独立的理论加以研究。

---

① 马克思，恩格斯．马克思恩格斯全集：第44卷．北京：人民出版社，2001：874.

（一）迪尔凯姆和劳动分工理论

迪尔凯姆的劳动分工理论是随着19世纪工人运动的增长和阶级斗争的出现而产生的，反映了由前工业社会向工业社会过渡中的问题。在前工业社会，劳动的社会分工很简单，人和人之间的差别不大，个人的行为方式、社会经历也很相似，在此基础上形成了普遍一致的集体意识。集体意识是指在某一群体或社会中，“每一个公民所共同具有的信仰和情感”。这种集体意识是形成“无机整体”社会结构的条件，是社会秩序赖以维持的根本。但是，随着工业化的推进，劳动分工越来越明显，由于社会地位和工作职位的不同，人们之间产生了越来越大的差别。由于生活经历的不同所形成的个人意识，侵蚀了作为机械性团结的基础的集体意识。而且，个人越来越相互依赖，需要他人提供产品和服务。这种相互依赖产生了人与人之间合作的需要，使社会更像是一个生物组织。这个组织系统可以分为不同的组成部分，每一部分都发挥着特殊的作用，从而形成了社会秩序的新形式，迪尔凯姆称之为“有机整体”。

迪尔凯姆认为，有机整体代替无机整体是事物发展的规律，是正常的替代过程。但这种替代过程并不是一帆风顺的，如果存在外部的不公平（即由于社会经济背景的差别，而不是由于智力水平等内部特征差别造成不公平），那么替代过程就会很困难。那些没有意识到自己潜能的、处于不利地位的人被迫参与劳动分工。外部的不公平和被迫参与劳动分工的结果是，普遍的自我主义盛行，个人和群体只追求自身利益，不考虑其他人的需要。与自我主义相伴随的是一种社会反常状态，即没有社会道德标准的状态，个人在生活中没有归属感和道德目标。

迪尔凯姆认为，阶级冲突是从前工业社会到工业社会过渡过程中由于被迫进行劳动分工和无机整体瓦解的一种表现或病症。或者说，它不是资本主义制度本身的问题，而是工业化进程的过渡期的特有现象。一旦外部不公平减少，就会进入有机整体的新时期。在这一时期，个人能够认识自身的潜能，并在社会中建立相应的价值观和道德取向，尤其是职业群体和职业协会的产生和发展，为个人提供了社会认同的来源和道德准则基础，这些群体和协会成为将个人与集体以及广大社会联系起来的纽带。

迪尔凯姆对工业社会的发展持乐观态度，他的观点被20世纪的很多学者接受。20世纪五六十年代，工业主义理论被资本主义社会普遍采纳，许多学者认为，20世纪早期西方资本主义社会出现的问题已经基本得到解决。

（二）两个理论分支：工业社会理论和后工业社会理论

1. 工业社会理论

从了解劳动关系理论背景的角度，可以将工业社会理论概括为以下三个主要方面。

（1）传统的工人与资本家的阶级分类已经过时。工业社会理论认为，20世纪对每一个社会成员都产生了重要的影响，并形成了由白领工人、管理人员、专业技术工人组成的中产阶级，反映了向精英社会转变的趋势。在这个社会中，外部不平等在不断地缩小，公民权利从根本上得到了发展。不论个人的政治经济地位如何，都能平等地享有法律规定的各项权利，并受到法律的平等保护。社会在职业化和社会化方面不断深化，为目标和要求相互交叉的多元化的利益群体提供了发展空间。面对冲突，这些相互依赖的利益群体不再进行“阶级斗争”，而是寻找一种建设性的、双赢的解决方案。以前工人把因多种原因引起的不满和冲突，以“阶级意识”的形式带入工作中，而现在他们有更多的机会分享社会进步带来的成果，参与社会事务，所以他们理所当然地应该表现出合作和贡献。克拉克·科尔（Clark Kerr）在《工业主义和工业人》一书中讲道：“舆论认为工业化的发展是成功的。劳动者实现了认同并被工业社会生活整合。劳动者接受了新的工作节奏、规则的网络以及周围的文化氛围。”①

（2）企业的所有者与管理者相分离，所有者越来越分散。大规模合作造成了企业所有者同企业管理者之间的分离，而且企业的所有者越来越分散——大多数股份持有者只拥有非常少的公司股份，所有者不再像原来那样能够影响和控制企业的运营。管理者不再有来自所有者的强大压力，而且管理者自己并不拥有或很少拥有自己企业的股份，所以他们不再有动力追求企业利润的最大化。相反，作为管理专家，他们追求运营效率的最大化，并同时满足工人、消费者、投资者、供应商，以及其他在组织中持股的利益相关者的竞争目标和愿景。正如两位西方理论家所说：“与其说公司的目标是持股人收入的最大化，不如说是山姆·史密斯——该公司的看门人的收入最大化更有道理。”②

在劳动关系方面，这并不意味着冲突的结束，因为管理方在力图获得效率并满足其他利益相关者的目标时，会与员工的目标和愿景发生冲突。事实上，在管理方内部也存在矛盾和冲突，因为不同的管理部门具有不同的目标。但是，资本主义早期对工人的残酷剥削已经结束。管理方力图在维持企业长期生存和发展的前提下，在一定程度上关心和照顾员工的利益。

（3）工会与集体谈判制度更加成熟。工业社会理论的支持者认为，第二次世界大战后工会与集体谈判制度更加成熟，正面作用更加突出。工会和集体谈判能够让工人平等地面对管理方，成功地引入了工业民主机制。与此同时，工业民主不仅保证了工业的稳定，而且能够有效地防止冲突演变为大规模的政治运动。实际上，工会和集体谈判是服务于制度化、规范化的劳动关系的，它将冲突控制在经济领域之内。工业主义理论的支持者认为，工业化进程也是与工人运动的逐步成熟相一致的。在现在的工人运动中，工人领袖更加就事论事，具有事务性特征，他们关心的不是广泛的经济和政治改革效果，而是与其成员具体利益相关的工资和工作条件的改善。

工业社会理论的这些观点说明，工业化的主要问题实际上已经得到了解决，遗留的问题只需要进行枝节的调整。在劳动关系领域，表现为广泛的阶级斗争的基础已经消失，企业不再严格追求所有者的利益，控制冲突并使之有序解决的机制已经建立。这三个假设是我们提到的正统多元主义的主要观点，在第二次世界大战后被西方许多劳动关

---

① Kerr C，Dunlop J T，Harbison F H，Myers C A. Industrialism and industrial man. 2nd ed. New York：Oxford University Press，1964.

② Cyert R M，March J G. A behavioral theory of organizational objectives//Haire M. Modern organization theory. New York：John Wiley and Sons，1963.

系学家奉为自然之理。

2. 后工业社会理论

虽然工业社会理论为工业社会描绘了一幅美丽的蓝图，但众所周知，20 世纪 50 年代末 60 年代初，人们发现工业化出现的问题并没有得到解决，特别是与劳动关系有关的一些问题，引起了工人的异化和经济社会的许多不良后果。从那时候起，进一步的讨论开始了。

后工业社会理论有时也被称为伍德沃德-布劳纳理论，即以两位主要创始人乔尼·伍德沃德（Joanne Woodward）和罗伯特·布劳纳（Robert Blauner）的名字命名。该理论认为，20 世纪上半叶普遍采用的物质生产技术导致工作的高度分工和规范化，并使工作具有以下特征：(1) 工作本身并不需要工人具有很多技能；(2) 工作形式和内容更加非人性化；(3) 更为专制，工人没有控制自身工作的权利。这些情况又导致了更广泛的工人异化，工人反对工作的发展方向，以各种方式来表达他们的不满。表达不满的方式从不服从和怠工，到要求更高的工资福利待遇，乃至罢工。然而，随着技术的不断进步，以及技术进步带来的自动化和资本密集程度的提高，这些问题会迎刃而解。机器以及机器人会代替工人进行大部分体力劳动，从而缓解了工作任务枯燥和单一的问题，工人只需要监督和控制工作过程即可。随着工人技术水平的提高、技术的复杂化和人均资本装备量的增加，管理方会更注重工作操作过程的顺利与连续，相对而言，对劳动成本及工人个人的劳动生产率的重视程度会降低。最终，工资和工作条件更令人满意，同事关系转变为合作的团队式关系，冲突不断减少。

伍德沃德-布劳纳理论成为后工业社会理论基础的组成部分。该理论有很多分支，有一些已经偏离工业主义理论的传统。在此，我们讨论的都是没有偏离这一传统的理论分支。后工业社会，顾名思义，是指我们正在进入后工业时代。在这个时代，传统意义上的蓝领工人或产业工人已经不存在，很多大的、集权制的组织让位给小的、有更多员工参与的组织，这些新组织具有更好的弹性和适应性。在这个社会中，经济中心从生产产品转向提供服务；力量和身份的源泉从对资本、财富的拥有转变为对知识、信息的拥有。而且，随着对知识和信息的拥有，工人的闲暇时间也在不断增加。最后，就像曾经接受了对家庭、宗教、社区的概念并对它们产生归属感一样，工人也对工作组织和职业协会产生了认同感。

工业社会理论和后工业社会理论源自同一理论，它们被看成是工业主义理论的两个分支，其主要区别在于对未来的乐观程度不同。工业社会理论一般认为，在劳动关系中存在合理的利益冲突，并认为工会和集体谈判是工业社会发展的重要组成部分。后工业社会理论则认为，利益冲突会因工业化的实现而终结，工会的作用很有限，仅仅是支持合作和为工人提供经济服务。所以，工业主义理论的工业社会分支是正统多元主义观点的源头，而后工业社会分支又与管理主义的观点相契合。实际上，管理主义推崇的许多万能药方，比如工作轮换制度、工人参与的团队制度、利润分享制度等，也都是后工业社会理论的核心内容。

（三）工业主义理论的内涵

从本质上讲，后工业社会理论接受了迪尔凯姆提出的组织内部联系的特征，认为工作组织和职业协会与迪尔凯姆所界定的职业群体有相同的作用。因此，该理论描绘了良好的社会总体情况，特别是非常理想的劳动关系。工人在工业化进程中遇到的大多数问题，在新的时代全部消失，代之以正向整合的、更加和谐的管理方与劳动者之间的关系。当然，工业社会理论的许多部分涉及大量的遗留问题，以及劳动关系在某些体系下存在的对立。后工业社会理论认为，这些问题反映了过时的价值观和信仰，而不是资本主义制度本身的本质局限性造成的。

四、马克斯·韦伯和工业资本主义理论

工业资本主义理论是资本主义理论和工业主义理论某种形式的融合，但是，该理论在很多方面比前两者更加悲观。该理论的鼻祖是德国社会学家马克斯·韦伯，其著作主要完成于19世纪和20世纪之交，其主要观点包括以下方面。

（一）精于计算的理性和官僚制的广泛传播

韦伯理论中最著名的是对“精于计算的理性”以及官僚制组织的论述。韦伯认为，经济和社会行为的产生依赖于四种基本因素的影响：（1）传统或习俗；（2）价值观或道德观；（3）感受即个人的感觉；（4）理性的计算，即在目标给定的情况下达到目标的最有效的手段。他认为，现代资本主义是以最后一种因素，即理性计算的不断增长并成为主要的经济社会行为的支配力量为特征的。官僚制度具有理性计算的内涵，得到了广泛的传播。韦伯指出，从纯技术的角度来说，官僚体制行政管理组织获得效率的程度最高，一般而言，它是人类已知的实施权威的方法中最具理性的。韦伯在其著作中阐述了这一观点：“严格的官僚行政管理制度的优点有：精确、迅速、明确、档案知识、连续、谨慎、统一、严格服从、减少摩擦、节省物质的和人力的成本。”①

韦伯所说的官僚制到底是什么呢？韦伯阐述了官僚制的大量特征，最纯粹的官僚制的主要特征是，工作方式高度专业化、明确的等级权威、相当完善的规则与过程的制定方法和职业生涯的发展，选举和晋升不是由个人决定，而是由候选人的资格、价值和资历决定。更重要的是，官僚制的组织管理者是专业管理人员，而不是所有者或政治家；权威的实现是非人格化的，它主要以理性计算的精神为基础，以理性的法律体系为支撑。现时的理性法律体系与过去的法律权威的区别在于，过去的法律依据的是传统、统治者的性格，现时的法律依据的则是理性计算，以及分权立法为指导原则的法律。从这个角度，韦伯指出，权威是“立法的主导”；若权威的立法作用削弱了，那么权威也难以统治其他人。所以，在现代资本主义社会中，管理者要理性地实施其权威，并将法律体系当作其遵守的法律背景，否则，其下属就会产生消极的反应。与工业主义理论相

① Weber M. Economy and society. New York：Bedminster，1968.

比，韦伯认为利润是理性的追求目标，并对管理权威潜在的性质进行了批判。

韦伯指出了与官僚制发展相适应的大量精神方面的因素。其中之一被称为资本主义精神，韦伯把它加入努力工作和自我否定的新教伦理中。他认为，该伦理的世俗化在很大程度上与现代资本主义理性计算的主流相契合。

另外，现代成本计算方法的进步也与官僚制的发展有关，它有助于获得大规模工业组织的效率。同时，竞争市场力量淘汰了那些缺乏理性的组织，越是精于计算的组织，越可能在竞争中获得更多优势。

（二）劳动力市场和雇佣关系

韦伯认为，资本主义企业存在的前提是拥有自由劳动力市场。在自由劳动力市场上，劳动者同生产工具所有者相分离，劳动者因生活所迫，不得不服从于雇主的权威。劳动者在劳动力市场上处于不利地位，受饥饿困扰，被迫接受强加在他们身上的各种要求和条件。尽管韦伯认为立法对劳动关系具有重要的影响力，但他还是认为，管理方仍可以按照其意愿对劳动者实行经济胁迫，因而处于主导地位。

（三）阶级和阶级斗争

韦伯认为工人的利益和资本家的利益是相互冲突的，这一点与马克思的观点相似。但是，韦伯认为广泛存在的冲突并不是不可避免的，随着官僚制的推广，冲突就会受到控制，这是因为官僚制不但具有技术方面的效率，而且具有控制下属和保持组织稳定方面的效率。虽然冲突存在，但并非“阶级”之间的冲突，而是指管理方而非资本家与工人之间的冲突，因为是管理方与工人直接打交道。“食利者、股东、银行家并没有遭到工人的憎恶，而大多数的厂商和商业经理都是与工人在工资斗争中直接对立的。”

实际上，韦伯反对马克思关于阶级的概念，接受了传统的社会分层的思想。该理论将社会分为多个具有不同社会地位、不同阶层的群体。与自由改革主义观点相同，韦伯相信，经济力量在决定个人的生活际遇和所达到的水平过程中起着主要作用。“富裕和贫困是所有阶层地位的基本分类标准。”但是，他认为，对阶级地位的进一步划分还需要考虑大量的其他要素，这些要素包括个人的能力和所受的教育等。而且，经济力量和达到的水平并不能完全决定一个人的地位，一个人在经济地位方面的排名不等于他在社会地位方面的排名。

（四）矛盾的结局

韦伯认为，整个资本主义经济体系，甚至整个社会都越来越官僚化。官僚化的特征是官僚组织、理性计算的精神、多种阶层和社会地位群体的广泛存在，以及劳动者与管理方的冲突的有限性。这种趋势会给经济和社会带来什么样的后果？韦伯及其后继者认为，其后果是“矛盾的结局”。一方面，社会具有高水平的效率、相当的经济和社会能力，最终提高了人们的生活水平；另一方面，工业资本主义的物质利益伴随着大量的社会文化的腐化和堕落。这主要反映在以下四个方面。

（1）大规模的官僚组织盛行使权力不断集中到少数精英手中，这些精英包括工会和政府官员以及商业领袖。这些人的权力不仅来自其职位，而且来自官僚组织控制下属的模式效率。

（2）民主力量的削弱。官僚组织的精英控制了其组织乃至整个社会信息联系的渠道。官僚组织无论在规模扩张还是在组织正规化方面，都削弱了普通公民的地位，使他们既缺乏对政治事务的了解，又缺乏对政治事务的影响力。

（3）工作本身变得失去意义。官僚组织具有高度专业化、标准化、正规化的分工，每一个工作的职能范围很狭窄，且几乎不需要判断力，也没有主动选择的机会。在纯官僚组织中，个人的可变性被摧毁了，每个人都成为庞大的非人格化机器上一个不可识别的零件。

（4）韦伯认为，精密计算的理性的增长反映在精神方面是文化衰退，失去个性、生活意义和道德目标。这一观点是韦伯主要关注的内容，也是前面内容的升华。官僚制几乎存在于社会生活的方方面面，导致个人发现他们不仅在就业方面，而且在社会生活的其他方面，都处于“官僚制的牢笼”之中。

总之，工业资本主义理论是一个相对悲观的理论。这一理论认为，官僚制度化和理性化的过程使个人力量不断削弱，找不到生活的意义。更加悲观的是，韦伯不像马克思那样，认为资本主义最终必然要被社会主义推翻，他并不认为激进的变革是不可避免的。相反，韦伯认为，社会主义促进的官僚制的发展，只能使问题变得更多，并为官僚制的最终胜利提供了条件。

（五）工业资本主义理论的内涵

工业资本主义理论的劳动关系内涵十分清晰。一方面，产业冲突尽管反映了投资者和劳动者之间更广泛的冲突，却以劳动者与管理方之间的冲突为表现形式，并且按照一种已经被细致规划的规则和过程来进行。而且，工人享有较高的生活水平和高度的工作保障，拥有较多的晋升机会。从这个角度讲，工业资本主义理论说明劳动关系体系在很大程度上肯定了经济的核心和主流，这也是自由改革主义所支持的。还是从这个角度讲，该理论与工业主义理论在很大程度上也是一致的。

另一方面，劳动者受到大型官僚组织的雇主、工会和政府机构的统治，无法从工作中找到生活的意义和目标。他们像工具一样完成任务，玩世不恭地工作，被动地接受现实处境。基于这种原因，韦伯在对官僚制的批判中认为，官僚制并不是没有效率的，它最主要的缺点是对人的主动性的忽视，被动地接受已经建立的规则和过程还不如效率不完善。

现代常规的观点认为，在一个高度变化和不确定的世界里，官僚制度已经过时，已经被组织以更可接受的形式取代。在新的形式下，个人的主动性和认同意识是关键。无论情况是否如此，工业资本主义理论对于理解整个20世纪劳动关系的发展都具有重要意义。

三种理论的比较如表2－3所示。

表 2-3　关于劳动关系的经济和社会背景的理论比较

项目	资本主义理论	工业主义理论	工业资本主义理论
主要解释原因	资本主义制度	工业化进程	资本主义工业化进程
主要代表人物	马克思	埃米尔·迪尔凯姆	马克斯·韦伯
相应的劳动关系的学派*	激进主义	正统多元主义，管理主义	自由改革主义
主要的社会形式	阶级	相互交错的利益群体	分层制：多个阶层和社会地位的群体
潜在的发展趋势	阶级斗争	对社会的认同	理性化，官僚组织统治的制度化
就业关系的主要基础	强制	自愿	强制和自愿
管理方的主要目标	通过剥削获得剩余价值（利润）的最大化	效率和效力	通过精密计算的合理性来获得利润最大化
工作的属性和发展方向	非技能化，异化	技能化，价值实现	高度的正规化和专业化，没有价值实现
对未来的判断	阶级两极分化和不稳定	进步和稳定	经济发展，但是文化低落

* 新保守主义不与任何关于经济和社会的性质和发展的理论相对应，它的理论渊源更多的是来自亚当·斯密。

第 3 节　劳动关系调整模式

劳动条件的确定、劳动关系的调整，究竟是由劳资双方协约自治、国家主导干预，还是由资方单独决定？这是整个劳动法制理念的大前提，它决定着劳动法制的体系，以及劳动关系调整的模式。世界各国由于历史、法律、文化的不同，所采用的处理劳动关系的制度模式也各不相同。黄越钦在其《劳动法新论》一书中，将劳动关系的主要调整模式归纳为以下四类①。

一、斗争模式

斗争模式以某种特定的意识形态为指导，认为劳资关系是建立在生产资料私有制基础上的具有阶级斗争性质的关系，其表现形式是雇佣劳动和剩余价值的生产，其本质是剥削与被剥削的关系。因此在劳资之间存在不可调和的阶级矛盾，无产阶级夺取政权之后，要将工厂、土地及一切生产资料收归公有，同时要消灭资产阶级，以斗争模式解决劳动问题。随着社会的变迁和进步，工业革命以来曾经被认为是劳资间互动基础的阶级“斗争”正逐渐消失，以“合作”为本质的劳资关系体制则逐渐形成，因而以阶级斗争模式解决劳动问题的主张已成为历史。

① 黄越钦. 劳动法新论. 北京：中国政法大学出版社，2003.

二、多元放任模式

美国的劳资关系体制与大部分欧洲国家不同，它没有中央级的工会组织，又是全球最大的移民国家，种族复杂，劳动者团结性欠缺，工会倾向于以短期利益换取长期利益，政府对劳动关系的干预也较少，因而可归为多元放任模式。这一模式秉承新保守主义劳动关系理论，认为市场是决定就业状况至关重要的因素，工会或工会运动对市场机制的运行和发展具有负面影响，主张减少政府对劳动关系的干预。

三、协约自治模式

协约自治模式具体分为两种形式：劳资抗衡模式和劳资制衡模式。

（一）劳资抗衡模式

这一模式以劳资对立抗衡为主轴，完全排除国家干预。劳资双方通过行使争议权，进行周期性的抗争，缔结集体协议，在抗争中取得均衡与和谐，以法国、意大利等西欧国家为代表。

这一模式认为，雇主联盟与受雇人联盟之间订立的集体协议，对其成员均具有规范效力，应当以协约自治原则处理劳资事务。早期的协约只规定缔约双方负有义务，令其成员遵守协议，但这种义务的强制效力非常有限，因为单独的雇主或受雇人只要不参加联盟，联盟间的集体协议对他就无约束力。为使联盟间的协约产生广泛的概括拘束力，国家立法规定，集体协议经国家认可后，在法源体系中由契约规范的地位上升为法律规范的地位，成为独立的法源。因而集体协议一经签订，对缔约双方成员都具有法律约束力，这使集体协议成为规范劳资关系的基础。

（二）劳资制衡模式

“制衡”是对“抗衡”模式的修正与超越，即劳动者以劳工的身份参与企业经营，其形式包括从参与决定到共同经营，也就是产业民主化，其基本思想是对劳工的保护从消极转向积极，由劳资双方共同参与决定企业经营活动，尤以德国、奥地利等国为代表。劳工代表参与企业内部经营的观念产生于19世纪，其形式最早为工厂会议，后发展为经营协议、经营参议制等。经营参议制的最大特色是以法律形式将所有人在企业中的绝对主权转变为一种由劳工参与的体制，使劳动者除了工会组织之外，又拥有了另一种形式的企业内的利益代表组织。这种工会与企业内利益代表组织并存的二元架构为德国、奥地利所特有。

四、统合模式

（一）产业关系系统模式

美国著名劳动关系学者邓洛普（Dunlop）最早以统合模式对劳、资、政三者之间的关系加以说明，他在其1958年出版的《产业关系体系》一书中对劳、资、政三者间的经济、政治关系进行了分析，提出了产业关系系统理论。该理论归纳了所有劳动关系领域的现象和内容。产业关系系统主要由四部分组成，即主体、环境、意识形态以及规则。产业关系系统简化模型如图2-1所示。

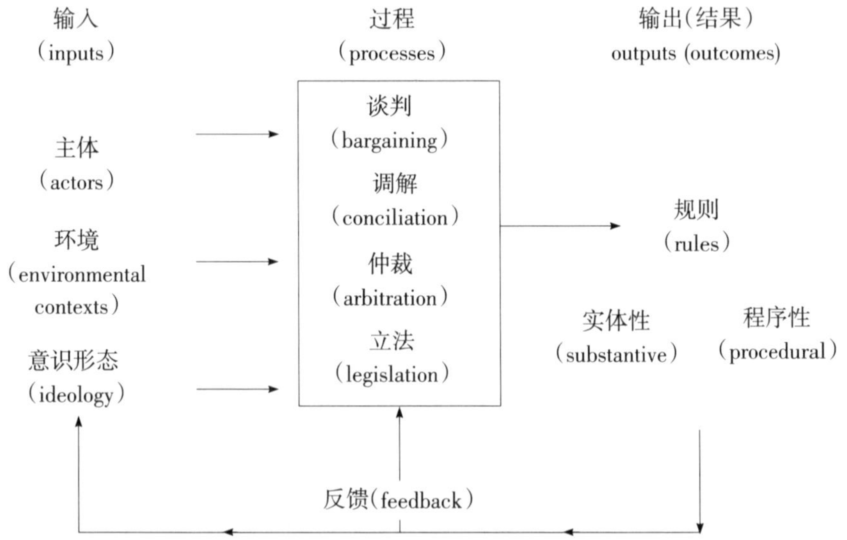

图2-1 产业关系系统简化模型

资料来源：Dunlop J T. Industrial relations systems. New York：Henry Holt，1958.

1. 主体

主体可以划分为三种：雇员方或劳动者以及工会组织，雇主方或管理方以及雇主协会等，政府及其与劳动关系有关的机构。在产业关系系统内，三种主体相互影响、相互作用，成为各种劳动关系行为的载体。

2. 环境

劳动关系主体的行为要受到其他环境因素的影响。这样的环境因素很多，邓洛普将其分为以下三种：技术环境、行为者面对的市场和预算约束、行为者的权利关系和地位。

3. 意识形态

意识形态是指在就业组织中，各成员普遍信奉的思想观念。这些思想观念直接影响着劳动关系各方对自身和其他主体角色的认识。只有在各方成员的意识形态保持基本一致时，产业关系系统才能稳定地运行，否则系统就会出现冲突。

4. 规则

规则是产业关系系统运行的规章，包括薪酬福利、操作规程、奖惩制度和解雇制度等。规则是前三部分的因变量，即规则的产生是在产业关系系统内部环境作用下，具有意识形态的各主体之间相互作用的结果。劳动关系管理的主要内容就是对这种规则的产生机制的研究。

邓洛普的理论是对劳动关系投入-产出模式的进一步发展。投入-产出模式将劳动关系调整视为一个把冲突转化为管理规则的过程，投入是指冲突，产出是指管理规则，它将劳动关系当作具有一定功能的系统，在外部因素和内部因素的共同作用下，实现将冲突转化为管理规则的特定功能。邓洛普的理论比简单的投入-产出模式又进了一步，但仍过于简略，缺少劳动关系中非常重要的要素和行为变化。大多数对产业关系系统的批评认为，该理论只是一种分类方法，因而仅仅是描述性的，并不能解释劳动关系背后所隐藏的规律，也没有清楚地说明其四个组成部分之间的关系。

后来，在邓洛普的基础上，产业关系系统理论经伍德（Wood）、冈德森（Gunderson）等人的修改而完善起来。

（二）对产业关系系统的改进：冈德森模型

邓洛普的模型构架几经演变，现在西方市场经济国家，尤其是北美国家普遍接受的是由冈德森在邓洛普模型构架基础上建立、发展的产业关系系统。该系统可以简单地表示为图2-2。如图所示，产业关系系统由投入、主体、转换过程和产出等四个相互连续相关的部分组成，并且投入和主体两个部分的性质同时也受到转换过程和产出两个部分的直接的或间接的影响（在图中用虚线表示）。因而，在产业关系体系中，在分析产出时要充分考虑系统内部各个部分之间的相互作用。

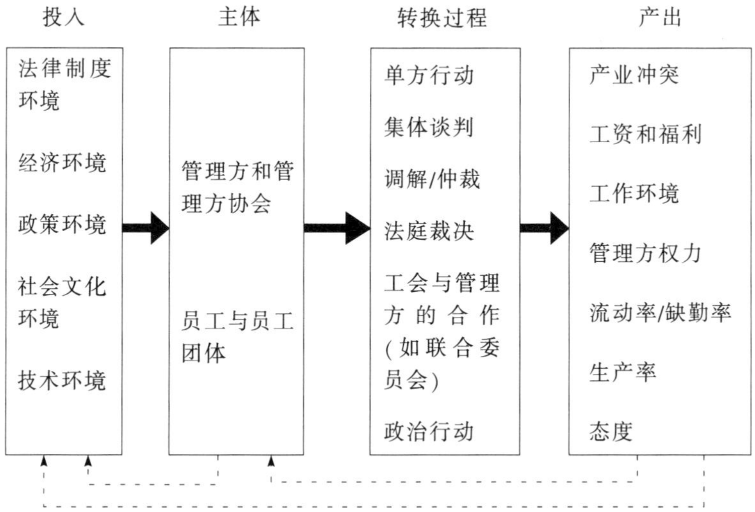

图2-2　对产业关系系统的改进：冈德森模型

资料来源：Gunderson M. Union-management relations in Canada. 3rd ed. Reading，MA：Addison-Wesley，1995.

改进后的模型相对于邓洛普的模型而言，其主要优点是：

（1）认识到产业关系系统的投入部分，除了市场、技术和力量之外，还包括各种其他因素。产业关系系统并非一个孤立的子系统，经济、法律、政治等诸多因素都能够影响主体的行为及主体之间的相互作用，从而影响产出。

（2）该模型还认识到，主体的各种行为都会影响系统的产出。例如，单方行动、双方行动（集体谈判等）、三方行动（政府参与）会对系统的产出造成不同程度的影响。所以，该模型将产业关系系统的概念扩展到企业层面以外，包括行业层面、部门层面甚至社会层面上的各种劳动关系体系规则的制定。

（3）该模型较清楚地区分了程序性规则和实质性规则。模型的产出部分除了包括工资、福利、工作条件外，还包括转换机制的制定程序、立法、生产率、产业冲突、生产事故、流动率、缺勤率和工作态度等的变化。

（4）该模型的反馈机制表明，产业关系系统是动态的。某一时点、某一层面上的（包括企业、行业、部门以及社会等）产出可能是另一时点、另一层面上的投入。所以，某些环境因素从静态的角度看是产业关系体系的外在约束条件，从动态的角度看又部分地由产业关系体系的产出决定。也就是说，从静态角度看，产业关系体系是由投入向产出单向作用的；而从动态的角度看，它的作用方向是双向的。例如，劳动法律环境是影响产业关系体系的投入要素之一，但同时，现行劳动法又是先前劳动关系发展的反映，甚至可能是由三方组成的立法小组协商制定的产业关系系统的直接结果。

（三）统合模式的具体形式

产业关系系统理论在邓洛普创立的基础上，经克雷格、伍德、冈德森等人的修改、发展而完善起来，随后学术界对统合模式纷纷进行研究，并将之分为国家统合和社会统合，20 世纪 90 年代又增加了经营者统合。

1. 社会统合模式

社会统合模式的特征是：劳资双方的关系以整个社会为背景；工会在跨企业的团结权方面具有强大的力量；集体意识与阶级认同存在于社会阶层；劳工对其他劳动阶层的忠诚高于对本产业的忠诚。著名的瑞典模式是社会统合模式的代表。瑞典从 20 世纪 30 年代开始，至 90 年代加入欧盟为止，其劳资事务处理的原则为社会统合模式，内容包括：（1）工会联盟与雇主联盟力量均十分强大，并且共同构成强大的劳动市场组织。在瑞典，劳动者参加工会的比率高达 90%，列世界首位，无论蓝领劳动者还是白领劳动者都建立了强大的组织，而且彼此非常团结，几乎所有职工都分属于三个主要的劳工组织。同时，瑞典资方参加雇主组织的比例也很高，工会组织与雇主组织的中央机构力量强大，形成中央集权制。（2）劳资双方都愿意保持工业和平，明确反对国家干预。劳资纠纷应以劳动市场上的供需情况为基础寻求解决，双方有能力面对社会制度产生的弊端，采取预防措施，不需要国家立法干预。（3）设立争议处理机构。根据 1938 年瑞典劳资双方的基本协议，由工会联盟和雇主联合会的代表组成的劳动力市场理事会成为全国性协商机构，任何劳资争端在提交法院审理之前，应先在理事会内部进行调解。（4）劳资双方组织的影响扩大。20 世纪 70 年代以后，工会主动采取措施，促使生产过程规范化，并参加政府的各种调查委员会，参与咨询或决策活动。（5）工会组织和雇主组织成为集团利益组织，插足政界，发表政见，左右舆论。总之，劳资双方已超出以协约自治处理劳资关系的范围，成为统合经济、政治活动的当事人。

2. 经营者统合模式

经营者统合模式的特征是：(1) 劳资关系主要发生在企业层级；(2) 工会在跨企业的团结权方面不具有强大的力量；(3) 集体意识与阶级认同只存在于产业阶层；(4) 劳动者对本产业的忠诚高于对其他劳动阶层的忠诚。经营者统合模式以日本最为典型。第二次世界大战之后，日本制定了劳动基准法以保障劳动者权益，提升劳动力品质。日本模式建立在以劳动基准法为核心的终身雇佣制、年功序列制和企业工会制三项“国粹”之上。经营者在统合各方面力量之后，通过政府将其决策表达在劳动基准法中，要求各阶层服从。不过日本虽以经营者统合为原则，但仍在某种程度上存在协约自治。

3. 国家统合模式

国家统合模式是指企业与劳工组织在社会结构中所扮演的角色由国家决定。国家通过立法对企业的功能与活动范围予以界定、限制、命令或禁止。国家统合模式的特点是：(1) 国家对劳资双方采取强有力的控制手段，对劳动契约采取干预态度，对集体劳动关系予以压缩。在工会方面，实行强制入会制、单一工会制，禁止或限制特定当事人组织工会；在实务上政党力量介入较深，工会的自主性十分有限。在雇主团体方面，政府也采取相应的干预手段，对产业的控制极深。政党与产业界的关系密切，产业界对政府的影响力量也很大，但劳资双方团体壁垒分明，互不往来，没有固定的合作机制。(2) 以劳动基准法为核心，国家公权力对劳资双方的劳动契约直接介入、干预和管制。(3) 在劳动安全卫生与劳动监督检查方面，采取官僚本位主义，缺乏工会与劳动者的参与。(4) 劳动力市场政策主要是为了配合国家经济发展计划，而较少从劳动者的立场进行规划，体现劳动者利益。

➡ 关键术语

正统多元主义　管理主义　新保守主义　自由改革主义　劳资抗衡　劳资制衡　资本主义理论　工业主义理论　工业资本主义理论　工业社会理论　伍德沃德-布劳纳理论　一元主义　多元主义

➡ 复习思考题

1. 试述现代西方劳动关系的主要学派及其观点。
2. 结合实践，谈谈劳动关系的几种调整模式。
3. 比较自由改革主义与激进主义的观点之间的区别与相似之处。
4. 举例说明韦伯所说的官僚制对雇佣双方关系的影响。
5. 试述一元主义、多元主义看待劳动关系的观点。

第3章 劳动关系的历史和制度背景

学习目标

学完本章之后，你应当能够：

1. 描述西方市场经济国家劳动关系历史发展的阶段特点
2. 理解劳动关系发展的一般规律
3. 熟悉世界劳动关系将要面临的问题和挑战

引导案例

国际劳动节的起源和发展

每年5月1日是国际劳动节（International Labor Day）。劳动节是劳动者、工会与工人运动者的一个重要日子，设置目的主要是希望借此节日表彰劳动者在经济和社会建设中所做的贡献，感谢劳动者以其脑力和体力的付出，促进了一个国家的建设和繁荣。

把5月1日定为劳动节有其渊源。1884年，美国、加拿大两个劳工团体在美国芝加哥聚会，决议自1886年起每年5月1日举行示威活动，要求实施每日8小时工作制。这一运动随即传遍欧洲大陆。1889年，第二国际在法国巴黎举行国际劳工大会，为了纪念在1886年5月1日争取每日工作8小时的胜利，决定以每年5月1日为国际劳动节。

第二国际成立于1889年，结束于1916年，这一国际组织延续了马克思和恩格斯所推行的第一国际，是一个由社会主义和工人运动人士组成的国际组织，其目的主要是促成国际社会主义信仰与行动者的团结，进而争取与保障劳工大众等弱势者的权益。第二国际最重要的行动就是在1889年宣布5月1日为“国际劳动节”。

世界各国庆祝劳动节的日期并不一样，美国的劳动节是每年9月的第一个星期一。美国劳工部的资料显示，美国第一次庆祝劳动节是1882年9月5日（星期二），当时是由纽约市中央工会发起主办的。1884年，正式确定9月的第一个星期一为美国的劳动节，美国各大工业城市的劳工组织争相庆祝。1894年，美国国会正式将这一天定为法定假日。

加拿大的劳动节与美国一样，是每年9月的第一个星期一。新西兰和澳大利亚的劳动节则是每年10月的第一个星期一。我国的劳动节是每年5月1日。

资料来源：The History of National Day.（2008-03-10）. http://www.dol.gov/opa/aboutdol/laborday.htm.

从引导案例中可以了解到，早在19世纪，劳资矛盾就已经是工业社会非常重要的社会问题，劳动者通过集会、游行表达抗议和不满。事实上，在一个弹性化、自由化、民营化和全球化的情境中，劳动者可能面临更大的不确定性。无论政府的劳工政策还是企业的经营策略，通常都会将劳动者的权益和福祉置于企业竞争、效率与利润之后，尤其在物价上涨、薪资停滞的时代。资本主义国家劳资问题在经历了数百年的发展之后，发生了很大的变化，了解这些变化对于全面理解劳动关系具有重要意义。

本章将主要讲述以发达资本主义经济为代表的经济发展史以及在这段历史中所蕴含的劳动关系的内涵。本章的意义在于：其一，当前的制度安排和发展状况并不是一成不变的，当前的劳动关系也并不是劳动关系仅有的状态，而是复杂而漫长的历史演进过程中的一个片段。为了更好地理解劳动关系的现在和未来，有必要以史为鉴，了解劳动关系的起源和发展。其二，当前的劳动力市场各项制度不是凭空产生的，它们的产生和发展都与经济社会背景有关。历史分析方法可以帮助我们了解当前的劳动法、工会、管理规章等制度的产生原因和内部机理。

第1节　早期工业时代的劳动关系

劳动关系是管理方与劳动者之间的关系，表现为劳动者在管理方的安排和指导下劳动，管理方支付劳动报酬。这种关系是随着资本主义生产方式的产生而出现的。劳动关系的历史可以追溯到工业革命，从工业革命开始到19世纪中叶是劳动关系发展的第一个阶段。

一、背景

18世纪中期，以蒸汽机的发明为标志的工业革命从英国开始，席卷欧洲、美洲，全球进入了一个新的时代——资本主义工业时代。在这个时代，经济制度发生了本质变化，机器取代了手工工具，大机器生产取代了手工作坊。新技术的采用和生产规模的扩大，提高了劳动生产率，带来了产量的飞跃，推动了生产的发展和社会的进步。另一方面，工业社会带来的最大变化，就是工业生产逐渐取代农业生产而占据经济发展的主导地位，市场经济取代了小农经济，社会结构日益复杂。

在资本主义发展的初期，资本主义社会处于原始积累阶段，对内表现为对本国劳动者的剥削，对外表现为对殖民地的掠夺。大批劳动者被迫离开土地，不得不依靠出卖劳动力谋生。这些劳动者具备了成为工人阶级的两个基本条件：一是他们是自由的；二是他们除了他们自身以外一无所有。资本与劳动相结合，新型的雇佣关系就这样产生和发展起来。在这一时期，不但形成了现代意义上的雇佣关系，而且雇员人数逐渐增多，成为社会阶层结构中的主体。

工业革命的直接成果是工厂制度的建立，它是资本主义发展的微观基础。由于工业技术得到广泛应用，因此工厂能够进行社会化大生产。为了提高效率，在亚当·斯密分工思想的指导下，企业实行了高度的专业化分工。高速的经济发展使人口很快涌向工业集中地，不久就在交通便利和资源丰富的地区形成了工业城市。更重要的是，大工业产生了资产阶级和无产阶级，从此，劳动关系成为资本主义社会的一种基本关系。

由于大企业的建立，雇主和工人之间形成了相互对垒的态势。在早期的工厂制度下，管理的特点是军队式的严密组织，并且大量使用童工。由于当时熟练工人严重缺乏，工人队伍起初都是由农民、退伍军人等组成的。为了提高生产效率，资本家就派各类监工，强迫工人按照资本家的要求像机器一样劳作。工头通过罚款、解雇，甚至残酷的鞭打来逼迫工人服从。于是，工人视机器为仇敌，认为是机械化使其受到非人的待遇，因而工人最早的反抗就是破坏机器。尽管为了制止各种骚乱，英国在1769年制定了法律，但并不能完全杜绝骚乱的发生。这给当时的工业发展和生产力造成了严重的破坏。当时资本家的主要兴趣是出售产品，并不关注形成一个良好的制度。

二、斯密的管理思想

亚当·斯密是英国古典经济学家，他的管理思想也成为当时的主流管理思想。斯密认为，劳动是国民财富的源泉，各国人民每年消费的所有用品都来源于本国人民每年的劳动，劳动创造的价值是利润的源泉，工资越低，利润就越高；工资越高，利润就越低。在斯密管理思想盛行的年代，企业将追求利润最大化作为唯一目标，雇主极力压低工人工资，延长工时，提高劳动强度，以获得更多的利润。斯密主张以市场“看不见的手”来自动调节市场的供求，政府应该仅仅作为“看门人”，不干涉市场的供求和经济的发展。在政府不干涉政策的影响下，雇主具有相当大的雇用、使用和解雇员工的权力。

三、该时期的劳动关系

在早期工业化进程中，工人的生活状况没有随着经济的发展而改善。相反，雇主为了获得更多利润、花费更少的劳动成本，往往采用延长工时、提高劳动强度、压低工人工资、不改善工作条件和劳动保护设施，以及完全控制工人工作等办法剥削工人。由于过度竞争、贫富分化、商品和货币对劳动者的异化，工人的劳动条件和生活状况急剧恶化。在早期工业时代，雇主对工人的剥削是残酷的。

各国政府普遍信奉古典主义的自由竞争理论，认为市场是最有效率的。政府不干预劳资关系，完全交由劳动力市场自动调节。正如前面理论中所述，资方在劳动关系中具有优势，劳动者在缺乏制度保证时处于绝对劣势。关于劳动和保障方面的法规非常少，1802年英国通过的《学徒健康与道德法》被视为第一部具有现代意义的劳动法规。

18世纪末19世纪初，西欧各国爆发了各种工人反抗斗争，他们通过破坏机器、烧毁厂房、停工怠工、罢工游行等形式，要求雇主改善劳动条件和提高工资。这些斗争往往是自发和分散的行动，没有周密的组织和计划，因此往往以失败告终。正是从这些失败中工人开始认识到，只有联合起来，获得成倍的力量，才有可能与雇主抗衡，达到运动的目的。所以，在一些行业中开始出现最初的工人组织，即早期的工会。

在同一时期的美国，也产生了早期的工会，只是产生的原因与欧洲有所不同。在美国，大部分工会是在技术工人和半技术工人内部发展起来的，工会的目的是以其意志来规范所从事的职业。所以，美国早期的工会具有中世纪同业互助会的性质。随后，全国性工会在各种行业中出现。19世纪70年代早期，美国的全国性工会发展到大约30个，会员总数大约有30万人。

面对早期的工人组织，雇主进行了激烈的抵制，政府也采取了法律上不承认或严格限制的态度。当时各国的立法都禁止工人结社、罢工和示威。英国1799年颁布的《结社法》和法国1791年颁布的《夏勒里埃法》就是这类法律的典型代表。政府甚至动用军队来对付工人罢工，例如，在美国，1834年安德鲁总统在马里兰州镇压了爱尔兰裔工人的罢工。

四、该时期劳动关系的特征

早期工业时代劳动关系的表现形式是激烈的对抗，劳动关系处于不稳定和直接对立之中。一方面，雇主或资方通过压低工资、延长工时、威胁压迫工人，以及对恶劣工作条件的漠不关心来获得更多的利润；另一方面，工人或劳动者在争取工资、工时、就业和劳动条件的改善上进行了不懈的斗争，但是，这种工人运动总体上处于分散、个别和局部的状态，即使产生了工会，这一时期的工会也很不完善。因此，在该时期的劳动关系中，资方占有绝对的优势地位。政府在表面上采取自由放任的态度，对于劳资纠纷采取不干预的方式，然而实际上，政府的立法和政策倾向于雇主一方。

第2节　管理时代的劳动关系

一、背景

19世纪中期到20世纪初期，资本主义经济开始从自由竞争向垄断过渡。这一时期经济发展的基础是从19世纪中期开始、在19世纪末20世纪初达到高潮的第二次技术革命。科学技术的巨大进步、工业生产的迅速发展使企业的规模越来越大，财富逐步聚集到少数资本家精英手中。生产和资本高度集中为少数大资本家的联合和实行垄断创造了条件。垄断组织在各个部门陆续建立，并发展为工业资本与银行资本相融合的金融资本的统治。

新技术革命也带来了生产组织的变革。由于使用了电，原来以蒸汽机为基础的机器组合（包括工作机、发动机、传动机）现在连成了一体，由此引发了生产工艺组织的变革。过去由于动力和传动装置限制而将同种机器并列的工艺组织，已被按产品加工工艺组成的流水线代替。在这个阶段，贫富差距不断扩大，社会矛盾日趋尖锐。从19世纪70年代到第一次世界大战爆发的40多年里，主要资本主义国家先后经历了五次世界经济危机的打击，每次经济危机都使资本主义国家的生产急剧下降，大批企业破产，货币贬值，工资削减，失业人数增加，生产力遭到破坏。同时，资本主义制度暴露出越来越多的问题，遭到社会有识之士的不断抨击。政府也认识到，为了稳固政权，巩固统治，就不得不要求雇主方做出一些让步，同时也要对劳动者的工作保障等方面加以管理。

二、科学管理理论

随着技术革命和流水线作业为基础的生产的发展，产生了新的劳动组织和现代管理体系，这就是泰勒制。以弗雷德里克·泰勒为主要代表人物的科学管理理论以提高生产率为目标，以科学管理方法代替传统的经验管理，提出通过建立各种明确的规定、条例、标准，使一切科学化、制度化，是提高管理效能的关键。科学管理理论的内容包括劳动定额原理、激励性的工资报酬制度等。

科学管理思想对这一时代产生了深刻的影响，各企业纷纷以此为依据制定新的管理方法。管理的改进不但提高了劳动生产率，而且为工人创造了更加公平合理的竞争环境。下面是著名管理学家哈罗德·孔茨对泰勒的评价：

> 尽管看起来过分关注车间一级的生产率，然而恰恰相反，贯穿在泰勒著作中的主旋律却是强烈的人道主义。他认为，要精心选人、用人并加以培训，让他们做能够干得最好的工作。他还认为，工人、主管人员和工厂主的利益，是能够也应该能够协调一致的。此外，泰勒还强调了主管人员精心制定先进计划的重要性以及主管人员有责任设计工作制度，认为计划和制度可以帮助工人把工作做得最好。但是，他在谈到管理时从来没有忽略过这样的事实："雇主与工人之间的关系无疑是形成这种艺术的重要部分。"

但与此同时，流水线生产和泰勒制也成为资本家提高劳动强度、加强剥削的重要手段。泰勒制加强了资本家对工人的实际的隶属，使工人进一步附着在工作岗位上。

三、该时期的劳动关系

在雇主改变管理方式、加强剥削的同时，工人运动有了进一步的发展。在美国，1886年12月，美国劳工联合会（简称劳联，AFL）成立，它是一个以熟练工人为主的在不同职业的基础上组织起来的全国性总工会，目的是为工人谋取更多的利益。1905年，在美国芝加哥，世界产业工人联合会（简称世界产联）诞生。在欧洲，各国政府相继废除了禁止结社的法律，各国的工会组织获得了空前的发展。到19世纪末，工会在西欧各国已经相当普遍。

各国政府改变了早期工业时代对工人运动和工会或放任或压制的政策，采取了"建设性"的干预政策，开始对改善工人状况进行国家干预，力图建立稳定的劳资关系。

建设性干预政策首先体现在立法上。各国相继通过了有关保护妇女和儿童就业、减少工时，以及以社会援助的形式发放各种津贴和失业补助的一些法律和条例。到19世纪末20世纪初，各国的工厂法、劳动保护法、劳动保险法、工会法、劳动争议处理法等法律大量出台，相应的劳动行政管理机构也开始出现。1871年英国颁布了世界上第一部工会法，1875年又颁布了《企业主和工人法》，允许工人团体和企业主签订契约和合同。到1904年，新西兰出现了较规范的集体合同法。从此，集体谈判制度得到了国家法律的承认和保护。

四、该时期劳动关系的特征

该时期劳动关系的特征主要表现在以下几个方面：

(1) 工人运动继续发展，工会组织广泛建立，队伍逐渐壮大，并且形成层次，工人力量开始不断增强。

(2) 资方或雇主在工人运动不断加强的情况下，开始出现让步，从早期对工人的直接剥削和压迫转变为通过改进管理，增加在工作中科学的分析和对工人的激励，来追求利润最大化的目标。

(3) 劳资矛盾的目标没有变化，仍然是争取更好的工作和生活条件，但是其激烈程度有所下降，表现形式呈现多元化，集体谈判制度得到了确认。

(4) 政府的政策发生了变化，从不干预到出台大量的法律、建立相应的机构干预劳资关系，劳动关系朝更加稳定、有序的方向发展。

第3节　冲突的制度化

一、背景

20世纪上半叶，世界经济经历了两次世界大战和历史上最严重的经济危机的严峻考验。战争期间，资本主义国家的经济与政治均陷于动荡之中，生产和贸易遭到了严重的破坏。由于民族矛盾突出，劳资矛盾相对退居次要地位。20世纪二三十年代，西方资本主义国家发生了空前的经济危机，大量的企业破产和工人失业，使劳资关系重新紧张起来。受苏联社会主义革命和经济危机的影响，各主要资本主义国家相继爆发了以政治要求为目标的较大规模的罢工。例如，1919年英国的罢工达到1 352次，法国则更是多达2 026次。1938年美国产业工人联合会（简称产联，CIO）正式成立，形成了与劳联竞争的局面。

面对劳资关系的再度紧张，政府不得不直接干预经济。这一方面表现在劳动部门的就业管理职能得到扩大和加强，政府开始对劳动力市场进行宏观干预。这种对经济的干预以美国的罗斯福新政为主要代表。为了减少大萧条造成的失业，缓和劳资矛盾，罗斯福政府颁布了《产业复兴法》。该法律规定：工人有组织工会、参加自己选择的任何工会和通过自己的代表与资方签订集体合同的权利。该法律还规定了最低工资和最高工时等。政府还通过执行公共工程计划，吸收失业者就业。1935年通过的《国家劳动关系法》（又名《瓦格纳法》）进一步确认了工会的权利。另一方面，各国都进一步发展了社会保障制度，提高了社会保障水平。1935年罗斯福政府通过了《社会保障法》，标志着现代社会保障制度从社会保险制度向综合性社会保障制度转变。

二、行为科学理论

行为科学理论与科学管理理论的产生年代基本一致，但发展比后者更晚。直到 1949 年在美国芝加哥大学召开的会议上，该理论才被正式命名为“人际关系学说”，后来又被称为“行为科学”。与科学管理学派偏重对工作进行科学分析不同，行为科学理论侧重对人的心理活动的研究，探求人们行为的规律，从中寻找管理员工的新方法和提高劳动效率的途径。

在行为科学发展的过程中，与组织中劳动者有关的三个最重要的方面是：工业心理学的出现、霍桑试验、社会系统理论。

（一）工业心理学的出现

“工业心理学之父”雨果・芒斯特伯格在他的经典著作《心理学和工业效率》中提出，研究的目标是：寻求如何使人们的智能与他们所从事的工作相匹配；在何种心理条件下，才能从个人的工作中获得最多且最令人满意的产出；企业如何影响工人，以便从他们那里获得好的结果。与泰勒一样，他对劳资之间的共同利益感兴趣。但是，他强调他的方法更侧重于工人，希望以此来缩短工作时间、增加工资和提高生活水平。

（二）霍桑试验

霍桑试验是指在 1924—1932 年间由美国人梅奥和罗特利斯伯格所进行的一系列分析改变照明和其他一些条件对工人和生产率的影响的试验。他们发现，照明强度和其他工作条件都无法解释生产率变化的原因。他们认为，在试验中生产率的提高是由于存在士气、劳动集体成员之间满意的相互关系（一种归属感），以及有效的管理等一系列社会因素。因此，管理者要了解人的行为，特别是了解集体行为，并且用好激励、劝导、领导和信息交流等手段。霍桑试验的重要之处在于，把人当作社会的人，从而要更多地考虑岗位上的人的情感、心理、期望等。

（三）社会系统理论

社会系统理论的代表人物是切斯特・巴纳德，他将管理工作纳入一个社会系统，并认为高级管理人员的任务就是在正式组织内尽力维护好一个协作系统。

三、该时期的劳动关系

在两次世界大战期间，劳动关系有了进一步发展，世界大战和经济危机影响了各国政治和经济的稳定，加快了各国政府干预劳动关系的步伐，各国从初期的国家干预向制度化、法制化过渡。

由于战争和危机对生产和就业带来的震荡，劳资矛盾一度非常尖锐，同时也引发了很多社会问题。为了缓解劳资矛盾，促进经济复苏，各国依据新的行为科学管理理念，开展了产业合理化运动。该运动是以工人参与企业管理为主要内容的产业民主化运动。

在该时期，三方性原则开始得到体现。最初的形式是，由政府的劳动部门安排雇主和工人代表或工会代表参加会议，共同讨论一些双方都关心的问题。经过一段时间的发展，逐步演变成政府在制定产业政策时主动征求双方的意见，政府参与调整双方关系，使双方的矛盾能够控制在一定范围内。三方合作的方式在当时主要有两种。第一种方式是，在政府的主持和法律的约束下，以集体方式处理劳资关系。这种集体谈判和集体协议制度逐渐在各国兴起，并广泛地传播。在集体谈判制度中，管理方与劳动者集体按照事先规定的程序通过讨价还价来共同决定工资和其他工作条件，而政府在谈判过程中作为第三方，除了帮助制定程序和规则之外，还承担调解和仲裁双方纠纷以及提供其他服务的责任。第二种方式是，在政府制定劳动立法的过程中，政府也从原来只听取雇主方的意见转变为邀请雇主和工人代表共同参与协商。一些国家还为此成立了由三方共同参加的机构。当然，这一时期三方性原则在工业企业中还不普遍、不完善。

四、该时期劳动关系的特征

（1）该时期的劳动关系受重大历史事件的影响比其他时期更明显。两次世界大战和经济大萧条使劳资矛盾在缓解和激化之间反复振荡，客观上促进了劳动关系的加速发展。

（2）政府进一步放弃了原来的不干预政策，不但加强了劳动保障方面的立法，而且对产业发展和劳动力市场等诸多领域进行了宏观调控。

（3）企业的管理方更加关注员工的社会性特征，如士气、满意度等，客观上缓和了劳动关系的紧张状态。

（4）该时期冲突逐步制度化，产业民主化和三方性原则首次被提出，集体谈判的范围进一步扩大，调整劳动关系的渠道更宽，选择余地更大。

第4节　成熟的劳动关系

一、背景

成熟的劳动关系时期是从第二次世界大战结束后直至20世纪八九十年代。在这一阶段，世界经济发展出现了很多新变化：科学知识技术蓬勃发展，计算机被发明和广泛应用，自动化控制领域突飞猛进。在科技快速发展的情况下，世界各国经历了一个经济快速增长的时期，企业的资本密集度不断增加，对工人的技术水平要求也在提高。同时，企业的规模也由于规模收益而不断扩大。所有这些都对企业管理提出了新要求。

随着第二次世界大战后全球经济的快速发展，出现了像英国、瑞典这样的福利国家。福利国家以社会保障制度完善、社会保障水平高而著称。在其他西方国家，社会保障制度也有了不同程度的完善。现代社会保障制度在20世纪四五十年代进入了成熟阶段。社会保障制度的发展对于改善劳动关系具有相当重要的意义。

二、现代管理学的发展——“管理理论的丛林”

在科技进步和企业组织变化的背景下，原有的管理理念已经不再适应企业的需要，许多新理论应运而生。这些理论思想庞杂，内容广泛，被著名管理学家哈罗德·孔茨称为“管理理论的丛林”。

在管理理论的丛林中，各派观点各不相同，在分析方法、研究具体对象等方面也各有所长。这里仅列举几个相对重要的学派，简单介绍它们的观点中与劳动关系有关的内容。

1. 经验主义学派

该学派的代表人物彼得·德鲁克认为，科学管理侧重于以工作为中心，忽视人的一面；而行为科学又侧重于以人为中心，忽视与工作的结合。目标管理则是综合以工作为中心和以人为中心的方法，实现工作与人的完美结合。

2. 经理角色学派

经理角色学派产生于20世纪70年代，主要代表人物是加拿大的亨利·明茨伯格、乔兰、科斯廷等，该学派因以对经理角色的职务和工作为研究对象而得名。

该学派认为，经理提高工作效率的方法是：与下属共享信息；有意识地克服工作的表面性；处理好对组织施加影响的各种力量的关系，这些力量有股东、学者、政府、工会、公众、职工等。

3. 权变理论学派

权变理论也称超Y理论，主要代表人物有约翰·莫尔斯（John Morse）和杰伊·洛希（Jay Lorsch）。该理论认为，在企业管理中要根据企业所处的内部和外部条件随机应变，没有一成不变的、普遍适用的最好的管理理论和方法。

权变理论认为，人们加入工作组织的目标和需要互不相同，他们对管理方式的要求也有差别，员工的培训和工作分配、工资报酬和对其的控制程度等管理政策应该随着工作性质、工作目标等因素而变化；当一个目标达到后，可以继续激发员工的胜任感，使之为新的更高目标而努力。

这些新学派的出现不仅反映了新的经济、技术环境下管理思想的变革，也反映了对已有的上一个比较特殊的历史时期的管理思想与传统的管理思想之间的某种整合。

三、该时期的劳动关系

劳动者重新返回劳动力市场和战后重建都为经济的复苏和经济在一个较长时期内的发展提供了重要支持。经济发展的新要求和持续不断的工人运动，使政府采取了更多的产业民主化政策。

在这些产业民主化政策中，最重要的是工人参与企业管理，主要体现在三方性原则的广泛推广上，即国家（政府）、企业和员工三方合作，共同制定产业政策和劳动政策。具体形式各国又有所不同。有的在全国一级的产业层次上由政府主持下的雇主协会与全国性的产业工会谈判；也有的仅按照政府的法律规定，在企业层次上由雇主与企业工会谈判；还有一些国家成立了由三方参加的民主决策机构，劳资议会就属于这样的机构。国际劳工组织也是一个三方组成的组织，它积极倡导劳动关系领域的三方性原则，在制定劳动法规、调整劳动关系、处理劳动争议等方面，政府、企业（雇主）和员工三方代表共同参与决策，相互影响、相互制衡。

另外，集体谈判制度也进一步完善，并且被西方国家普遍采用。雇主与工会或工人代表通过相对公平的谈判来决定工资和工作条件等内容，所有员工——工会会员以及非工会会员，都可以享受谈判带来的福利的增加。集体谈判逐渐成为处理管理方与员工之间日常问题的主要手段。

政府对劳动关系影响的方式也从不干涉、直接干预转变为通过立法规范间接干预。在这一时期，西方国家形成了一整套规范化、制度化的法律体系和调整机制。

在美国，1947年通过了《劳资关系法》（也称《塔夫托-哈特利法》），对工会的权力进行了规范和限制。1955年劳联和产联合二为一，结束了两大工会力量长期竞争的局面。合并之后的劳联-产联的运作更加具有效率，并对内部各工会之间的冲突进行调整，使之控制在非暴力合法化的范围内。一方面，工会的数量不再像第二次世界大战期间那样迅速增加，而多是旧有工会组织的延续；另一方面，参加工会的会员人数不断增加。

各国公共部门的工会发展壮大起来。从1972年开始，美国制造业和建筑业蓝领工人中的工会组织数量骤减，同时，从1960年起，公共部门的工会组织，尤其是在州、地方和联邦政府雇员中的工会组织，则维持了较长时间的增长。在其他国家中也有相似的过程：1985年，公共部门中，工会代表的比例在美国为36%，德国为58%，英国为81%；而在私营部门中，工会代表的比例在美国为14%，德国为28%，英国为38%。到2011年，美国公共部门工会仍有着重要地位，而在私营部门已风光不再，公共部门工会密度为36.8%，私营部门仅为7.6%，平均则为12.4%。

在欧美国家，虽然员工中工会会员的比例有所上升，但是冲突的形式变得不那么剧烈了，劳动关系表现得更加成熟，因为双方找到了解决冲突的更有效的办法，这就是法律规范下的由劳资协议制度、集体谈判制度等组成的制度体系。

四、该时期劳动关系的特征

（1）经过前几个时期劳动关系的发展，政府不但认识到了调整劳动关系的重要性，而且调整手段也已经相当完备，立法体系完善，社会保障制度健全，保障水平随着经济的发展不断提高，为劳资双方有效沟通提供的各种服务也比较完备。

（2）在政府立法、服务体系的干预下，管理方与员工双方都更愿意通过相对缓和的形式来解决冲突，使双方都得到好处，因此从总体上看，冲突的激烈程度不断下降，合作成为劳动关系的主流。

（3）经过长期的发展，三方格局形成，员工参与管理的产业民主制度、集体谈判制度等都已相当完善，解决劳资矛盾、劳资争端的途径趋于制度化和法律化。

第5节　新的矛盾和问题

一、经济和组织的发展

近年来，一些学者从社会学和人类学角度对泰勒式的工作组织提出了挑战。他们认为，泰勒式组织具有成本高、制度僵化的弱点，不适应新时代高新技术和通信技术的发展，因为这些新技术在销售、生产、设计和生产重组等方面，要求更具柔性的专业特征，从而使工作组织和工作设计发生了根本性变化。

互联网技术改变了企业的商业模式，也使传统的蓝领和白领的界限越来越模糊。工作组织的制度也从多等级的官僚制转变为由网络化供应、团队工作、多种技术支持，以及像组织扁平化和弹性工作制这类形式多样、富于变化和适应环境的制度。这种新的商业模式被称为“零工经济”或“线下众包”。众包是指将传统由一名员工完成的工作以公开要约的形式外包给不确定的多数人。从理论上讲，这些新技术公司只是通过数字平台直接将客户与执行任务的个体劳动者进行匹配。在互联网时代到来之前，这种外包是很难实现的。这些公司致力于建立一个在线平台，比如网络、App等，在这个平台上，客户可以直接找到一个或多个劳动者来完成任务。平台企业声称自己只是在服务提供方和服务需求方之间搭建联系的一个数字平台，因此平台将从业者界定为自我雇佣者。在缺乏劳动法保护，特别是最低工资和集体谈判的情况下，客户可以获得比传统企业更便宜的服务。

新商业模式对第三产业的影响范围更为广泛，比如滴滴出行（城市交通）、管家帮（家政服务）、点匠（建筑服务）、美团（上门餐饮）、导游之家（导游服务）、货拉拉（搬家服务）、易教网（家教服务）等。高技能的灵活就业者（如建筑师、软件工程师等）可以通过程序员客栈、开源众包等平台工作，低技能的灵活就业者（如司机、送货员等）则可以通过美团、饿了么、滴滴出行等平台工作。这些工作都只需要在本地线下进行，这些公司也都属于某个特定行业，客户可以通过平台寻找到特定的服务。这种新商业模式的特点是：

（1）对劳动者的依赖性更低。新型企业的特点是不需要实时管理和监督平台劳动者的工作。利用技术，公司可以根据客户的工作评估结果做出是否解雇的决策。同样，公司也没有动力为从业者提供培训，因为任何人想要从事这项工作，都需要事先做好充分的工作准备。与传统工作相比，新的工作方式具有更少的从属性和更大的工作自由度。

（2）具有规模经济或群聚效应需求。新型企业运作的基础是积累大量的平台从业者和客户。事实上，由于平台拥有大量从业者，企业也就不需要具体规定上下班时间，而客户也总能在任何时间通过平台找到可以提供服务的人。

（3）可以开展全球业务。平台和品牌一旦建立起来，其推广扩张至全球市场将变得相对容易和便宜。全球扩张使企业能够利用规模经济，让一个品牌获得世界各地用户的信任，组织很容易获得所需的群聚效应。

（4）业务范围超越提供数据库服务。关于这些新型平台企业的性质，它们到底只是提供供需数据的一个数据库，还是在某一特定领域提供服务的公司，仍是争议的关键点。

这种新商业模式的出现在劳动力市场上引发了两个主要问题。第一个问题涉及劳动法的适用范围，即关于雇员的传统法律概念在这种新的工作方式中是否仍然有效；第二个问题涉及政策，即是否有必要扩大劳动法保护的范围，使从属性或控制性劳动与劳动法保护脱钩。另外，还必须考虑的是，新型劳动者所需要的保护与传统从属性或控制性劳动所需要的保护是否相同。从这个意义上说，可能需要一种新的法律保护。

二、劳动关系的新变化

20世纪80年代以来，工作和雇佣关系领域发生了重大的改变，产品和劳务的全球化是影响和促成变迁的主要来源，它彻底形成了一种新形态的劳动分工。不论是公共部门还是私营机构和组织，都开始采取新形态的雇佣措施，劳动者的质与量都在改变，而资方的管理措施也不断推陈出新。在发达市场经济国家，工会与雇主之间以集体协商为主要形式的传统社会对话，逐渐被个别的劳动契约或雇佣关系取代，而其他类别的社会对话形式也在逐渐调整和发展之中，这都是为了适应新的就业和雇佣形势。至于许多新兴工业国家，也逐渐发展出一些不同形式的员工代表制度，劳动力市场的规范机制正在改变。新技术的采用以及由此带来的新组织制度的发展，以及全球经济一体化的影响，促使新时期劳动关系也在发生日益明显的变化。

（一）全球经济一体化带来国际竞争的加剧和雇主策略的变化

由于全球经济一体化趋势加强、国际竞争激烈，组织面对的降低雇佣条件、压低人工成本的压力越来越大。这些压力缩小了各国的雇主或管理方妥协的余地和工会及集体谈判发展的空间。到目前为止，世界各国尤其是劳动关系发展成熟的市场经济发达的国家，仍在纷纷寻求降低成本的方法，以及调整雇佣关系的新模式。

（二）跨国公司的兴起和经济全球化趋势改变了资方、政府和工会的权力平衡

一方面，市场的范围已经从单一国家扩展到多个国家和地区；另一方面，一国政府控制国际资本流动的能力是有限的。由于大型跨国公司的核心竞争力在于利用国际金融、国际科研和国际技术资源，因此政府对这些大型跨国公司的影响力越来越小，政府不再能够像以前那样，通过国家主要工业巨头联盟的帮助来制定该国的产业政策，而是只能控制部分国内市场。即便如此，对这部分市场能够产生影响的工会也会受到其他市场参与者的成本竞争的限制。正是在国际竞争压力和工作组织自身变化的情况下，各国的工会力量在20世纪80年代后期都有不同程度的削弱。对于许多美国工人来说，加入

工会的员工得到的工资和整体福利比他们以前得到的要低得多，因不合理解雇和工作歧视而引发的劳动争议在不断增加，员工受到不公平待遇造成的实际不满情绪也在剧增。在劳资关系紧张的情况下，工会并没有扩张，很显然，员工没有将加入工会当作一个能够解决这些问题的方案。近年来，美国工会会员的数量不断减少，在私营部门，工会组织率下降到《瓦格纳法》出台前的水平：截至2011年，只有不到7%的私营部门劳动者是工会会员，其他国家的工会会员数量平均也以每年5%～7%的速度减少。在美国的跨国组织中，如果公司是无工会的，那么全球性人力资源经理比无工会的国内公司要完成更多、更困难的任务。他们必须更加努力工作，以创造一种让员工感到不需要工会代表的氛围。因为相对于美国而言，其他发达国家的工会力量比较强大，因而要求跨国公司的人力资源经理为继续保持公司的无工会状态而付出更多的努力，尽量履行承诺和合理地对待员工。

（三）非典型就业劳动者的处境日趋严峻

非典型就业劳动的发展趋势锐不可当，在全球化、弹性化和提升竞争力的诉求下，这些不安全雇佣的非典型劳动的情况令人担忧。非正式员工的使用数量在逐步增加。例如，在日本，短期工、派遣工、自由打工者等完全不同于传统终身雇佣制的雇佣形式迅速普及，近年来已占被雇佣者总人数的30%左右。正式员工与非正式员工的收入相差一倍左右，在保险福利、退休金以及年休假方面的待遇也不尽一致，而且企业可以在不需要时随时解聘非正式员工，因此雇佣非正式员工逐渐成为日本企业节约劳动力成本的重要手段。日本总务省统计局官网数据显示，截至2020年9月，日本非正式用工占比36.9%（零工18.5%、临时工7.9%、劳务派遣2.5%、劳务合同工4.8%、特约顾问1.9%、其他1.3%），其中，男性比例为22.0%，女性比例为54.2%。这说明日本女性雇员过半数属于非正式用工。之所以如此，是因为“一个正规的员工很难解雇，现在公司都不愿意冒这个风险。景气好的时候可以多招一点员工，景气不好的时候又可能说声对不起，明天就不能再来了”[①]。总之，20世纪90年代后，在经济全球化和企业竞争日趋激烈的背景下，选择包括劳务派遣形式在内的新雇佣形式，降低用人成本和风险，保证用工灵活性，成为包括日本在内的许多国家的企业用工制度的一种选择。大企业实行整齐划一的终身雇佣制的时代已经过去，新型的雇佣体系将打破传统单一的终身雇佣制，向多元、灵活的方向转变。但如何在弹性与保障之间取得平衡，保护非典型就业劳动者的权益则是一个共同的问题。

（四）发达市场经济国家的工会也面临知识经济的挑战

工会的产生与发展总是与制造业和建筑业的发展相联系。西方国家第三产业的比重大于第二产业，工会的范围和力量有不断缩小的趋势。例如，在美国，工会会员的人数占工作人数的比重不断下降，而且，在代表未来经济发展趋势的美国高科技企业中，工

---

① 赵忆宁．膨胀的“格差”：日本社会不公平的挑战与争论．21世纪经济报道，2007-04-11.

会的力量十分微弱。20世纪末，工会会员在美国劳动力中所占的比例从第二次世界大战后的35%下降到10%左右，为第二次世界大战以来的最低水平。可以预见，在未来知识经济时代，具有知识的劳动者和具有资本的雇主之间的劳动关系会出现全新的变化。虽然工会在某些国家或某些产业中呈现倒退和没落的现象，但是无论在发达国家还是发展中国家，工会仍然是代表劳动者集体声音最重要的机制，其原因主要是各国通常都有劳动法律规定保障劳动者的团结权和集体协商的权利。另外，事实上工会会员在各国的劳动人口中至少仍有10%～30%的比例，其涵盖人数众多，集体行动力量不可忽视。

三、各个时期劳动关系特征比较

对于发达市场经济国家历史发展中蕴含的劳动关系内涵，劳动关系历史发展的阶段特点、发展规律，以及当前劳动关系面临的问题和挑战，我们可以用表3－1进行一个大致的描述，并总结出劳动关系发展的两条规律：(1) 劳动关系发展的历史与该时期的经济、技术、社会发展的背景有着非常密切的联系，各种劳动关系的变化不是凭空出现的，而是受这些背景因素变化影响的。同时，这些背景因素通过间接影响同一时期的管理思想，来影响劳动关系的发展和变化。(2) 劳动关系的发展从总体上讲，是从对立走向对话，从冲突走向合作，从无序走向制度化、法制化。政府在劳动关系调整过程中的作用逐步加强，管理方和雇员双方也有更多的选择机会，通过协商合作获得利益，产业民主化不断推进。

表3－1 劳动关系发展及历史背景

项目	早期工业时代的劳动关系	管理时代的劳动关系	冲突的制度化	成熟的劳动关系	劳动关系的新阶段
时间	18世纪中叶到19世纪中叶	19世纪中叶到20世纪初期	1914—1944年	1945年到20世纪八九十年代	从20世纪八九十年代开始
经济技术社会背景	产业革命	第二次技术革命	两次世界大战和经济大萧条	战后发展的黄金阶段、第三次技术革命	经济全球化、知识经济时代
管理理念	亚当·斯密的管理思想	泰勒等人的科学管理理论	行为科学理论	管理理论的丛林	新的管理理论
劳动关系的特征	雇主通过强硬手段剥削工人；政府不干涉；工人的冲突和斗争分散	政府立法；雇主改进管理；工人形成了工会组织；集体谈判制度建立	政府干预产业发展，实施宏观调控；雇主逐渐关心员工的社会性；三方性原则得到体现	劳动关系的处理实现了制度化、法制化；劳资矛盾总体趋于缓和，合作成为主流	各方力量重新分化组合，发展方向还不明确

➡ 关键术语

泰勒制　成熟的劳动关系　三方性原则　产业民主　产业合理化运动　行为科学理论

➡ 复习思考题

1. 成熟的劳动关系具有哪些特征?
2. 回顾劳动关系发展的历史，你能得出哪些规律?

第4章 管理方

学习目标

学完本章之后，你应当能够：

1. 了解管理方的定义
2. 理解雇主协会的概念、类型与作用
3. 阐述管理方的角色理论
4. 熟悉管理模式
5. 理解管理方的策略与实践
6. 掌握劳资合作的方式

引导案例

海底捞的员工管理模式

四川海底捞餐饮股份有限公司成立于1994年，是一家以经营川味火锅为主、融各地火锅特色于一体的大型跨省直营餐饮品牌火锅店，在简阳、北京、上海、沈阳、天津、武汉、石家庄、西安、郑州、南京、广州、杭州、深圳、成都、重庆等地及韩国、日本、新加坡、美国等国家有百余家直营连锁餐厅。2018年9月26日海底捞正式登陆资本市场。2019智慧零售潜力TOP100排行榜，海底捞排名第35名。2020年1月9日，胡润研究院发布《2019胡润中国500强民营企业》，海底捞以1 570亿元的市值居第34位。

海底捞追求“倡双手改变命运之理，树公司公平公正之风”，公司始终奉行“服务至上，顾客至上”的理念。创始人张勇倡导让员工把公司当成自己的家，那么如何才能让员工把海底捞当成家呢？张勇说把员工当成自己的兄弟姐妹，比如在北京，海底捞的员工住的都是正规住宅，里面有空调和暖气，每人的居住面积不小于6平方米。不仅如此，宿舍必须步行20分钟之内可到工作地点。北京的交通太拥堵，服务员工作时间长，还都是大孩子的服务员需要充足的睡眠。所以海底捞给员工的住房都是城里较好的小区，有专人负责保洁，换洗床单被罩。光是住宿费，一个门店每年就要花费50万元。

为了提高员工的积极性，公司每个月都会给优秀员工、优秀经理家里的父母寄几百块钱，很多人家里没有多少钱，每个月能收到几百块钱就非常高兴，会劝说自己的孩子在海底捞好好干。此外，在海底捞工作满1年的员工，若1年累计3次或连续3次被评为先进个人，该员工的父母就可探亲1次，往返车票公司全部报销，其子女还有3天的陪同假，父母享受在店就餐1次。所有店员享有每年12天的带薪年假，公司提供回家的往返火车票。工作1年以上的员工可以享受婚假及待遇；工作3个月以上的员工可以享受父母丧假及补助；工作3年以上的员工可享受产假及补助。公司还会给优秀员工分配股票，一级以上员工可享受3.5%的股票红利。

为了让员工的服务更加标准化，公司出资在简阳专门建立了寄宿学校，让员工的孩子免费在学校上学。公司还设立了专项基金，每年会拨100万元用于帮助员工及其直系亲属治疗重大疾病。虽然这样的福利和员工激励制度让海底捞的利润率缩水很多，但这些举措让员工更加卖力为海底捞付出。

海底捞的服务员很多都是经人介绍过来的：老乡、朋友、亲戚甚至家人……这种招聘方式在很多人看来简直是匪夷所思。在创始人张勇看来，每天能和自己的老乡、朋友一起工作，自然会开心，快乐的情绪会感染身边的每个人。

海底捞的员工管理模式是“教会徒弟，富了师傅”。海底捞如何激励店长师傅倾囊相授，培养出比自己更强的人、开出更赚钱的店，从而形成全国连锁呢？答案在于师徒制。师徒制的本质，是正视人性中的嫉妒，并用机制去克服它，使得师傅从自己的利益出发，乐于传授徒弟。每年，作为师傅的门店店长将获得两种选项中的较高者作为薪酬（除基本薪金）的一部分。可以看出，如果徒弟徒孙干得好，店长可能会获得比自己店的经营更好的效益，老店在培养新店时自然也会更加卖力。高质量可规模化的服务水平也将在此推动下持续下去。海底捞利用师徒关系的绑定，一方面增强了员工与店长的纽带，另一方面极大节省了培训的开支，帮助新店从老店汲取经验从而复制其增长。

在海底捞有个很特别的员工管理形式叫作“抱团小组”，通常是由一个区域内5～18家存在师徒关系的门店组成，餐厅间互帮互助，老店帮助新店进行拓展与经营，落后门店也能得到指导。强店带弱店，师傅带徒弟，无形间就降低了总部的培训成本，形成了稳定良好的关系。海底捞共有37个抱团小组，覆盖超过300家餐厅。

资料来源：海底捞的员工管理模式，教会徒弟，富了师傅.（2018-09-01）. http://www.360doc.com/content/18/0901/18/38366980_783090895.shtml；海底捞的激励机制.（2019-08-23）. https://www.jianshu.com/p/df260f932fc0.

从对海底捞员工管理模式的分析中，可以看到有效的劳资管理策略是企业成败的关键所在。如何让企业和员工共创双赢的局面，是企业劳资关系和谐与否的关键。然而，并不是每个企业都能创造良好的劳动关系氛围，发展和谐的劳动关系，这取决于管理方的角色定位以及管理模式的选择。俗话说：“家和万事兴”，劳资双方一起共事，就如同一家人，所以员工是公司的重要伙伴。如果劳资对立，就将消耗企业许多宝贵资源。通常，企业努力改善劳资关系的做法有：与工会签订伙伴协议，劳资共同提升企业竞争力并保障就业机会；增进工会员工参与经营管理及制定策略计划等事务；鼓励工会员工积极主动改善劳资关系；定期与工会员工沟通；征求工会员工对流程和产品改善的意见；建立申诉机制解决员工问题等。

近年来，管理者在劳动关系中扮演了比以前更重要的角色。在整个欧洲和北美洲，工会的影响力不断下降，在许多行业里，如报刊业、采煤业等，一度唱主角的工会已经向管理方让步。管理方不断地把工作场所的雇佣关系控制权，以及国家政策层面的雇佣关系控制权从工会那里抢走。本章将研究管理方在劳动关系中的角色与管理模式，即管理方为实现劳动关系的基本目标，确保员工采用可能最有效率、最有效果的方式为实现组织目标而履行其职责，所采取的管理劳动关系的方式。

第1节　谁是管理方

一、管理方的概念

管理是指一定组织中的管理者通过实施计划、组织、人员配备、指导与领导、控制等职能来协调他人的活动，使别人与自己一起实现既定目标的过程[①]。从这一概念出发，管理方是指在组织中通过行使职权，实施管理职能，率领下属人员完成既定工作的各级管理人员。从广义的角度看，管理方不仅包括企业中的各级管理人员，还包括各类正式与非正式的雇主协会。

全面理解管理方的概念，需要注意以下几点：

（1）管理方具有职权。职权是指能向其隶属人员进行指挥、发出命令并要求下级强制服从并执行的权力，以及给予奖惩的权力。其中，隶属人员既可以是下层管理人员，也可以是生产工人。

（2）管理方通过合法程序获得职权。企业各级管理人员的职权是经由一定正式程序而赋予某个职位的一种权力，而不是某个人的权力。它源于企业产权，因而是合法的。

（3）职权自上而下逐级授予。除非生产组织完全由一个或几个管理人员控制，管理人员的职权通常经由自上而下逐级授权获得。上层管理人员授予中下层管理人员一定的权力，使他们在一定监督下有相当的自主权与行动权；被授权者对授权者负有报告的义务与完成任务的责任。因此，管理人员的职权有严格的等级之分。

二、雇主与雇主协会

（一）雇主的含义

雇主是指一个组织中，使用雇员进行有组织、有目的的活动，且向雇员支付工资报酬的法人或自然人。各国劳动法律对雇主范围的界定不尽相同，例如美国《国家劳动关系法》规定，雇主包括直接或间接代表雇主利益的任何人，但不包括公共机构、劳工组织（作为雇主身份时除外）和以劳工组织负责人或代理人名义出现的任何人。西方国家在工业化发展的过程中，企业领导制度经历了从“企业主经营管理制”到“经理经营管理制”的转变过程，相应地，雇主的主体也随之改变，“雇主”一词在不同历史时期也表现出不同的内涵。18世纪，雇主主要指资本家，当时正处于工业社会发展初期，企业规模小，生产力水平低、技术简单，资本家既是投资者也是经营者，企业所有者凭经

① 杨文士，张雁．管理学原理．北京：中国人民大学出版社，1994.

验直接管理企业，集财产所有权、决策权、监督权、管理权于一身，资本家与雇主的概念重合。19世纪中期之后，随着资本原始积累的增加，企业规模有了较快的发展，企业的权力结构发生了重大变化，企业所有权与管理权开始分离，产生了受雇于资本家的经理阶层。这时的资本家仅仅通过所有权管理企业，具体的经营管理职能则由职业经理人行使，由经理人员雇佣工人进行生产劳动，这时雇主就由原来的资本家变成了职业经理人。职业经理人经营管理企业，行使雇用工人的权力，实际扮演着雇主的角色，雇主不再等于资本家。特别是随着公司制度的实行，企业的投资者主要通过行使股权对企业施加影响，而雇用员工、管理员工、分配工资的实际权力是由经营者来行使的，经营者才是名副其实的雇主。

（二）雇主协会的定义

雇主协会又称雇主组织，是雇主依法组成的，旨在代表、维护和增进雇主在劳动关系中的共同利益而与工会抗衡和交涉的团体。雇主组织是雇主一方的代表。在国际劳工组织的组织制度和法律文件中，雇主协会作为三方格局的一方，与工会具有平等的地位。雇主代表可以和工人代表自由讨论，各自独立行使表决权。在国际劳工组织的一些公约和建议书中，雇主协会有权制定章程，自主选举代表，组织各种事务，拟定工作计划等。准确理解雇主协会的概念，需要把握以下两点：

（1）区分雇主协会与纯粹的行业协会。纯粹的行业协会不处理劳动关系，是由经济利益结成的组织演变而来的，多数欧洲国家将这种组织归类为经济组织。这种行业协会主要负责行业规范，税务政策，本行业的营销、定价与技术革新等事务，并不处理劳动关系。而大部分雇主组织既具有雇主组织的功能，又兼有行业协会的功能；既负责处理劳动关系，也负责本行业生产事务。雇主协会是由因为劳资关系而结成的组织演变而来的，一般归类为社会组织。

（2）雇主协会是由法人而不是自然人组成的协会。雇主协会主要负责处理劳资关系各方面的事务，包括与工会的关系、劳工政策、参与劳动立法、行政管理和仲裁，其中与工会协商劳资关系是其主要工作。这种雇主协会就是通常所说的雇主组织。雇主协会的存在只能增强其成员——各企业雇主——的集体谈判力量，而不可能具有再造谈判力量的功能。

（三）雇主协会的类型

雇主组织有多种形式，其中包括行业雇主协会、职业雇主协会、雇主协会联合会、地方雇主协会和全国雇主协会。雇主协会主要有三种类型：

（1）在地区协会基础上组成的全国性雇主联合会。例如，德国最大的雇主协会——德国雇主协会联合会（Confederation of German Employer's Association），是由不同地区和不同行业的雇主协会组成的，包括除钢铁产业雇主协会之外的其他所有私营产业部门的雇主协会。

在我国，中国企业联合会[①]（简称中国企联）是以企业、企业家（企业经营管理者）为主体，有专家、学者、新闻工作者参加的，为推进企业改革和发展，提高企业经营管理水平，沟通企业与政府的联系，维护企业和企业家合法权益的全国性社团法人组织。目前，中国企业家联合会拥有省、自治区、直辖市企业团体40个，全国性企业团体30个，主要工业城市企业团体220个，共同发起组建单位6个，会员企业54.5万家，下设企业管理宣传工厂委员会、维护企业和企业家合法权益工厂委员会、企业信息工厂委员会、咨询管理委员会等八个分支组织，已经形成了全国性的组织体系。作为中国雇主组织的代表，中国企联参与国家协调劳动关系三方机制的建设、国际劳工大会及国际劳工组织的各项活动。

工商联是以非公有制企业和非公有制经济人士为主体的人民团体和商会组织。工商联参与协调劳动关系的职能主要表现为：代表非公企业参与协调劳动关系三方会议，共同推动劳动关系立法和劳动关系协调机制建设，共同研究解决劳动关系中的重大问题和调处劳动争议；引导非公有制企业依法与工会就职工工资、生活福利、社会保险等涉及职工切身利益问题进行平等协商，签订集体合同；协调处理投资者利益和劳动者权益的关系，引导非公有制企业建立和谐劳动关系，积极创造就业岗位，严格遵守国家相关法律法规和政策措施，尊重和维护员工合法权益，依法建立工会组织，开展工会活动。

（2）由某一行业企业组成的单一产业的全国协会。例如，英国的化学工业协会（Chemical Industries Association），其直属会员企业达160多家。中国电力企业联合会是中国电力企事业单位和电力行业性组织自愿参加的自律性的全国性行业协会组织，是非营利的社会团体法人。

（3）由同一地区企业组成的地区协会。例如，英国的西英格兰毛纺织业雇主联合会（West of England Wool Textile Employer s Association）。在我国，广州市企业协会、广州市企业家协会分别成立于1984年和1985年，以广州地区各类企事业单位、企业家和管理工作者为主体，有关专家、学者、新闻工作者自愿联合组成，经广州市政府批准，是在社团登记管理机关核准登记的具有法人资格的非营利社会团体。

（四）雇主协会的作用

雇主协会的主要作用是在集体谈判中支持会员组织，维护雇主利益，并积极游说政府和议会。具体讲，雇主协会主要从事以下四种活动：

（1）参与谈判。雇主协会直接与工会进行集体谈判，这种谈判结构一般是多雇主谈判。由于不可能把每个企业的具体情况都考虑进来，许多企业在实际操作中往往不执行由雇主协会谈判制定的集体协议，这样就大大削弱了雇主协会在集体谈判中的作用。20世纪80年代，企业纷纷退出全国性雇主协会。

（2）解决纠纷。当劳资双方对全国性或地区性集体协议的解释出现分歧，而企业的

---

① 中国企业联合会的前身是成立于1979年3月的中国企业管理协会，1999年4月24日更名为中国企业联合会。

内部申诉体制又无法解决这些问题时，雇主协会可以采取调解和仲裁的方式来解决这些问题。

(3) 提供帮助和建议。雇主协会有义务为会员组织提供有关处理劳动关系事宜的一般性帮助和建议，为企业招聘雇员、教育和培训、绩效考核与质量管理、安全卫生、工会承认、集体谈判、解雇、裁员等提供建议或咨询。

(4) 代表和维护。与工会一样，雇主协会代表会员的利益和意见，但雇主协会一般不与政党建立正式关系。雇主协会主要通过公共宣传和直接游说方式，向工会、政府、公众表明某个会员或全体会员的利益。

雇主的联合在劳资双方力量的较量中有不可低估的作用。雇主协会有时采用合法手段，如通过活动促使政府制定有利于雇主的劳动立法，使劳资关系能最大限度地顺着自己的意愿发展，保持自己在劳动力市场上的绝对主导地位，有时又会采用不合法的行动，如歧视参加工会的雇员等反工会的手段，来阻止工会的发展。

第2节 管理方的角色理论

一、新古典经济理论

(一) 主要内容

新古典经济学家认为，管理方作为企业所有者的代理人，通过提高企业的劳动生产率和竞争力，实现企业利润与所有者财富最大化。要达到这一目标，管理者必须投入劳动力、资金、设备、原材料等生产要素并进行优化组合，使单位产品的成本最小化，从而在市场竞争中赢得成本优势。从劳动关系的角度看，管理者以苛刻的就业条件招聘工人，并努力提高他们的劳动生产率。

(二) 评价

新古典经济理论主要强调企业效率以及劳动生产率在管理决策中的重要性。对该理论的批评主要集中在以下五个方面：

(1) 新古典经济理论没有指出使企业效率最大化的内部工作模式。

(2) 新古典经济理论将生产效率等同于盈利，从而忽视了劳动关系中的政治方面。

(3) 新古典经济理论建立在把管理人员视为所有者利益的代理人这样一种过于简单的管理思想之上。

(4) 新古典经济理论没有意识到管理者理性的局限性。

(5) 新古典经济理论没有解释管理者自身价值观在决策过程中的作用。

针对上述五个方面，演变出五种理论：权变管理理论、劳动过程理论、利益相关者理论、决策过程理论与战略选择理论。

二、权变管理理论

（一）主要内容

权变管理理论是20世纪70年代在美国形成的一种管理理论。这一理论的核心是力图研究组织的各子系统内部和各子系统之间的相互关系，以及组织与其所处的环境之间的联系，并确定各种变数的关系类型和结构类型。它强调在管理中要根据组织所处的内外部条件随机应变，针对不同的具体条件寻求不同的最合适的管理模式、方案或方法。权变管理理论的最大特点是：(1) 强调根据不同的具体条件，采取相应的组织结构、领导方式、管理机制；(2) 把一个组织看作社会系统的子系统，要求组织各方面的活动都要适应外部环境的要求。

新古典经济理论主要关注生产投入要素的成本，权变管理理论则强调组织内部的职权结构。权变管理理论认为，如果雇主面对不确定程度较小、变化不大的环境，在一个稳定的产品市场中进行大规模生产，最有效的组织形式应该是权威模式。职权的集中程度由不确定性的大小以及环境的变化程度决定。相反，如果雇主面对不确定性程度较大、变化很大的环境，就应该采用更加灵活的有机组织形式：采取严格监督的独裁式管理或与高绩效范式（high performance paradigm）相容的自主式管理。权威管理模式依靠等级授权链实现管理目标；而自主式管理主要依赖团队合作与员工参与，其组织形式更加灵活，工作专业化程度更低，规则与程序更少，从而有利于提高雇员的积极性。

（二）评价

权变管理理论的价值在于，它为解释企业职权结构以及雇主的劳动关系政策与实践提供了理论支持。该理论主要关注管理过程的技术方面，强调在设计最有效的企业组织形式过程中各种权变因素的重要性，但没有指出雇主的政策如何导致劳资冲突公开化。

三、劳动过程理论

（一）主要内容

新古典经济理论与权变管理理论都是从技术角度研究管理过程的，劳动过程理论则关注组织的政治运作。该理论假定企业的利润是以最小成本榨取工人的最大产出获得的。工人的反抗引发管理控制问题。1974年，哈里·布雷弗曼（Harry Braverman）在其论著《劳动与垄断资本》中首次阐述了这一理论[①]。他指出，20世纪初产生并逐渐普及的工业管理与科学管理思想反映了雇主的政策与实践：分割工作任务，使传统上由熟练工人掌握的技能外部化。这一实践带来两个结果：

---

① Braverman H. Labor and monopoly capital. New York: Monthly Review Press, 1974.

（1）降低生产过程所需的技能，降低资方对熟练工人的依赖程度。这样，雇主更多地雇用非熟练工人与半熟练工人。由于这些工人主要来自初级劳动力市场，他们的影响力比较小。

（2）管理者对工人的生产方式与生产进度的控制程度更强，防止工人抵制生产，保证产出水平。

最后，布雷弗曼认为，工业管理与科学管理意味着以更低的工资水平换取更大的劳动量。

（二）评价

布雷弗曼认为，科学管理旨在降低生产所需的技能，增强对工人的控制。对该理论的批评主要集中在以下两个方面：

（1）降低生产所需技能受到普遍质疑。批评者指出，资方引进新技术、改组企业组织的主要目的是提高生产效率，而不是为了增强管理方对工人的控制。

（2）布雷弗曼的理论只考虑管理方对工人的直接控制，而忽视管理方对工人的间接控制。批评者指出，20世纪80年代以来，管理方普遍实施人力资源管理战略以赢得工人的认同，使他们愿意与资方合作。这里，员工参与计划是资方对工人采取的更加隐蔽的控制手段。

实际上，管理方的政策与实践既有生产导向，也有政治导向。劳动过程理论有助于全面理解雇主的政策与实践，但该理论没有指出雇主采用不同控制战略的原因。

四、利益相关者理论

（一）主要内容

根据利益相关者理论，企业组织被看成是利益相关者的结合体，各利益相关者为企业提供资源并获取相应回报。投资者向企业提供资本，并获得股息、红利与股票升值；消费者在给企业带来经营资本的同时，享受企业提供的产品或服务；工人则根据劳动合同中订立的就业条件向企业提供劳动，以此获得报酬。因此，管理方应该提高企业的盈利能力、生产更优质的产品、提供更合理的报酬和更好的工作条件，保证各利益相关者向企业持续提供所需的各种资源，维持企业的生存与发展。

（二）评价

利益相关者理论指出，为了维护企业各利益相关者的利益，管理方应该保持中立。批评者指出，这不符合现实。他们认为，管理方通常优先考虑投资者的利益，因为如果企业经营业绩不佳，持有足够多股票的少数投资者有权解雇管理人员，而且在实施利润分享计划与股票期权计划的企业，高层管理人员的收入与企业盈利水平密切相关。因此，利润最大化是管理方政策与实践的首要目的。

事实上，管理方受到投资者、消费者、工人等不同利益相关群体施加的压力，他们对不同压力做出反应的程度取决于这些压力是否符合利润最大化目标。

五、决策过程理论

（一）主要内容

上述各管理学派都假定管理方是理性人。决策过程理论对此提出质疑，认为：

（1）在连续的管理过程中，管理者将面临各种难题，他们缺乏足够的精力去搜寻所有信息并对各种可行方案进行权衡，最终找出最优的解决办法。而且，即使能够发现最优方案，由于信息不完备，管理者仍然无法预测该方案的实施后果。因此，管理方所谓的理性行为具有很大的局限性。

（2）企业内普遍存在的管理权术，对“管理方是理性人”这一命题构成挑战。企业管理人员具有不同的文化背景、价值观和评价标准，他们总是支持符合自身利益的所谓最佳方案。管理决策在很大程度上反映了企业管理人员之间争权夺利的博弈过程，因为它直接影响管理者的权力、地位以及资源的分布。

（3）管理方容易受当前流行的管理模式的影响。管理者知道，当前流行的管理模式未必最适合本企业，但照此执行可以让他们心安理得。

（二）评价

决策过程理论有助于认清管理实践的复杂性，使我们从经济学教材中那种过于简单机械地认为管理方是理性人的观念中解脱出来。但另一方面，管理方的行为并不是完全非理性的，原因有三：

（1）从管理者自身素质看，通过正式教育和培训以及非正式的“干中学”，管理者积累了经验，逐渐形成自己的决策程序。虽然这种程序是非正式的，但可以在某种程度上规范他们的行为。

（2）从组织内部的权力关系看，高层管理人员通过制定规章制度来控制中下层管理人员的行为，并通过建立考核评价体系监督中下层管理人员的行为。

（3）从决策的重要性看，虽然大量的日常决策在某种程度上存在许多非理性因素，但重大决策通常是由高层管理人员经过理性规划与审核后做出的。

当然，这并不是要求我们回到纯粹理性的假定中。事实上，信息不完备、认知能力的局限、时间的限制以及企业组织内部存在的权术，使管理方的理性行为具有很大的局限性。因此，决策过程理论又被称为有限理性理论。

六、战略选择理论

（一）主要内容

战略选择在多数文献中是指一种决策行为。1984年，麻省理工学院教授托马斯·科汉（Thomas A. Kochan）首次将战略选择引入劳动关系领域，并用战略选择模型分析管理方的决策行为①。他指出，在任何时刻，管理人员的决策受到以下限制：（1）企业过去做出的决策，企业现有的权力分配，以及企业、工会与政府之间的力量对比；（2）主要决策者的价值观、信仰与世界观，以及企业理念和企业文化。

科汉指出，由于决策者的价值观、信仰与世界观趋于不变，因此，管理方的政策与实践也将趋于制度化并具有长期稳定性，但可能出现显著变革。当环境压力危及企业的生存与发展时，管理方会考虑采用新战略。

（二）评价

科汉提出战略选择模型的主要目的在于解释20世纪80年代以来被普遍采用的高绩效范式。批评者指出，选择高绩效范式不仅受管理者价值观、信仰与世界观的影响，而且受企业规模、技术水平与市场条件等环境变量的制约。对我们来说，考虑雇主的价值观、信仰与世界观在多大程度上独立于各环境变量，更具有现实意义。

第3节 管理模式和实践

一、企业管理模式

管理模式作为一套成文或不成文的指导原则，是雇主对待雇员和处理特殊问题的一种参考原则，是管理方的行动指南。管理模式会对劳动关系产生影响，反过来又受劳动关系的制约。下面从职权结构和管理理念两个维度对管理模式进行分类。

（一）管理模式的分类：基于职权结构

职权结构是工作场所管理权力的构成、组织的主要管理形式以及对工作的监控方式，具体体现为分配工作任务的方式、监督工人行为的方法以及奖惩办法。根据这三个标准，可以把管理模式分为以下三类。

（1）独裁型（autocratic）。高层管理者直接分配工作任务，亲自监督，经常武断地做出奖惩决定。

（2）集权型（bureaucratic）。雇员按确立的制度与规程行事，有明确的工作角色，管理者根据雇员是否遵守企业的制度与规程监督、奖惩雇员。管理者对员工采用直接控制的策略，将员工的职责最小化，是一种把组织及其雇员看作机器的管理方式。在工业领域，这一方式在很大程度上源于“科学管理之父”泰勒的研究，其本质是强调：“确定目标，设定目标，然后努力去实现它们；合理、高效、清晰地组织工作；计划、组织，以及控制、控制、再控制”。

---

① Kochan T A，McKersie R B，Cappelli P. Strategic choice and industrial relations theory. Industrial Relations，1984，23（1）.

（3）自主型（autonomic）。雇员被赋予高度自主权并参与决策，管理者以工作绩效作为监督、奖惩的依据。管理者对员工采取责任导向的自治策略，试图通过给雇员提供机会，让他们以对组织有利的方式控制自己的工作，并以此鼓励员工。为了实施这一策略，管理者赋予员工地位、职权和责任，以使雇员忠诚以及接受组织的目标。

（二）管理模式的分类：基于管理理念

管理理念是管理者的价值观与目标在管理实践中的体现。根据管理者的管理理念，可以把管理模式分为以下三类。

（1）剥削型（exploitive）。管理者不关心雇员的需求，其目标是以最低的工资换取最大量的劳动。

（2）宽容型（accommodative）。管理者意识到雇员的某些需求是法律认可的，从而提供合理的报酬与就业条件。

（3）合作型（consociative）。管理者充分考虑雇员福利，实施各种计划，以赢得雇员对企业的忠诚，培养雇员对企业的献身精神。

在管理模式图（见图4-1）中，纵轴代表职权结构，横轴代表管理理念。沿纵轴自下而上，沿横轴从左向右，管理模式逐渐从传统的科学管理向人力资源管理演进。以集权/剥削模式为例，由于企业制定了明确的管理规则，比独裁型职权结构前进了一步，但有效性仍不如自主型职权结构。由此，可以认为集权/剥削模式比独裁/剥削模式先进，但不如自主/剥削模式先进。借助管理模式图，可以对管理方的管理政策与实践进行粗略的对比分析：沿左下到右上方向的对角线，管理模式朝着先进的方向演进。独裁/剥削模式、集权/宽容模式以及自主/合作模式处在“落后→先进”的对角线上，可作为其他六种管理模式的参照系。下面将着重介绍这三种管理模式中管理方的政策与实践。

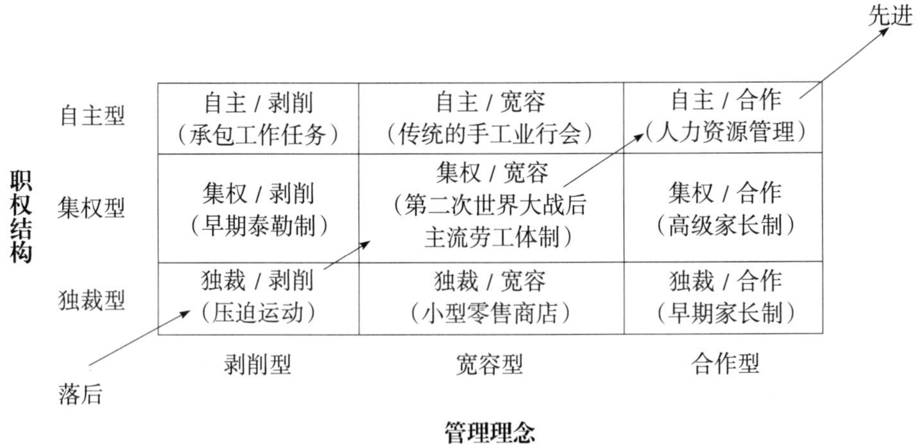

图4-1 管理模式图

二、独裁/剥削管理模式

独裁/剥削管理模式起源于 19 世纪晚期的“压迫运动”[①]，这种模式最能体现新古典经济理论主张的成本最小化思想。虽然已经很难再找到这种管理模式的实践者，但在零售、餐饮、纺织、服装等高度竞争性行业，仍然可以发现那些雇用非熟练工人的小企业依旧在实施属于独裁/剥削模式范畴的政策。

（一）主要特征

由于缺乏制度与规程，独裁/剥削模式充满浓厚的主观主义色彩，因此相对来说比较简单。这种模式具有以下特点：

（1）强制性。作为一种强制的管理方式，独裁/剥削模式不允许雇员有任何偷懒、缺勤或抵制行为。

（2）专断性。这是一种专断的管理方式，管理者可以根据个人偏好偏爱某些雇员，惩罚决定往往直接在工作现场做出而不经过正式程序。

（3）独裁性。管理者对下属的信任度很低，只赋予他们有限的决定权，而代之以独裁的方式进行管理；同时实施严格的规程，进行严格监督。

（4）有限的忠诚性。在这种模式下，雇员对企业的忠诚，尤其是那些受管理者偏爱的雇员对企业的忠诚，主要来自他们无法找到其他工作的压力。

（二）对待工会的措施

独裁/剥削模式具有强烈的反工会思想。管理方总是不遗余力地将工会排除在本企业组织外，通过规避甚至违反法律来阻止工会的建立。一旦工会成立，管理方总是想方设法削弱或暗中破坏工会组织。管理方的主要手段有技术变革、灵活的就业安排、在集体谈判中采取强硬立场和破坏罢工、停工和迁厂。

1. 技术变革

技术变革的本义并非削弱工会力量，但可以被反工会化企业作为反对工会的一种手段。通常，技术变革会降低工作所需的一般技能要求和特殊技能要求。这样，一旦工会组织罢工，管理者很容易在劳动力市场上找到替代工人（replacement workers）。而且，技术变革还可以使管理方在订立集体协议时，降低平均工资水平与工资增长幅度。

2. 灵活的就业安排

灵活的就业安排，就其本义而言，也并非针对工会组织，但已成为企业反对工会的手段之一。这种就业安排形式包括：外购（outsourcing）、转包（contracting out）、雇用兼职工或临时工。外购是指公司将原来自行制造的部件改为向外国或国内不承认工会

---

① “压迫运动”是工业化早期建立的劳动关系体制。在这种体制下，中层管理人员全权负责招聘、监督、工资支付以及奖惩等各个管理环节，他们的薪酬取决于企业的产量。因此，该体制迫使管理者以最低的报酬换取工人最大量的劳动。

的供货商采购，转包则是指将原本可以由本企业员工完成的任务转包给其他企业。不论外购还是转包，都会导致某车间或整个分厂的关闭，从而彻底消除集体谈判中代表工人的一方。兼职工与临时工一般都不是工会成员，也不会支持工会。当工会发动罢工时，管理方通过雇用兼职工或临时工，能有效地削弱工会罢工的影响力。

3. 在集体谈判中采取强硬立场和破坏罢工

为削弱工会组织，管理方在集体谈判中可以采取强硬立场，拒绝做出实质性让步。如果工会发动罢工，管理方仍旧实施强硬路线，雇用替代工人或工贼（scabs）以代替罢工工人。一旦成功破坏罢工，管理方便发动“撤销工会承认选举”（derecognition election），即由工人投票撤销工会的代表资格。

4. 停工和迁厂

对管理方而言，最有效的反工会策略是关闭工会化企业，重新建立一个非工会化企业。通常，管理方将新厂址定在农村未开发地区。相对于城市发达地区，农村企业工会化的可能性较小。但是，为消灭工会而关闭企业是非法行为，因此，管理方通常实施计划报废（planned obsolescence）行动①，使工会化企业严重亏损而被迫关闭。

三、集权/宽容管理模式

集权/宽容管理模式产生于20世纪20年代，但直到第二次世界大战结束，随着企业规模日益扩大，资本密集型技术被普遍采用，工业力量不断壮大，这种模式才被钢铁、汽车、橡胶与铁路运输等行业采用。

（一）主要特征

1. 专业化

集权/宽容模式与马克斯·韦伯的官僚模型（model of bureaucracy）类似，强调管理过程中职能的专业化，要求设置独立的人事与劳动关系部门负责处理原来由直线管理人员承担的相关职责，包括：（1）建立雇员甄选标准、职位分类标准和薪酬差别标准；（2）负责晋升与奖惩事宜；（3）处理员工申诉；（4）为集体谈判做准备并参加集体谈判。

2. 建立职位阶梯

管理者通过界定职位，建立职位阶梯（job ladder），发展企业的内部劳动力市场。新员工从低职位开始，随着经验与资历的积累，慢慢地沿着职位阶梯向上晋升。这一过程既可能发生在车间层级，也可能发生在工厂层级。总之，只要员工留在企业内，总能获得晋升机会。

3. 员工有忠诚感

员工对企业有某种程度的忠诚感，这种忠诚并不是源于强制措施，而是源于员工对

---

① 所谓计划报废行动，指为使顾客不断购买新品种而故意制造易过时的产品。

企业的认同。通过制定明确的规则与程序，使员工与基层管理者之间的职权关系变得非人格化，管理者按照客观标准行使职权。

（二）对待工会的措施

集权/宽容模式承认工人参加工会组织的合法权利。对管理方来说，一方面，工会作为工人利益的代言人，通过集体谈判维护雇员利益；另一方面，工会的存在使劳资双方的沟通更顺畅，企业内部申诉体制的建立可以防止直线管理人员滥用职权。

1. 工会的存在使企业成本增加

这是指雇主必须支付更高的工资与福利待遇，并将这部分成本转嫁给消费者，这一政策尤其适用于以下两种情况：（1）垄断或寡头企业通过限产提价策略使产品或服务的价格高于市场完全竞争时的水平；（2）资本密集型企业的劳动力成本在企业总成本中所占比重很小，因而，适度增加雇员的工资与福利不会对企业成本造成很大影响。

2. 工会要求建立绩效考核的程序与规则

虽然这种制度安排会限制管理职权，但有助于强化集权型管理模式。因此，只要这些程序与规则不至于严重限制管理职权或损害企业效率，管理方通常愿意考虑工会提出的要求，例如，企业晋升标准规定，当候选对象的能力大致相当时，应优先考虑资历深的员工。但是，管理方不可能以员工资历作为晋升的唯一标准，否则会极大地影响企业的效率。

四、自主/合作管理模式

自主/合作模式又称人力资源管理模式，它起源于福利资本主义[①]（welfare capitalism）与家长制管理（paternalistic management），包括雇员年金计划、公司住房计划、公司工会[②]（company union）、公司组织的娱乐活动、建议机制、利润分享计划，以及其他提高员工忠诚度与献身精神、防止企业工会化的策略。20世纪五六十年代组织行为学界提出的激励与组织承诺理论指出，管理方通过加强与雇员的沟通，给予他们更多自主权，有助于增强企业的凝聚力。这时，雇员服从组织目标既不像独裁/剥削管理模式那样属于被迫，也不像集权/宽容管理模式那样出于工具性目的，而是一种对双方都有利的双赢结果：企业的利润增加，雇员工资水平也相应提高。在实践中，炼油、核能、国防以及计算机等行业，由于产品质量对企业成败起决定性作用，因此雇员拥有强大的岗位力量，人力资源管理模式被普遍采用。

（一）主要特征

1. 采用自主型组织设计

人力资源管理模式主张给予雇员更多的决定权，提供富于变化的而不是高度专业化

---

① 福利资本主义指寻求把获利欲望与员工福利结合起来的一种资本主义制度。

② 公司工会是指某一公司内部的工人组织，尤指为资方所控制的“御用”工会。

的工作，使员工具有广泛的技能。根据马斯洛需求层次理论①，最高层次的需求是自我实现的需求。与之相适应，管理方普遍采用工作生活质量计划（quality of working life program）。工作生活质量计划的核心是工作再设计，包括工作扩大化、工作轮换、工作丰富化、自主性工作团队。

（1）工作扩大化（job enlargement）。这一思想源于产业工程师，即通过增加一项工作包括的任务和职责，并减少工作循环重复的频率，扩大工作范围，增加工作的多样性。

（2）工作轮换（job rotation）。这一工作设计方法使员工的活动多样化，避免产生厌倦感。工作轮换包括纵向轮换和横向轮换两种。纵向轮换是指升职或降职。但我们所说的工作轮换，通常是指水平方向上的多样变化。横向轮换可以有计划地通过制定、实施培训规划，让员工在一个岗位上工作两三个月，然后再换到另一岗位，以此作为培训手段。

（3）工作丰富化（job enrichment）。通过增加工作深度（job depth），将组织中纵向的工作职能合并成一个职位，从而使员工拥有更大的自主权。它允许员工自定工作进度，并在不断的自我修订和自我评估过程中，完成一项完整的工作任务，以增强员工的独立性和责任感。

（4）自主性工作团队（autonomous work teams）。工作团队大体分为两种类型：综合性工作团队（integrated work teams）和自我管理的工作团队（self-managed work teams）。在综合性工作团队中，一系列任务被分派给一个小组，小组再把任务分派给每个成员，并在需要时在成员间轮换工作。与综合性工作团队相比，自我管理的工作团队拥有更大的自主权。一旦确定了要完成的任务目标，自我管理的工作团队有权自主决定工作分派、工间休息和质量检验方法等，甚至可以挑选自己的成员，并让其成员相互评价工作成绩，其结果是团队主管职位变得很不重要，有时甚至被取消。这类团队被冠以各种各样的名称，如自我指导的工作小组、高绩效工作小组或超级工作小组，然而，无论它们被冠以何种名称，总是具有以下特征：1）团队对一项相对完整的工作负责；2）团队成员都具有多种与任务相关的技能；3）团队以全体一致的决策方式决定工作方法，安排工作进程，以及为团队成员分配不同的工作任务；4）团队绩效作为一个整体是报酬和反馈的依据。

知识库　　工作生活质量计划

“工作生活质量”这一概念最早是由美国加利福尼亚大学洛杉矶分校教授路易斯·戴维斯（Louis Davis）于1972年提出的。1973年，工作生活质量计划出现在克莱斯勒、福特与通用汽车等几家汽车公司与美国汽车工人联合会签订的合同中。

---

① 亚伯拉罕·马斯洛（Abraham H. Maslow）在20世纪40年代提出需求层次理论（hierarchy of needs theory），认为人类的需求是以层次的形式出现的，由低级的需求开始逐渐向上发展到高级的需求。他还断定，当一组需求得到满足时，这组需求就不再成为激励因素。他将人的需求分为生理的需求、安定或安全的需求、社交和爱的需求、自尊与受人尊重的需求以及自我实现的需求。

今天的工作生活质量计划有以下五大组成部分。

（1）职务再设计（job redesign）。包括职务扩大化、职务轮换、职务丰富化、自主性工作团队。

（2）报酬的重新调整（pay restructuring）。包括雇员薪酬调整、对知识的回报、单位生产率的分享。

（3）时间的重新安排（time rescheduling）。包括弹性工作时间、压缩工作周、工作分享。

（4）绩效的开发（performance development）。包括积极的后援、解决问题的质量圈、中级计划、健康的重新设计。

（5）管理回顾（administrative review）。包括信息共享、程序变化、培训。

迈克尔·麦科比（Michael Maccoby）将工作生活质量定义为“从科学管理（具有分工明确的工作环节和等级制度的控制）下的集权模式向灵活的、广泛参与的团队模式转变的一种工具。无论是对管理市场先导型工作还是对管理技术先导型工作，抑或是对保护雇员的尊严和权利，这都是一种有效的方式”。

资料来源：丹尼尔·奎因·米尔斯．劳工关系：第5版．北京：机械工业出版社，2000.

2. 实施员工参与计划

“员工参与计划”（employee involvement schemes，EI）这一术语最早出现在1979年福特公司与美国汽车工人联合会签订的一份协议中，标志着管理思想发展到了一个新的阶段。员工参与计划的指导思想是，如果劳资双方不再是两个对立的实体，那么工人的工作会更有效。如果员工能够进行一定程度的自我管理，那么，监督者与员工之间的界限会变得模糊。这样，员工在工作中参与得越多，工作就完成得越好。员工参与计划可以采用多种形式，主要包括质量圈（quality circle）、劳资联合委员会（labor-management committees）、员工持股计划（employee stock ownership，ESOP）等。

（1）质量圈。质量圈的理论基础是全面质量管理（TQM）。TQM强调质量存在于企业管理的全过程，质量与企业的每一个员工都有关系。

质量圈一般是由共同生产某一特定部件或提供某一特定服务的员工自愿组成的工作小组。一个质量圈通常由8～10人组成，他们定期会面（常常是一周一次），探讨问题成因，提出解决建议，实施纠正措施，共同承担解决问题的责任。会议时间约为一小时，由管理该团队的直线管理人员或该团队自我选举的一位成员作为协调人主持会议。质量圈讨论的问题包括工作设计、任务分配、工作进度、产品质量、生产成本、生产率、安全卫生、员工士气等。一般而言，管理层对建议方案的实施与否，保留最终决定权。当然，员工并不一定具有分析和解决质量问题的能力，因而质量圈也包含对参与员工进行培训，向他们讲授群体沟通技巧、各种质量测量和分析问题的技术等。通过参与质量圈计划，员工能够在提供建议与解决问题的过程中获得心理满足，有助于增进劳资双方的沟通，它是员工参与管理、提高企业生产效率的一个重要手段。质量圈最早是由美国的管理学家设计的，但在美国长期被忽视。20世纪50年代传到日本，被日本企业深入地予以实施，从而生产出了低成本高质量的产品，并在与美国企业的竞争中获胜。80年代以来，欧洲、北美洲、亚洲等地的企业都广泛开展质量圈活动，倡导员工参与企业管理，激发员工的工作积极性。

（2）劳资联合委员会。劳资联合委员会由工会代表与管理方代表共同组成，双方人数相等。最常见的劳资联合委员会是根据法律要求成立的企业安全卫生委员会。劳资联合委员会还被用于处理一些特殊问题，例如，引进新技术、员工培训与开发、制定奖惩条例、提高企业生产率等。近年来，劳资联合委员会最关注的两个问题是如何提高企业生产率和如何营造和谐的劳动关系。从理论上讲，建立劳资联合委员会，使雇员有机会参与决策的制定过程而不是被动地接受管理，这种双赢结果有助于培养雇员的献身精神。

（3）员工持股计划。员工持股计划是20世纪60年代初由路易斯·凯尔索（Louis Kelso）最先在美国提出的，其主要内容是：企业成立一个专门的员工持股信托基金会，基金会由企业全面担保，贷款认购企业的股票。企业每年按一定比例提取出工资总额的一部分，投入员工持股信托基金会，偿还贷款。贷款还清后，该基金会根据员工相应的工资水平或劳动贡献的大小，把股票分配到每个员工的员工持股计划账户上。员工离开企业或退休时，可将股票卖出，即还给员工持股信托基金会。20世纪80年代以来，越来越多的企业开始拟定并实施员工持股计划。ESOP在西方被看成是一项员工福利计划，员工获得的股票是福利的一部分。从资本意义上说，ESOP使员工成为企业的所有者，实践证明，ESOP的实施能够激励员工更努力、更主动地工作。如今，ESOP的发展已越来越趋于国际化。ESOP对企业业绩的提升作用十分明显，这是ESOP迅速得以推广的重要原因。美国学者对1 400家实施了ESOP的公司的业绩进行了详细调查，结果表明，实施了ESOP的企业的生产效率比未实施ESOP的企业要高，而且员工参与企业管理的程度越高，企业的业绩提高得越快。在实践中，ESOP还可降低公司被敌意收购的可能性，这也是ESOP快速发展的动力。

2012年2月13日，中纪委、中组部、国务院国资委、监察部、中华全国总工会、全国工商联等六部委联合下发《企业民主管理规定》。这是我国首次以六部门共同颁布规章的形式规定职工代表大会（或职工大会），职工董事、职工监事制度，明确厂务公开是企业民主管理的主要形式，并且打破了企业所有制界限，明确非公有制企业也应实行民主管理。

（1）职工代表大会。职工代表大会（或职工大会，下同）是中国职工行使民主管理权力的机构，是企业民主管理的基本形式。企业可以根据职工人数确定召开职工代表大会或者职工大会。

职工代表大会行使下列职权：1）听取关于企业发展规划、年度生产经营管理情况，企业改革和制定重要规章制度情况，企业用工、劳动合同和集体合同签订履行情况，企业安全生产情况，企业缴纳社会保险费和住房公积金情况等报告，提出意见和建议；审议企业制定、修改或者决定的有关劳动报酬、工作时间、休息休假、劳动安全卫生、保险福利、职工培训、劳动纪律以及劳动定额管理等直接涉及劳动者切身利益的规章制度或者重大事项方案，提出意见和建议；2）审议通过集体合同草案，按照国家有关规定提取的职工福利基金使用方案、住房公积金和社会保险费缴纳比例和时间的调整方案，劳动模范的推荐人选等重大事项；3）选举或者罢免职工董事、职工监事，选举依法进入破产程序企业的债权人会议和债权人委员会中的职工代表，根据授权推荐或者选举企业经营管理人员；4）审查监督企业执行劳动法律法规和劳动规章制度情况，民主评议企业领导人员，并提出奖惩建议；5）法律法规规定的其他职权。

此外，国有企业和国有控股企业的职工代表大会还享有以下特别职权：1）听取和审议关于企业投资和重大技术改造、财务预决算、企业业务招待费使用等情况的报告，专业技术职称的评聘、企业公积金的使用、企业的改制等方案，并提出意见和建议；2）审议通过企业合并、分立、改制、解散、破产实施方案中职工的裁减、分流和安置方案；3）依照法律、行政法规、行政规章规定的其他职权。

针对不同性质、不同规模、不同治理结构企业的实际情况，《企业民主管理规定》对国有企业和国有控股企业，公司制企业，县级以下不具备单独建立职工代表大会制度条件的中小企业，集团企业建立职代会制度分别做出了规定，增强了企业实行民主管理的针对性和操作性。此外，进一步完善了企业实行民主管理的程序和规则。如要求职工代表大会每年至少召开一次会议；全体会议必须有2/3以上的职工代表出席；职工代表大会选举和表决相关事项，必须按照少数服从多数的原则，经全体职工代表的过半数通过；企业应当提请职工代表大会审议、通过、决定的事项，未按照法定程序审议、通过或者决定的无效，凸显了职工代表大会的严肃性和权威性。

（2）厂务公开制度。《企业民主管理规定》规定，企业应当建立和实行厂务公开制度，通过职工代表大会和其他形式，将企业生产经营管理的重大事项、涉及职工切身利益的规章制度和经营管理人员廉洁从业相关情况，按照一定程序向职工公开，听取职工意见，接受职工监督。企业性质不同，厂务公开制度的内容、形式等也不同。比如，企业处罚职工、单方解除劳动合同的情况、劳动争议及处理结果情况，都属于厂务公开的范围。总体而言，可以通过公告栏、专题会议等多种形式，做到重大决策公开、制度管理公开、经营绩效公开、人事调整公开等。企业的实践证明，厂务公开制度有利于形成和谐合作、互利双赢的员工关系。厂务公开能够调动员工的积极性、主动性和创造性，提高企业的经济效益，促进企业健康持续发展。

（3）职工董事、职工监事制度。职工董事、职工监事制度是市场经济条件下公司发展的产物，是指由员工民主选举一定数量的员工代表进入公司董事会、监事会，代表员工参与决策、监督的制度。职工董事、职工监事制度通常只在已有董事会或监事会的公司制企业（有限责任公司和股份有限公司）中建立。它使员工代表对公司决策进行监督，及时反映员工的意愿和要求；平衡与投资者、管理者的关系；能够把员工利益和公司利益结合在一起，共同承担风险、承担责任、共享利益；在促进公司发展、协调劳资关系方面起到重要作用。《企业民主管理规定》规定，公司制企业应当依法建立职工董事和职工监事制度。公司应当依法在公司章程中明确规定职工董事、职工监事的具体比例和人数。在我国，职工董事、职工监事制度是职工代表大会制度的延伸，是完善公司法人治理结构的重要内容，是公司实行民主管理的重要形式。

不同国家、不同企业，员工参与管理的形式也不尽相同。除了上面列举的民主形式外，还有企业管理委员会、合理化建议、企业民主对话等形式。因此，要依据企业的具体情况选择最适合本企业的管理形式，以调动员工的积极性、主动性和创造性，使企业充满生机和活力，让员工都能直接参加企业管理，真正体现员工在企业中的主人翁地位，从而挖掘企业潜力，促进企业技术进步，提高企业经济效益。

3. 人事与就业政策作用明显

职务的重新设计与员工参与计划旨在满足员工的内在需求，因而更多地考虑工作内容与决策过程。而人事与就业政策旨在满足员工的外在需求，以提高他们的忠诚度和献身精神，使员工比以往任何时候都能得到更公平的待遇。

（1）内部公平制度（internal justice system）。这是非工会化企业的一项正式制度安排，使员工在受到不公正待遇时能够表达不满。与工会申诉制度（union grievance system）不同，它是由管理方而不是合法的第三方仲裁者来实施的。

（2）薪酬体系。雇主提供至少不低于同行业其他雇主的薪酬与福利标准。为了体现劳资平等，员工也开始领取薪金而不再被支付小时工资。此外，管理方还推出了利润分享计划、员工持股计划。

（3）全面质量管理。它是指整个企业共同努力来满足顾客的需要并经常性地超出顾客的期望要求，通过引进新的管理体制和企业文化来大幅削减因质量不佳而导致的成本因素。它有三个主要特征：一是降低组织的纵向变异，通过拓宽管理跨度和实现组织扁平化，管理者得以减少管理费用开支，增进组织的纵向交流；二是减少劳动分工，专业化的劳动分工不利于组织内部的合作与横向沟通，而全面质量管理活动的开展促进了工作的丰富化和跨专业职能界限的工作团队的更多使用；三是强调分权化的决策，职权与职责尽可能向下委授，并尽量接近顾客，因为全面质量管理能否成功最终取决于对顾客需求的变化做出迅速而持续的反应的能力。

目前，国际上主要有三个奖项授予那些能够建立高度有效的质量改善计划的企业。一个是日本科学家与工程师联合会（Union of Japanese Scientists and Engineers）授予的“戴明质量奖”（Deming Prize），一个是美国国会于1987年设立的“马尔科姆·鲍德里奇国家质量奖”（Malcolm Baldrige National Quality Award），一个是欧洲质量管理基金会（EFQM）颁发的“EFQM卓越奖”。

（二）对待工会的措施

人力资源管理模式改变了劳资双方的“你我对立”关系，通过雇员广泛参与管理实践，使劳资双方的关系更融洽。劳资双方以更加积极的态度看待集体谈判，在集体协议失效以前，劳资双方就开始共同协商订立新协议，集体谈判不再是双方对立的过程。因此，与其说劳资双方在进行谈判，不如说他们是在为共同订立集体协议而互相合作。

➡ 关键术语

管理方　雇主协会　独裁/剥削管理模式　集权/宽容管理模式　自主/合作管理模式　人力资源管理　工作生活质量计划　自我管理的工作团队　员工参与计划　质量圈　劳资联合委员会　全面质量管理　职工代表大会　职工董事　职工监事　厂务公开制度

➡ 复习思考题

1. 谁是管理方?
2. 举例说明雇主协会的作用与类型。
3. 试举例说明几种管理模式。
4. 试比较工作生活质量计划与员工参与计划的异同。
5. 借鉴国外经验，说明在我国员工参与管理的途径与形式。

第5章
工会

学习目标

学完本章之后，你应当能够：

1. 描述工会的概念、结构分类
2. 理解为什么及如何组建工会
3. 理解工会的职能和行为方式
4. 阐述工会民主的目的和意义
5. 了解工会的组织结构

引导案例

中国基层工会工作创新实践

中煤矿建集团工会：打造网上工会工作升级版

近年来，中煤矿建集团工会充分运用网络平台推进工会工作，形成了以实名数据为核心、信息发布为基础、服务职工为目标的网上工作平台。

一是注重顶层设计。先后投资120余万元，完成了国内136个项目部网络建设，实现职工免费上网；设置“真情服务”等四大版块和“安全警示”“提案征集”等11个子栏目；建立了25名工会干部组成的微信公众号编辑群和123人组成的通讯员队伍。

二是建立运行机制，制定《微信公众平台管理办法》，明确各级工会管理职责，建立信息采集、审核、发布、更新制度；将“互联网＋党建带工建”纳入集团党委“双百分”年度考核和集团工会年度目标责任考核，集团工会对职工关注度、活动参与率、投发稿篇数定期通报，考核结果与领导班子年薪和工会评先评优挂钩；出台《微信公众号稿酬发放办法》，对采用稿件通过微信即时发放稿酬，并评选年度优秀通讯员。每年发送各类消息千余条。

三是打造服务品牌。与武汉阅港文化传播有限公司合作，搭建矿建电子书屋，提供报刊、书目、视频6 000余种，关注人数7 000余人，职工阅读量8.8万人次；开辟“安全警示栏”，组织开展安全家书征集评选、安全知识网络竞答活动，17 000余人次参与；打造“矿建情缘”婚恋平台，推送“矿建情缘、真情在线”网络相亲专场16期，网络直播“矿建情缘　牵手百年”集体婚礼；开通建言献策通道，对职工合理合法诉求及时回复解决；网络征集职工代表提案85件，立案43件，集团职代会解答9件。

四是网聚正能量。开辟“党的十九大公开课”和“中国工会十七大”等学习专栏和知识竞赛，参与竞答43 000人次，朋友圈分享4 359人，发放微信红包2 799个；开辟“劳模工匠风采录”专栏，广泛宣传劳模、工匠和“最美家庭”“矿建好人”以及重点项目部；开展“书香矿建”活动，征集主题征文、经典诵读作品、书画摄影作品、“辞旧迎新、精彩回顾”春联，鼓励会员评选优秀作品；开展劳模工匠大拜年视频展播、元宵猜灯谜、中秋节诗歌填词等职工广泛参与的系列活动，参与人数达4 000余人，累计浏览量突破15万人次。

网络是工会联系职工、服务职工、引领职工日益重要的平台，中煤矿建集团工会的网上工会工作升级版是工会工作网上网下深度融合的典型案例。

临涣焦化公司工会：创新“1＋2＋4”工会工作模式

临涣焦化公司工会紧紧围绕企业发展大局，实施“1＋2＋4”工会工作模式，取得了显著成效。

一是创建荣誉体系。制定《荣誉体系管理办法》，余海涛劳模创新工作室挂牌，李梦年获“省属企业拔尖人才”称号，应急救援队获“省工人先锋号”称号，临涣焦化先后荣获全国“安康杯”竞赛优胜单位、安徽省五一劳动奖状，增强了公司凝聚力和社会影响力。

二是构建两个系统。制定《工作积分评价系统管理办法》，推行工作积分化、积分格式化、格式流程化、流程表单化、表单信息化，突出工作减负担、自主做加法、评优靠积分，减轻了基层案牍负担。制定《提案工作系统管理办法》，按照职工代表提案管理的模式处理工作，突出首问负责和按时办结，对职工关注的问题实行动态跟踪、闭合管理，提高了工作效率，增强了职工的获得感。

三是搭建四个平台。重视班长队伍建设，举办班长培训班4期。创建标准化中控室、标准化车间，奖优罚劣，表彰“五好班组”13个、“优秀班长”11名，淘汰班长7名，从优秀班长中产生专业工程师7名、作业长8名、车间领导2名；制定劳动竞赛、技术比武、英雄榜管理办法，实施工匠建设行动计划，为职工搭舞台，化潜力为效益，组织公司级、车间级劳动竞赛、技术比武，累计263个班次6 000余人次参加劳动竞赛，2 000余人次参加技术比武。完成攻坚项目6项，涌现“金点子”5个，“银点子”21个，优秀合理化建议28个，24项国家专利得到授权；为基层配血压计，坚持领导与困难职工结对子，累计慰问149人次，赠送慰问金10万元。坚持厂务公开，建立职工代表视察长效机制，视察“两堂一舍”确保食品安全，视察劳保保障劳动防护，视察安全生产，整治隐患200余项；举办春节联欢会、平安焦化杯篮球联赛、中南片区文艺巡演等活动。杨永才、谢娟分别在全国品牌故事大赛、劳动保护知识竞赛中获奖。

建章立制是提升工会活力的前提。临涣焦化公司工会从强机制着手，为增强工会活力提供了有力保障。

资料来源：2018年度基层工会工作十佳创新案例.（2019－04－22）. https://www.sohu.com/a/309661792_120029722.

由引导案例可知，中国基层工会工作创新实践精彩纷呈。推动工会工作改革创新发展，有利于劳资双方在互相信任、尊重的基础上，停止相互猜忌，创造条件加强工会在创新性变革中与管理方的合作。实现最大限度的劳资合作是以双方都承认对方现有权利为基础的，工会应该认识到公司有自己的目标，公司必须高效率地运作，将增值资本用于投资、生产、薪资发放和利润。管理方也应该认识到员工有自己的需要，他们有权要求组建工会，或者参与工业民主。今天的劳动关系已经发生了根本性变化，相应地，工会也必须改变行为方式。为了更好地理解工会在劳动关系中的作用，本章将分别介绍工会化的原因、工会的职能、工会的组织结构、工会民主与劳资合作。

第1节　工会的概念

一、工会的内涵

对工会进行科学研究涉及经济、社会、政治、法律等许多方面。随着社会环境的变化，工会的性质也在发生变化。最经典且最经常被引用的工会定义，是西德尼·韦布（Sidney Webb）与比阿特丽斯·韦布（Beatrice Webb）在《工会史》一书中做出的："工会是由工人①组成的旨在维护并改善其工作条件的连续性组织"②，它强调工会组织的连续性及其构成，把职业协会③（professional association）排除在工会范畴之外。詹姆斯·坎尼森（James Cunnison）认为，工会是"工人的垄断性组织，它使个体劳动者能够相互补充。由于劳动者不得不出卖自己的劳动力从而依附于雇主，因此，工会的目标就是要增强工人在与雇主谈判时的力量"④。通常，人们从工会的职能、作用和活动方式等方面认识工会。如"工会是雇员建立的旨在改善其地位、工资水平与就业条件的组织"⑤；"工会是雇员建立的协会，通过集体谈判改善雇员的工作条件，提高雇员的经济和社会地位"⑥；"工会不仅是实现谈判力量转变为会员工资与就业条件改善的'引擎'，而且是资本主义自由民主制衡体制中不可缺少的重要组成部分"⑦。

随着后工业时代的到来，就业结构发生了重大变化，白领雇员的比例迅速提高，如果工会不能把这些白领雇员吸收进来，就很难代表所有雇员的利益。因此，应该考虑工会的多样性，不仅包括传统的蓝领工会，还应包括白领工会、职员协会（staff associations）以及职业协会，同时也应该考虑工会实现组织目标方式的多样性。

---

① 这里，工人（wage earners）是指技术工人或一般体力劳动者，他们的工资按小时结算，从而区别于那些以年为计算单位领取薪酬（salary）的职员或脑力劳动者。

② Webb S，Webb B. The history of British Trade Unionism. 2nd ed. London：Longmans Green and Co.，1920.

③ 职业协会由专职雇员组成，他们主要从事脑力劳动，在执行工作任务过程中拥有相当的自主权。他们的职业地位既取决于所受的教育与培训，也取决于从业的具体经历。这些职业主要包括医生、律师、教授、工程师及演员等。

④ Cunnison J. Labor organization. London：Sir Isaac Pitman & Sons，1930.

⑤ ACAS. Industrial relations handbook. HMSO，1980.

⑥ Van De Vall M. Labor organizations：a macro and micro sociological analysis on a comparative basis. Cambridge：Cambridge University Press，1970.

⑦ Towers B. Trends and developments in industrial relations，derecognising trade unions：implications and consequences. Industrial Relations Journal，1988，19 (3).

从工会的性质、组织目标及其实现方式这三个角度出发，可以对工会做出如下定义：工会是由雇员组成的组织，主要通过集体谈判方式代表雇员在工作场所以及整个社会中的利益。

二、工会的分类

根据工会运动19—20世纪的发展历程，可以把工会组织划分为职业工会、行业工会和总工会三类。

（一）职业工会

职业工会（occupational union）是将具有某种特殊技能、从事某种特殊职业的所有雇员组织起来的工会，而不考虑这些雇员所处的行业。在这种组织原则下，雇员所从事的工作以及他们在工作等级中所处的位置就构成了他们团结在一起的内在力量，即共同利益。由于职业工会的成员广泛分布于许多行业，因此它具有明显的横向特征。这类工会可以细分为以下三类。

（1）同行工会（craft union）。同行工会是最早的工会组织形式，具有很强的内部一致性。这种一致性一方面源于对加入工会者所从事职业的控制，另一方面源于它对工会会员有特殊的技能要求。同行工会以那些未受过学徒训练且属于体力劳动者的技术工人为吸收对象，这些技术工人的技术是在从业过程中摸索得到的，他们沿着内部晋升路线从最低技术等级上升到最高技术等级。正是这种共同的晋升经历构成了技术工人组建工会的初始动力。

（2）半技术与非技术工人工会（semi-skilled/unskilled union）。19世纪末出现的新工会主义主张将没有加入技术工人工会的半技术及非技术工人组织起来建立工会。后来，这些工会有的合并成为总工会的核心，有的则与同一行业的技术工人工会合并成为行业工会。

（3）白领工会（non-manual/white-collar union）。由于这类工会所招募的会员对象的领域被限定在属于白领的工作类型，因此它可以被划入职业协会之列。

（二）行业工会

行业工会（industrial union）是将在某一特定行业中从事工作的所有工人都组织起来的工会，而不考虑这些雇员的技术、技能以及所从事的职业。由于行业工会力图吸纳全行业各阶层的劳动者，因此它具有明显的纵向特征。行业工会也可以细分为以下两类。

（1）垄断性行业工会（monopoly industrial union）。这种工会把一个行业中的所有雇员都吸收进来，从而在劳动力市场上形成垄断力量。垄断性行业工会尤其适合以下两种场合：1）生产或服务过程需要特殊知识和技能，而且这些技术和技能专属于某个特定行业，不容易向其他行业扩散或转移；2）生产或服务过程构成了一个特殊的工作环境，使本行业雇员与其他行业雇员相隔离。

（2）单一性行业工会（single industry union）。这种工会虽然也把会员的募集范围限定在某一特定行业，但并没有把本行业的所有雇员都吸收进来。

（三）总工会

总工会（general union）的组织原则就是对会员招募不加任何限制，既不考虑职业因素，也不考虑行业因素，从而体现了对职业工会和行业工会分化现象的一种修正。需要强调的是，必须把早期出于政治动机而成立的总工会（如1834年英国成立的全国大工会联盟）与经过结构演变而形成的总工会区分开。这里所说的总工会是在职业工会或行业工会的基础上经过合并逐渐形成的。

三、工会的产生和发展

工会运动从18世纪90年代至今已经有200多年的历史，它是工业化的产物。工会的产生和发展大致经历了三个时期：早期职业工会时期、行业工会时期和总工会时期。

（一）早期职业工会时期（18世纪90年代至20世纪30年代）

早期的工会是在熟练工人（如制鞋工人、裁缝、印刷工人）中自发形成并发展起来的，如美国1792年成立的费城鞋匠工会（Philadelphia Shoemakers）等。早期工会的特征是：（1）在性质上都是同行工会，多数是由技术工人建立的，而非技术工人和半技术工人基本上处于无组织状态；（2）在范围上都是地方工会，只限于一个工厂、一个城镇或一个城市；（3）寿命都很短暂，工会围绕某个问题进行斗争，一旦问题解决，组织随即解散，工会缺乏固定的资财、活动场所和工作人员；（4）经济影响力比较小，主要活动是通过丧葬费、疾病补贴和其他类似方式向成员提供相互救济，而不是就工资、工时或就业条件与雇主进行集体谈判。随着产业范围的扩大、公司所有制形式的发展、交通与通信手段的改进，19世纪50年代后，在地方工会的基础上开始建立全国性工会，如美国从1850年印刷工人组成全国性工会开始，先后在排版工人、制模工人、石匠、精制帽工、机器工人和火车司机等职业领域建立了全国性工会。为了从更广泛的工会组织中获得经济和政治利益，19世纪60年代工会运动开始在全美国范围把各种类型的工会组织合并起来，如1886年美国成立的劳联，以熟练工人为主，选择工联主义（business unionism），回避社会变革，工会化的方向是向雇主争取报酬和工作条件的改进，为成员追求实实在在的经济利益。

（二）行业工会时期（20世纪30—50年代）

劳联本质上还是职业工会的联合，它只吸收有技术的工人，排斥没有技术的工人。随着工业化的发展、工厂规模的扩大、生产流水线的普及，钢铁、汽车、电机、电气等大规模工业对工人的技术要求越来越低，半技术、非技术工人的比例越来越大，逐步形成了以行业而非职业为基础组织的工会，如1938年美国成立的产联。

（三）总工会时期（20 世纪 50 年代至今）

总工会是在职业工会与行业工会的基础上逐渐发展形成的。如 1955 年美国劳联和产联完成合并，形成劳联-产联（AFL-CIO）；1956 年，加拿大两大工会——加拿大行业和劳动者联盟与加拿大劳工联盟——合并组成加拿大劳工大会。

第 2 节　为什么及如何组建工会

一、为什么组建工会

工会并不是在每一个组织中都存在的。在许多情况下，雇员可能选择保持非工会化状态。但在许多组织中雇员也选择了组建工会。是什么因素驱使某一特定组织的雇员投票支持工会的呢？有关工会组建的理论主要有以下几种。

（一）基于工作和工作条件的解释

（1）疏远理论（alienation theory）。它主要基于这样一种理念，即雇员寻求集体行为是为了减轻和避免其疏远感，这种疏远感产生于制造业中机器的广泛使用。当雇员生产的产品被立即从身边取走时，会使他们失去与自己劳动成果的接触，降低其工作热情和状态；当机器占据了统治地位、依靠双手工作与依靠大脑工作彼此分离时，也会使雇员失去对工作的热情和投入；当工作使人非常疲倦，竞争非常激烈，使雇员不能彼此互信时，他们和同事之间就会变得疏远。这样一来，雇员可能会意识到他们的共同境况，而且阶级意识也可能驱使他们共同加入某一工会或共同参与集体行为，以改善其工作状况。而工会可以切实解决雇员疏远的问题，如满足雇员在不用担心管理方报复的情况下自由表达意见的渴望。工会通常会告诉会员，雇员针对某项管理行为表达意见的权利已经受到申诉程序和纪律政策的保护。

有时，雇员虽然没有对工作本身感到疏远，但可能会对工作的某个方面感到不满。一些研究成果表明，如果雇员对工作场所的实际环境、较低的工资福利待遇感到不满，或者认为工会可以帮助他们实现具有重要意义的工作条件，雇员也可能会加入工会。行为科学家在考察了非工会雇员的态度与他们在工会选举中投票行为之间的关系后发现，如果符合以下三个条件，非工会雇员就可能倾向于投票承认工会：对就业条件及管理方提供的待遇感到不满；认为建立工会是表达这种不满的一种有效方式；对劳工运动有所了解[①]。雇员的不满、工会的有效性以及雇员对工会的态度是影响雇员加入工会的主要因素。雇员对工作不满是他们参加工会最主要的原因，导致雇员不满的原因包括：较低

---

① Wheeler H，McClendon J. The individual decision to unionize//Strauss G，et al. The state of the unions. Madison，WI：IRRA，1991；Deshpande S P，Fiorito J. Specific and general beliefs in union voting models. Academy of Management Journal，1989，32（4）.

的工资水平与福利待遇，不公正的管理方待遇，不适当的惩戒程序，不公平的薪酬结构与晋升机制，恶劣、不安全的工作条件，无效的沟通，不完善的申诉程序，种族歧视、性别歧视或其他形式的歧视，不确定的就业保障等。工会组织者向雇员传达这些信息，鼓励他们加入工会，而管理方则通过调整薪酬结构、提供公平的待遇和适当的就业保障，促使雇员反对工会化。

（2）忧患意识理论（scarcity consciousness theory）——对工作安全的需要。塞利格·波尔曼（Selig Perlman）在其经典著作《劳工运动理论》中指出，雇员被吸引加入工会是因为这样一种假设：工会将保护他们的工作。许多雇员，尤其是体力劳动者，强烈地认为他们的工作机会有限，由此产生了忧患意识，认为工作是很难获得和保持的。今天，这种信念在某些产业（如汽车、钢铁和煤炭等）中尤其普遍，因此，雇员求助于工会以获得工作保护。

工会对许多关注工作安全的雇员来说是富有吸引力的，不管其技能或者工作级别怎样。今天，几乎很少有雇员（包括白领雇员和经理阶层）能够不受裁员威胁。另外，工会确实提供了保障雇员工作安全的一些办法：与雇主谈判建立工作规则，描述如何从事一项工作的程序，以保证一定数量的雇员能够得到工作；与雇主达成学徒培训计划，以保证合格人员有机会获得某些需要熟练技能的工作；与雇主达成有关资历和裁员的规则，要求公司根据雇员资历进行裁员和首先召回那些最有资历的雇员；与雇主谈判建立申诉程序，保护雇员免受不公正解雇、不公平对待。工会还可以进行立法游说，推动保护雇员工作权利和处理诸如工厂关闭和就业歧视之类事项的立法。此外，在经济全球化的今天，工会还可以通过大力推进反对外国劳动力、童工、监狱劳动等廉价劳动，并向因为来自海外竞争而被裁的工会会员提供援助，来加强工会会员的工作安全。总之，工会组建要想获得成功，必须使雇员意识到工会化能给他们带来实惠。对于不同技能水平的雇员来说，那些技能水平相同的雇员更容易被组织起来。此外，资本密集度低、产品市场条件有利的企业更可能实现工会化。

（二）基于雇员背景和需求的解释

雇员以前的工会经历能够强烈影响其对工会的态度以及是否决定加入工会。有工会经历和背景的雇员通常都是工会会员，且大多数人会在有机会时投票支持工会；而没有工会经历和背景的雇员投票支持工会的可能性会小得多。此外，其他因素如有工会背景的家庭经历，甚至父母对工会的态度，也会影响许多雇员对工会的态度。

与所有正式组织一样，工会通过提供一种提高身份认同感和维持自尊的方式，潜在地满足工会成员的需要。通常，工会可以关注工会成员三个彼此相关的社会需要：对联系或归属的需要；对身份的需要；对属于某个有目的的、有用的和创造性的群体的需要，而不仅仅局限于获得更高的工资和更好的工作条件。在社会联系方面，工会可以向其会员提供声望或自尊，一些雇员加入工会的理由与其加入任何社会组织的理由完全一样，即享受与该组织成员资格有关的责任和身份。这一特征尤其对那些替代性较强的工作，以及社会声望低或者发展空间有限的雇员具有吸引力。在身份需要方面，成为工会领导，可以使雇员在与管理方打交道的过程中获得声望或自尊；可以勇敢地与老板抗争而不会受到惩罚；在诸如工作分配、工作岗位、资历政策和歧视保护之类的事项中，工会领导享受优惠待遇，能够获得极高的声望。在集体谈判需求方面，工会领导和管理方在集体合同的日常管理中拥有平等的地位。

许多关于雇员特征背景与雇员投票之间关系的研究得出了不同的结果。有研究表明，诸如年龄、性别和受教育程度之类的雇员特征与支持工会的投票或态度之间并不存在紧密的联系。种族因素似乎是一个例外——有些研究已经显示，与白人雇员相比，更多的黑人雇员对潜在的工会利益持肯定态度。其他一些研究指出，年轻人更有可能支持工会，而女性支持工会的可能性较小。工会组织运动成功与否，与雇员的某些特征有密切关系。

（1）年轻雇员更可能在投票选举中支持工会组织，因为他们的工资水平较低，工作不理想，且对工作的控制能力有限。

（2）黑人与妇女在历史上曾经遭遇就业歧视，他们是工会运动的坚定支持者。

（3）蓝领雇员比白领雇员更容易接受工会化，尽管近30年来白领工会也很普遍，但吸引白领雇员加入工会的主要动力是获得更大的影响力。

（4）受教育程度不同的雇员在支持工会的倾向方面没有显著差别。

（5）对企业忠诚度高的雇员更倾向于支持工会，而临时工往往不支持工会组织运动。

二、如何组建工会

在组织和参加工会的过程中，雇员主要考虑能否在工资福利、晋升机会和工作安全等方面获得提高，是否愿意通过支持工会来实现与工作有关的目标和需要，工会能否提供实现这些目标的方法和手段。如果雇员认为工会能够帮助他们达到目标，则很可能在选举中投票支持工会的组建和随后的行动；反之，如果雇员不相信工会，则不会投票支持工会，也不会支持它的行动。因此，对于工会和管理方来说，选举前的准备工作至关重要。

（一）工会的组织策略

工会为获得雇员支持，要进行一系列的竞选活动。如果工会投入大量人力、物力及财力，起用有经验的工会组织者，并且最大限度地使所有雇员都参与到工会组织运动中，工会组织运动就可能获得成功。通常，工会主要通过三种有效方式来影响雇员投票支持工会：努力向雇员灌输工会的好处；说服雇员投票支持工会化，对管理方在工会组建运动期间做出的陈述和主张进行反击；支持雇员的个人和集体行为。但是，工会组织运动没有固定的公式可循，存在许多不确定性。工会必须进行系统的策划与组织实施，这个过程（见图5-1）从确定目标成员开始，经过一系列环节，最终获得雇主的承认。

确定目标成员

- 确定潜在目标成员
  —工会希望吸纳的雇员类型
  —资金与时间约束
  —经济、社会及行业因素
- 通过与目标成员进行电话交谈测量雇员是否支持工会化

取得初步进展

- 获取目标成员薪酬水平与工作条件的相关数据
- 搭建组织平台，拟定活动议程
- 在工会组织运动中谋取现有会员的帮助
- 对工会组织委员会成员进行培训
- 获取企业的组织设计图以便联络雇员和确定适当的选举单位

争取雇员支持

- 接触目标成员
  —在雇员家中进行个人访谈
  —在工作场所发出口头或书面请求
  —小型集体会议
  —大型会议
  —利用新闻媒体
- 向目标群体传达工会的有关信息
- 对雇主反工会化措施的反应
  —使雇员及组织者意识到雇主潜在的不当劳动行为
  —对雇主的反工会化陈述予以反驳
  —采取合法行动反对雇主的不当劳动行为、歧视行为以及其他违法行为
- 获得雇员签名的授权卡

授权选举过程

- 明确选举单位
- 提交授权选举说明书
- 获取参加选举单位投票的雇员名单
- 参加监督下的秘密投票过程
- 处理选举后期事务

图 5-1 工会在组织运动中采取的措施

（二）雇员的集体凝聚力

凝聚力是团结一致的程度和个人对所在群体所持的积极态度，是反映集体对其成员影响力的一个重要指标。一个集体的凝聚力越强，成员对集体的归属感越强，集体对成员的影响力就越大。这样，工会组织运动就容易获得成功。工会支持者的存在有助于雇员形成集体凝聚力。当受到雇主阻碍时，他们会以整体的方式加以应对，而且能够直接导致工会的形成。

（三）管理方的反工会化措施

如果管理方实施强硬的反工会化战略，则工会在授权选举中落败的概率会大大增加。哈佛大学教授理查德·弗里曼（Richard B. Freeman）与明尼苏达大学教授莫里斯·克莱纳（Morris M. Kleiner）的研究表明，在工作条件差、工资水平低的企业，管理方更可能采取反工会化措施[1]。如表 5-1 所示，管理方的反工会化措施包括两类：一类是在工会组织运动前采取的预防措施，如提高工资水平、改进工作条件、消除可能导致企业工会化的其他问题；另一类是在工会发起组织运动后可能采取的合法与非法的应对措施。

---

① Freeman R B，Kleiner M M. Employer behavior in the face of union organizing drives. Industrial and Labor Relations Review，1990，43（4）.

表 5-1　管理方的反工会化措施

工会发起工会组织运动以前	工会发起工会组织运动以后	
预防性措施	合法的应对措施	非法的应对措施
1. 公平合理的薪酬体系 2. 多样化的雇员福利计划 3. 令人满意的雇员-管理方关系 4. 开放的沟通渠道 5. 安全的工作条件 6. 工作保障措施 7. 内部公平制度 8. 公平的晋升与调动机制 9. 组织结构 ● 缩小工厂规模 ● 在农村建立工厂	1. 非威胁性、非强迫性的事实性反工会化宣传： ● 致信 ● 演讲 ● 在布告栏发布信息 ● 放映电影及幻灯片 2. 成立由反工会化雇员组成的委员会 3. 聘请劳动关系专家提供关于工会组织运动的咨询 4. 禁止工会组织者利用企业资产进行宣传 5. 禁止雇员散发工会材料	1. 威胁解雇支持工会的雇员 2. 威胁如果工会赢得选举则关闭工厂或迁厂 3. 暗中监视工会活动 4. 根据雇员是否支持工会决定其工作岗位 5. 散发反工会化材料 ● 强调工会化是无效的，因为报酬及工作条件不会改变 ● 预计如果工会获胜，接着就会出现罢工和骚乱 6. 在授权选举前 24 小时内举行受控制的大众演讲 7. 支持企业控制的工会或偏向企业的工会，排斥外来工会

企业的某些活动可能会影响雇员对工会的支持投票，因为它可以改变雇员对工会的预期信任。如果雇主反工会化活动非常坚决有力，可以使某些雇员认为雇主已经“醒悟过来”，将设法在避免组建工会的情况下主动改善劳动条件和标准。同时，企业强有力的反工会化活动也可使一些雇员认为在这种情形下工会将无法改善工作条件。

第 3 节　工会的职能与行为方式

一、工会的职能

组织的职能可以从它所扮演的角色、执行的任务以及完成这些角色与任务采用的方式等方面来概括。我们从五种研究视角（即新保守主义、正统多元主义、管理主义、自由改革主义与激进主义）出发，依次分析工会的经济职能、民主职能、整合职能、社会民主职能与阶级革命职能。

（一）经济职能

1. 工资与就业人数的最优组合

新古典经济学家认为，工会通过优化组合工资水平与就业人数，实现效用最大化。工会不可能无限制提高会员的工资水平，因为在劳动力需求不变的条件下，工资水平越高，企业雇用的人数越少。因此，工会在谋求提高会员工资水平的同时，应该考虑由此产生的伴随失业效应（disemployment effect）。产生伴随失业效应的原因有两个：第一，高工资意味着高人力成本，导致产品价格上涨，市场需求减少，雇主必须通过裁员来维持企业的运营；第二，劳动力价格上涨后，为使生产成本最小化，管理方将采用资本密集型技术，使用更多的机器设备替代劳动。

目前尚不清楚工会会在多大程度上考虑伴随失业效应，但有一点是可以肯定的，即工会凭借它在劳动力市场上拥有的卖方垄断力量，通过集体谈判确定的工资水平，总是高于在完全竞争的劳动力市场中由市场供给和市场需求决定的市场出清的工资水平；相应地，工会追求的工资水平所对应的就业人数比市场出清的工资水平所对应的就业人数要少。因此，工会活动会产生伴随失业效应。当然，工会也会采取各种措施来消除或减少这种效应产生的消极影响。这些措施包括：

（1）工会领导游说政府部门，主张提高关税或降低进口配额，以减少外国低成本商品大量流入本国对国内企业造成的冲击；

（2）工会采取一致行动，在同行业内一次性同时提高工资水平和福利待遇，从而消除某企业工会单方面行动导致该企业在本行业内所处的竞争劣势；

（3）开展公共宣传活动，鼓励消费者购买工会化企业制造的产品；

（4）通过订立就业保障条款，限制管理方采用节约劳动的技术和用机器设备替代劳动。

2. 确保就业公平

工会另一个重要的经济职能是确保就业公平。工会领导的目标是使会员的经济收入最大化，这取决于会员是否愿意参加罢工，而会员是否愿意参加罢工又取决于他们的就业公平感实现与否。如果雇员认为雇主提供的待遇达到自己的预期，他们就不可能投票支持举行罢工，这时工会就不可能为会员谋取更多的经济利益。因此，工会的一个重要经济职能是努力实现会员的公平待遇要求，这些要求包括工作负担、晋升与裁员制度等方面。

（二）民主职能

正统多元主义特别强调工会的民主职能，认为工会的角色应该是将民主原则引入劳动关系，为雇员提供各种形式的代表制度。工会的民主职能具体体现为：

（1）当管理方违反集体协议确立的就业条件或滥用职权时，工会可以为会员提供准法律代表。通过建立申诉/仲裁程序，由独立代表（如工会）或中立的第三方对劳动争议做出裁决，实际上确立了劳动司法体制，以此确认并保护雇员的合法权利。

（2）工会代表雇员与雇主进行集体谈判。在谈判过程中，工会在就业条件、技术变革、安全卫生等一系列劳动问题上坚决维护雇员的整体利益，就像民选议员在地方议会中代表其选区的选民利益一样。

（3）工会有助于确保雇员在工作过程中获得自由。工会与管理方协商并制定有关工作进度、小组人数、技能要求、职务分类等的规则与程序，限制管理方的职权，维护雇员的权利，就像民主国家通过限制政府职权以保证公民享有各种权利和自由一样。

（4）与企业组织相比，工会组织的一个显著特点在于其职权的指向是自下而上而不是自上而下。工会领导受到工会中不同派系成员施加的压力；工会的民主职能要求它必须平衡和协调不同派系之间的相互竞争乃至相互冲突，不能只考虑其中某个群体成员的利益。这类似于民主国家的政府面对不同利益集团时的决策情形。

（5）工会作为一个民主机构，有自己的章程、代表大会及领导选举制度，从而保证雇员享有各种民主权利。虽然近年来雇主也开始采用参与式管理，让雇员参与企业决策，但在参与式管理中，企业的决策最终还是由管理方做出的，不能与工会民主混为一谈。

（三）整合职能

正统多元主义、激进主义与管理主义都指出工会具有整合职能，但只有管理主义强调雇员与雇主间的整合是工会的首要职能。

美国哥伦比亚大学历史学教授弗兰克·坦嫩鲍姆（Frank Tannenbaum）在其著作《劳动哲学》中指出，工会不是策划形成的，而是自发产生的。它内生于资本主义发展过程，体现了人类建立团体组织的朴素思想。坦嫩鲍姆认为，建立工会能够使雇员重新恢复前工业时代的团体感、稳定感与归属感①。

从个人自我实现的角度看，工会有助于员工发挥其才能。工会鼓励雇员参与组织的各项决策：（1）工会的内部行政体系鼓励会员参加支部活动，参与工会政策、经济与劳动事务、社会与政治问题的决策过程；（2）集体谈判制度为会员提供了直接与管理方进行谈判的机会，使雇员可以参与订立集体协议条款。积极参加工会活动的会员可能在工会内部担任职务，如车间或工厂的工会代表、地方或全国委员会代表。通过这些渠道，会员可以参与生产工作以外的其他活动。早期，由于雇员缺乏接受教育、参与政治活动与其他社会活动的机会，工会成为发现并提高他们才能的重要途径，甚至是唯一媒介。

工会的整合职能还体现在，它是实现高绩效管理的重要渠道。高绩效管理要求雇员与管理方减少或消除彼此的对立与不信任，增进理解与合作，工会是实现这一目标的重要媒介。首先，工会的内部申诉与协商机制有助于化解劳资冲突，克服雇员在与雇主融合的过程中可能产生的各种障碍；其次，工会作为管理方与雇员之间的沟通渠道，有助于管理方实施人力资源管理计划。

（四）社会民主职能

工会的社会民主职能与工会在经济、社会领域发动的社会民主改革密切相关。工会不仅要求改善薪酬结构，而且主张消除企业内部与企业之间的工资不平等。工会不仅代表会员利益，而且反映全体工人阶级与所有弱势群体的利益。工会的社会民主职能主要体现在以下三个方面。

（1）社会工会（social unionism）主张，集体谈判不应只是为了提高会员的工资水平，而应该通过集体谈判提高工人阶级的整体工资水平，并改善他们的就业条件。实践中，集体谈判的影响已经超出了工会的范围。工会势力较强地区集体谈判所确定的工资

---

① Tannenbaum F. A philosophy of labor. New York：Knopf，1951.

标准成为工会势力较弱地区工资决定的基准，甚至成为非工会化企业工资决定的基准。

（2）工会积极参与政治活动，通过修改法律来增强集体谈判的力量，通过经济与社会改革减少社会不公正，保护弱势群体。为实现这一目标，工会不仅直接游说政府，还通过与政党结盟间接对政府施加影响。

（3）工会积极参与社会公益事业，与妇女组织、环保组织以及教会都保持着密切联系，有些工会还建立专门基金用于发展社会公益事业。例如，加拿大汽车工人联合会（Canadian Auto Workers，CAW）要求雇主按照谈判单位雇员每工时1分钱的标准，向社会正义基金（Social Justice Fund）捐款，所筹资金全部用于慈善事业与社会救济。

（五）阶级革命职能

阶级革命职能在劳工运动史上有重要影响。历史上，工会阶级革命主要分为工团主义（syndicalism）与社会主义（communism）两类。虽然两者都强调推翻资本主义制度，代之以新的经济秩序，但是，工团主义认为，工会是工人阶级的唯一工具，通过工厂罢工、联合抵制、蓄意破坏（industrial sabotage）等一系列活动最终发动总罢工；社会主义则认为，只有工人阶级具有自发的革命意识，发动有组织的群众政治运动，资本主义制度才能被推翻，工会的作用就在于促进这一过程。

虽然历史上激进主义强调工会是推翻资本主义制度的最重要的力量，但是工会的这一职能正在逐渐弱化。实际上，许多激进主义者对工会运动也是持消极态度的。

二、工会的职能分类及其理论

（一）工会的职能分类

现实生活中，工会的职能往往是上述五种职能的不同组合，不同工会之间的区别在于其职能的多寡与强弱。从职能角度出发，可以将工会分为以下三类。

（1）工联工会（business unionism）。这类工会的唯一目标是通过集体谈判为会员谋求经济利益。

（2）福利工会（welfare unionism）。这类工会不仅关心会员的经济利益和劳动权益，而且关注更广泛的社会、经济和政治问题。

（3）政治工会（political unionism）。这类工会认为工会差别是社会政治差别的一种体现，主张通过政治结盟或法律规范来维护会员利益。

（二）工会的职能分析

1. 工会性的概念

对工会的职能进行理论分析需要借助“工会性”（unionateness）这个概念。这一概念最早由罗伯特·马丁·布莱克本（Robert Martin Blackburn）提出，是指工会参加劳工运动并利用这种力量的程度①。一个工会的工会性可以从两个方面来考察。第一，该组织为成员谋取利益的能力及其意愿，包括是否将集体谈判作为维护雇员利益的首要职能，是否具有集体谈判力量，是否做好了采取各种形式产业行动（如罢工、怠工）的准备；第二，该组织对工会运动的认同，包括是否对外宣布建立工会，是否登记注册成为工会，是否加入全国总工会，是否加入政党（如工党）。工会具备的要素越多，说明其工会性越强。

根据上述标准，布莱克本、亚历山大·斯图尔特（Alexander Stewart）与肯尼思·普兰迪（Kenneth Prandy）将工会性分为企业工会性（enterprise unionateness）与社会工会性（society unionateness）两类②。企业工会性是指在不做出意识形态判断的条件下，工会在工具主义③和局部利益驱动下，为改善成员的就业条件在工作场所采取集体运动；社会工会性是指工会在工作环境以外寻找与其利益相关的群体或组织，在全社会范围内采取集体行动来实现期望的变革。

2. 两种分析框架

关于工会性的分析，有两种分析框架（见图5-2）：一是阶级意识法；二是地位意识法。

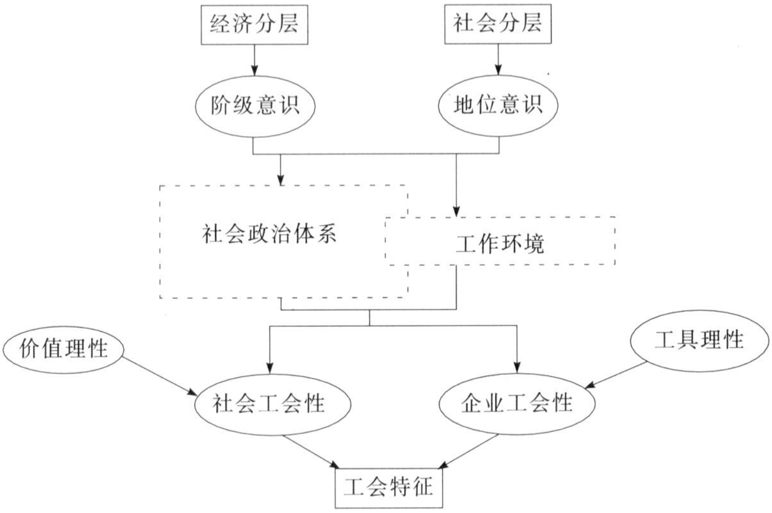

图5-2 工会性分析

（1）阶级意识法。在工会运动发展早期，人们常用阶级意识来分析工会。在资本主义生产方式下，资本与劳动是相互分割的生产要素，劳动的所有者——雇员在社会中既无权力又无地位，因而迫切需要组成工会来保护他们的利益。这种分析方

① Blackburn R M. Union character and social class: a study of white-collar unionism. London: Batsford, 1967.

② Prandy K, Stewart A, Blackburn R M. White-collar unionism. London: Macmillan, 1983.

③ 所谓工具主义（instrumentalism），是一种实用主义哲学，主张有用即真理，成功证明手段合理，为达到目的可以不择手段等。

法有助于解释为什么蓝领工人更愿意组成工会，而属于中产阶级的白领工人不愿参加工会。

随着工会运动的发展，这种分析方法在20世纪受到普遍批评。首先，白领工会在19世纪90年代开始出现。其次，由于蓝领工人的收入水平与福利待遇不断提高，就业保障增强，蓝领与白领的差别正在缩小甚至已经模糊，很难再根据收入水平、受教育程度、社会权力等因素来划分阶级。最后，工会代表部分雇员利益而不是整体工人阶级利益，因而不再作为资本主义的对立面；相反，工会已经成为资本主义合作机制的一方。

（2）地位意识法。20世纪50年代逐渐发展起来的地位意识法，着重研究社会分层导致的地位意识。根据这种分析方法，个人地位与其在社会中的声望、所处的等级位置有关。社会分层决定了特定的行业形象和社会形象，从而影响雇员对工会的态度。白领雇员在社会中属于较高阶层，由此形成的个人主义价值观使他们只有在其社会地位受到挑战、感到被相对剥夺时才会组建工会。

迈克尔·普尔（Michael Poole）对不同国家工会的社会行为进行比较后，提出从工具理性（instrumental-rationality）和价值理性（value-rationality）两个角度来分析工会的职能与行为。工具理性认为工会仅仅追求经济目标，而且活动范围仅限于工作场所；价值理性认为工会应把政治、宗教或民族目标放在首要位置，从根本上改变劳动关系。因此，工具理性与工联工会或企业工会性比较接近，而价值理性与福利工会、政治工会或社会工会性比较接近。

三、工会的行为方式

工会的行为方式由工会的战略决定，而工会的战略既受政治、经济与社会环境的影响，也受管理方与国家战略的制约。图5-3描述了一个工会战略选择模型。

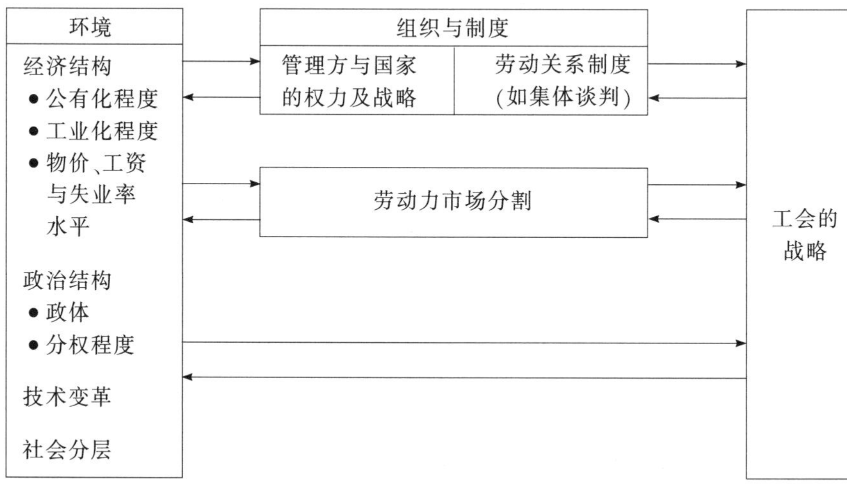

图5-3　工会战略选择模型

关于工会行为方式的划分，最经典的是韦布五分法，即把工会行为方式分为互保互助、集体谈判、劳动立法、直接行动和政治行动。

(一)互保互助

工会主要以互保(mutual insurance)和互助(mutual aid)的方式向成员提供各种福利,包括医疗、教育、娱乐、住房等各个方面。这些开支从会员所缴会费建立的基金中提取。有时,工会也向非会员提供这些福利待遇。作为工会的一种行为方式,互保互助有以下好处:(1)有助于工会吸收新成员;(2)有助于充实工会基金,使工会在集体谈判过程中有能力向雇主施加压力;(3)有助于建立工会的内部福利制度。

(二)集体谈判

集体谈判是工会与雇主交涉、协商,确定薪酬、福利、工时、工作条件等有关劳动标准和劳动关系事务的活动,是工会为会员争取经济利益最直接的方式。集体谈判可以直接或间接地改变工人的经济与社会生活。

(三)劳动立法

劳动立法是工会通过立法建议、监督法律执行等方式保护雇员利益,促进工会发展。工会积极游说议会,与议员接触,力求颁布有利于工会的劳动法规。另一方面,工会还派代表监督法令的执行。

(四)直接行动

直接行动是在互保互助与集体谈判不能发挥作用时,工会采取罢工、罢市(hartal)与强制战术[①]等方式来实现维护工人尤其是会员利益的目标。其中,强制战术属于非法行为,罢工和罢市是合法的直接行动方式。不论采取什么方式,工会的直接行动都会损害既有的劳动关系,不利于经济发展。因此从国家利益考虑,在经济发展过程中需要劳资双方的合作,避免劳资冲突。

(五)政治行动

工会政治行动的显著特点是:它不仅维护会员的利益,而且有利于保护整个工人阶级的利益。工会的政治行动主要包括:(1)向政府与立法机构施加压力,促使其颁布保护劳动者的条例或法律,这在早期工会的发展中发挥了重要作用。(2)建立政党或加入代表工人利益的政党。例如,在英国,保守党与全国总工会建立的工党轮流上台执政,当工党上台时必将采取更积极的措施来维护工人阶级的利益。

---

① 强制战术是指印度和巴基斯坦罢工工人为达到目的而采取的一种将雇主或经理扣留在办公室里的办法。

第4节 工会的组织结构

一、工会组织结构的定义

工会的组织结构是指工会借以安排其内部管理体制、代表制度及职权体系的机构与过程，其核心问题是如何使效率与民主相结合。

工会组织结构大体上可以分为地方工会（local union）与全国性工会（national union）两个层级。

二、地方工会

（一）地方工会的组织结构

地方工会是由某一工厂、雇主或地理区域的劳工组织而成的，其组织结构（见图5－4）主要包括会员大会和工会干部。会员大会是主要执行机构，地方工会的干部包括主席、副主席、秘书、财务主管和警卫官。

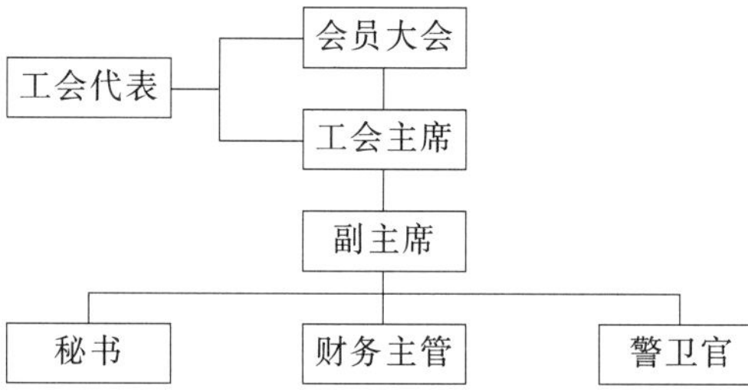

图5－4 地方工会的组织结构

1. 地方工会干部

地方工会干部由全体会员选举产生，其权力大小取决于工会的性质。他们利用非工作时间或管理方许可的工作时间处理工会事务，主要负责工会的内部事务，集体谈判则由特设的谈判委员会负责。

2. 工会代表

工会代表由会员直接选举产生，其职责是确保一线管理人员遵守集体协议条款；此外，还负责收缴会费（如果会费不是从会员工资中直接扣缴）、向会员传达地方工会政策、劝说非工会雇员加入工会等。

3. 会员大会

地方工会的会员大会（membership meeting）是处理工会组织内部事务的最高权力机构，一般每月召开一次，会员通过民主投票方式决定工会政策。

（二）地方工会的作用

地方工会作为雇员与工会最经常接触的场所，其作用包括两方面：（1）向全国性工会反映会员要求和利益，促进全国性集体协议在地方工会会员大会上表决通过；（2）监督集体协议的执行。

三、全国性工会

（一）全国性工会的组织结构

全国性工会组织代表了某一行业、某种技能或政府机构的劳工，是最有力的工会组织。全国性工会的组织结构（见图5-5）包括全国代表大会、主席、执行委员会以及各职能服务部门，其中，全国代表大会是决策机构，执行委员会是执行主体。

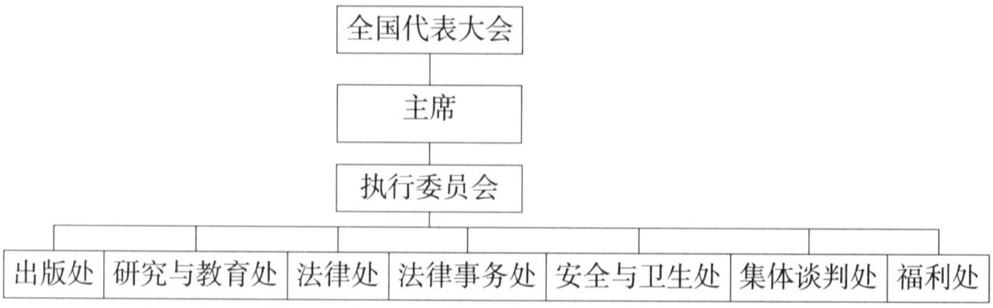

图5-5 全国性工会的组织结构

1. 全国代表大会

全国代表大会（national convention）是全国性工会的最高权力机构，每两年或三年召开一次，其作用体现为章程大会（constitutional assembly）、立法机构、最高法庭、干部任命委员会。

2. 执行委员会

在全国代表大会闭会期间，由执行委员会（executive board）负责处理全国性工会的日常事务。执行委员会由主席、秘书、财务秘书及其他代表大会选举产生的人员组成。

3. 主席

主席是全国性集体谈判的首席代表，在全国代表大会闭会期间还是首席执法者，具有任命工会其他职员的权力，还可以保持与地方工会干部的沟通。

4. 其他职员

全国性工会下设若干部门，由主席指派或雇用专业人员在各部门工作。这些职员主要包括两类：一类是职业专家，包括律师、经济学家、保险专家、工程师、研究分析员、教育指导员以及专门对议员或政府官员进行疏通的职员；另一类是国家工会代表，每个代表通常负责几个地理位置相近的地方工会。

（二）全国性工会的作用

全国性工会的作用包括三个方面：（1）策划工会组织运动；（2）举行集体谈判；（3）为地方工会提供援助，即指导地方工会开展谈判和提供经济支持。

第5节 劳资合作策略

一、劳资合作框架

劳资合作是指所有为提升劳资双方的期望而采取的协商或参与决策的模式，是工会与管理方寻求实现共同利益的一种方式。在传统的劳动关系中，集体谈判是工会与管理方之间的零和博弈，一方得益以牺牲另一方的利益为代价。实际上，工会的目标与管理方的目标有重叠部分。理论上说，重叠部分越大，劳资合作的机会越多。20世纪80年代以来，国际市场的竞争日益加剧，劳动力结构发生了重大变化，新技术不断应用于生产过程，这些因素促使劳资双方在工作场所开展合作。

劳资合作的具体方式非常多，人们对它进行界定的侧重点也不同。有的学者把劳资合作看成是一种价值原则，其基本理念在于企业把员工作为最重要的资源，相信员工具有责任感且值得信任，有能力并愿意付出。劳资合作可以通过各种不同方式，借助员工参与及努力来达到组织的目标。有的学者则认为劳资合作是一种劳资关系模式，建立在劳资双方共同追求更大效益的目标之上，在这一过程中，劳资双方致力于目标的达成，而不是相互的对抗。经过合作努力所带来的结果，由劳资双方共享。还有一些学者认为，劳资合作是指在企业经营管理中，管理者主动接受工会或员工的意见，而员工或工会在劳资关系上扮演更加主动的合作人角色。劳资双方致力于更宽广的领域及一些基本的问题，如产品品质、技术运用等。在合作原理中，管理者不仅要肯定员工的参与权利，而且要积极地鼓励及回报此项参与行动。同样，员工不但要认同和支持企业在投资上获取适当报酬的权利，而且要强调此项投资报酬的必要性。归纳起来，劳资合作具有以下特征：（1）企业组织经营的整体责任由资方与劳方共同承担；（2）劳资合作须借助员工参与才能实现；（3）劳资双方将对抗的相对力量转化为组织的总力量；（4）劳资合作带来的成果应公平分享。

劳资合作计划能否顺利推行以及能否获得预期效果，取决于以下必要条件：（1）建立互助互信，具有荣辱与共的观念，重视企业长期运营目标；（2）人性的相互尊重；（3）建立良好的沟通管道；（4）利润分享及符合国家劳动法律。

（一）劳动关系的形态

20世纪50年代，芝加哥大学教授弗雷德里克·哈比森（Frederick H. Harbison）与约翰·科尔曼（John R. Coleman），以及哈佛大学教授米尔斯（Daniel Quinn Mills）

用冲突-合作的连续谱将企业劳动关系划分为四种连续的形态：公开对抗型（open conflict）、武装休战型（armed truce）、实际和谐型（working harmony）与劳资合作型（labor-management cooperation），如图 5－6 所示。第一、第二种劳资关系的形态被称为“坏的”劳资关系，第三、第四种则被称为“好的”劳资关系，也就是和谐的劳资关系。

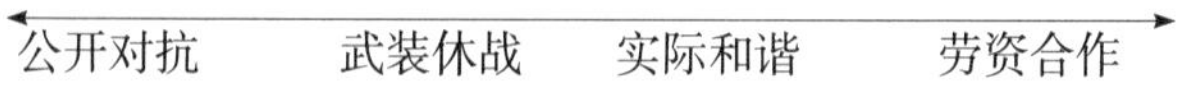

图 5－6 劳动关系连续谱

公开冲突型劳动关系，是指劳资之间已经产生争议或冲突，任何一方对于另一方的动机和行为都有所挑战，彼此完全不信任，劳资和谐完全不存在，以至于锁厂或停工频繁。

武装休战型劳动关系，是指劳资双方视对方为敌人，而且备妥武器随时准备公开冲突，不过每一方都在设法限制和克制他们的敌视态度和行为，双方不愿因公开冲突而招致太大损失。

实际和谐型劳动关系，是指劳资双方基本上都尊重对方，争议局限在一定的范围内，因为双方都有意相互忍让，遵循各类方法设法解决彼此分歧，这算是劳资和谐的一种状况。

劳资合作型劳动关系，是指劳资之间不仅相互尊重，同时每一方都依赖对方协助以解决共同的问题，劳资冲突是严格限制的，不会使合作的关系恶化。

一般而言，公开冲突型和劳资合作型在现实社会中都比较少见，武装休战型与实际和谐型则较为普遍，这也使劳资合作型劳资关系显得弥足珍贵。

（二）劳资合作的得与失

劳资合作有助于减少劳动冲突，增进工会与管理方之间的沟通，使工会与管理方建立伙伴关系。这种双赢的局面有利于雇主在市场竞争中赢得竞争优势，雇员则可以从劳资合作中获得更大的就业保障和更好的就业条件。

工会与管理方进行合作，必然要求双方都做出让步。从工会角度看，如果它不考虑雇员利益而片面强调与雇主合作，最终会丧失雇员的支持，而且劳资合作也会削弱工会的集体谈判力量。从管理方角度看，与工会合作意味着管理方必须放弃许多权力。表 5－2 概括了工会与管理方在劳资合作中的得与失。

表 5－2 劳资合作的潜在收益与成本

	管理方	工会
潜在收益	1. 提高劳动生产率 2. 提高产品与服务质量 3. 改善与顾客的关系 4. 减少生产浪费与返工 5. 减少管理成本 6. 增进与雇员的沟通 7. 改善与雇员的关系 8. 减少抱怨与惩戒 9. 减少缺勤、怠工，降低雇员流动率 10. 增强雇员的献身精神	1. 会员获得经济实惠 2. 参与管理决策 3. 增进与管理方的沟通 4. 减少集体协议的争议

续表

	管理方	工会
潜在成本	1. 劳资合作所需的培训 2. 丧失权力与权威 3. 调换管理者的工作岗位 4. 经常开会	1. 被管理方同化 2. 丧失雇员支持 3. 调换雇员的工作 4. 削弱集体谈判力量

资料来源：Cooke W N. Labor-management cooperation：new partnership or going in circles?. Kalamazoo，MI：W. E. Upjohn Institute for Employment Research，1990.

（三）劳资合作模型

美国韦恩州立大学教授威廉·库克（William N. Cooke）提出了基于绩效改进的劳资合作模型（见图5-7）①。劳资合作的重要前提是，通过劳资合作能够改进企业绩效。劳资合作的强度取决于三个因素：工会与管理方的力量、劳资合作方式、组织约束。劳资合作使劳动关系发生重大变化，随着时间的推移，劳动关系的这种变化又反作用于劳资合作的强度。劳动关系的变化、管理方的力量与组织约束，最终决定一个企业的绩效。

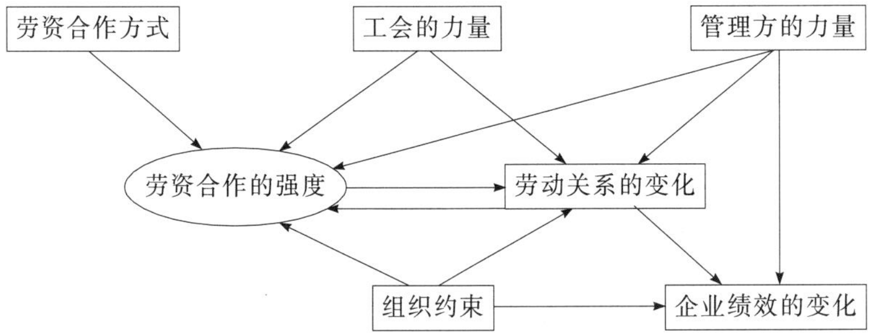

图5-7　劳资合作对企业绩效与劳动关系的影响

二、劳资合作的方式

战后劳资关系的发展已越来越由冲突论出发的集体协商式劳资关系，转向无工会的劳资关系模式。过去，企业管理者常常以打压工会的方式来减少经营上的阻碍，但在提升企业整体竞争力的压力下，管理价值观发生了变化，企业不得不承认劳资合作是重要的成功关键，因此将工会视为企业的策略伙伴。将工会或员工视为伙伴关系就形成了劳资合作的基本前提，通过改善劳动关系与人力资源管理途径，推行劳资合作。劳资合作的最主要目标在于提高企业整体运营绩效，双方共同把企业经营的“饼”做大，从而满足双方的需求。促进劳资合作的具体策略相当广泛，主要包括斯坎隆计划（Scanlon plan）、拉克计划（Rucker plan）、集体收益分享计划（improshare plan）、质量圈、劳

① Cooke W N. Labor-management cooperation：new partnership or going in circles? . Kalamazoo，MI：W. E. Upjohn Institute for Employment Research，1990.

资联合委员会、工作生活质量计划、自我管理的工作团队等。根据雇员是否直接分享生产率收益，可将这七种计划分为收益分享计划（gainsharing program）与非收益分享计划（nongainsharing program）两大类。

斯坎隆计划、拉克计划与集体收益分享计划属于收益分享计划，雇主以生产率为标杆，给超过目标生产率的雇员提供现金奖励。虽然这三种计划采用不同的生产率测度方式与奖金计发公式，但它们都具有以下四个特征：（1）组织有明确的生产率目标；（2）奖励以团体为单位，这个团体可以是某个独立小组，也可以是整个组织；（3）鼓励员工提建议，削减生产成本，提高生产率；（4）奖金计发公式直接与生产率的提高挂钩。

收益分享计划经常会与利润分享计划混淆，实际上，这两种计划在三个方面存在明显差异。首先，收益分享计划均为现期支付，利润分享计划则包括现期分配计划（distribution plan）、组合计划（combination plan）与延迟支付计划（deferred plan）三种类型。现期分配计划每期发放全部可分享的利润；雇员在组合计划中，每期仅得到部分可分享利润，其余部分留作企业将来分配；延期支付计划是指每期的利润分享额在雇员退休时一次性领取。其次，收益分享计划的报酬支付比利润分享计划更频繁，通常按月或季度分发奖金，利润分享计划则通常按年分配盈余或红利。最后，收益分享计划根据生产率是否提高确定奖励分配，利润分享计划中盈余分配的基础则是企业的利润，显然，雇员更容易控制生产率指标。

与收益分享计划不同，质量圈、劳资联合委员会、工作生活质量计划、自我管理的工作团队等则没有把薪酬与生产率的提高、成本的降低、产品质量的提高或其他衡量群体成就的标准直接联系在一起，因而属于非收益分享计划。

表5-3从设计思想、主要目标、次要目标、雇员参与、建议机制、低层与高层管理者的角色、奖金公式、支付频率、工会角色、对管理方式的影响等方面，对七类劳资合作方式进行了比较。第4章已经介绍了非收益分享计划，下面将分析斯坎隆计划、拉克计划与集体收益分享计划。

（一）斯坎隆计划

斯坎隆计划是由美国俄亥俄州曼斯菲尔德市一个钢铁工厂的工会领袖约瑟夫·斯坎隆（Joseph N. Scanlon）于1937年首次提出的一个劳资合作计划。当时，这家钢铁工厂生产经营缺乏效率，随时可能破产，但雇员依然要求雇主提高工资，改善工作条件。为了兼顾劳资双方的利益，时任联合钢铁工人工会地方主席的斯坎隆提出了利用员工和管理方在成本降低方面取得进展的奖金刺激计划。1944年，斯坎隆又进一步完善这一计划，提出用工资总额与销售总额的比例来衡量工作绩效。现在的斯坎隆计划的要点包括工资总额与销售总额的比例、与降低成本相联系的奖金、生产委员会和审查委员会等四个方面。斯坎隆计划的目的是使组织的目标和员工的目标同步化。

根据斯坎隆计划支持者的想法，有效的员工参与是该计划最突出的特征。它强调参与性的管理哲学，让每个员工明白个人薪酬的增加是建立在彼此坦诚合作的基础之上的，

表 5-3 劳资合作方式比较分析

项目	收益分享计划			非收益分享计划			
	斯坎隆计划	拉克计划	集体收益分享计划	质量圈	劳资联合委员会	工作生活质量计划	自我管理工作团队
设计思想	收益分享；雇员愿意提出建议并且希望建议被采纳	主要通过物质激励；也依赖雇员参与	物质激励；绩效改进	雇员能够并愿意提供新想法或提出建议	改进态度；增进信任	改善环境（物理环境、人文环境与系统环境）	减少管理层级；增加雇员对工作过程的控制
主要目标	提高生产率	提高生产率	提高生产率	节约成本；提高质量	改善劳动关系；增进沟通	提高心理满足和工作满意度	提高生产率；减少监督层级
次要目标	态度，沟通，工作行为，质量，节约成本	态度，沟通，工作行为，质量，节约成本	态度，工作行为	态度，工作行为质量，生产率	工作行为，质量，生产率，节约成本	态度，沟通，工作行为，质量，节约成本	雇员自主性，质量，节约成本，灵活性
雇员参与	一个审查委员会；多个生产委员会	一个审查委员会；有时有一个生产委员会	奖金委员会	一个审查委员会；多个质量圈	多个审查委员会	筹划指导委员会	自主安排工作任务，选择生产方式
建议机制	正式体制	正式体制	无	委员会	无，非正式体制	非正式体制（取决于项目）	由工作团队决定
低层管理者的角色	生产委员会主席	无	无	质量圈领导	无	无直接角色	无监督者
高层管理者的角色	直接参与奖金委员会	协调员：负责评价建议以及分派委员任务	无	协调员：负责评价建议	委员会成员	筹划指导委员会成员	就生产目标与工作团队进行沟通，处理问题
奖金公式	销售额/工资	谈判单位工资/产品销售额	标准工时×基准生产率因子/总工时	节约额/企业绩效改进	节约额/企业绩效改进	节约额/企业绩效改进	节约额/企业绩效改进
支付频率	按月支付	按月支付	按周支付	未知	未知	未知	未知
工会角色	协商条款，审查委员会成员	协商条款，审查委员会成员	协商条款	默许	积极的成员	协商条款，审查委员会成员	职务设计被列为集体谈判内容
对管理方式的影响	重大	轻微	无	一些	一些	重大	重大

资料来源：Schuster M H. Union-management cooperation: structure, process, and impact. Kalamazoo, MI: W. E. Upjohn Institute for Employment Research, 1984.

并将企业的薪酬激励与员工的建议系统结合在一起，鼓励员工向企业提出提高生产力的建议。斯坎隆计划的员工参与机制包括两层建议委员会。雇员首先向位于本部门的生产委员会提出生产率改进建议，并由生产委员会负责执行，该委员会通常由1名低层管理人员与2～5名雇员代表组成。如果员工提出的建议超出所属生产部门的管辖范围或所需成本超出某一限额，生产委员会必须把这些建议向审查委员会汇报，由审查委员会决定是否采纳这些建议；如果员工提交给生产委员会的建议未被采纳，员工可以向审查委员会申诉。审查委员会由各生产委员会代表、高层管理人员以及工会领导组成，每月开会一次，评估生产委员会提交的建议，分析组织绩效，确定奖金额，并负责斯坎隆计划的整体运作。

斯坎隆计划的宗旨是降低企业的劳动成本而不影响员工的积极性。该计划确定劳动成本标准和产品销售值的比率（SVOP）。SVOP包括销售收入和库存商品的价值量。表5-4就是一个斯坎隆计划的例子。该计划按月向所有会员发放奖金。通常，多数计划从每月的奖金总额中预留25%，以便在劳动成本超过正常月份时能够填补赤字。扣除公积金后的奖金总额按75/25的比例由员工和公司共享。表5-4中所示的50 000美元的奖金并不完全分给工人，而是25%留给公司，75%分给工人。留下的25%设为储备金，以便在公司经营状况不佳时使用。在该年年末的时候，储备金如有余额，则会分配给员工。

表5-4　斯坎隆计划示例　　单位：美元

以1997年为基准的Alton公司的数据
SVOP＝10 000 000
总工资额＝4 000 000
总工资额/SVOP＝4 000 000÷10 000 000＝0.4＝40%
执行月：1998年3月
SVOP＝950 000
计划的工资额＝0.4×950 000＝380 000
实际工资额（8月）＝330 000
节约＝50 000
50 000美元可以用于奖金

斯坎隆计划在降低成本和促进劳资合作方面获得了很大成功，但并不是所有计划都能获得成功。其成功实施需要具备三个条件：(1) 该计划适用于人数较少的企业（通常少于1 000人）；(2) 该计划适用于产量与成本稳定的企业；(3) 管理方积极参与该计划，尤其在计划的实施阶段。

（二）拉克计划

拉克计划最初是由经济学家艾伦·拉克（Allen Rucker）于20世纪30年代提出的。拉克计划与斯坎隆计划很相似，都是通过雇员提供合理化建议来削减生产成本，并与雇员共同分享由此产生的财务收益。两种计划的区别主要体现在雇员参与程度和奖金计发办法两个方面。

拉克计划的雇员参与程度不及斯坎隆计划。多数拉克计划只有一个审查委员会，而没有在工作场所基层内部建立生产委员会。审查委员会由工会和管理方推荐的雇员代表以及工会领导、高层管理人员共同组成，负责审核雇员提出的建议，评价企业的生产率与拉克计划的整体运作。少数拉克计划虽然也建立生产委员会，但只有一个。生产委员会由10～15名雇员与几个低层管理人员组成。与斯坎隆计划相比，拉克计划的生产委员会主要作为劳资双方沟通的渠道，而不是作为解决生产问题的方式。因此，有些学者认为，拉克计划是从传统劳动关系向劳资合作式劳动关系过渡的中间形态，是斯坎隆计划的一种替代形式。

拉克计划目标生产率的确定方式与斯坎隆计划不同。拉克最初发现制造业劳动力成本在产品附加值中所占比例不受经济周期影响，长期保持在一个稳定的水平上。因此，他提出以此作为衡量生产率的标准（又称拉克标准）。如果实际劳动力成本低于根据拉克标准得出的劳动力成本，雇员就可以与公司共同分享节约的劳动力成本。拉克计划的奖金是根据雇员收入的一定比例而不是平均分配的，由此，拉克计划鼓励收入较高的高资历雇员积极参与绩效改进。

（三）集体收益分享计划

集体收益分享计划，即通过利益分享来提高企业生产率，最初是由工程师米切尔·法因（Mitchell Fein）于20世纪70年代提出的。与斯坎隆计划和拉克计划相比，集体收益分享计划的雇员参与程度更低，没有建立建议机制。企业只是建立奖金委员会，根据企业生产率是否提高来分配奖金。该计划通过基准生产率因子来衡量目标生产率。集体收益分享计划的要点是通过减少制造单位产品所需的时间，而不是节约生产成本来提高生产率。节约时间产生的财务收益按50/50的比例由雇员与公司共享。

➡ 关键术语

工会　职业工会　行业工会　总工会　工联工会　福利工会　政治工会　社会工会性　企业工会性　地方工会　全国性工会　工会代表　工会运动　劳资合作　斯坎隆计划　拉克计划　集体收益分享计划　疏远理论　忧患意识理论

➡ 复习思考题

1. 简述工会的结构分类和职能分类。
2. 分析组建工会的原因。
3. 斯坎隆计划的主要内容和特点是什么?
4. 比较分析劳资合作的不同方式。

第6章 政府

学习目标

学完本章之后，你应当能够：

1. 掌握政府在劳动关系中的角色
2. 理解政府与劳动关系理论
3. 熟悉政府的劳动关系战略
4. 掌握三方机制的概念
5. 明确政府在三方机制中的作用

引导案例

法国总统如何在大罢工之后继续改革

2019年12月5日，法国遭遇“黑色星期四”，80万人走上街头，抗议法国总统马克龙的养老金改革计划，要求马克龙下台。这也是法国25年来发生的最大规模罢工。

2019年12月5日，法国全国有超过200场示威活动，交通几乎全面瘫痪，全国90%的高铁停驶，巴黎16条地铁线路中的11条关闭。2019年12月8日，在巴黎，当地抗议示威活动持续进行。法国政府表示将于2020年1月7日和工会展开谈判。但是，法国各大工会仍然号召1月9日再次举行跨行业罢工和抗议示威活动。2019年12月9日，法国再次爆发全国跨行业大罢工，反对政府进行退休制度改革，首都巴黎交通几乎完全瘫痪，其他多个城市交通也受到影响。2020年1月2日，铁路大罢工进入第29天，创下自1968年以来法国公交铁路罢工的最长纪录。法国国营铁路公司（SNCF）表示，高速火车有一半取消运营，3/4的城际列车停运，法国铁路公司经营的巴黎大区铁路网有2/3的列车停运。

媒体和专家指出，直接的导火索是政府的养老金改革。马克龙提议对全国退休制度进行全面改革，原因是政府认为目前的国家养老金制度支出过高、过于繁杂，各行各业有多达42种不同的退休制度，因此希望用一个统一的、可持续的方案予以替代。但这会触及部分行业职工的利益，比如铁路职工享有特殊养老金制度，可以提前退休。因此，尽管法国政府承诺将不改变目前62岁的退休年龄，但在“一刀切”的新政出台后，将对铁路等一些行业的职工造成影响，如果不延长工作时间，就无法拿到全额退休金。退休制度改革是目前法国内政中最重要的一大议题。这是一项较为广泛和深入的改革，牵扯到各部门利益。每一任总统都决心改革，但近半个世纪以来，改革都特别敏感，难以推进。

在特定阶层利益受损的社会现象背后，还有全球化背景及个体国家特征这两重因素。其一，全球化带来贫富差距、中产阶级利益受损等负面影响，欧洲也面临一体化进程不前、难民危机、民粹主义抬头、债务危机等多重问题。在这一背景下，法国自身经济改革相对滞后，社会内部矛盾积累较多。其二，就法国本身来说，与其他欧洲国家相比，它是一个传统偏左的国家，强调社会公正、社会权利、民主和人权等。无论是左翼还是右翼政府，在推进社会经济改革上一直遭遇困难，例如萨科齐政府和奥朗德政府都未能促成养老金改革。法国政坛在经历调整和重塑，马克龙所领导的执政党本身并非传统政党，在不少法国民众眼中，马克龙也被看作精英总统，政策上偏右，不满情绪明显。"因此，罢工是法国社会内部反抗情绪的体现，同时也与整个欧洲社会面临的民粹主义、反全球化和反建制有关。"

法国总理菲利普 2019 年 12 月 1 日召集内阁成员召开危机会议。他表示，将"进一步完善改革措施"，但仍然坚持政府的改革方向，包括退休制度改革。法国政府最近已多次召开会议，意图制定捍卫改革、确保国家正常运转的总体策略。马克龙也坚称，改革行动是"必要的"。不过，民意似乎并不站在马克龙这边。12 月 5 日，法国总统马克龙办公室发表声明，称总统将"坚定"地推动养老金改革计划。"黄背心"运动发生后，马克龙已推迟了该计划的启动，并收回一些涉及数十亿欧元的改革措施，让局势得以恢复平静。面对反对声浪与全面罢工，马克龙表示自己"冷静且坚决"，深信改革是必要的。政府发言人恩迪亚耶表示："与工会还有协商空间，政府的大门是敞开的。"2019 年 12 月 31 日，法国总统马克龙在总统府爱丽舍宫发表新年致辞，阐述了法国退休制度改革的必要性和紧迫性。马克龙认为，全民单一积分制下的养老金体系将更加公正和有效，他强调"退休制度改革将一直持续到最后"，希望法国人民齐心协力将改革继续推进。

资料来源：法国大罢工！因为什么事情罢工？附政府最新应对措施！（2020-01-13）. https://www.tuliu.com/read-121394.html.

引导案例清楚地表明，政府的政治理念对政府的劳动关系政策和实践会产生重大影响。在自由放任主义与社团主义两种政治理念中，工会的角色和力量有很大差异，而政府在管理经济活动与处理社会事务方面所扮演的角色也大不相同。本章将分别介绍政府的角色、政府与劳动关系理论、政府的劳动关系战略，以及政府在协调劳动关系三方机制中的作用。

第 1 节　政府的角色

一、政府的作用

在现代社会，政府的行为已经渗透到经济、社会和政治生活的各个方面。普尔（PooLe）说过，劳动关系中管理方、雇主和工会、雇员的定义比较模糊，而政府作为第三方，在劳动关系中发挥着重要而特殊的作用，则是大家共同认可的①。政府在劳动关系中的重要性体现在以下三个方面：（1）政府有权修改劳动关系的各项制度。政府起草并由议会通过的各项法律，反映了政府对于公平与公正（fairness and equity）、权力与职权（power and authority）以及个人主义与集体主义（individualism and collectivism）等的主观价值判断，这为劳动关系的最终形成奠定了基本框架。（2）政府可以通过直接或间接的方式控制许多公共部门，包括负责提供健康、教育、消防、警察、监狱等服务的政府机构，提供通信、交通、电力等保障服务的公用事业单位，以及在航空、汽车、钢铁、银行等行业中与私营部门竞争的国有企业。政府不仅控制这些部门的劳动就业人数，而且公共部门的劳动关系成为私营部门劳动关系的“样本”，因为它代表着政府的偏好。（3）政府针对不同经济或社会问题采取的方针、政策和行动为管理方和工会之间的集体谈判创造了宏观环境。

二、政府的角色

（一）文献综述

英国利物浦大学教授罗恩·比恩（Ron Bean）在《比较产业关系》一书中指出，政府主要扮演五种角色：（1）政府扮演第三方管理者的角色，为劳资双方提供互动架构与一般性规范；（2）政府扮演法律制定者的角色，通过立法规定工资、工时、安全和卫生的最低标准；（3）如果出现劳动争议，政府提供调节和仲裁服务；（4）政府是公共部门的雇主；（5）政府还是收入调节者②。

劳动关系学者迈克·李特（Mike Leat）认为，政府在劳动关系中的角色主要体现在：立法者、市场管理者、雇主、调解者和仲裁者③。

我国的林大钧认为，美国联邦政府是促进劳资合作的催化剂或鞭策者，是劳动争议的调解人、仲裁者或受害方的支持者，是劳动法律的制定者和执行者，在劳动关系中扮演一个不可或缺的角色④。

政府在劳动关系中扮演的角色、强调的重点以及干预的程度，与各国的历史背景和传统文化有关。美国、法国与德国的劳动关系强调集体谈判，因此政府在这方面有相近的立法。英国的传统是采取自愿主义和自决（self-determination）信念。与前述欧美国家不同，澳大利亚政府很早就设立了仲裁法庭，主要着眼点是希望由政府出面维持产业和平，它是西方国家中法制化程度最高的国家。

---

① Poole M. Industrial relations：origins and patterns of national diversity. London：Routledge & Kegan Paul，1986.

② Bean R. Comparative industrial relations：an introduction to cross-national perspectives. 2nd ed. London：Routledge，1994.

③ Leat M. Exploring employee relations. Oxford：Butterworth-Heinemann，2001.

④ 林大钧. 美国联邦政府在劳资关系中扮演的角色. 劳资关系月刊，1987，6（4）.

（二）政府在劳动关系中的角色——5P角色

根据有关文献，可以将政府在劳动关系中的角色归纳为以下五项（见表6-1）。

表6-1　政府在劳动关系中的五种角色——5P角色

编号	角色名称	主要业务内容	政府应采取的态度
1	保护者 (protector)	劳动合同 劳动标准 劳工保险 劳工福利 劳工教育 劳动安全卫生 劳动监察	积极、主动
2	促进者 (promoter)	工会组织 集体谈判 雇员参与 分红入股	中立、不干预
3	调停者 (peace-maker)	劳动争议处理	中立、不干预
4	规划者 (planner)	职业培训 就业服务 失业保险 人力资源规划	积极、主动
5	雇用者 (public sector employer)	公共事业	合法化、企业化、民主化

1. 劳工基本权利的保护者

政府的第一个角色是保护者或管制者。首先，政府保护个别劳动者的基本权利，包括劳动合同、劳动标准、劳工保险、劳工福利、劳工教育以及劳动安全卫生等事务。其次，政府对集体协商进行监督，包括事前监督、过程监督和结果监督。政府对订立的集体合同进行审查，检查其条款是否符合国家法律、法规，合同订立程序是否合法；确认和处理无效集体合同；查处违法集体合同等。政府监察最低劳动标准以及劳动安全卫生的执行情况，因此，劳动监察是政府的第一个角色衍生出的重要任务。

2. 集体谈判与雇员参与的促进者

政府的第二个角色是促进者。政府采取不同的方针政策积极促进劳动关系双方自行谈判与对话，使他们在政府制定基本规则和基本劳动标准的基础上发展适合的劳动条件，政府不宜进行过多干预。此外，分红和员工持股也是工业民主和雇员参与的重要手段，政府应该以促进者的角色促其实现。

3. 劳动争议的调停者

政府的第三个角色是劳动争议的调停者，有时也是调解者或仲裁者。劳动争议是工业社会的自然现象，因此，政府必须建立一套迅速而有效的劳动争议处理制度。

4. 就业保障与人力资源的规划者

政府的第四个角色是规划者，为全体劳动者建立一套就业保障体系。这个体系包括三大支柱：职业培训、就业服务和失业保险。在职业培训方面，政府除了确定有效的培训途径外，还需要关注培训后的工作。培训前应该推进培训的市场化，以就业服务为指导思想，获取劳动力市场需求信息，从而确保对劳动者进行有针对性的培训；培训后保证培训的质量。在就业服务方面，政府应建立有权威性、全国统一的劳动力供求信息的搜寻与整理系统及其管理制度；提供劳动力市场指导价格；建立失业预警监测；创造公平的就业环境。在失业保险方面，政府应完善失业保险制度，这既是政府保护劳动力再生产的必然要求，也可以促进劳动力流动，活跃劳动力市场。在当今自由化、国际化和竞争日趋激烈的社会，政府要在人力资源规划方面进行整体设计，做到人尽其才。

5. 公共部门的雇用者

政府的第五个角色是公共部门的雇用者。公共部门的雇员包括政府与地方公务人员以及国有企业的雇员，其规模和人数在各国不尽相同，但都占相当大比重。政府作为公共部门的雇主，应该提供合法、合理的劳动条件。

政府在扮演上述五种角色时，作为保护者和规划者，应该积极主动地完成任务；作为促进者和调停者，应该采取中立和不多干预的态度；作为雇用者，必须真正成为私营企业的表率，合法化、企业化和民主化是基本要求。

总之，政府应当能够根据需要扮演不同的角色，或管理，或促进，或调整，或在必要时按照既定程序进行仲裁。

第 2 节　政府与劳动关系理论

一、新保守主义政府理论

新保守主义主张政府应该扮演“守夜人”的角色。除了维持法律和秩序、保障国防安全、促进自由市场的运作，政府应该尽量减少对经济和社会生活的干预。在劳动关系方面，新保守主义反对劳动与就业立法，认为这些法律将扭曲自由市场并降低效率。新保守主义也反对建立工会，认为工会是一个追求经济租金（economic rent）的垄断性组织。

新保守主义中最有影响力的理论当属公共选择理论（public choice theory）。与新古典经济理论一样，公共选择理论假定投票者与政府官员都是追求效用最大化的理性人。政府官员的目标是保持已有的权力和地位，投票者则关心自身利益能否得到满足。为谋求连任，政府官员必须权衡不同投票者的利益，优先满足那些对竞选结果起决定性影响的投票者的利益。在这种政治体制中，政府决策在很大程度上受利益集团左右，利益集团不仅可以影响公共舆论，而且可以通过选举捐款（campaign contribution）直接影响政府官员的行为方式。政府从特殊利益集团的利益而不是公共利益出发制定经济和社会政策，这样容易形成“大政府”。为了避免这一倾向，新保守主义认为，唯一的办法是严格限定利益集团的活动范围，削减政府开支；同时认为，工会作为一个强大的利益集团，有能力扭曲政府的公共政策，例如工会利用会员缴纳的会费开展政治运动，这种行动显然不符合自由市场秩序的要求，因而政府应当控制工会的政治影响。

二、管理主义政府理论

管理主义是主张对企业、机构、组织等采用经营技术进行规划和管理的学说。传统的管理主义者只关注劳动关系中企业管理方的政策与实践，而不考虑政府行为。近年来，管理主义者主张，政府应该采取措施促进劳资合作，在教育培训、研究开发、交通通信等领域为私营部门提供更多、更有力的支持，增强它们的国际竞争力。与新保守主义一样，管理主义本质上也属于规范性流派。不同的是，管理主义更强调政府在保持劳动关系稳定、促进劳资合作和实现经济繁荣方面发挥的积极作用。这里，管理主义假定，不是公共舆论决定国家的法律与政策；相反，政府履行职能的有效性直接影响公共舆论，进而影响政府能否连任。

20世纪80年代，政治社会学家提出了以国家为中心的研究视角，从更朴素的国家概念出发研究问题，认为政府制定的政策不仅反映决策者的意志、政府政策的历史连贯性，而且体现了国与国之间关系与本国自身影响力的平衡。在劳动关系方面，该理论强调秩序与稳定，认为各种形式的骚动将危害国家的经济政策，最终不利于国家的统治。

三、正统多元主义政府理论

与管理主义相比，正统多元主义政府理论主要关注政府制定的政策以及采取的行动。该理论主张，政府应该在不损害第三方利益（如消费者利益）的前提下适度干预经济活动，平衡劳资双方的利益冲突。因此，政府的角色在于制定劳动政策并推进其实施。

正统多元主义假定，现代多元社会中存在不同的利益集团。为了争夺有限的稀缺资源，这些利益集团彼此之间展开竞争，利益冲突不可避免，但这并不意味着它们的利益是不可调和的。实际上，每个利益集团都希望在确保维持现状的前提下改善自己的境况。与公共选择理论不同，正统多元主义认为，不同利益集团的存在有利于增进民主，加强公民与政府之间的沟通，因而发挥着积极的而不是消极的作用。传统正统多元主义者假定各利益集团对政府具有大致相同的影响力，保持各个利益集团之间的力量平衡是政府的一项重要职责。但近年来，有些学者指出，政府平衡利益集团之间利益冲突的过程，实际上已经包含了政府的政治理念。因而，多数情况下只有少数利益集团能对政府的政策制定过程构成强大的压力。

在劳动关系方面，正统多元主义认为，政府的作用在于平衡劳资双方的利益冲突。

政府制定的政策与法律不仅反映了劳资双方施加的压力，而且反映了公共舆论以及劳资力量对比的变化。理想的政府应该作为中立的仲裁者，为劳动关系营造一个公平的外部环境，使劳资双方能够平等地通过协商或谈判来解决内在冲突，使产业冲突减少到最低限度。

四、自由改革主义政府理论

自由改革主义的代表是精英理论（elite theory）。精英理论认为，社会按照等级划分阶层，精英处于社会的最高阶层，因而对政策制定具有直接而重要的影响力。精英阶层主要由政府官员、政治领导、管理方组成，有些国家还包括知识分子、高级军官，甚至包括工会领导，但是他们的影响力明显不如政府官员、政治领导或企业管理方。精英阶层内部也存在利益冲突和竞争。从这个方面看，精英理论与正统多元主义理论有相似之处。但与正统多元主义不同，精英理论认为不同的利益集团对政府具有不同的影响力。精英理论与正统多元主义理论的区别主要体现在以下四个方面。

（1）理论上说，精英阶层代表不同利益群体的利益（比如管理方代表企业利益相关者的利益，工会领导代表工会会员的利益）或全体公众的利益，但现实生活中，精英是否代表这些群体的利益，以及在多大程度上代表他们的利益，则是另外一回事。多数情况是，精英通过操纵或控制这些利益群体来维护自身利益。

（2）精英之间在权力和影响力方面存在很大差异，那些掌握实权、具有重大影响力的精英处于政府的关键部门，其他精英则处于次要部门。

（3）国家是由精英统治的，因此政府的政策与法律主要体现精英阶层的权力结构，而不是不同利益群体力量平衡的结果。这种权力结构产生两种后果：不符合精英利益的经济和社会问题很少有机会被列入政府的议事日程；不属于精英阶层的群体利益经常被忽视。

（4）由于精英处于特权位置而拥有许多既得利益，因此他们努力维持现状而不是积极改变现状。选民虽然可以通过投票决定国家的重大决策，但是提供给选民的备选方案是在幕后决定的。在任何时点，精英阶层都有共同的利益和价值取向，他们不会提出有损自身利益的方案。从这个意义上说，选民参与政策制定的机会十分有限。

在劳动关系方面，就工会领导是否属于社会精英阶层，形成了两种不同的观点。一种观点认为，工会领导属于精英阶层，因而政府在不严重损害管理方利益的前提下通过立法保护工会会员的利益，但不保护非工会会员利益。这样，劳动关系的性质不会发生根本转变。这种观点由美国学者在20世纪五六十年代提出，主要背景是劳联-产联领导已经融入美国社会的主流阶层，他们对工会政策的态度是维持现状，而不是发动广泛而深远的经济与政治改革。另一种观点认为，工会领导不属于精英阶层，但由于工会已经形成强大的政治力量，由精英统治的政府在不破坏现有精英结构和不牺牲精英阶层利益的前提下，通过颁布就业与劳动法律来缓和工会的不满。这在加拿大表现得特别明显，在加拿大，工会领导一般不参与政府的政策制定过程。

五、激进主义政府理论

激进主义从劳资双方的利益冲突和根本对立出发分析政府的角色。传统激进主义者接受工具主义思想，认为政府是资产阶级的工具。资本家可以通过各种方式控制政府和国家，他们可以向政党捐款，可以与政府官员建立亲密的个人关系和职业关系，还可以控制各种媒体从而控制公共舆论，因而政府制定各项政策或采取各种行动最终都是为了维护资产阶级的利益。政府颁布劳动法律是为了缓和雇员和工会的不满，防止社会发生根本变革，最终目的还是维护资产阶级的利益。激进主义者认为，政府官员是资本家的傀儡。

从20世纪70年代开始，结构主义观点逐渐取代了工具主义观点。根据结构主义的观点，资产阶级内部也存在冲突，例如大企业与小企业的利益存在差别，在政府政策与行为如何代表资产阶级利益这一问题上存在分歧。政府因此获得了相对的自主权，能够独立制定经济政策与社会政策。政府的政治哲学直接影响它所采取的战略，如保守党政府往往削减社会福利计划，而社会民主党执政的内阁则会增加社会福利开支。

激进主义者认为，为了获取权力资源，工会应当形成强有力的政治力量，使阶级冲突从工厂转向政治舞台，才能获得执政党的支持。另一方面，他们指出，政府的独立权具有局限性。第一，当资产阶级内部所有派系都意识到他们的整体利益受到威胁时，他们会克服内部冲突而采取一致行动。例如，20世纪70年代末至80年代，资产阶级向无产阶级与其他社会群体发动了一场声势浩大的“阶级攻势”。第二，资本主义经济客观上要求政府培育有利的投资环境。否则，本国资本为谋求更高的投资回报将流向国外，这显然不符合国家利益。而且如果经济运行不佳，失业增加，税收减少，那么政府用于社会福利的开支就会增加，结果财政支持不足，最终导致政府下台。因此，从本质上看，政府仍然是资产阶级的工具，旨在维护资产阶级利益，而不是先考虑工人或其他社会群体的利益。

进入90年代以后，随着全球化步伐的加快，激进主义者开始关注资本市场的全球化。由于资本市场的全球化意味着资本的流动速度加快，相对于工人、消费者和其他群体，资本家拥有更大的权力，政府制定的各项政策（例如降低企业税率、降低劳动和就业法律对工会和雇员的保护程度、削减社会福利计划）更多地体现资本家意志，有向新保守主义模式回归的迹象，因此，激进主义者强烈反对政府的上述政策和行动。他们建议成立超国家机构来协调和控制国家之间的政策与行动，同时加强工人阶级自身的团结和发展。

第3节　政府劳动关系策略与实践

一、模型框架

本节采用社会学教授克林·克劳奇（Colin Crouch）与多米尼克·斯特里纳蒂

(Dominic Strinati) 的分析框架来讨论政府劳动关系策略。如图6-1所示，政府劳动关系策略受劳动关系模式影响，而劳动关系模式又由政治理念决定。政府的政治理念主要可以分为自由放任主义（laissez-faire）与社团主义（corporatism）。

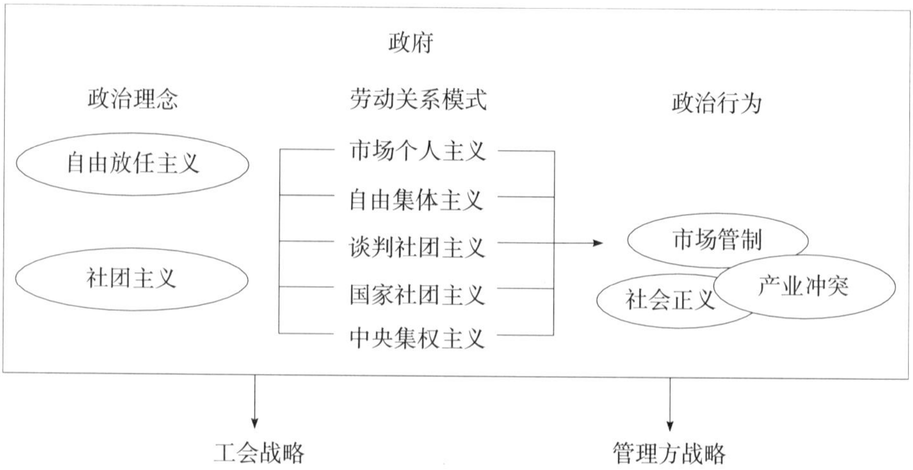

图6-1 政府与劳动关系

自由放任主义的政府主张，经济体系中商品与服务市场以及劳动力市场的自由竞争是首要前提。这种经济又被称为契约经济，它是经济个体之间的行为，这不仅体现在就业关系中，而且反映在教育、健康等社会服务的供给与获取上。政府认为，经济体中个人的福利首先必须由自己负责，而不应该依赖于政府，因此政府应该减少管制以及其他扭曲自由市场的行为。自由放任主义政府极力维持市场竞争，反对垄断，把工会与垄断组织等同起来，认为在劳动力市场上，不仅大公司是垄断组织，工会也是垄断组织，将工会的组织与谈判力量视为自由市场扭曲的根源。

社团主义是以非政府组织形式组织起来的民间的利益与国家决策结构联系起来的制度安排，认为经济和社会生活是各方面相互关联的统一体，需要社会不同阶层和不同群体参与国家决策过程，不仅向国家机关表达各自成员的利益，而且帮助国家管理和执行政策。工会和管理方作为社会组织，应积极参与政府政策的制定。同时，政府也应该采取积极干预措施，防止经济个体因市场机制造成的生活质量下降。总之，政府需要对经济体制进行必要管制并建立社会伙伴机制（social partnership），体现社会正义（social justice）原则。

二、劳动关系模式

克劳奇与斯特里纳蒂认为，可以从工会的权力及地位和政府政治理念这两个角度出发，将劳动关系划分为市场个人主义、自由集体主义、谈判社团主义、国家社团主义与中央集权主义五种模式。

（一）市场个人主义

市场个人主义（market individualism）模式的特征是自由放任思想与弱小工会组

织。在这种劳动关系模式下，雇员一般不参加工会组织，他们受市场竞争机制约束。政府制定的政策与法律旨在保护资本产权，而不是保护雇员免遭管理者的剥削或滥用职权。政府不保护工会组织，因而就业关系实际上由管理方决定，管理方“好”则采取家长制，管理方“不好”则剥削雇员。总之，政府的作用十分有限，甚至是消极的。市场个人主义模式的缺陷在于假定劳动合同只是个体之间的经济行为，而实际上雇员与雇主作为劳动合同的签约双方，他们之间还体现了社会关系：雇员受管理方控制，并服从其管理。而且，资本与劳动力在地位上不是对等的，只允许劳动力依附于资本，而不可能出现资本依赖于劳动力的情形。这种劳动关系模式最初出现在西方国家工业化早期，即19世纪末20世纪初。但是，20世纪80年代以来，以英国撒切尔主义与美国里根主义为代表的新自由主义逐渐占据统治地位。由于经济状况恶化、人力资源管理新战略的产生以及限制工会的立法，最终劳动关系又回复到了强调个人主义与竞争秩序的市场个人主义。

（二）自由集体主义

自由集体主义（liberal collectivism）模式的特征是广义的自由放任思想以及工会拥有较大的权力。自由集体主义是当代资本主义国家劳动关系的普遍模式之一，与之紧密相关的是多元主义（pluralism）与自愿主义（voluntarism）。在这种模式下，政府不是积极参与劳动关系，而是为劳动关系提供一个法律框架，其中最重要的是承认雇员有权组建工会，但工会只能通过集体方式与管理方谈判经济方面的就业条件，管理方仍然拥有对其他非经济领域劳动问题的决策权。这样，政府通过立法，既赋予雇员和工会权力，同时又限制集体权力的行使，从而维持劳动关系中工会与管理方之间的平衡。

（三）谈判社团主义

谈判社团主义（bargained corporatism）又称社会社团主义（social corporatism），这种模式的特征是社团主义治理思想以及独立、强大的工会组织。社团主义是指这样一种制度，在这种制度中，利益的阐述和政策的确定都要通过作为其成员和国家间的合法中介进行。在谈判社团主义模式中，劳动关系可以分为两个层次：在企业层面是工会与管理方之间的社会伙伴关系；在国家层面则是管理方、工会、政府之间的三方合作关系。政府邀请工会和管理方代表参与政府决策，包括制定就业政策与法律以及其他经济和社会发展战略，例如通过调整社会政策和财政政策来影响劳动关系。这种模式主要在那些长期由社会民主党执政的国家（如德国、瑞典、荷兰等欧洲大陆国家）采用。安德鲁·泰勒（Andrew J. Taylor）进一步将这种模式细分为两类：一类如瑞典等国，政府政策的制定与实践有一整套基于多数一致的正式制度，工会作为一个准政府机构参与政治决策；另一类如德国等国，政府虽然也经常与管理方和工会协商讨论劳动问题，但是没有制度化，没能成为固定的机制。

（四）国家社团主义

国家社团主义（state corporatism）模式的特征是社团主义治理思想及工会在政治

上隶属于某政党。在这种模式下，劳动关系受政治制度约束，而不是通过市场的自发经济秩序来调整。实行这种模式的国家，其政治体制或是一党制，或是由一个主要政党统治，而且工会都隶属于执政党。历史上，实行该模式的主要是苏联与东欧的社会主义国家。第二次世界大战后，许多东南亚新兴工业国家也采取国家社团主义劳动关系模式。以新加坡为例，新加坡总工会与人民行动党之间存在明显的共生关系。新加坡从1959年独立至今一直由人民行动党执政，而在劳动关系上，我们很难严格区分政府与工会。新加坡全国总工会与政府之间的共生关系表现在以下四个方面：(1) 总工会支持政府的经济发展战略；(2) 人民行动党议员担任总工会领导或成为总工会执行委员会委员；(3) 总工会秘书长出任政府内阁部长；(4) 成立正式的全国总工会与人民行动党联络委员会（NTUC/PAP Liaison Committee）。工会与政府之间的密切合作有力地促进了新加坡经济的快速发展。

（五）中央集权主义

中央集权主义（statism）模式的特征是社团主义治理思想以及在劳动关系方面弱小的工会。这种模式以法国共和制为代表。在这种模式下，政府通过立法形式规定雇员的就业条件，修正雇主与雇员之间权力不平衡的状况。由于政府已经为包括工会会员与非工会会员在内的所有雇员立法，因而工会在劳动关系方面的作用相对减弱，它们主要通过发动政治运动来影响政府立法。

三、政府劳动关系实践

政府在劳动关系方面制定并实施的方针、政策和战略，在很大程度上直接或间接地受经济因素影响。近年来，随着经济全球化程度日益加深，如何为经济结构调整创造有利的外部环境，提高本国的国际竞争力，成为各国政府面临的新课题。另一方面，各国政府纷纷意识到政府解决失业、养老、教育与卫生服务等社会问题的成本太高，其中有些项目已经被证明是无效率的社会福利计划。在这种背景下，政府对劳动力市场方面的关注主要集中在就业水平、劳动关系性质与收入分配三个方面。但如果劳动关系模式不同，政府的行为方式也会存在很大差异，体现在以下五个方面：(1) 政府责任的边界，以及政府应该如何采取行动既促进经济发展、创造就业机会，同时又能降低失业与经济变迁的成本；(2) 如何保证劳动力在企业层面和国家层面的公平竞争；(3) 雇员与工会可以采取哪些产业行动；(4) 管理方的决策和行为应该在多大程度上获得雇员的认同，或者雇员能够在多大程度上影响管理方的决策与行为；(5) 政府是否应该通过最低工资立法等收入政策对工资进行管制。

下面从劳动力市场政策、社会正义和产业冲突等三个方面来详细分析政府劳动关系实践。

（一）劳动力市场政策

政府在劳动力市场方面主要关注两个方面：一是价格机制，即工资水平与收入分配；二是就业水平与就业结构，即劳动力的供给与需求。近20年来，由于经济与产业结构的变迁、技术进步以及劳动力参与率的变化，工业国家的就业结构与就业水平发生了重大变化。首先，女性劳动力参与率的提高使劳动供给大幅增加；其次，就业结构逐渐由制造业向服务业转型，由体力工作向脑力工作转型；再次，技术变革要求更多的熟练技术工人；最后，长期高失业率使就业关系呈现短暂性、临时性特点①。政府通过调整工资水平与就业水平来提高劳动生产率，降低单位劳动成本，从而增强本国的国际竞争力。同时，政府会尽量使经济变迁带来的不良社会与政治后果减少到最低限度。这里所说的不良社会与政治后果主要是指失业以及由失业引发的一系列社会问题。政府的政治理念决定了劳动力市场的管制方式以及劳动力市场政策的战略重点，即优先考虑工资分配还是就业问题。例如，德国、日本、瑞典、新加坡等国的政府主要采取直接干预劳动力市场的管制方式，英国和美国政府则主张解除对劳动力市场的管制（deregulation），由管理方自行决定劳动力市场的运行秩序。

1. 失业政策

政府的劳动力市场政策可以分为积极的劳动力市场政策与消极的劳动力市场政策。前者是指由国家提供资金为失业者提供培训或创造新的工作岗位，使失业者重新就业；后者是指国家为失业者提供失业津贴②。具体实施劳动力市场政策时，政府必须考虑两个重要问题：（1）解决失业问题的资金直接还是间接地从社会获得，即由雇主和雇员交费还是由政府的一般税收支付；（2）积极的劳动力市场政策需要就业、教育与贸易机构共同配合实施，而消极的劳动力市场政策通常由社会福利机构负责，政府对这些机构应该实行分别管理还是统一管理。

20世纪80年代以来，各国的失业率普遍上升，政府在失业方面的开支随之大幅上涨。为了摆脱困境，政府可以从积极政策和消极政策两方面着手加以解决。从消极政策看，政府可以提高雇主、雇员的交费水平来增加收入，或对领取失业津贴者实施更加严格的审查来减少支出。但是，提高交费水平会增加劳动力成本，降低企业竞争力，企业裁员，最终失业人数继续增加；严格审查领取失业津贴的资格虽然有助于减少资源浪费，但会使领取失业津贴的等待期延长，从而降低福利计划的效率。从积极政策看，政府可以通过组织失业者进行培训来解决失业问题，这是一种根本性的处理方案。

政府的政治理念决定了它对失业政策的选择。英国和美国政府信奉自由放任主义理念，主张通过降低失业津贴水平，提高领取失业津贴的资格条件，促使失业者接受临时工作、兼职工作或其他低收入工作。而法国和德国政府信奉社团主义理念，主张实施积极的劳动力市场政策来处理失业问题。具体来说，企业负责培训在职员工，使他们及时更新知识，掌握最新技术，以适应经济与技术变革；失业者则由国家统一组织培训。

2. 收入政策

政府除了通过财政政策与货币政策对收入分配进行宏观调整外，还可以直接管制集

① Fevre R. The sociology of labor markets. New York：Harvester Wheatsheaf，1992.

② Schmid G，Reissert B，Bruche G. Unemployment insurance and active labor market policy：an international comparison of financing systems. Detroit，Michigan：Wayne State University Press，1992.

体谈判确定的工资水平，即所谓的收入政策。收入政策的作用有二：一是通过限制工资增长来控制劳动力成本进而控制物价水平，从而缓解经济繁荣时出现的高通货膨胀；二是具有收入再分配的功能。

工资水平通常是工会和管理方通过集体谈判确定的。政府的收入政策不仅限制管理方的雇用权力，而且削弱工会的集体谈判力量，因此管理方与工会一般不支持这项政策，政府只能以立法形式强制实施收入政策。

（二）社会正义

政府是否颁布劳动保护立法以及该法律保护的程度直接反映了政府是否维持劳动力市场的社会正义。劳动保护立法的内容包括反对性别歧视与种族歧视、公平报酬、安全与卫生、冗员与解雇等许多方面。下面着重讨论最低工资立法与社会倾销问题。

1. 最低工资立法

最低工资立法是劳动力市场中最能体现社会正义的政策。法律通过强制确定最低工资率和加班工资津贴、禁止使用童工等规定来保证每个雇员得到与其劳动相适应的报酬，保证雇员获得“维持生活工资”水平以上的工资，消除极端贫困。

根据我国《最低工资规定》，在正常情况下，用人单位应支付给劳动者的工资，除去劳动者延长工作时间的所得工资，在夜班、高温、井下、有毒等特殊条件下享受的津贴以及法律、法规和国家规定的劳动者享受的福利待遇以外，不得低于当地最低工资标准。实践中，一些企业以食宿费、福利费充抵工资，或者采取延长劳动时间、提高劳动定额等方式来规避最低工资制度的做法是违法的。用人单位低于当地最低工资标准支付劳动者工资的，由劳动行政部门责令限期支付其差额部分；逾期不支付的，责令用人单位按应付金额 50%以上 100%以下的标准向劳动者加付赔偿金。

2. 社会倾销

社会倾销（social dumping）是指跨国公司利用各国劳动力市场的差别，将本国的就业机会转移到国外以获取更大的利润。随着贸易壁垒的减弱以及欧盟、东盟、北美自由贸易协定等经济区的建立，社会倾销问题越来越突出。劳动力作为企业与国家竞争力的重要方面，体现在以下四个方面：（1）直接劳动成本：雇员工资；（2）间接劳动成本：工作时间、节假日、小额福利、安全卫生条款；（3）社会附加成本：社会保障交费、冗员与解雇成本；（4）雇用弱势群体：妇女、儿童、囚犯等。

政府在社会倾销方面需要面对三个问题：（1）什么是劳动力市场公平竞争的基础？（2）政府如何协调提供就业保护的社会正义目标和促进就业创造的经济目标？（3）政府应该优先考虑国家利益还是国际合作？

随着全球化程度的加深，国际贸易规模日渐扩大，各国对于社会倾销初步达成了共识。例如，欧盟、东盟以及世界贸易组织都要求会员国执行规定最低劳动标准的社会条款，通过国际合作共同管制劳动保护权利，协调社会附加成本，共同促进就业，从而有效地限制跨国公司的就业转移战略。

（三）产业冲突

社会结构中难免存在各种冲突。统治者认为冲突对社会秩序构成威胁，应该控制甚至镇压冲突；改革者则认为冲突是建立新秩序的必要方式。多元主义者指出，冲突是不同利益集团表达利益的一种方式，是保持社会结构连续性和稳定性的必要组成部分。产业行动是雇员集体利益的反映，是雇员集体力量的体现，它使雇员在与雇主进行集体谈判时能够获得更有利的结果，抵制无法接受的管理方行为①。而自由放任主义者则认为，产业行动会破坏自由市场的经济秩序，它以牺牲其他人利益为代价为少数人谋福利②。

1. *产业行动中的公共利益*

法律作为一种社会控制机制，是政府维护公共利益的体现。多数国家的法律都规定，工会享有罢工的权利，而且如果工会采取合法的产业行动将免除法律责任。这里，政府的角色首先体现为确定合法产业行动的边界范围以及工会采取产业行动的程序性规定，同时，政府保护工会罢工权的重要体现是，政府是否保护罢工雇员免遭解雇。

政府特别关注天然气、电力、饮用水与污水处理、医疗机构、学校、交通等关系国计民生的特殊部门的工会罢工问题。如果这些部门的工会举行罢工，将对经济和社会生活的正常运转构成严重威胁，甚至导致社会瘫痪。因此政府一般限制这些工会的罢工权，通过仲裁方式解决产业冲突。例如，美国许多州都禁止公共部门工会举行罢工，而实行强制仲裁程序；加拿大与意大利政府虽然没有完全剥夺这些工会的罢工权，但要求这些工会在罢工期间保证提供最基本的服务，以减少罢工对经济和社会生活造成的破坏。

2. *政府在处理产业冲突中的角色*

多数政府认为，由于产业行动总会对经济和社会生活造成或大或小的破坏，因此产业行动只能作为最后一招，在其他途径无法解决产业冲突时才被采用。为维持良好的劳动关系，政府通常作为中立的第三方提供调解和仲裁服务。管理方认为政府干预会影响企业的经济自主权，从而削弱企业竞争力；工会则希望政府作为公平的第三方积极干预劳动关系。因此，如果管理方的力量占优势，政府将以自愿原则提供调解和仲裁服务；相反，如果工会占优势，则政府将采取强制性调解和仲裁措施。

第4节　政府与协调劳动关系三方机制

一、协调劳动关系三方机制的概念

三方协商（tripartite consultation）特指一个过程或机制，在那里工人、雇主和政

---

① Grunfeld C. Modern trade union law. London：Sweet & Maxwell，1966.

② Hutt W H. The strike-threat system：the economic consequences of collective bargaining. New Rochelle，NY：Arlington House，1973.

府通过自愿的互动和对话，致力于劳动标准的发展完善和劳工权益的保护。国际劳工组织（ILO）自1919年成立伊始，即倡导将三方主义（tripartism）作为一种促进各种社会主体利益和谐和争取公正合理的工作条件的手段。根据国际劳工组织1976年《三方协商促进实施国际劳工标准公约》（第144号），协调劳动关系三方机制是指政府（通常以劳动部门为代表）、雇主和工人之间，就制定和实施经济与社会政策而进行的所有交往和活动。即由政府、雇主和工人通过一定的组织机构和运作机制共同处理所有涉及劳动关系的问题，如劳动立法、经济与社会政策的制定、就业与劳动条件、工资水平、劳动标准、职业培训、社会保障、职业安全与卫生、劳动争议处理以及对产业行为的规范与防范等。

三方机制是市场经济条件下处理劳动关系的基本格局和制度，是社会经济政策制定和实施中的一个重要程序，它要求在制定劳动法规、调整劳动关系、处理劳动争议和参加国际劳工会议方面，要由政府、雇主和工人三方代表参加。三方机制的具体形式包括各种类型的谈判、协商或信息交流。信息交流是指三方互相了解彼此的情况，进行信息传递；协商是指各方在一起讨论、商量，但并不做出决策；谈判则指各方进行讨论协商之后，最终达成有约束力的协议。

我国协调劳动关系三方机制是指由政府劳动行政部门、雇主（企业）组织和工人组织三方代表，按照一定的制度、规则和程序，在协调劳动关系方面所形成的组织体系和运作制度。三方机制是有关发挥三方协商作用的组织体制、法律制度及其制度运行的总称，在不同国家其具体形式各不相同。坚持三方原则，有利于促进政、劳、资三方的合作，共同改善劳动状况，坚持社会正义。随着劳动关系运行的市场化、劳动关系类型的多样性和复杂性，单由政府、工人组织或雇主组织来处理劳动关系的机制已不能适应经济社会发展的需要，迫切需要由代表雇主的组织和代表工人的组织通过协商共同处理劳动关系问题，由雇主组织或工人组织在经济利益或其他权利方面寻找各方都比较满意的平衡而达成协议或合作。

我国三方机制的形成始于20世纪90年代早期。1990年11月，全国人大批准了国际劳工组织的《三方协商促进实施国际劳工标准公约》（第144号），该公约要求批准的成员国运用各种程序，保证政府、雇主和工人的代表对国际劳工组织活动的有关事宜进行有效协商。支撑这一公约的是“代表性组织”（representative organizations）的概念，它被界定为“享有结社自由权利的最有代表性的雇主和工人组织”（第一条）。1995年实施的《中华人民共和国劳动法》确认了国际劳工组织第144号公约的精神。之后，在一些地方如陕西、上海建立了地方工会与政府有关部门定期召开的联席会议制度。1996年以后，在山东、山西和辽宁等省区，已开始直接建立协调劳动关系三方机制的尝试。在国家级三方机制层面上，2001年8月，由劳动保障部、全国总工会、中国企业联合会组成国家级协调劳动关系三方会议制度，使劳动关系协调工作有了一个较为规范和稳定的工作机制，这也是中国三方机制正式建立的标志。2001年10月修改后的《中华人民共和国工会法》为三方机制的建立提供了法律依据和框架。该法第三十四条第二款规定：“各级人民政府劳动行政部门应当会同同级工会和企业方面代表，建立劳动关系三方协商机制，共同研究解决劳动关系方面的重大问题。”2008年实施的《中华人民共和国劳动合同法》第五条进一步规定：“县级以上人民政府劳动行政部门会同工会和企业方面代表，建立健全协调劳动关系三方机制，共同研究解决有关劳动关系的重大问题。”同年实施的《中华人民共和国劳动争议调解仲裁法》也有通过三方机制处理劳动争议的规定。2015年《中共中央 国务院关于构建和谐劳动关系的意见》进一步明确，要完善协调劳动关系三方机制组织体系，建立健全由人力资源社会保障部门会同工会和企业联合会、工商业联合会等企业代表组织组成的三方机制，根据实际需要推动工业园区、乡镇（街道）和产业系统建立三方机制。加强和创新三方机制组织建设，建立健全协调劳动关系三方委员会，由同级政府领导担任委员会主任。完善三方机制职能，健全工作制度，充分发挥政府、工会和企业代表组织共同研究解决有关劳动关系重大问题的重要作用。截至2021年4月，国家协调劳动关系三方会议共召开了26次会议。会议提出，要深刻认识和准确把握新时代构建和谐劳动关系面临的新情况新问题新挑战，着力防范化解劳动关系领域重大风险。要进一步加强协调劳动关系三方机制建设，完善三方议事协调制度和工作落实机制，合力推动构建中国特色和谐劳动关系，为保持经济持续健康发展和社会大局稳定做出积极贡献。

在产业级三方机制层面，2002年8月，全国建设系统建立了协调劳动关系的三方会议制度，这是全国第一个行业性最高层面的劳动关系协调机制，标志着产业性三方机制的启动。它是由国家建设部、中国海员建设工会和中国建筑业协会三方发起成立的。三方在协调建设单位严重拖欠工程款、部分中小建筑企业恶意拖欠职工工资、进城农民工和下岗职工合法权益保障等突出矛盾问题上发挥了积极作用。

地方三方机制运行模式基本遵循了国家级三方机制所确定的三方协商规则和程序规定，一些地区还结合当地的实际情况进行了创新。例如，上海市要求各区县成立三方机制，街道和镇不要求，市区两级已经健全了组织机构；该市把日常管理、人员培训、信息发布、紧急约见、监督巡视、定期汇报作为三方机制的基本制度；由分管人力社保事务的副市长兼任市劳动关系协调联席会议的主席，由市人力社保局长兼常务副主席，由一名市总工会副主席兼副主席，以此来提高三方机制的规格。上海市政府期望的三方机制模式是“政府搭台，两方唱戏”，而不是单纯灌输政府的意志。

辽宁省将创建劳动关系和谐企业和工业园区作为三方工作的重点，取得国家级模范劳动关系和谐企业的单位可免于劳动监察年检，工作突出单位和个人授予“五一”劳动奖状和奖章，省级单位的优先评选优秀企业家、提升信用评级等。针对企联系统在县区以下非公经济影响较弱的现实，辽宁将代表非公经济雇主的工商联和代表外企雇主的外企协会吸收进来，形成了“三方五部门”的劳动关系协商机制。辽宁的这一做法颇具代表性，并得到了全国工商联的鼓励。自2007年以来，全国工商联一直推动地方工商联系统参与三方机制，作为非公经济的雇主代表，并在其2007年修订的章程中加进了“构建和谐劳动关系过程中的协调作用”的功能表述。协调劳动关系三方机制围绕劳动关系的重大问题，积极沟通，加强合作，消除分歧，在促进劳动关系和谐稳定中发挥了重要作用。

二、政府在三方机制中的作用

政府是国家利益和社会利益的代表者和维护者。政府作为协调劳动关系三方机制中的一方代表，最关心的是国家利益和社会安定。在三方机制中，政府一方一般由国家劳动行政部门代表。各国政府一般都设置了劳动（劳工）行政机构。1978 年国际劳工大会通过的《劳动行政管理公约》（第 150 号）和第 158 号同名建议书，对各国建立劳动（劳工）组织系统做出了规定，提出了建议。公约规定，凡批准本公约的会员国应以符合本国条件的方式，保证劳动行政管理系统在其领土上得以组织和有效运转，并使其职能和责任得到相应调整；应做出符合本国条件的安排，在劳动行政管理系统内，促成公共当局与最有代表性的雇主组织和工人组织、或在条件允许的情况下与雇主代表和工人代表进行协商、合作和谈判；劳动行政管理系统的职工由具备担任该活动资格的人员组成，这些人员应接受过必需的培训且不受外来影响，应为上述职工提供为有效完成其任务所必需的地位、物质手段和财政资源。公约还对主管机关在劳动行政管理系统内应担负的主要职责做了规定。建议书则就劳动行政管理系统的作用、职能和组织等问题，对公约的规定做了补充。在我国，劳动行政管理系统是政府中专门设立的对劳动工作实行统一管理的部门。国务院下设人力资源和社会保障部，它在国务院领导下，综合管理全国的劳动和社会保障工作。

政府在协调劳动关系三方机制中发挥着重要作用。在世界各国，由于政治体制和经济制度不同，经济发展水平、历史文化传统、民主法制体制等存在一定差异，政府作为三方机制中的一方，其活动方式、工作目标、介入程度一般也有所不同。一般说来，政府的作用主要体现为以下几个方面：

1. 维护国家利益

无论国家实行何种政治、经济制度，政府的根本职能就是维护国家利益。协调劳动关系三方机制也不例外，维护国家利益是政府参与三方机制的首要目标。在劳动关系中，它最关心的是国家的利益。政府必须通过对劳动关系的协调来维护国家利益，促进经济发展。在市场经济条件下，政府一般不直接介入，而是通过立法和制定社会政策来平衡劳资之间的利益，指导双方合作，保持劳动关系的协调和稳定。

2. 组织作用

政府是国家权力机关的执行机关，由于协调劳动关系三方机制协商的都是对经济发展和社会进步有重大影响的劳资关系事务，因此，政府在三方机制中要发挥主导和组织作用。政府的组织作用具体包括：

（1）在三方机制组织机构的建立上发挥作用。政府在三方机制组织机构的建设、三方机制的组织原则、三方机制的协商规则的制定等方面都要起主导和组织作用。通常，三方机制的办事机构也设在政府部门中。

（2）在三方机制的协商中起组织作用。三方会议的组织、议题的确定、会议的时间协调等，一般由政府组织。

（3）对三方商定事项的组织实施。每次三方商定的重要事项一般由政府部门组织另两方和其他部门实施。

（4）组织劳动关系方面的调研和检查。定期或不定期组织三方开展劳动关系方面的联合调研与检查，特别是对劳动合同、集体合同、劳动纠纷等方面的情况进行调研与检查。

3. 平衡协调作用

政府是雇主组织和工人组织两个群体利益矛盾的调节者。在市场经济条件下，国家、企业和劳动者是不同的利益主体，在经济活动中有各自不同的利益追求，难免产生矛盾和冲突。在三方协商过程中，一般主要是雇主组织和工人组织对有关劳动关系问题进行协商，如制定有关法律法规和重大经济政策等，政府起着协调和平衡作用。特别是在调整劳动关系和涉及劳动者根本利益的重大问题上，如制定工时制度、确定最低工资标准、确定劳动条件标准和劳动保护措施、社会保险福利制度等，雇主组织和工人组织往往意见不一致。这时，政府要耐心听取雇主组织和工人组织双方的意见，组织双方共同讨论，达成一致。如果双方对有些问题无法达成一致，政府应采取多种方式，进行协调和平衡，促使双方合作，达成协议。

此外，一般认为，劳资双方的力量必须保持均衡，任何一方过于强大，都会发生利益倾斜，不利于经济发展和社会稳定，因而主张对劳资关系实行宏观调控。如果雇主组织和工人组织双方力量的对比有较大差距，双方已经不能处于平等协商的地位，一旦双方在某一时期或某一问题上出现分歧，政府就要采取措施，使双方力量保持平衡。特别是当雇主严重侵害劳工利益或者当劳工运动危及经济发展和雇主的利益时，政府往往会使用权力，采取强硬措施，以平衡劳资关系。

4. 监督作用

随着三方机制的不断完善及法制化进程的加快，西方国家逐渐形成了比较完善的协调劳动关系制度和比较规范的法律法规体系，劳资双方的协商也发展成一种有序的组织行为，解决劳资纠纷的途径实现了制度化、法律化。劳动关系的处理逐步进入雇主组织和工人组织双方按照规则和程序依法进行协商谈判、签订集体合同和劳动合同的阶段，劳动关系逐渐趋于稳定。因此，随着劳动关系的规范化运作，政府对劳动关系的直接干预会越来越小，而监督作用会越来越强。在许多国家劳资双方协商签订集体合同后，要经政府有关部门依法予以确认方能生效。有些西方国家政府劳动部门还设立专门机构对劳资协商结果进行监督、控制，通过政府确认来监督和指导集体合同的订立，确保劳资双方协商内容的公平、合理、合法、完备和可行。政府确认的方式有登记、备案、审查或批准。监督既包括日常对劳资双方履行协议情况的检查，也包括对劳资双方履行协议争议的处理和对违反协议一方的处罚，同时还对促进失业人员就业、制定消除就业歧视的政策和措施、规范雇主的裁员等问题进行监督。

5. 服务作用

在三方机制中，政府的另一重要作用体现为政府的服务功能，即政府要为劳动关系的协调创造条件和提供服务。政府服务的内容一般包括：

（1）政府通过立法，建立完整的劳资关系法律体系，为劳资关系的法律调整提供依据，制定标准。

（2）按照国际劳工组织1981年第163号建议书的要求，政府部门对参加集体协商、集体谈判的雇主代表和工人代表的身份予以确认，并在谈判过程中提供必要的资料。

（3）政府对劳资双方在建立劳动关系、进行合作方面给予指导帮助，提供中介、咨询服务，发布各种信息。

（4）对劳资双方进行义务培训，组织国际合作与交流。

三、三方机制的主要职能

三方机制的职能主要体现在以下几个方面：

1. 磋商和咨询职能

磋商和咨询在三方协商中，主要是对于一个国家的劳动立法和劳工政策的制定提出意见和建议。西欧等工业国家的三方机构对于制定劳动法规和劳动标准享有建议权。在东欧一些国家，劳动立法一般也是经过三方委员会的反复磋商才通过的，如匈牙利1991年制定的《罢工法》和修改的《工会法》，捷克斯洛伐克1990年制定的《集体谈判法》，波兰1991年开始制定的《工会法》，罗马尼亚从1991年起制定的《集体合同法》和《处理劳动冲突法》等，都经过了这个程序。关于社会政策的制定，在一些三方机制比较完善的国家，在涉及就业、社会保障、职业培训等有关问题时，都要听取三方委员会的意见，协商解决。磋商和咨询是三方委员会最主要、最经常的职能与工作。

2. 谈判和决定职能

三方机制的谈判职能主要体现在以工资为中心的劳动标准的确定上。劳动标准特别是工资标准，直接涉及雇主和工人的切身利益，同时也直接涉及社会经济的发展政策。三方对此都会有自己的具体立场和要求，解决这一问题的基本手段便是谈判。协商或磋商与谈判之间的差别在于：协商或磋商是人们就某些重要的社会经济问题提出意见和交换看法，其结果可能会有一个比较统一的意见，也可能仍然各执己见。谈判则要求双方在阐明自己观点的同时必须考虑对方的意见，谈判是为了取得一个共同的协议，为此双方必须做出某些让步。当然，这种界限并不是绝对的，两者在一定的情况下可以互相转换，协商可以发展为谈判，谈判没有结果也只能限于协商。但涉及劳动标准特别是工资问题，不经过谈判很难达成一个正式的协议。在三方委员会中，国家一级和地方一级的谈判主要是最低工资标准和劳动标准的问题；产业和企业一级的谈判则主要是具体的劳动条件和就业条件的问题。

3. 仲裁和协调职能

这一职能主要是指在集体劳动争议发生时，通过三方委员会的努力，调解矛盾，化解冲突，以缓解劳资矛盾和社会不满，防止社会动乱。通常，各国的三方委员会都具有劳资矛盾调解人的权力，这一机构与政府或工会等单一的组织机构相比，其意见和态度更易于被社会接受。尤其是在社会转轨和动荡时期，三方委员会的这一作用更加明显。

案例 6－1

我国三方机制的职责

2009年2月，我国对三方机制的职责任务做出以下调整完善：

（1）研究分析我国经济社会发展形势和政策、制度对劳动关系的影响，协调三方的政策主张和立场，对制定并监督实施涉及调整劳动关系的法律、法规、规章和政策提出意见和建议。

（2）通报交流各自协调劳动关系工作中的情况和问题，研究分析全国劳动关系状况及发展趋势，对劳动关系方面带有全局性、倾向性的重大问题进行协商，达成共识。

（3）建立和完善劳动关系工作体系，推动地方协调劳动关系三方机制、劳动合同制度、集体合同制度、民主管理制度、劳动争议调处机制的建设，总结推广先进经验。

（4）加强对地方协调劳动关系工作的宏观指导和服务，建立劳动关系重大问题的信息沟通和协调处置机制。对跨地区或在全国具有重大影响的集体劳动争议或群体性事件进行调查研究，对社会影响重大的劳动关系问题，三方统一研究应对措施，协调采取一致行动，提出应对措施的意见和建议，及时妥善化解矛盾。

（5）加强与国际劳工组织、各国三方机构的联系、交流与合作，组织并参加有关活动，提高中国三方机制在国际劳工活动中的作用和影响。

我国明确提出了"劳动关系工作体系"的概念，强调建立劳动关系重大问题的信息沟通和协调处置机制，并要求加强与国际劳工组织、各国三方机构的联系、交流与合作。以下几项工作是三方机制的主要职能。

（1）参与劳动法律政策和重要劳动标准的制定和实施。三方会议在研究和分析经济结构调整和社会经济发展对劳动关系的影响以及对其调整和规范的责任已经在各种法律政策中得以明确，这包括《中华人民共和国劳动法》和《中华人民共和国劳动合同法》。国家三方会议参与了国家劳动和社会保障法律、政策和措施的制定，这些政策法规旨在重新调整三方的各自利益。三方会同有关部门共同制定并下发了《关于建立健全劳动关系三方协调机制的指导意见》《关于进一步推行平等协商和集体合同制度的通知》《关于开展区域性行业性集体协商工作的意见》《关于进一步加强协调劳动关系三方机制建设的指导意见》等，共同参与了《中华人民共和国劳动合同法》《中华人民共和国劳动合同法实施条例》《中华人民共和国劳动争议调解仲裁法》《中华人民共和国社会保险法》《集体合同规定》等法律、法规的制定与修改。各地省级三方机制根据实际情况，联合出台了一些推动地方三方机制工作、贯彻劳动合同和集体合同、加强兼职劳动仲裁员队伍建设等方面的法规政策文件，如《上海市外来从业人员综合保险暂行办法》《江西省职工代表大会条例》《北京市集体合同条例》等。这些劳动法规和政策较好地发挥了规范企业用工和维护职工合法权益的作用。涉及重要的劳动标准的制定和调整时，不少地方也注意发挥三方机制的作用。如山西、上海、广东等省通过三方集体调研，共同研究工资指导线和最低工资标准调整方案。广东在调整最低工资标准时，更是需经三方会议协商同意后才报送省政府实施，有效保障了劳资双方的权益。

(2) 促进劳资双方开展集体谈判。三方机制是保护各方利益和构建和谐劳动关系的重要机制，也是建立集体谈判制度的有效渠道。集体谈判已成为市场经济中雇佣关系治理的经典模式。在概念上，集体谈判被界定为“雇主或雇主组织与工人组织之间自愿谈判，其目的是围绕雇佣条件和劳动条件规则达成集体协议”。我国出台和重新修订了《中华人民共和国劳动合同法》《工资集体协商试行办法》《集体合同规定》《关于进一步推进工资集体协商工作的通知》等法律政策。工资集体协议和区域性、行业性集体合同的签订均取得了较大进展。

(3) 参与劳动争议处理。参与劳动争议处理是三方机制的重要内容，我国劳动争议处理制度也体现了三方原则。《中华人民共和国劳动法》通过法律的形式规定，仲裁委员会由劳动行政部门代表、工会代表和用人单位方面的代表组成。《中华人民共和国劳动争议调解仲裁法》第八条进一步规定：“县级以上人民政府劳动行政部门会同工会和企业方面代表建立协调劳动关系三方机制，共同研究解决劳动争议的重大问题。”三方机制在鼓励当事人通过协商或调解解决争议方面发挥了重要作用。

除上述职能外，我国三方机制一项富有特色的工作是创建劳动关系和谐企业与工业园区活动。2006 年，劳动保障部、全国总工会、中国企业联合会联合发布了《关于开展创建劳动关系和谐企业与工业园区活动的通知》，通过此项活动的开展，促进企业、工业园区建立健全和严格执行劳动合同、企业规章制度，遵守工资、工时、劳动安全卫生等劳动标准。该活动客观上推动了各级三方主体尤其是雇主的社会责任，是三方机制的一项引导性功能，有利于劳动关系的和谐稳定。一些国有企业改制较多的省份通过三方机制，积极稳妥地处理国有企业改革中的劳动关系，取得了较好的社会反响。三方机制还在推动企业签订劳动合同、联合执法检查、积极做好新冠肺炎疫情防控期间稳定劳动关系支持企业复工复产方面做出了有益的探索。

➡ 关键术语

自由放任主义　社团主义　社会伙伴机制　市场个人主义　自由集体主义　谈判社团主义　国家社团主义　中央集权主义　积极的劳动力市场政策　社会正义　社会倾销　产业冲突　协调劳动关系三方机制　三方机制职能

➡ 复习思考题

1. 说明政府在劳动关系中的重要作用。
2. 说明政府在劳动关系中的五种角色。
3. 结合世界主要国家的劳动关系实践，说明近百年来劳动关系模式的主要变化。
4. 你认为政府是否应该促进社会正义?
5. 结合中国与外国实践说明政府收入政策的重要性，并说明收入政策的主要内容。

6. 政府是否应该限制工会的罢工权?
7. 什么是协调劳动关系三方机制?
8. 政府在协调劳动关系三方机制中的作用有哪些?
9. 试述协调劳动关系三方机制的职能。

第7章
劳动法——调整劳动关系的法律

学习目标

学完本章之后，你应当能够：

1. 了解劳动法如何调整劳动关系
2. 熟悉劳动法确定的劳动标准
3. 掌握工作时间和休息、休假法规
4. 说明最低工资的内涵和确定因素
5. 了解工资法律保障的内容
6. 说明工作场所的规则
7. 阐述公平就业制度的具体内容

引导案例

用人单位与劳动者自行约定实行不定时工作制是否有效

2017年11月1日，张某与某物业公司签订3年期劳动合同，约定张某担任安全员，月工资为3 500元，所在岗位实行不定时工作制。物业公司于2018年4月向当地人力资源社会保障部门就安全员岗位申请不定时工作制，获批期间为2018年5月1日至2019年4月30日。2018年9月30日，张某与物业公司经协商解除了劳动合同。双方认可2017年11月至2018年4月、2018年5月至2018年9月期间，张某分别在休息日工作15天、10天，物业公司既未安排调休也未支付休息日加班工资。张某要求物业公司支付上述期间休息日加班工资，物业公司以张某实行不定时工作制为由未予支付。2018年10月，张某向劳动人事争议仲裁委员会申请仲裁。请求裁决物业公司支付2017年11月至2018年9月的休息日加班工资共计8 046元（3 500元÷21.75天×25天×200%）。

仲裁委员会裁决物业公司支付张某2017年11月至2018年4月的休息日加班工资4 828元（3 500元÷21.75天×15天×200%），张某不服仲裁裁决起诉。一审法院判决与仲裁裁决一致，后张某不服一审判决向上一级人民法院提起上诉，二审判决维持原判。

本案的争议焦点是：未经审批，物业公司能否仅凭与张某的约定实行不定时工作制。《中华人民共和国劳动法》第三十九条规定："企业因生产特点不能实行本法第三十六条、第三十八条规定的，经劳动行政部门批准，可以实行其他工作和休息办法。"《关于企业实行不定时工作制和综合计算工时工作制的审批办法》（劳部发〔1994〕503号）第四条规定："企业对符合下列条件之一的职工，可以实行不定时工作制。（一）企业中的高级管理人员、外勤人员、推销人员、部分值班人员和其他因工作无法按标准工作时间衡量的职工……"

从上述条款可知，用人单位对劳动者实行不定时工作制，有严格的适用主体和适用程序要求。只有符合国家规定的特殊岗位劳动者，并经过人力资源社会保障部门审批，用人单位才能实行不定时工作制，否则不能实行。本案中，张某所在的安全员岗位经审批实行不定时工作制的期间为 2018 年 5 月 1 日至 2019 年 4 月 30 日，此期间内根据《工资支付暂行规定》（劳部发〔1994〕489 号）第十三条的规定，物业公司依法可以不支付张某休息日加班工资。2017 年 11 月至 2018 年 4 月期间，物业公司未经人力资源社会保障部门审批，对张某所在岗位实行不定时工作制，违反相关法律规定。因此，应当认定此期间张某实行标准工时制，物业公司应当按照《中华人民共和国劳动法》第四十四条“休息日安排劳动者工作又不能安排补休的，支付不低于工资的百分之二百的工资报酬”的规定支付张某休息日加班工资。

不定时工作制是针对因生产特点、工作特殊需要或职责范围的关系，无法按标准工作时间衡量或需要机动作业的劳动者所采用的一种工时制度。法律规定不定时工作制必须经审批方可实行。一方面，用人单位不能仅凭与劳动者约定就实行不定时工作制，而应当及时报人力资源社会保障部门批准后实行。对实行不定时工作制劳动者，也应当根据有关规定，采用集中工作、集中休息、轮休调休、弹性工作时间等方式，确保劳动者休息休假权利。另一方面，人力资源社会保障部门不断完善特殊工时工作制的审批机制，及时满足用人单位经营管理需要。比如，规定批复时效在疫情防控期间到期且无法通过邮寄、网络等方式办理的，经原审批部门同意并备案后，原批复有效期可顺延至疫情防控措施结束。

资料来源：人社部函〔2020〕62 号 人力资源社会保障部 最高人民法院关于联合发布第一批劳动人事争议典型案例的通知.（2020-08-05）. https://www.shui5.cn/article/2b/138175.html.

本章将讨论劳动法对劳动关系的调整，以及基本劳动标准问题，包括工时、工资、最低就业年龄及工作场所的规则等。

第 1 节　劳动法与劳动关系

一、劳动法的概念和功能

（一）概念

法律是社会关系的调整器。对劳动关系进行调整和规范的法律主要是劳动法。劳动法是一个独立的法律部门，是调整特定劳动关系及其与劳动关系密切联系的社会关系的法律规范的总称。劳动条件、报酬和保险福利决定着劳动者的生活基础，在劳动关系领域，劳动者、工会和用人单位深受法律的制约和规范。20 世纪 90 年代以来，尤其是《中华人民共和国劳动合同法》实施以来，我国的劳动争议数量一直呈上升态势，劳动关系双方都希望从仲裁、审判以及国家立法中获得利益。有些集体争议使用了暴力，破坏了社会的安定，甚至威胁到重要的社会公共服务，政府不得不加以干涉。因而，劳动关系越来越多地受到法律的调整和监控。

劳动法的本质是由劳动法内容所反映并决定和影响劳动法存在和发展的内在联系，这种联系主要体现在两个方面：一是劳动法的主旨是保护雇员即劳动者的利益；二是劳动法确定的劳动条件和劳动标准是劳动关系双方所遵循的最低条件和标准。从劳动法产生和发展的历史主流看，劳动法的主旨集中体现为保护劳动者的权益，以法律手段确立公正的社会劳动秩序，保护在纯市场经济生产条件下处于弱势的劳动者。劳动法保护劳动者权益，是通过制定最低劳动条件和标准来实现的。劳动关系双方只能在法定条件以上协商订立劳动合同，而不能低于法定条件，否则没有法律效力。而且，最低劳动条件和标准并不是一成不变的，随着社会的发展，通过一定的法定程序，其标准水平呈逐步提高的趋势。

现代劳动法起源于 19 世纪初的“工厂立法”，其产生以 1802 年英国国会通过的《学徒健康与道德法》为标志。20 世纪初，在实行市场经济的西方国家，劳动法已成为一个独立的法律部门。现代意义上的劳动法是在工业社会发展到一定阶段，国家为维护和保障劳动者的利益而制定的调整劳动关系的法律。虽然各国根据本国社会背景制定的劳动法不尽相同，如德国劳动立法强调保障劳动者权利、美国劳动立法重视协调劳动关系、日本劳动立法侧重规定劳动标准，但世界各国均认为劳动法是保护劳动者合法权益和调整劳动关系的法律规范。

（二）功能

法律的主要功能就是解决纠纷。一旦劳动者与用人单位之间发生了纠纷，申诉各方都希望赢得诉讼或得到最起码的公正对待。可以说，法律的功能就是维持公正。劳动关系方面的法律具有以下三个主要功能。

（1）保护劳动关系双方的自愿安排并为之提供保护，如劳动合同、集体合同制度。

（2）解决纠纷。劳动法不仅赋予劳动者劳动权和保障权，而且规定了保证这些权利实现的司法机制，这是民主法制的基本要求。

（3）确定基本劳动标准，如最低工资、最低就业年龄、工作时间和休息休假、社会保险以及安全卫生标准等。

（三）劳动法如何调整劳动关系

劳动法通过平衡雇员和雇主双方之间的权利、义务关系达到调整劳动关系的目的，通过规定雇员和雇主双方的权利、义务关系，将其纳入法制的轨道。《中华人民共和国劳动法》规定，劳动者享有平等就业和选择职业的权利、取得劳动报酬的权利、休息休假的权利、获得劳动安全卫生保护的权利、接受职业技能培训的权利、享受社会保险和福利的权利、提请劳动争议处理的权利以及法律规定的其他劳动权利。同时，劳动者应当完成劳动任务，提高职业技能，执行劳动安全卫生规程，遵守劳动纪律和职业道德。

权利与义务是一致的、相对应的。劳动者的权利即是用人单位的义务；反之，劳动者的义务即是用人单位的权利。为了强调用人单位的义务，《中华人民共和国劳动法》《中华人民共和国劳动合同法》都规定，用人单位应当依法建立和完善规章制度，保障劳动者享有劳动权利和履行劳动义务。

二、劳动法律类型及主要法案

在我国，与劳动关系有关的法律类型主要有：

（1）宪法。宪法是法的最高形式，其他所有法律法规都必须与宪法的精神保持一致。宪法是劳动立法的最高法律依据，具有最高的适用效力。

（2）法律。全国人民代表大会的立法及全国人大常委会制定或批准发布的规范性劳动法律文件，属于法律的范畴。如《中华人民共和国劳动法》《中华人民共和国工会法》《中华人民共和国劳动合同法》《中华人民共和国就业促进法》《中华人民共和国社会保险法》等。

（3）劳动行政法规。由国务院制定、国务院总理签署发布的，以条例、规定、办法命名的有关劳动方面的规范性文件，如《中华人民共和国劳动合同法实施条例》《女职工劳动保护特别规定》等。劳动行政法规是依据宪法、法律制定的，是劳动法律的具体化，是人民法院审理劳动案件的依据，属于“法”的范畴。

（4）地方性法规。由省、自治区、直辖市和较大的市的人民代表大会及其常务委员会制定的规范性文件。地方性法规不得与宪法、法律、行政法规相抵触。

（5）行政规章。包括国务院各部、委员会、中国人民银行、审计署和具有行政管理职能的直属机构制定的规章和省、自治区、直辖市和设区的市、自治州的人民政府制定的规章。人民法院审理劳动争议案件，对行政规章是“参照”而不是“依照”。

（6）法律解释。有解释权的国家机关对劳动法律规范的含义以及所使用的概念、术语、定义所做的说明和解释，包括立法解释、司法解释和行政解释，如《最高人民法院关于审理劳动争议案件适用法律问题的解释（一）》（以下简称《司法解释（一）》）等。

（7）国际劳工公约和建议书。国际劳工公约和建议书共同构成国际劳工标准。我国批准加入和签订了《经济、社会及文化权利国际公约》《公民权利及政治权利国际公约》《准予就业最低年龄公约》《就业政策公约》《消除就业和职业歧视公约》等国际劳工公约，内容涉及平等就业、劳动安全、最低工资等领域。凡是我国批准的劳工公约，均与国内法具有同等的法律效力。

三、劳动关系的调整机制

（一）法律调整机制

劳动关系在社会关系体系中居于重要地位，对劳动关系进行规范和调整，是各国劳动法的重要任务，也是劳动法产生的社会条件。劳动立法在各国都是调整劳动关系的主要机制。日本武藏大学山川一隆教授把日本的劳动立法分为三类，即个别劳动关系法、集体劳动关系法和劳动市场法。个别劳动关系法主要是最低劳动标准方面的立法，如劳动基准法、劳动安全卫生法、最低工资法、劳灾保险法、育儿休业法等。集体劳动关系法是关于劳资双方团体之间的法律，如工会法、劳动关系法等。劳动市场法是在劳动者就业之前对政、劳、资及社会中介机构的一些行为的立法，如对劳动力的开发培训、职业介绍等方面的法律。

（二）企业内部调整机制

企业内部调整劳动关系的机制主要有：(1) 集体协商和谈判机制。包括集体谈判和集体合同制度，但更重要的内容是指劳动关系双方经常性的、多层次的、内容广泛的相互协商。谈判比较正规、严肃，一旦破裂容易形成争议。协商则比较灵活，气氛融洽，有缓冲的余地，它可以在多层次开展，如车间、分厂、总厂，协商的内容可以从日常生活到企业经营活动，无所不包。这种经常性的交流、沟通式的协商是融洽、稳定劳动关系的重要制度。(2) 工人参与管理机制。在企业内部建立雇主组织，参与企业管理的部分事务，以协调企业内部的劳动关系。(3) 重视劳动协约和就业规则的作用，建立合法、完善的企业内部规章。(4) 注意对劳动关系双方进行法制意识和企业共同体、伙伴关系等意识的培育和教育，为劳动关系的稳定奠定良好的基础。

（三）劳动争议处理机制

通过处理劳动争议案件和不当劳动行为案件来调整劳动关系，是各国普遍采用的一种比较成熟的劳动关系调整机制。劳动争议是劳动关系双方发生冲突、矛盾的表现，争议的有效解决就是使劳动关系双方由矛盾、冲突达到统一、和谐。

（四）三方机制

在制定劳动法规、调整劳动关系、处理劳动争议和参与国际劳工会议方面，政府、雇主和雇员代表共同参与决定，相互影响和制衡，是在调整劳动关系的实践中形成的有效机制。三方协商是国际通行做法，也是国际劳工组织着重推行的基本原则。三方机制基于一定的组织形式，协调劳动关系事务，通过社会对话，建立社会合作协议，创造和谐、稳定的社会生活秩序。它要求明确雇主、雇员和政府在市场经济中的地位，规范三方的主体活动，确定三方的活动规则、活动范围和活动程序。坚持三方原则，有利于促进政、劳、资三方合作，共同改善劳动状况，坚持社会正义。1999年国家经贸委发布了《关于明确各地方企业家协会代表企业参与劳动关系协调工作的通知》，明确了中国企业家协会作为企业方的代表参与劳动关系协调工作的地位，作为三方机制中的企业一方的代表，具体负责参与劳动立法、企业劳动争议的协调和处理工作，其职责应是维护企业群体和整体利益。同时，也要明确工会的市场地位，使工会成为三方机制中坚实的一方。确立政府协调劳动关系的法律地位，政府是三方中的一方，是协调人、仲裁人，而不是直接的管理者、命令者。

（五）惯例调整

惯例是在长期的实践中形成的调整劳动关系的重要机制，如日本的“春斗”工资、“秋斗”劳动条件、被称为日本劳资关系保持相对稳定重要原因的终身雇佣制和年功序列制，也是企业界自然形成的惯例制度。

四、国际劳动立法

国际劳动立法主要包括国际劳工公约和建议书。它们涉及劳动者的基本权利、就业、劳动报酬、工作条件、劳动关系、社会保障等各个领域，形成了一部完整的国际劳动法典，对协调、指导会员国国内劳动立法，调整劳动关系，促进社会公平和维护劳动者权益发挥着重要作用。从总的方面看，国际劳工公约可分为三类：(1) 基本人权类。包括1948年《结社自由及保护组织权公约》（第87号）、1949年《组织和集体谈判权利的原则应用公约》（第98号）、1930年《强迫劳动公约》（第29号）、1957年《废止强迫劳动公约》（第105号）、1951年《男女工人同工同酬公约》（第100号）、1958年《消除就业和职业歧视公约》（第111号）、1973年《准予就业最低年龄公约》（第138号）、1999年《禁止和立即行动消除最恶劣形式的童工劳动公约》（第182号）等8个公约。(2) 劳动专业类。包括促进就业、社会政策、劳动行政、劳动关系、工作条件、职业安全卫生、社会保障等方面的公约。(3) 特定人群类。包括关于妇女、童工、未成年工、老年人、残疾人、移民工人、海员、渔民、码头工人、家庭工等特定人群的公约。

从1919年到2019年6月，国际劳工组织制定了190个公约和206个建议书，形成了完整的国际劳动法体系。国际劳工公约一经会员国批准，即具有与会员国国内立法相同的法律效力。建议书无须批准，只供会员国在进行本国立法和制定或修订劳动及社会政策时参考。不少国家都在较短时间内批准了较多的国际劳工公约，或直接将国内立法与国际劳工公约相衔接。正是从这一意义上讲，劳动法更具有国际性。我国劳动立法要与国际接轨或参照国际惯例，劳动立法不应仅局限于国内，而应放眼全球，吸收外国劳动法的新成果，这是对我国劳动立法顺应全球经济一体化发展的要求。

第2节　工资的法律保障

一、工资的法律含义

工资是劳动者及其家庭生活的主要来源，支付工资是雇主与劳动者劳动义务相对应的一项重要义务。劳动法中，工资是雇主依据国家有关规定或劳动合同约定，以货币形式直接支付给劳动者的劳动报酬。我国法律法规规定，工资是用人单位依据劳动合同规定，以货币形式支付给劳动者的工资报酬。工资包括计时工资、计件工资、奖金、津贴和补贴、加班加点工资、特殊情况下支付的工资。工资可以分为货币工资、实物工资和混合工资，其形式包括计时工资、计件工资、奖励工资、津贴、佣金和分红等。工资的给付水平直接决定了劳动力成本，它是由劳动生产率、通货膨胀率和市场竞争强度决定的。在市场经济条件下，工资作为劳动合同的重要条款，是由劳动者和用人单位定期协商决定的。

在我国，法律要求用人单位应按照劳动合同约定的支付标准、支付时间和支付方式，按时足额支付劳动者工资。《关于贯彻执行〈中华人民共和国劳动法〉若干问题的意见》（劳部发〔1995〕309号）明确规定，劳动者的以下劳动收入不属于工资范围：（1）单位支付给劳动者个人的社会保险福利费用，如丧葬抚恤救济费、生活困难补助费、计划生育补贴等；（2）劳动保护方面的费用，如用人单位支付给劳动者的工作服、解毒剂、清凉饮料费用等；（3）按规定未列入工资总额的各种劳动报酬及其他劳动收入，如根据国家规定发放的创造发明奖、国家星火奖、自然科学奖、科学技术进步奖、合理化建议和技术改进奖、中华技能大奖等，以及稿费、讲课费、翻译费等。根据法律法规规定，我国工资的具体形式包括以下几种：

1. 计时工资

计时工资是指按计时工资标准和工作时间支付给劳动者个人的工资报酬。计时工资标准是根据劳动者的技术熟练程度、劳动繁重程度等标准确定的。在相同的工作时间内，从事同种工作，并具有基本相同劳动技能的劳动者的工资是相同的。按照工资支付时间不同，计时工资可以分为年薪工资、月工资、周工资和日工资，即按照年、月、周和日计算和发放的工资。在现实生活中，使用最广泛的报酬支付形式是计时工资。美国86%的雇员按小时或月领取工资。目前，我国全日制用工形式一般实行月工资制，非全日制用工以周或天计算工资，并规定月工资制与小时工资制、日工资制之间可以相互转换。

2. 计件工资

计件工资是指根据劳动者提供的合格产品的数量和规定的计件单价支付工资的一种形式。与计时工资不同，计件工资不是按照劳动者劳动时间的长短支付工资，而是按照劳动者在单位时间内完成的合格产品的数量来计算工资报酬的形式。在我国，计件工资有很长的历史，主要形式有全额计件工资、实物量计件工资和超额计件工资，其中实物量计件工资是对原计件工资办法的改进。对于产量、质量、物耗等指标能考核到个人的工种，可以实行个人计件工资。计件工资制实际上是按产品数量支付工资，它是一种最普遍的以个人为单位的基本奖励形式，能更好地体现按劳分配的工资支付原则。

3. 奖金

奖金作为一种工资支付形式，是指为奖励劳动者的超额绩效而支付的劳动报酬，其目的是奖励目标完成者和激励追求者。奖金是基于按绩效付酬的历史背景而产生的报酬形式，对于激励员工绩效能够起到重要作用。根据员工绩效来支付报酬，是20世纪西方发达国家薪酬实践的一个里程碑，它强调薪酬与绩效表现之间的联系。奖金的具体形式很多，从奖励对象看，可以包括个人奖励计划、团队激励计划和组织激励计划；从奖励时间看，可以包括月度奖、季度奖和年度奖；从奖励项目看，可以分为成本奖、质量奖、安全奖和超产奖。无论具体形式如何，奖金都是劳动者工资的一部分。

4. 津贴和补贴

津贴作为一种辅助形式，是对劳动者额外劳动付出的一种补偿，一般是指补偿劳动者在特殊条件下的劳动消耗及生活费额外支出的工资。津贴的种类很多，主要有矿山井下津贴、高温津贴、野外工作津贴、林区津贴、艰苦气象台站津贴、基础设施建设工程流动施工津贴、保健津贴、医疗卫生津贴等。补贴是为了补偿物价变动而设置的补偿，主要有生活费补贴、价格补贴等。

5. 延长工作时间的工资报酬

劳动者在法定工作时间以外提供劳动、加班加点的，用人单位应当按照法定标准支付高于劳动者正常工作时间工资的工资报酬。劳动者延长工作时间的报酬也属于其工资的构成部分。

6. 特殊情况下支付的工资

劳动者在法定工作时间内依法参加社会活动期间，用人单位应视同其提供了正常劳动而支付工资，这些工资属于劳动者在特殊情况下用人单位支付的报酬，也属于劳动者工资的构成部分。

二、工资支付的原则

（一）协商同意原则

工资的给付标准和数额由劳动力市场最终决定。工资应当由雇员和雇主平等地决定。当事人协商确定工资标准，是工资支付的一般原则。工资集体协商是与市场经济相适应的工资决定和制衡机制，在工资问题上实行平等协商，可以使最敏感的问题由模糊变为公开，员工的意见通过工会与企业协商，及时得到沟通，矛盾得以化解；协商可以集思广益，使工资分配更加合理，从源头上避免矛盾和争议的产生；经协商确定的工资集体合同具有法律效力，双方都要依法履行，一旦发生争议，也能依法调解。实行工资集体协商制度，带来的是双赢，是企业发展、员工权益的保障。

（二）平等付酬原则

在许多国家，因职业、产业、种族、性别、年龄、受教育程度的不同，工资高低差距很大，其中男女同工不同酬和种族歧视问题表现最为突出。第二次世界大战后，世界多数国家确立了平等付酬原则。美国1963年修改《公平劳动标准法》时，增加了男女同工同酬的规定。英国1970年制定了专门的《同工同酬法》，1975年制定了《性别歧视禁止法》。日本《劳动标准法》第3条和第4条规定："雇主不得以工人的国籍、信仰和社会地位为理由，而在工资、工作时间和其他劳动条件方面规定不同的待遇。""雇主不得以受雇者是女工为理由，而在工资方面规定与男工不同的待遇。”我国政府已批准加入的第 100 号国际劳工公约也规定：“凡会员国，应通过与现行决定报酬率的方法相适应的各种手段，促使并在与这种方法相一致的条件下保证男女工人同工同酬原则适用于全体工人。”男女同工同酬是《中华人民共和国劳动法》始终坚持的原则，该法第四十六条规定：“工资分配应当遵循按劳分配原则，实行同工同酬。工资水平在经济发展的基础上逐步提高。国家对工资总量实行宏观调控。”《中华人民共和国劳动合同法》也对同工同酬问题予以明确，规定了劳务派遣的劳动者与用工单位的劳动者实行同工同酬，没有签订劳动合同的劳动者与本单位相同岗位的劳动者实行同工同酬。同工同酬是我国工资分配的一个基本原则，同等价值的工作应当给予同等的报酬。用工单位在制定薪酬制度时，必须遵循同工同酬原则，对被派遣劳动者与本单位同类岗位的劳动者实行相同的劳动报酬分配办法，保障劳动者在工资分配上享有平等权利，禁止歧视。

（三）依法支付原则

依法支付原则是指要按照法律规定或合同约定的标准、时间、地点、形式和方式发放工资。根据《中华人民共和国劳动法》《中华人民共和国劳动合同法》《工资支付暂行规定》，我国的工资支付应符合如下规定。

（1）工资应当以法定货币支付，不得以实物及有价证券替代货币支付。

（2）工资应当按时支付。《中华人民共和国劳动法》规定工资按月支付，即按照企业规定的每月发放工资的日期支付工资。工资必须在用人单位与劳动者约定的日期支付。如遇节假日或休息日，则应提前在最近的工作日支付。工资至少每月支付一次，实行周、日、小时工资制的，可按周、日、小时支付。《中华人民共和国劳动合同法》第七十二条规定，非全日制用工劳动报酬结算支付周期最长不得超过 15 日。对完成一次性、临时性或某些具体工作的劳动者，用人单位应按有关协议或合同规定在其完成劳动任务后支付工资。用人单位只要与劳动者约定了发薪日期，每月必须在约定之日发薪，不得任意变动，过了约定日期发薪，就构成拖欠工资。劳动者与用人单位在依法解除或终止劳动合同时，用人单位应同时一次付清劳动者工资。用人单位依法破产时，应将劳动者的工资列入清偿顺序，优先支付。

（3）工资须直接支付。工资应当直接支付给劳动者本人，劳动者因故不能领取工资时，可由亲属或委托他人代领。用人单位可委托银行代发工资。支付工资时，用人单位必须书面记录支付劳动者工资的数额、时间、领取者的姓名以及签字，并保存两年以上备查。应向劳动者提供一份其个人的工资清单。

劳动者工资处理不受干涉。任何人不得限制和干涉雇员处理其工资的自由。雇主不得以任何方法要求甚至强迫雇员到雇主或其他任何人的商店购买商品，亦不得强迫雇员接受雇主提供的劳务服务。任何限定工资使用地点和方式的协议都是非法的、无效的。

三、禁止克扣和无故拖欠劳动者的工资

（一）不得克扣劳动者的工资

任何组织和个人无正当理由不得克扣和拖欠劳动者的工资。克扣和拖欠劳动者工资，是一种侵权行为。《中华人民共和国劳动法》第五十条规定，不得克扣或者无故拖欠劳动者的工资。所谓克扣劳动者的工资，是指在正常情况下，劳动者依法律或者合同规定完成了生产工作任务，用人单位无正当理由扣减劳动者应得工资，或借故不全部支付劳动者工资。克扣劳动者的工资不包括以下减发工资的情况：（1）国家法律、法规中有明确规定的，如法院判决、裁定中要求代扣的抚养费、赡养费；（2）依法签订的劳动合同中有明确规定的，用人单位代扣代缴的个人所得税和应由劳动者个人负担的各项社会保险费用；（3）用人单位依法制定并经职代会批准的厂规厂纪中有明确规定的；（4）企业工资总额与经济效益相联系，经济效益下浮时，工资必须下浮的；（5）因劳动者请事假等相应减发工资等。

为保证劳动者的最低生活水平，各国法律多规定对工资的扣除要有一定比例，或者规定工资的扣除要保持在一定限度内，低于一定限度的工资不得扣除。我国《工资支付暂行规定》指出，因劳动者本人原因给用人单位造成经济损失的，用人单位可按照劳动合同的约定要求其赔偿经济损失。经济损失的赔偿可从劳动者本人的工资中扣除，但每月扣除部分不得超过劳动者当月工资的20%。若扣除后的剩余工资部分低于当月最低工资标准，则按最低工资标准支付。有些国家规定，对工资的扣除要在一定限度内，如日本为年薪3万日元。

任何人不得直接或间接用武力、偷窃、恐吓、威胁、开除或其他任何办法，不经雇员同意，扣除其任何数量的工资，或引诱其放弃部分工资。雇员赊贷雇主的财物一般不得在工资项目中扣除，但以原价供给的生活品、房屋租金或取暖费，以及为雇员利益而设立的储蓄互助金、统筹金等除外。

（二）不得拖欠劳动者的工资

所谓拖欠劳动者工资，是指用人单位在规定时间内未支付劳动者工资。通常，劳动者和用人单位在一个工资支付周期内会事先商量具体付薪时间，并形成制度，超过商定付薪时间未能支付工资，即为拖欠工资。在我国，根据法律规定，除用人单位遇到非人力所能抗拒的自然灾害、战争等原因，或用人单位确因生产经营困难，资金周转受到影响，并征得本单位工会同意可以延期支付工资外，其他情况下拖欠工资均属无故拖欠。法律规定不属于无故拖欠劳动者工资的具体情形包括：（1）用人单位遇到非人力所能抗拒的自然灾害、战争等原因，无法按时支付工资；（2）用人单位确因生产经营困难、资金周转受到影响，在征得本单位工会同意后，可暂时延期支付劳动者工资，延期时间的最长限制可由各省、自治区、直辖市劳动保障行政部门根据各地情况确定。其他情况下拖欠工资均为无故拖欠。

四、特殊情况下工资的支付

特殊情况下的工资是指依法或按协议在非正常情况下，由用人单位支付给劳动者的工资。在我国，主要包括以下几种：

1. 履行国家和社会义务期间的工资

我国法律规定，劳动者在法定工作时间内依法参加社会活动期间，用人单位应视其提供了正常劳动而支付工资。社会活动包括：依法行使选举权或被选举权；当选代表出席乡（镇）、区以上政府、党派、工会、共青团、妇女联合会等组织召开的会议；出任人民法庭证明人；出席劳动模范、先进工作者大会；不脱产工会基层委员会因工会活动占用的生产或工作时间；其他依法参加的社会活动。

2. 年休假、探亲假、婚假、丧假工资

根据《中华人民共和国劳动法》及相关规定，劳动者依法享受年休假、探亲假、婚丧假期间，用人单位应当按劳动合同规定的标准支付工资。劳动者享受年休假、探亲假、婚假、丧假就视同提供了正常劳动，用人单位应当支付工资，不能以劳动者休假没来上班为由扣发其工资。实践中，一些企业随意扣发劳动者享受以上假期时的工资，这种做法是违法的。

3. 停工期间的工资

根据《工资支付暂行规定》，非因劳动者原因造成单位停工、停产在一个工资支付周期内的，用人单位应当按劳动合同规定的标准支付劳动者工资。超过一个工资支付周期的，若劳动者提供了正常劳动，则支付给劳动者的劳动报酬不得低于当地最低工资标准；若劳动者没有提供正常劳动，应按国家有关规定办理。职工因本人过失造成停工的，不发给过失者津贴；非因本人过失造成停工的，一般按照本人计时标准工资的75%发给停工津贴。试用新机器、新工具，试行先进经验及合理化建议期间，非因本人过失造成的停工，停工津贴按照本人标准工资的100%发放。停工期间，职工享受的地区津贴、野外津贴、生活补贴，按照依法确定的停工津贴的比例发放。

案例7-1

受疫情影响用人单位部分停工停产，能否按照停工停产规定支付工资待遇

张某为某汽车公司客户俱乐部员工，该公司业务涉及汽车零部件生产、汽车组装和车辆销售等工作。双方签订的劳动合同约定张某月工资为8 000元，汽车公司每月10日发放上月4日至本月3日工资。2020年2月3日以后，汽车公司零部件生产、汽车组装、车辆销售部门陆续复工，但因新冠肺炎疫情防控要求客户俱乐部暂时无法对外开放，客户俱乐部未能同步复工复产，张某所在客户俱乐部中的10余名劳动者均处于停工状态。3月10日汽车公司按照劳动合同约定支付了张某2月工资，4月10日按照生活费标准支付了张某3月工资。张某认为汽车公司恶意以停工为由降低其工资待遇，遂向仲裁委员会申请仲裁。请求裁决汽车公司支付3月4日至4月3日工资差额6 460元。

仲裁委员会裁决驳回张某的仲裁请求。本案的争议焦点是受疫情影响，汽车公司部分停工停产，能否按照停工停产规定支付张某工资待遇。《人力资源社会保障部办公厅关于妥善处理新型冠状病毒感染的肺炎疫情防控期间劳动关系问题的通知》（人社厅明电〔2020〕5号）规定："企业停工停产在一个工资支付周期内的，企业应按劳动合同规定的标准支付职工工资。超过一个工资支付周期的，若职工提供了正常劳动，企业支付给职工的工资不得低于当地最低工资标准。职工没有提供正常劳动的，企业应当发放生活费，生活费标准按各省、自治区、直辖市规定的办法执行。"上述政策的制定参照了《工资支付暂行规定》（劳部发〔1994〕489号）第十二条："非因劳动者原因造成单位停工、停产在一个工资支付周期内的，用人单位应按劳动合同规定的标准支付劳动者工资。超过一个工资支付周期的，若劳动者提供了正常劳动，则支付给劳动者的劳动报酬不得低于当地的最低工资标准；若劳动者没有提供正常劳动，应按国家有关规定办理。"可见，上述规定只对用人单位停工停产期间劳动者能够提供正常劳动和无法提供正常劳动分别予以明确，但并未将适用条件限于用人单位的全部停工停产。本案中，尽管汽车公司的零部件制造等部门均已复工，但因各部门工作具有相对独立性，其所依赖的复工条件并不相同，张某认为汽车公司以客户俱乐部停工为由恶意降低其工资待遇，事实依据不足。

经查，汽车公司部分停工的安排并非针对张某一人，而是无差别地适用于客户俱乐部的10余名劳动者。因此，仲裁委员会对张某关于汽车公司安排部分停工存在主观恶意的主张不予采信，该公司安排张某所在部门停工，并适用人社厅明电〔2020〕5号文件规定支付张某工资待遇，并无不当，故依法驳回张某的仲裁请求。

新冠肺炎疫情影响了用人单位生产经营和劳动者正常劳动。在这种情况下，用人单位通过短期停工停产发放生活费的方式，较因客观情况与劳动者解除劳动合同并支付补偿的处理方式，既降低了成本，维护了劳动关系稳定，也为下一步复工复产提供了人力资源保障，因此是一种择优选择；而从劳动者角度，虽然一定时期内的收入下降，但减轻了用人单位压力，让其能够渡过难关，稳定了自身的就业岗位，双方各得其利。这种利益的平衡和兼顾，正是疫情影响下构建和谐劳动关系的内在要求，也是仲裁和司法实务中，维护停工停产劳动者合法权益，尊重和保障用人单位用工自主权的依据。

资料来源：人社部函〔2020〕62号 人力资源社会保障部 最高人民法院关于联合发布第一批劳动人事争议典型案例的通知.（2020-08-05）. https://www.shui5.cn/article/2b/138175.html.

---

4. 病假、事假工资

病假工资应按不低于最低工资标准的80%支付。对于患病或非因工负伤的员工住院治疗，未能在法定工作时间内履行正常劳动义务的职工，可以不受最低工资标准的保护，但应以最低工资标准为依据发放工资报酬。劳动部发布的《关于贯彻执行〈中华人民共和国劳动法〉若干问题的意见》称："职工患病或非因工负伤治疗期间，在规定的医疗期内由企业按有关规定支付其病假工资或疾病救济费，病假工资或疾病救济费可以低于当地最低工资标准支付，但不能低于最低工资标准的80%。”医疗期是指企业职工因患病或非因工负伤停止工作治病休息不得解除劳动合同的时限。企业职工因患病或非因工负伤，需要停止工作医疗时，根据本人实际参加工作年限和在本单位工作年限，给予3～24个月的医疗期。

劳动者在事假期间，用人单位可以不支付其工资。

5. 破产时工资的清偿权

2007年6月1日起实施的《中华人民共和国企业破产法》重新界定了企业破产清偿顺序，法律的公布时间2006年8月27日是界定劳动债权和担保债权清偿顺序的分水岭。该法公布前出现的破产，破产人应优先清偿职工工资和其他福利；破产人无担保财产不足清偿职工工资的，要从有担保的财产中清偿。该法公布后，破产人将优先清偿企业担保人，职工工资和其他福利仅能从未担保财产中清偿。《中华人民共和国企业破产法》第一百一十三条规定：“破产财产在优先清偿破产费用和共益债务后，依照下列顺序清偿：（一）破产人所欠职工的工资和医疗、伤残补助、抚恤费用，所欠的应当划入职工个人账户的基本养老保险、基本医疗保险费用，以及法律、行政法规规定应当支付给职工的补偿金；（二）破产人欠缴的除前项规定以外的社会保险费用和破产人所欠税款；（三）普通破产债权。破产财产不足以清偿同一顺序的清偿要求的，按照比例分配。破产企业的董事、监事和高级管理人员的工资按照该企业职工的平均工资计算。”

五、工资的诉讼保护

《中华人民共和国劳动合同法》第三十条规定：“用人单位应当按照劳动合同约定和国家规定，向劳动者及时足额支付劳动报酬。用人单位拖欠或者未足额支付劳动报酬的，劳动者可以依法向当地人民法院申请支付令，人民法院应当依法发出支付令。”支付令是人民法院依照《中华人民共和国民事诉讼法》规定的督促程序，根据债权人的申请，向债务人发出的限期履行给付金钱或有价证券的法律文书。针对拖欠工资问题，为使劳动者获得劳动报酬的权利及时实现，《中华人民共和国劳动合同法》对用人单位不及时、足额支付劳动报酬的，规定劳动者可以依法向当地人民法院申请支付令，并规定人民法院应当依法发出支付令，其目的是为劳动者劳动报酬权的救济提供更便利迅速的司法救济途径。

根据《中华人民共和国民事诉讼法》的规定，劳动者在申请支付令时，应当向用人单位所在地人民法院或者劳动合同依法约定的人民法院提出申请，并在申请书中写明请求给付的数量和所根据的事实、证据。人民法院应当在5日内通知劳动者是否受理。人民法院受理申请后，依法对劳动者提供的事实、证据进行审查。对债权债务关系明确、合法的，应当在受理之日起15日内向用人单位发出支付令；申请不成立的，裁定予以驳回。用人单位应当自收到支付令之日起15日内清偿债务，或者向人民法院提出书面异议。用人单位在法定的期间不提出异议又不履行支付令的，劳动者可以向人民法院申请执行。用人单位在法定期间提出异议的，人民法院收到用人单位提出的书面异议后，应当裁定终结督促程序，支付令自行失效，劳动者可以向人民法院起诉。

对用人单位非法扣除劳动者工资或拖延支付应发工资的，法律规定了严格的责任。《中华人民共和国劳动合同法》第八十五条规定："用人单位有下列情形之一的，由劳动行政部门责令限期支付劳动报酬、加班费或者经济补偿；劳动报酬低于当地最低工资标准的，应当支付其差额部分；逾期不支付的，责令用人单位按应付金额百分之五十以上百分之一百以下的标准向劳动者加付赔偿金：（一）未按照劳动合同的约定或者国家规定及时足额支付劳动者劳动报酬的；（二）低于当地最低工资标准支付劳动者工资的；（三）安排加班不支付加班费的；（四）解除或者终止劳动合同，未依照本法规定向劳动者支付经济补偿的。"劳动行政部门有权监察用人单位工资支付情况。劳动者与用人单位因工资支付发生劳动争议的，当事人可依法向劳动争议仲裁机关申请仲裁。对仲裁裁决不服的，可以向人民法院提起诉讼。

六、最低工资法律制度

（一）最低工资的法律含义

最低工资是指劳动者在法定工作时间或依法签订的劳动合同约定的工作时间内提供了正常劳动的前提下，用人单位依法应支付的最低劳动报酬。最低工资包括基本工资和奖金、津贴、补贴，但不包括加班加点工资、特殊劳动条件下的津贴、国家规定的社会保险和福利待遇。法定工作时间是指国家规定的工作时间。劳动者依法享受带薪年休假、探亲假、婚丧假、生育（产）假、节育手术假等国家规定的假期期间，以及法定工作时间内依法参加社会活动期间，均视为提供了正常劳动。正常劳动是指劳动者按照劳动合同的有关规定，在法定工作时间内从事的劳动。根据相关法律法规，用人单位支付给劳动者的下列费用不包括在最低工资的范围之内：（1）延长工作时间工资；（2）中班、夜班、高温、低温、井下、有毒有害等特殊工作环境、条件下的津贴；（3）法律、法规和国家规定的劳动者福利待遇等，例如用人单位通过补贴伙食、住房等支付给劳动者的非货币收入亦不包括在最低工资标准内。相对于正常情况下的劳动，劳动者从事中班、夜班、高温、低温、井下、有毒有害等特殊情况下的津贴是其从事特殊劳动的报酬，不能作为最低工资的组成部分。企业管理者一定要清楚最低工资的范围，以免因此引发争议。

最低工资法是国家制定的最低工资标准的法律。国家通过立法制定最低工资标准，确保用人单位支付劳动者的工资不得低于最低工资标准。最低工资立法的目的在于保证工资劳动者的最低收入，使其得以维持生活、改善劳动条件，有利于安定工人生活，提高劳动力素质，确保企业公平竞争，同时有助于社会经济发展。最低工资法本身具有救济、援助最低工资收入者的重要作用，同时对确保社会公正也十分必要。维持最低工资制与社会性成本的平衡将是一个重要的课题。《中华人民共和国劳动法》第四十八条明确规定，国家实行最低工资保障制度，用人单位支付劳动者的工资不得低于当地最低工资标准。《中华人民共和国劳动合同法》第七十二条也规定，非全日制用工小时计酬标准不得低于用人单位所在地人民政府规定的最低小时工资标准。这从法律上保证了劳动者享有的最低工资保障权。国际劳工组织也先后于 1928 年、1951 年和 1970 年以国际劳动立法的形式，分别制定了关于最低工资的第 26 号、第 99 号和第 131 号三个公约和第 30 号、第 89 号、第 135 号三个建议书，其中第 131 号公约和第 135 号建议书是专为发展中国家制定的。最低工资立法已成为世界通行的做法。

（二）最低工资的确定和发布

1. 最低工资的确定

最低工资标准是指单位劳动时间的最低工资数额。《中华人民共和国劳动法》第四十八条规定，最低工资的具体标准由省、自治区、直辖市人民政府规定，报国务院备案。也就是说，我国不实行全国统一的最低工资标准，由各地根据具体情况确定最低工资标准。最低工资标准一般按月确定，也可以按周、日、小时确定。各种单位时间的最低工资标准可以互相转换。《中华人民共和国劳动法》第四十九条规定：“确定和调整最低工资标准应当综合参考下列因素：（一）劳动者本人及平均赡养人口的最低生活费用；（二）社会平均工资水平；（三）劳动生产率；（四）就业状况；（五）地区之间经济发展水平的差异。”一般来说，最低工资标准应高于社会救济金和失业保险金标准，低于当地平均工资水平。

2. 最低工资标准的发布

省、自治区、直辖市人民政府劳动行政主管部门将确定的最低工资标准及其依据、详细说明和最低工资范围报国务院劳动行政主管部门备案。国务院劳动行政主管部门在收到备案后，应召集全国总工会、全国企业家协会共同研究。如其报送的最低工资率及其适用范围不妥的，有权提出变更意见，并在 15 天之内以书面形式给予回复。省、自治区、直辖市人民政府劳动行政主管部门在 25 天之内未收到国务院劳动行政主管部门提出变更意见的，或接到变更意见对原确定的最低工资率及其适用范围做出修订后，应当将本地区最低工资率及其适用范围报省、自治区、直辖市人民政府批准，并且在批准后 7 日内发布。省、自治区、直辖市最低工资率及其适用范围应当在当地政府公报上和至少一种全地区性的报纸上发布。

3. 最低工资标准的调整

最低工资标准发布实施后，当最低工资标准制定时参考的各种因素如当地最低生活费用、职工平均工资、劳动生产率、城镇就业状况和经济发展水平等发生变化，或本地区职工生活费用价格指数累计变动较大时，应当适时调整。

（三）最低工资的效力

最低工资是法定的最低报酬。企业支付给劳动者的工资不得低于其适用的最低工资率。实行计件工资或提成工资等工资形式的企业必须进行合理的折算，其相应的折算额不得低于按时、日、周、月确定的相应的最低工资率。当事人在劳动合同中约定的劳动报酬低于最低工资额时，其工资部分应视为无效。其无效部分应改按法定的最低工资执行。

第3节 工作时间和休息休假

一、工作时间立法

工作时间是法律规定的，劳动者在工作场所为履行劳动义务而消耗的时间，即劳动者每天工作的时数或每周工作的天数。作为法律范畴，工作时间既包括劳动者实际完成工作的时间，也包括劳动者从事生产或工作所必需的准备和结束的时间、从事连续性有害健康的工作的间歇时间、工艺中断时间、女职工哺乳未满一周岁婴儿的哺乳时间以及因公外出等法律规定限度内消耗的其他时间。工作时间可以依小时、日、周、月、季和年来计算，用人单位必须按规定支付劳动者的劳动报酬。

工作时间的规定是工作场所的重要规则，也是现代劳动立法率先规范的领域。1919年国际劳工组织大会通过了第1号国际劳工公约《工业工作时间每日限为八小时及每周限为四十八小时公约》，1921年通过了第14号国际劳工公约《工业企业中实行每周休息公约》，1935年又通过了第47号国际劳工公约《每周工作时间减至四十小时公约》。《中华人民共和国劳动法》及有关法规规定，劳动者每日工作8小时，每周工作40小时，实行统一标准。

工作时间是最重要的劳动条件之一，工作时间制度是否优良，不仅影响劳动者工作权益的保障，也高度影响企业的日常经营活动，甚至企业的竞争力。全球化时代的来临、高新技术的普遍应用，以及知识经济的发展，对落实劳动者权益的保障提出了新的要求，工时制度弹性化的调整是国际发展潮流，也是主要发达国家工时制度的发展趋势。

二、工作时间的种类

（一）标准工作日

标准工作日是国家统一规定的，在一般情况下，是劳动者从事工作或劳动的时间。我国的标准工作日为每日工作8小时，每周工作40小时。标准工作日是计算其他工作日种类的依据，如实行综合计算工作时间的用人单位，其平均日工作时间和平均周工作时间应与法定标准工作时间基本相同。对实行计件工作的劳动者，用人单位应当根据标准工作日制度，合理地确定其劳动定额和计件报酬标准。

（二）缩短工作日

缩短工作日是指法律规定的少于标准工作日时数的工作日，即每天工作时数少于8

小时或者每周工作时数少于40小时。我国实行缩短工作日的情况主要有：从事矿山井下、高山、有毒有害、特别繁重体力劳动的劳动者；夜班工作；哺乳期工作的女职工。

（三）不定时工作日

不定时工作日是指没有固定工作时间限制的工作日，主要适用于因工作性质和工作职责限制，不能实行标准工作日的劳动者。主要包括：企业的高级管理人员、外勤人员、推销人员、部分值班人员和其他工作无法按标准工作时间衡量的职工；企业中的长途运输人员、出租汽车司机和铁路、港口、仓库的部分装卸人员以及因工作性质特殊需机动作业的职工；其他因生产特点、工作特殊需要或职责范围的关系，适合实行不定时工作制的职工。

实行不定时工作制，应履行审批手续。经批准实行不定时工作制的职工，不受《中华人民共和国劳动法》规定的日延长工作时间和月延长工作时间标准的限制，其工作日长度超过标准工作日的，不算作延长工作时间，也不享受超时劳动的加班报酬，但企业可以安排适当补休。对于实行不定时工作制的职工，企业应根据《中华人民共和国劳动法》的有关规定，在保障职工身体健康并充分听取职工意见的基础上，采取集中工作、集中休息、轮休调休、弹性工作时间等适当方式，确保职工的休息休假权利和生产、工作任务的完成。

案例7-2

不得滥用特殊工时损害劳动者合法权益

汪某于2017年1月4日入职某饮品公司，双方订立了为期3年的劳动合同，约定汪某的工作地点为北京，月工资为18 000元，具体工作内容为“营建中心相关工作”，并约定，饮品公司实行加班申请制，汪某因个人原因需加班的应事先向饮品公司提出书面申请，依据饮品公司的加班申请流程经批准后方可加班，否则不视为加班等。在该劳动合同中，双方未约定汪某的具体工作岗位及执行何种工时制。入职当日，汪某在《关于实行不定时工作制确认书》上签字确认，饮品公司对包括区域总经理、副总经理、营建经理等岗位实行不定时工作制，公司已经征求了本人意见，本人自愿同意实行等。2018年3月30日，汪某以“工作太累、工作时间过长”为由提出辞职。2018年4月，汪某向仲裁委员会提出仲裁申请，要求饮品公司支付工作期间的延时及休息日加班费。

庭审中，饮品公司认为，双方在劳动合同中约定了实行加班申请制，汪某亦在《关于实行不定时工作制确认书》上签字确认对其实行不定时工作制，且实行不定时工作制经过人力社保行政部门审批，故不同意向汪某支付加班费。饮品公司提交了《北京市企业实行综合计算工时工作制和不定时工作制审批表》证明对汪某实行不定时工作制已经过行政审批。该审批表显示，某区人力资源和社会保障局审批许可饮品公司对区域总经理（1人）、区域副总经理（1人）、门店拓展经理（4人）、商务经理（4人）及营建经理（4人）实行不定时工作制，实行期限为1年。饮品公司主张汪某即为营建经理岗位，但未能就此举证证明。汪某对此不予认可，主张其岗位为工程造价师，并提交了年休假审批表予以证明。该年休假审批表显示汪某的岗位为工程造价师，饮品公司对该年休假审批表的真实性不持异议。此外，针对其存在加班情形的主张，汪某提交了工作往来电子邮件、考勤打卡记录、与直接主管的通话录音等证据佐证。

仲裁委员会审理后认为，汪某提交的年休假审批表佐证其岗位为工程造价师，该岗位并未经过人力社保行政部门审批实行不定时工作制，故即使汪某在《关于实行不定时工作制确认书》上签字确认，亦不能使饮品公司“移花接木”的行为产生法律效力。结合汪某对加班的举证情况，仲裁委员会裁决支持了汪某的仲裁请求。

勿把特殊工时当作“筐”，任何岗位都可往里“装”。根据法律规定，企业确因生产经营特点和工作的特殊性不能实行标准工时制的（即每日工作8小时，每周工作40小时），经人力社保行政部门批准，可以实行特殊工时制度，即综合计算工时工作制或者不定时工作制。《北京市企业实行综合计算工时工作制和不定时工作制的办法》（京劳社资发〔2003〕157号）规定，除企业中的高级管理人员实行不定时工作制不办理审批手续外，其他人员实行综合计算工时工作制或者不定时工作制均须办理审批手续。企业申请实行特殊工时制度应当提交的材料中包含申请说明书，该申请说明书应重点说明不能实行标准工时制度需要实行特殊工时制度的具体原因，涉及的岗位、人数以及综合计算工时工作制的计算周期、工作方式和休息制度。由此可见，对劳动者是否实行特殊工时，不取决于双方在劳动合同中的约定或用人单位的单方告知，而取决于劳动者所在的岗位实行特殊工时是否经过人力社保行政部门审批。用人单位不得“巧妙”地将此岗位的特殊工时审批“移植”到彼岗位，损害劳动者的相关权益。

资料来源：北京市劳动仲裁2019年案例一：不得滥用特殊工时损害劳动者合法权益.（2020-01-16）. http://www.cy12333.com/info.asp? infoid=20443.

（四）综合计算工作日

综合计算工作日是指用人单位根据生产和工作特点，分别采取以周、月、季、年等为周期综合计算劳动者工作时间的一种工时形式。一般适用于从事受自然条件或技术条件限制的劳动，主要包括：交通、铁路、邮电、水运、航空、渔业等行业中因工作性质特殊需连续作业的职工；地质及资源勘探、建筑、制盐、制糖、旅游等受季节和自然条件限制的行业的部分职工；其他适合实际综合计算工时工作制的职工。

实行综合计算工时工作制，应履行审批手续。经劳动行政部门批准执行综合计算工时工作制的，其工作时间可分别以月、季、年为周期，综合计算工作时间，但其平均日工作时间和平均周工作时间应与法定标准工作时间基本相同，超过法定标准工作日部分，应作为延长工作时间计算，并应按规定支付职工延长工作时间的工资报酬。在法定节日工作的，用人单位应按规定支付法定节日工作的工资报酬。实行综合计算工时制，企业要按劳动行政部门审批的相应的周期时间安排劳动者工作和休息，无权随意安排劳动者的工作时间。无论实行何种工时制度，都要做到保护劳动者的身心健康，不能以实行综合计算工时制或其他工时制为借口侵犯劳动者的休息权。

（五）弹性工作时间

弹性工作时间是指在标准工作时间的基础上，每周的总工作时间不变，每天的工作时间在保证核心时间的前提下可以调节。弹性工作时间制度是 20 世纪 60 年代末在德国率先发展起来的，目前发达国家已普遍实行，我国在个别地区和行业开始试行。

（六）计件工作时间

计件工作时间是指以劳动者完成一定劳动定额为标准的工作时间。《中华人民共和国劳动法》规定，对实行计件工作的劳动者，用人单位应当根据标准工时制度合理地确定其劳动定额和计件报酬标准。实行计件工作的用人单位必须以劳动者在一个标准工作日或一个标准工作周的工作时间内能够完成的计件数量为标准，合理地确定劳动者每日或每周的劳动定额。

三、加班加点

（一）加班加点的概念

加班加点即延长劳动时间，是指劳动者的工作时数超过法律规定的标准工作时间。加班是指劳动者在法定节日或公休假日从事生产或工作。加点是指劳动者在标准工作日以外继续从事劳动或工作。劳动者的工作权和休息权是宪法赋予的基本权利，为维护劳动者的身体健康和合法权益，国家法律、法规规定：劳动者每日工作时间不超过 8 小时、平均每周工作时间不超过 40 小时，并严格限制加班加点。《中华人民共和国劳动法》第四十三条规定：“用人单位不得违反本法规定延长劳动者的工作时间。”《中华人民共和国劳动法》严格限制加班加点，规定了企业在生产需要的情况下，实施加班加点的条件、时间限度和补偿方式。

（二）加班加点的条件和限制

1. 一般条件

用人单位由于生产经营需要，可以延长工作时间。《中华人民共和国劳动法》第四十一条规定：“用人单位由于生产经营需要，经与工会和劳动者协商后可以延长工作时间，一般每日不得超过一小时；因特殊原因需要延长工作时间的，在保障劳动者身体健康的条件下延长工作时间每日不得超过三小时，但是每月不得超过三十六小时。”这一规定明确了加班加点的条件：（1）符合法定条件。即必须是生产经营需要，必须与工会协商，必须与劳动者协商，征得劳动者同意，不得强迫劳动。（2）不得超过法定时数。即每日不得超过 1 小时，特殊原因需要延长工作时间的，每日不得超过 3 小时，但每月不得超过 36 小时。《中华人民共和国劳动法》第九十条规定：“用人单位违反本法规定，延长劳动者工作时间的，由劳动行政部门给予警告，责令改正，并可以处以罚款。”

2. 特殊条件

当出现特殊情况或紧急事件时，如救灾、抢险或威胁公共利益时，用人单位延长工作时间不受《中华人民共和国劳动法》第四十一条的限制，即不受一般情况下延长工作时间的条件和法定时数的限制，既不需要审批，也不必与工会和劳动者协商。《中华人民共和国劳动法》第四十二条规定："有下列情形之一的，延长工作时间不受本法第四十一条的限制：（一）发生自然灾害、事故或者因其他原因，威胁劳动者生命健康和财产安全，需要紧急处理的；（二）生产设备、交通运输线路、公共设施发生故障，影响生产和公众利益，必须及时抢修的；（三）法律、行政法规规定的其他情形。"所谓其他情形，是指：在法定节日和公休假日内工作不能间断，必须连续生产、运输或者营业的；必须利用法定节日和公休假日的停产期间进行设备检修、保养的；为完成国防紧急任务的；为完成国家下达的其他紧急生产任务的。

（三）延长工作时间的工资支付

用人单位须严格遵守劳动定额标准，不得强迫或者变相强迫劳动者加班。无论哪种情况安排劳动者延长工作时间，用人单位都应当支付高于劳动者正常工作时间的工资报酬。因为加班加点，劳动者增加了额外的工作量，付出了更多的劳动和消耗，所以法律规定用人单位应当严格限制加班加点，并对劳动者的加班劳动支付额外报酬。

《中华人民共和国劳动合同法》第三十一条规定，用人单位应当严格执行劳动定额标准，不得强迫或者变相强迫劳动者加班。用人单位安排加班的，应当按照国家有关规定向劳动者支付加班费。

劳动定额是指在一定的生产技术组织条件下，对生产单位合格产品或者完成一定任务的劳动消耗所预先规定的标准。劳动定额包括时间定额（工时定额）、产量定额、看管定额、服务定额等。工时定额是生产单位产品或完成一定工作量所规定的时间消耗量。产量定额则是在单位时间内（如小时、工作日、班次或航次）规定的应生产产品的数量或应完成的工作量。劳动定额标准是指在典型的技术条件下通过技术测定，制定的典型劳动作业或代表性产品的工时消耗产量标准的数据。根据劳动定额标准所确定的劳动消耗水平应当是在正常的技术组织条件下，多数人可以达到或接近的水平。劳动定额标准一经批准发布，即具有法律效力。用人单位制定劳动定额，应当以劳动定额标准为依据和参考。《中华人民共和国劳动法》明确规定，国家实行劳动者每日工作时间不超过8小时，平均每周工作时间不超过40小时的工时制度，并规定实行计件工作的劳动者，用人单位应当根据每日工作时间不超过8小时，平均每周工作时间不超过40小时的工时制度，合理确定其劳动定额。如果劳动者进行了超过劳动定额标准的工作，就是延长了工作时间，即进行了加班。用人单位不得通过压低计件工资单价等方法，变相强迫劳动者加班。

对于加班费的具体支付数额，根据法律法规规定，用人单位在劳动者完成劳动定额或规定的工作任务后，根据实际需要安排劳动者在法定标准工作时间以外工作的，应按以下标准支付工资：用人单位依法安排劳动者在日法定标准工作时间以外延长工作时间的，按照不低于劳动合同规定的劳动者本人小时工资标准的 150%支付劳动者工资；用人单位依法安排劳动者在休息日工作，而又不能安排补休的，按照不低于劳动合同规定的劳动者本人日或小时工资标准的 200%支付劳动者工资；用人单位依法安排劳动者在法定休假节日工作的，按照不低于劳动合同规定的劳动者本人日或小时工资标准的 300%支付劳动者工资。

实行计件工资的劳动者，在完成计件定额任务后，由用人单位安排延长工作时间的，应根据上述规定的原则，分别按照不低于其本人法定工作时间计件单价的 150%，200%，300%支付其工资。

经劳动行政部门批准实行综合计算工时工作制的，其综合计算工作时间超过法定标准工作时间的部分，应视为延长工作时间，并应按规定支付劳动者延长工作时间的工资。

由于劳动定额等劳动标准都与制度工时相联系，因此，劳动者日工资可统一按劳动者本人的月工资标准除以每月制度工作天数进行折算。《全国年节及纪念日放假办法》规定，全体公民的节日假期由原来的 10 天增设为 11 天。职工全年月平均制度工作天数分别调整为年工作日 250 天、季工作日 62.5 天、月工作日 20.83 天。法定节假日用人单位应当依法支付工资，即折算日工资、小时工资时不剔除国家规定的 11 天法定节假日。据此，日工资、小时工资的折算为：

日工资＝月工资收入÷月计薪天数

小时工资＝月工资收入÷(月计薪天数×8 小时)

月计薪天数＝(365 天－104 天)÷12 月＝21.75 天

国家调整职工全年月平均工作时间和工资折算办法，厘清了制度工作日和制度计薪日两个概念，原来都是 20.92 天，现在分别是 20.83 天和 21.75 天。制度工作日主要用于工时管理，是判断超时加班的标准。制度计薪日则直接体现在日工资、加班工资的计算中。

四、休息休假

休息休假是指劳动者在国家规定的法定工作时间以外自行支配的时间。休息休假的规定是劳动者休息权的体现。世界各国普遍在宪法或劳动法中明文规定了休息权。《中华人民共和国宪法》第四十三条规定："中华人民共和国劳动者有休息的权利。国家发展劳动者休息和休养的设施，规定职工的工作时间和休假制度。"

根据劳动法律法规，劳动者的休息时间主要包括：

(1) 工作日内的间歇时间，即一个工作日内给予劳动者休息和用膳的时间。

(2) 两个工作日之间的休息时间，即一个工作日结束后至下一个工作日开始前的休息时间。

(3) 公休假日，工作满一个工作周以后的休息时间。我国劳动者的公休假日为两天，一般安排在周六和周日。

（4）法定休假日，即国家法律统一规定的用于开展庆祝、纪念活动的休息时间。我国法律规定属于全体劳动者的法定休假日共11天。根据2007年《国务院关于修改〈全国年节及纪念日放假办法〉的决定》，具体包括新年1天，春节3天，清明节1天，劳动节1天，端午节1天，中秋节1天，国庆节3天。

（5）年休假，即法律规定的劳动者工作满一定年限后，每年享有的保留工作带薪休假。《中华人民共和国劳动法》第四十五条规定："国家实行带薪年休假制度。劳动者连续工作一年以上的，享受带薪年休假。具体办法由国务院规定。"2008年1月1日起实施的《职工带薪年休假条例》对年休假制度做出了具体规定。

（6）探亲假，即劳动者享有的探望与自己分居两地的配偶和父母的休息时间。探望配偶的，每年给予一方探亲假一次，假期30天。未婚职工探望父母的，原则上每年给假一次，假期20天；两年探亲一次的，假期45天。已婚职工探望父母的，每四年给假一次，假期20天。

五、年休假制度

为了保护职工的休息休假权利，充分调动劳动者工作积极性，国务院颁布《职工带薪年休假条例》，并于2008年1月1日起实施。2008年9月28日人力资源和社会保障部公布实施《企业职工带薪年休假实施办法》，对《职工带薪年休假条例》做出进一步细化规定，其内容主要包括：

（1）享受年休假的条件。根据《职工带薪年休假条例》和《企业职工带薪年休假实施办法》，劳动者连续工作满12个月以上的，享受带薪年休假。用人单位应当保证职工享受年休假。企业、民办非企业单位、有雇工的个体工商户等单位和与其建立劳动关系的职工，均适用这一规定。

（2）年休假天数的规定。职工累计工作已满1年不满10年的，年休假5天；已满10年不满20年的，年休假10天；已满20年的，年休假15天。年休假天数根据职工累计工作时间确定。职工在同一或者不同用人单位工作期间，以及依照法律、行政法规或者国务院规定视同工作期间，应当计为累计工作时间。职工新进用人单位且符合享受年休假待遇的，当年度年休假天数按照在本单位剩余日历天数折算确定，折算后不足一整天的部分不享受年休假。具体折算方法为：

$$(\text{当年度在本单位剩余日历天数} \div 365\text{天}) \times \text{职工本人全年应当享受的年休假天数}$$

（3）年休假不得冲抵法定节假日。国家法定休假日、休息日不计入年休假的假期。职工依法享受的探亲假、婚丧假、产假等国家规定的假期以及因工伤停工留薪期间不计入年休假假期。

（4）年休假与寒暑假、事假、病假关系。根据《职工带薪年休假条例》，职工有下列情形之一的，不享受当年的年休假：职工依法享受寒暑假，其休假天数多于年休假天数的；职工请事假累计20天以上且单位按照规定不扣工资的；累计工作满1年不满10年的职工，请病假累计2个月以上的；累计工作满10年不满20年的职工，请病假累计

3个月以上的；累计工作满20年以上的职工，请病假累计4个月以上的。

《企业职工带薪年休假实施办法》进一步规定，职工享受寒暑假天数多于其年休假天数的，不享受当年的年休假。确因工作需要，职工享受的寒暑假天数少于其年休假天数的，用人单位应当安排补足年休假天数。职工已享受当年的年休假，年度内又出现《职工带薪年休假条例》规定的累计病假、事假超过法定期限不享受年休假的情形的，职工不享受下一年度的年休假。

(5) 年休假的安排。用人单位根据生产、工作的具体情况，并考虑职工本人意愿，统筹安排年休假。年休假在一个年度内可以集中安排，也可以分段安排，一般不跨年度安排。单位因生产、工作特点确有必要跨年度安排职工年休假的，可以跨一个年度安排。确因工作需要不能安排职工年休假或者跨一个年度安排年休假的，应征得职工本人同意。

(6) 年休假待遇。职工在年休假期间享受与正常工作期间相同的工资收入。单位确因工作需要不能安排职工休年休假的，经职工本人同意，可以不安排职工休年休假。用人单位经职工同意不安排年休假或者安排职工年休假天数少于应休年休假天数，应当在本年度内对职工应休未休年休假天数，按照其日工资收入的300%支付未休年休假工资报酬，其中包含用人单位支付职工正常工作期间的工资收入。计算未休年休假工资报酬的日工资收入按照职工本人的月工资除以月计薪天数（21.75天）进行折算。其中，月工资是指职工在用人单位支付其未休年休假工资报酬前12个月剔除加班工资后的月平均工资。在本用人单位工作时间不满12个月的，按实际月份计算月平均工资。职工在年休假期间享受与正常工作期间相同的工资收入。实行计件工资、提成工资或者其他绩效工资制的职工，日工资收入的计发办法按照上述规定执行。

用人单位安排职工休年休假，但是职工因本人原因且书面提出不休年休假的，用人单位可以只支付其正常工作期间的工资收入。

(7) 合同解除或终止时年休假规定。用人单位与职工解除或者终止劳动合同时，当年度未安排职工休满应休年休假的，应当按照职工当年已工作时间折算应休未休年休假天数并支付未休年休假工资报酬，但折算后不足一整天的部分不支付未休年休假工资报酬。具体折算方法为：

$$\left(\frac{\text{当年度在本单位已过}}{\text{日历天数}\div 365\text{天}}\right)\times\frac{\text{职工本人全年应当}}{\text{享受的年休假天数}}-\frac{\text{当年度已安排}}{\text{年休假天数}}$$

用人单位当年已安排职工年休假的，多于折算应休年休假的天数不再扣回。

(8) 劳务派遣劳动者的年休假。劳务派遣单位的职工符合年休假规定条件的，享受年休假。被派遣职工在劳动合同期限内无工作期间由劳务派遣单位依法支付劳动报酬的天数多于其全年应当享受的年休假天数的，不享受当年的年休假；少于其全年应当享受的年休假天数的，劳务派遣单位、用工单位应当协商安排补足被派遣职工年休假天数。

(9) 如何处理法定标准与单位规定的关系。劳动合同、集体合同约定的或者用人单位规章制度规定的年休假天数、未休年休假工资报酬高于法定标准的，用人单位应当按照有关约定或者规定执行。

（10）休假监督机制的规定。地方劳动行政部门应当依据职权对用人单位执行年休假的情况主动进行监督检查。用人单位不安排职工休年休假又不依照规定支付未休年休假工资报酬的，由县级以上地方人民政府劳动行政部门依据职权责令限期改正；对逾期不改正的，除责令该用人单位支付未休年休假工资报酬外，用人单位还应当按照未休年休假工资报酬的数额向职工加付赔偿金；对拒不执行支付未休年休假工资报酬、赔偿金行政处理决定的，由劳动行政部门申请人民法院强制执行。工会组织也依法维护职工的年休假权利。

案例7－3

劳动者不享受当年度带薪年休假须符合法定情形

陈某于2014年4月1日入职某信息科技公司，双方订立了为期5年的劳动合同。2018年9月28日，因客观情况发生重大变化，信息科技公司未能就协商变更劳动合同达成一致，故提出与陈某解除劳动合同，并依法向其支付了解除劳动合同经济补偿。陈某提出，其累计工作年限10年以上不足20年，其2018年享有10天带薪年休假，因工作原因其未能休2018年的带薪年休假，故要求信息科技公司支付相应的补偿。信息科技公司认为，陈某因自身原因未提出休2018年年休假，且在2017年初休完当年度10天带薪年休假后长时间休病假，故不同意支付该补偿。因双方发生争议，陈某向仲裁委员会提出仲裁申请，要求信息科技公司支付2018年未休带薪年休假的工资报酬。

仲裁委员会审理后认为，陈某在2017年初休完当年度10天带薪年休假，随后休病假2个月，依照相关规定，其仍然有权享受2018年度带薪年休假，故裁决支持了陈某的仲裁请求。

符合法定情形劳动者才可不享受当年度年休假。根据《职工带薪年休假条例》第四条、《企业职工带薪年休假实施办法》第八条，因陈某在2017年度休病假并未达到3个月以上，故信息科技公司仍须向其支付2018年未休年休假的工资报酬。此外，根据《企业职工带薪年休假实施办法》第十条第二款的规定，劳动者因本人原因且书面提出不休年休假的，用人单位亦只需支付其正常工作期间的工资收入而无须额外支付补偿。

资料来源：北京市劳动仲裁2019年案例三：劳动者不享受当年度带薪年休假须符合法定情形.（2020-04-07）. http://www.cy12333.com/info.asp? infoid=20887.

第4节　劳动安全与卫生

针对劳动过程中的不安全和不卫生因素，劳动法规定了劳动者有获得劳动安全卫生保护的权利，以保障劳动者在劳动过程中的安全和健康。国际劳工公约和建议书中涉及劳动安全卫生内容的约占一半左右。《中华人民共和国劳动法》《中华人民共和国劳动合同法》对劳动安全卫生也做了专门规定。此外，还有一系列与《中华人民共和国劳动法》相配套的劳动安全卫生法规和安全卫生的国家标准，如国务院1991年发布的《企业职工伤亡事故报告和处理规定》、全国人民代表大会1992年通过的《中华人民共和国矿山安全法》、劳动部1994年颁布的《矿山安全监察员管理办法》、全国人民代表大会2002年通过的《中华人民共和国安全生产法》等。

一、劳动安全卫生管理法规

为保障劳动者在劳动过程中的安全和健康，用人单位应根据国家有关规定，结合本单位实际制定有关安全卫生管理的制度。《中华人民共和国劳动法》第五十二条规定："用人单位必须建立、健全劳动安全卫生制度，严格执行国家劳动安全卫生规程和标准，对劳动者进行劳动安全卫生教育，防止劳动过程中的事故，减少职业危害。"《中华人民共和国安全生产法》第四条规定："生产经营单位必须遵守本法和其他有关安全生产的法律、法规，加强安全生产管理，建立、健全安全生产责任制和安全生产规章制度，改善安全生产条件，推进安全生产标准化建设，提高安全生产水平，确保安全生产。"相关法规的内容包括：

（1）企业管理者、职能部门、技术人员和职工的安全生产责任制，如规定单位主要负责人对安全生产工作全面负责，应当建立、健全本单位安全生产责任制；组织制定本单位安全生产规章制度和操作规程；保证安全生产投入的有效实施；督促、检查安全生产工作，及时消除生产安全事故隐患；组织制定并实施生产安全事故应急救援预案；及时、如实报告生产安全事故等。

（2）安全技术措施计划制度，如规定用人单位应当保证安全生产条件所必需的资金投入，对由于安全生产所必需的资金投入不足导致的后果承担责任；建设项目安全设施的设计人、设计单位应当对安全设施设计负责。

（3）安全生产教育制度，如规定用人单位应当对从业人员进行安全生产教育和培训，保证从业人员具备必要的安全生产知识，熟悉有关的安全生产规章制度和安全操作规程，掌握本岗位的安全操作技能；未经安全生产教育和培训合格的从业人员，不得上岗作业；特种作业人员必须按照国家有关规定经专门的安全作业培训，取得特种作业操作资格证书，方可上岗作业。

（4）安全生产检查制度，如规定工会对用人单位违反安全生产法律、法规，侵犯从业人员合法权益的行为，有权要求纠正；发现单位违章指挥、强令冒险作业或者发现事故隐患时，有权提出解决的建议；发现危及从业人员生命安全的情况时，有权向单位建议组织从业人员撤离危险场所等。

（5）安全卫生监察制度，如工会有权对建设项目的安全设施与主体工程同时设计、同时施工、同时投入生产和使用进行监督，提出意见。

（6）生产安全事故报告和处理制度。

二、劳动安全技术规程

劳动安全技术规程是防止和消除生产过程中的伤亡事故，保障劳动者生命安全和减轻繁重体力劳动强度，维护生产设备安全运行的法律规范。《中华人民共和国劳动法》第五十三条规定，劳动安全卫生设施必须符合国家规定的标准。《中华人民共和国安全生产法》第二十八条规定，生产经营单位新建、改建、扩建工程项目的安全设施，必须与主体工程同时设计、同时施工、同时投入生产和使用。安全设施投资应当纳入建设项目概算。劳动安全技术规程的内容主要包括：

（1）技术措施，如机器设备、电气设备、动力锅炉的装置，厂房、矿山和道路建筑的安全技术措施；

（2）组织措施，即安全技术管理机构的设置、人员的配置和训练，以及工作计划和制度。

三、劳动卫生规程

劳动卫生规程是防止有毒有害物质的危害和防止职业病发生所采取的各种防护措施的规章制度。包括各种行业生产卫生、医疗预防、健康检查等技术和组织管理措施的规定。职业危害主要有：（1）生产过程中的危害，如高温、噪声、粉尘、不正常的气压等；（2）生产管理中的危害，如过长的工作时间和过强的体力劳动等；（3）生产场所的危害，如通风、取暖和照明等。

四、生产安全事故报告和处理制度

生产安全事故报告和处理制度是对劳动者在劳动过程中发生的伤亡事故进行统计、报告、调查、分析和处理的制度。《中华人民共和国劳动法》第五十七条规定："国家建立伤亡事故和职业病统计报告和处理制度。县级以上各级人民政府劳动行政部门、有关部门和用人单位应当依法对劳动者在劳动过程中发生的伤亡事故和劳动者的职业病状况，进行统计、报告和处理。"2007年国务院颁布的《生产安全事故报告和调查处理条例》具体规定如下：

（1）生产安全事故（简称事故）的种类。事故是指生产经营活动中发生的造成人身伤亡或者直接经济损失的生产安全事故。事故一般分为特别重大事故、重大事故、较大事故和一般事故4个等级：

1）特别重大事故是指造成30人以上死亡，或者100人以上重伤（包括急性工业中毒，下同），或者1亿元以上直接经济损失的事故；

2）重大事故是指造成10人以上30人以下死亡，或者50人以上100人以下重伤，或者5 000万元以上1亿元以下直接经济损失的事故；

3）较大事故是指造成3人以上10人以下死亡，或者10人以上50人以下重伤，或者1 000万元以上5 000万元以下直接经济损失的事故；

4）一般事故是指造成3人以下死亡，或者10人以下重伤，或者1 000万元以下直接经济损失的事故。

（2）事故报告和调查。事故发生后，事故现场有关人员应当立即向本单位负责人报告；单位负责人接到报告后，应当于1小时内向事故发生地县级以上人民政府有关部门报告。情况紧急时，事故现场有关人员可以直接向事故发生地有关部门报告。

安监部门和有关主管部门接到事故报告后，应通知公安机关、劳动保障行政部门、工会和人民检察院，并将特别重大事故、重大事故逐级上报至国务院有关部门；较大事故逐级上报至省、自治区、直辖市人民政府有关部门；一般事故上报至设区的市级人民政府有关部门。同时报告本级人民政府。特别重大事故、重大事故应当立即报告国务院。安全生产事故一般逐级上报，必要时可以越级上报事故情况。

安全生产事故发生后，必须进行调查，查明事故发生的经过、原因、人员伤亡情况及直接经济损失；认定事故的性质和事故责任；提出对事故责任者的处理建议；总结事故教训，提出防范和整改措施；提交事故调查报告。事故调查组应当自事故发生之日起60日内提交事故调查报告；特殊情况下，经批准，延长期限最长不超过60日。

（3）事故处理。《中华人民共和国安全生产法》第十四条规定："国家实行生产安全事故责任追究制度，依照本法和有关法律、法规的规定，追究生产安全事故责任人员的法律责任。"安全生产事故由发生事故的企业及其主管部门负责处理。对未依法履行安全生产管理职责导致事故发生，不立即组织事故抢救，迟报或者漏报事故，在事故调查处理期间擅离职守的，对事故发生单位主要负责人处罚款；构成犯罪的，依法追究刑事责任。谎报或者瞒报事故的，伪造或者故意破坏事故现场的，转移、隐匿资金、财产，或者销毁有关证据、资料的，拒绝接受调查或者拒绝提供有关情况和资料的，在事故调查中作伪证或者指使他人作伪证的，事故发生后逃匿的，对事故发生单位处100万元以上500万元以下的罚款；对主要负责人、直接负责的主管人员和其他直接责任人员处以罚款。构成违反治安管理行为的，由公安机关依法给予治安管理处罚；构成犯罪的，依法追究刑事责任。重大事故、较大事故、一般事故，负责事故调查的人民政府应当自收到事故调查报告之日起15日内做出批复；特别重大事故，30日内做出批复，特殊情况下，批复时间可以适当延长，但延长的时间最长不超过30日。

案例7-4

江苏响水"3·21"特别重大爆炸事故调查报告公布

2019年3月21日14时48分许，位于江苏省盐城市响水县生态化工园区的天嘉宜化工有限公司发生特别重大爆炸事故，造成78人死亡、76人重伤、640人住院治疗，直接经济损失19.86亿元。江苏响水天嘉宜化工有限公司"3·21"特别重大爆炸事故是一起长期违法贮存危险废物导致自燃进而引发爆炸的特别重大生产安全责任事故。

事故的直接原因是天嘉宜公司旧固废库内长期违法贮存的硝化废料持续积热升温导致自燃，燃烧引发爆炸。天嘉宜公司无视国家环境保护和安全生产法律法规，刻意瞒报、违法贮存、违法处置硝化废料，安全环保管理混乱，日常检查弄虚作假，固废仓库等工程未批先建。相关环评、安评等中介服务机构严重违法违规，出具虚假失实评价报告。

江苏省各级应急管理部门履行安全生产综合监管职责不到位，生态环境部门未认真履行危险废物监管职责，工信、市场监管、规划、住建和消防等部门也不同程度存在违规行为。响水县和生态化工园区招商引资安全环保把关不严，对天嘉宜公司长期存在的重大风险隐患视而不见，复产把关流于形式。江苏省、盐城市未认真落实地方党政领导干部安全生产责任制，重大安全风险排查管控不全面、不深入、不扎实。

事故调查组在调查中发现的违法违纪违规问题线索已移交有关方面查处，对发现的安全生产突出问题已移交有关部门和地方处理。

资料来源：江苏响水天嘉宜化工有限公司“3·21”特别重大爆炸事故调查报告公布.（2019-11-15）. http://www.mem.gov.cn/xw/bndt/201911/t20191115_340724.shtml.

五、劳动者的权利和义务

劳动者在劳动过程中必须遵守安全生产规章制度和操作规程，服从管理，正确佩戴和使用劳动防护用品，接受安全生产教育和培训，掌握本职工作所需的安全生产知识，提高安全生产技能，增强事故预防和应急处理能力，发现事故隐患或者其他不安全因素，应当立即向现场安全生产管理人员或者本单位负责人报告。

用人单位与劳动者订立的劳动合同应当载明有关保障劳动安全、防止职业危害的事项、依法为劳动者办理工伤社会保险的事项。用人单位不得以任何形式与劳动者订立协议，免除或者减轻其对劳动者因生产安全事故伤亡依法应承担的责任。

劳动者有权了解其作业场所和工作岗位存在的危险因素、防范措施及事故应急措施，有权对用人单位的安全生产工作提出建议，有权对安全生产工作中存在的问题提出批评、检举、控告，有权拒绝违章指挥和强令冒险作业。用人单位不得因此而降低其工资、福利等待遇或者解除与其订立的劳动合同。《中华人民共和国劳动合同法》第三十二条规定：“劳动者拒绝用人单位管理人员违章指挥、强令冒险作业的，不视为违反劳动合同。劳动者对危害生命安全和身体健康的劳动条件，有权对用人单位提出批评、检举和控告。”这明确了在存在危害安全生产情形时劳动者拒绝履行劳动合同的法律后果和所享有的权利的规定。

（一）劳动者在危及安全生产的情况下拒绝履行劳动合同的法律后果

安全生产在劳动合同履行中至关重要。在劳动过程中，劳动者有权拒绝违章指挥和强令冒险作业。用人单位不得因为劳动者拒绝违章指挥、强令冒险作业而降低其工资、福利等待遇或者解除劳动合同。《中华人民共和国劳动法》也明确规定，劳动者对用人单位管理人员违章指挥、强令冒险作用，有权拒绝执行。为确保劳动者拒绝违章指挥、强令冒险作业权利的实现，防止安全事故的发生，《中华人民共和国劳动合同法》规定，劳动者拒绝用人单位管理人员违章指挥、强令冒险作业的，不视为违反劳动合同。

违章指挥是指用人单位管理人员违反规章制度，指挥劳动者进行生产活动的行为。强令冒险作业是指用人单位管理人员置劳动者人身安全于不顾，强迫劳动者进行可能危及劳动者生命安全和健康的作业。在这里，用人单位管理人员包括用人单位的负责人、生产管理人员和工程技术人员等。在用人单位管理人员违章指挥、强令冒险作业的情形下，劳动者不提供劳动是其法定的权利，其拒绝提供劳动的行为不被认为是不履行劳动合同义务，不承担任何违反劳动合同的法律后果。

（二）劳动者对危害生命和身体健康的劳动条件所享有的权利

劳动者有权对本单位安全生产工作中存在的问题提出批评、检举、控告。劳动者认为对生命安全和身体健康会产生危害时，有权向用人单位提出批评意见，也有权向主管部门和司法机关进行检举和控告。保障劳动者在工作过程中的安全与健康是用人单位的重要义务，法律赋予劳动者相应的权利，以达到平衡双方权利义务、保障劳动者安全与健康的目的。

第 5 节　工作场所的规则

一、劳动就业标准

（一）禁止歧视

就业歧视是指用人单位在招聘过程中，对招聘条件相同或相近的求职者基于某些与个人工作能力或工作岗位无关的因素，而不能给予其平等的就业机会或在工资、岗位安排、劳动条件与保护、社会保险与福利等方面不能提供平等待遇。就业歧视的本质特征是没有正当理由的差别对待，其包含两个方面的基本要素：一是存在差别对待的行为；二是这种差别对待缺乏合理性基础，为法律所禁止。

国际劳工组织 1958 年《消除就业和职业歧视公约》（第 111 号），其目标是促进就业和职业方面的机会与待遇平等。实效性条款共 6 条，主要是要求消除在就业和职业方面因种族、肤色、性别、宗教、政治见解、民族血统或社会出身等原因造成的歧视，并要求为此制定和执行专门的国家政策。目前，国际劳工组织强调的重点是防止和消除对妇女的性别歧视和劳动者因政治见解不同而受到的歧视。《中华人民共和国劳动法》第十二条明确规定："劳动者就业，不因民族、种族、性别、宗教信仰不同而受歧视"。除政治见解未提及外，与公约的规定是一致的。2007 年 8 月 30 日十届全国人大常委会第二十九次会议通过的《就业促进法》要求各级政府调整就业政策，创造公平的就业环境，消除就业歧视。用人单位违反规定，存在就业歧视的，劳动者可以向人民法院提出诉讼。该法规于 2008 年 1 月 1 日正式生效，其中第三条规定："劳动者依法享有平等就业和自主择业的权利。劳动者就业，不因民族、种族、性别、宗教信仰等不同而受歧视"；第二十五条规定："各级人民政府创造公平就业的环境，消除就业歧视，制定政策并采取措施对就业困难人员给予扶持和援助"；第二十六条规定："用人单位招用人员、职业中介机构从事职业中介活动，应当向劳动者提供平等的就业机会和公平的就业条件，不得实施就业歧视”。

《中华人民共和国就业促进法》明确规定：（1）国家保障妇女享有与男子平等的劳动权利。（2）各民族劳动者享有平等的劳动权利。用人单位招用人员，应当依法对少数民族劳动者给予适当照顾。（3）国家保障残疾人的劳动权利，各级人民政府应当对残疾人就业统筹规划，为残疾人创造就业条件。用人单位招用人员，不得歧视残疾人。（4）用人单位招用人员，不得以是传染病病原携带者为由拒绝录用。但是，经医学鉴定传染病病原携带者在治愈前或者排除传染嫌疑前，不得从事法律、行政法规和国务院卫生行政部门规定禁止从事的易使传染病扩散的工作。（5）农村劳动者进城就业享有与城镇劳动者平等的劳动权利，不得对农村劳动者进城就业设置歧视性限制。

平等就业权涉及劳动者的人格尊严和意志自由，属于一般人格权。对劳动者平等就业权的侵害，会使劳动者在就业竞争中处于劣势，在就业活动中受到排斥，会感到自己的人格、自尊被无端地伤害。《中华人民共和国民法典》第九百九十五条规定：“人格权受到侵害的，受害人有权依照本法和其他法律的规定请求行为人承担民事责任。”

案例7－5

首例在线审理的平等就业权纠纷案当庭宣判，被告被判在国家级媒体赔礼道歉

2019年11月26日，杭州互联网法院对原告闫某某诉被告浙江某公司平等就业权纠纷一案在线审理并当庭宣判，法院认定浙江某公司构成对闫某某地域歧视，侵害其平等就业权，判决浙江某公司向闫某某口头道歉、在国家级媒体刊登道歉声明，并赔偿闫某某精神抚慰金及合理维权费用损失10 000元。

原告闫某某诉称，2019年7月3日，原告因求职需要向被告投递简历，应聘法务、董事长助理两个岗位。被告在查看原告简历后，分别向原告发出两份不适合此岗位的通知，不适合原因皆为“河南人”。被告上述地域歧视行为，违反了《中华人民共和国就业促进法》第三条以及第二十六条的相关规定，严重侵犯了原告的人格权。原告请求法院依法判令被告向原告口头道歉，自判决生效之日起连续十五日在《人民日报》《河南日报》《浙江日报》上向原告登报道歉，并向原告支付精神抚慰金人民币60 000元。

被告浙江某公司辩称：（1）该公司不存在侵害原告平等就业权的行为，公司没有给予原告面试机会，是因为原告的简历不符合公司的基本招聘要求，原告没有工作经验；（2）公司工作人员在回复时简单地使用了“河南人”三个字，这只是公司工作人员对于原告籍贯的备注，不等同于就是歧视；（3）原告要求公司登报道歉及赔偿60 000元损失无事实、法律依据。

从已查明的事实可知，原告闫某某向被告浙江某公司两次投递求职简历，均被浙江某公司以“河南人”不合适为由予以拒绝，显然在针对闫某某的案涉招聘过程中，浙江某公司使用了主体来源的地域空间这一标准对人群进行了归类，并根据这一归类标准而给予闫某某低于正常情况下应当给予其他人的待遇，即拒绝录用，可以认定浙江某公司

因“河南人”这一地域事由要素对闫某某进行了差别对待。浙江某公司以地域标准的事由要素对闫某某区别对待即拒绝录用，缺乏合理性基础，违反法律禁止性规定。被告浙江某公司行为，直接剥夺了闫某某平等参与和平等被对待的就业机会，对其人格尊严和意志自由构成侵害。原告闫某某主张受到精神损害，要求赔偿精神抚慰金，依法应予支持，酌情确定被告浙江某公司应赔偿原告闫某某精神抚慰金及合理维权支出损失共计10 000元。被告浙江某公司对原告闫某某实施就业歧视，使得闫某某在求职过程中受到不公平对待，闫某某要求浙江某公司赔礼道歉，依法应予支持，故据全案情形确定由被告浙江某公司向原告闫某某进行口头道歉并在国家级媒体登报道歉。

资料来源：刚刚，首例在线审理的平等就业权纠纷案当庭宣判，被告被判在国家级媒体赔礼道歉.(2019-11-26). https://www.sohu.com/a/356586561_696963.

(二) 禁止强迫劳动

国际劳工组织1930年《强迫劳动公约》(第29号)、1957年《废止强迫劳动公约》(第105号)，其目的都是禁止强迫劳动。两个公约具体、明确规定了因兵役、公益事业、自然灾害、法院判决等形成的非自愿的劳动或服务不属强迫劳动；不得因政治见解、发展经济、劳动纪律、惩罚罢工、种族、民族、宗教歧视等使用强迫劳动。《中华人民共和国劳动合同法》第三十八条规定，用人单位以暴力、威胁或者非法限制人身自由的手段强迫劳动者劳动的，劳动者可以立即解除劳动合同，不需事先告知用人单位。第八十八条规定，用人单位有下列情形之一的，依法给予行政处罚；构成犯罪的，依法追究刑事责任；给劳动者造成损害的，应当承担赔偿责任：(1) 以暴力、威胁或者非法限制人身自由的手段强迫劳动的；(2) 违章指挥或者强令冒险作业危及劳动者人身安全的；(3) 侮辱、体罚、殴打、非法搜查或者拘禁劳动者的；(4) 劳动条件恶劣、环境污染严重，给劳动者身心健康造成严重损害的。

(三) 禁止使用童工

《禁止和立即行动消除最恶劣形式的童工劳动公约》(第182号) 于1999年6月经国际劳工大会通过，其目的是突出国际反对童工劳动的重点，先解决最急需解决的问题，将禁止和消除最恶劣形式的童工劳动作为一项紧迫任务加以贯彻执行。所谓最恶劣形式的童工劳动，主要是指强迫和奴役童工劳动、童妓和儿童制毒贩毒等利用童工的违法犯罪行为，以及在特别危险和恶劣条件下的童工劳动。《中华人民共和国劳动法》规定的最低就业年龄为16周岁。

二、女职工保护标准

根据女性的生理特点，对女性劳动者在劳动过程和劳动市场中实施特殊保护，是保证人类健康繁衍生存和劳动力再生产质量的大事。国际劳工组织先后制定了对女职工进行特殊保护的公约和建议书。如1919年的第4号建议书、1921年的第13号公约、1935

年的第45号公约、1960年的第114号建议书、1967年的第172号公约等。我国也制定了一系列关于女职工特殊保护的法律、法规，如《中华人民共和国妇女权益保障法》《女职工劳动保护特别规定》《女职工禁忌劳动范围的规定》以及1980年批准的联合国《消除对妇女一切形式歧视公约》等。主要内容包括：

（一）就业权利的保障

我国劳动法律规定，妇女享有同男子平等的就业权利。《中华人民共和国就业促进法》第二十七条规定，用人单位招用人员，除国家规定的不适合妇女的工种或者岗位外，不得以性别为由拒绝录用妇女或者提高对妇女的录用标准。用人单位录用女职工，不得在劳动合同中规定限制女职工结婚、生育的内容。

法律的主要规定有：(1) 凡适合妇女从事劳动的工作，不得以性别为由拒绝录用妇女或者提高对妇女的录用标准；(2) 不得以结婚、怀孕、生育、哺乳等为由辞退女职工或者单方面解除劳动合同；(3) 男女同工同酬，同等劳动应领取同等报酬，不得因女工怀孕、生育、哺乳而降低其基本工资。女职工生育期间，享受法律规定的产假和医疗待遇，产假期间应由所在单位按法律规定支付工资。

2019年2月人力资源社会保障部、教育部等九部门联合下发《关于进一步规范招聘行为促进妇女就业的通知》，进一步加大对于妇女就业的促进和保护力度。文件第二条规定："各类用人单位、人力资源服务机构在拟定招聘计划、发布招聘信息、招用人员过程中，不得限定性别（国家规定的女职工禁忌劳动范围等情况除外）或性别优先，不得以性别为由限制妇女求职就业、拒绝录用妇女，不得询问妇女婚育情况，不得将妊娠测试作为入职体检项目，不得将限制生育作为录用条件，不得差别化地提高对妇女的录用标准。"第一次明确规定企业在面试中不得再询问妇女婚育情况，第一次明确要求不得将妊娠测试作为入职体检项目。文件确认了对于拒绝改正情况有1万～5万元的经济罚则，更强调了通过媒体向社会曝光的管理方式，其力度超过以往平等就业的相关规定。

（二）女职工禁忌从事的劳动

禁止女职工从事不利于身体健康的工作。《中华人民共和国劳动法》第五十九条规定："禁止安排女职工从事矿山井下、国家规定的第四级体力劳动强度的劳动和其他禁忌从事的劳动。"《女职工禁忌劳动范围的规定》明确了女职工禁忌从事以下范围的劳动：(1) 矿山井下作业；(2) 森林业伐木、归楞及流放作业；(3)《体力劳动强度分级》标准中第四级体力劳动强度的作业；(4) 建筑业脚手架的组装和拆除作业，以及电力、电信行业的高处架线作业；(5) 连续负重每次超过20千克，间断负重每次超过25千克的作业。

（三）四期保护

针对女职工生理机能的变化，劳动法律、法规对女职工经期、孕期、产期和哺乳期规定了特殊保护：(1) 经期保护。不得安排女职工在经期从事高处、低温、冷水作业和国家规定的第三级体力劳动强度的劳动。(2) 孕期保护。不得安排女职工在怀孕期间从事国家规定的第三级体力劳动强度的劳动和孕期禁忌从事的劳动。对怀孕 7 个月以上的女职工，不得安排其延长工作时间和夜班劳动。(3) 产期保护。女职工生育享受不少于 98 天的产假。难产的增加产假 15 天。多胞胎生育的，每多生育一个婴儿，增加产假 15 天。女职工怀孕流产的，也应给予一定时间的产假。符合法律、法规规定生育子女的夫妻，可以获得延长生育假的奖励或者其他福利待遇。2015 年 12 月 27 日全国人大常委会修订了《中华人民共和国人口与计划生育法》，将产假的计算方式调整为“国家规定假期 98 天+生育奖励假”。之后，各地普遍将产假延长为 128～180 天不等。(4) 哺乳期保护。不得安排女职工在哺乳未满一周岁的婴儿期间从事国家规定的第三级体力劳动强度的劳动和哺乳期禁忌从事的其他劳动，不得安排其延长工作时间和夜班劳动。对有不满一周岁婴儿的女职工，其所在单位应当在每班劳动时间内给予其两次哺乳（含人工喂养）时间，每次 30 分钟。女职工每班劳动时间内的两次哺乳时间可以合并使用，哺乳时间和本单位内哺乳往返中的时间，算作劳动时间。

（四）保护设施和保健措施

女职工较多的单位，应当逐步建立卫生室、浴室、哺乳室等设施。女职工保健的内容包括月经期保健、婚前保健、孕前保健、孕期保健、产后保健、哺乳期保健、更年期保健等。女职工保健以预防为主，注意女性生理和职业特点，认真执行国家有关法规。

（五）禁止性骚扰

《中华人民共和国民法典》第一千零一十条规定：“违背他人意愿，以言语、文字、图像、肢体行为等方式对他人实施性骚扰的，受害人有权依法请求行为人承担民事责任。机关、企业、学校等单位应当采取合理的预防、受理投诉、调查处置等措施，防止和制止利用职权、从属关系等实施性骚扰。”

这一规定明确了性骚扰的定义以及企业在反性骚扰中的责任，填补了此前反性骚扰的立法缺失。不仅明确规定了禁止性骚扰，而且对性骚扰行为的受害主体、行为方式、责任形式及单位责任均予以明确。(1) 受害主体。性骚扰受害者主体不再局限于女性，只要行为人违背“他人”（包括女性、男性）意愿，利用职权、从属关系等实施性骚扰的，受害人均有权依法请求行为人承担民事责任。男性受到性骚扰的，同样可适用该条款维护自身的合法权益。(2) 性骚扰的行为方式。性骚扰常见于以“言语、文字、图像、肢体行为”的方式实施，但因性骚扰的方式复杂多样，可能存在其他的表现形式，民法典以列举加兜底的形式，对性骚扰行为予以全方位禁止。(3) 责任形式。任何人都负有不以任何作为的形式实施性骚扰他人的义务。义务主体实施了性骚扰行为的，受害人有权依法请求行为人承担民事责任，包括停止侵害、消除危险、消除影响、恢复名誉、赔礼道歉、财产损害赔偿乃至精神损害赔偿等。(4) 用人单位具有防止和制止性骚扰的法定责任。用人单位应当就性骚扰防范、受理投诉、调查处置等内容及时完善现有的内部规章制度，明确禁止实施性骚扰的同时，建立单位内部性骚扰受理投诉及调查处置机制。在对性骚扰行为实施调查处置，履行调查权限及进行企业内部相关公示时，单位应当审慎选择合理的调查及公示方式，注重保护受害者人格尊严及个人隐私，防止造成二次侵害。

三、未成年工保护标准

未成年工指年满16周岁未满18周岁的劳动者。对未成年工，国际劳工公约最早是根据不同行业的就业年龄分别制定不同标准，涉及的公约有近20个。1984年，我国政府批准了国际劳工组织《确定准许使用儿童于工业工作的最低年龄公约》。我国劳动法律对未成年工的特殊保护做了专门规定，主要内容包括：（1）最低就业年龄的规定。禁止用人单位招用未满16周岁的未成年人，文艺、体育部门需招收未满16周岁的未成年人的，必须严格依据法律规定办理。禁止任何单位使用童工或为未满16周岁少年、儿童介绍职业。（2）禁止未成年工从事有害健康的工作。不得安排未成年工从事矿山井下、有毒有害、国家规定的第四级体力劳动强度的劳动和其他禁忌从事的劳动。（3）定期体检。用人单位应当对未成年工定期进行健康检查。（4）实行登记制度。用人单位招收使用未成年工，除符合一般用工要求外，还须向所在地的县级以上劳动行政部门办理登记。

➡ 关键术语

劳动法　国际劳动立法　最低工资　工资保障　工作时间　休息休假　标准工作日　缩短工作日　不定时工作日　延长工作时间　综合计算工作时间　劳动安全卫生　未成年工特殊保护　女职工特殊保护　性骚扰

➡ 复习思考题

1. 试述劳动法的本质、特点和功能。
2. 劳动法是如何调整劳动关系的?
3. 试述劳动关系的调整机制。
4. 工资支付的原则是什么?
5. 试述工资保障制度的主要内容。
6. 试述最低工资立法的主要内容。
7. 工作时间的种类有哪些?
8. 《中华人民共和国劳动法》对延长工作时间有哪些主要规定?
9. 伤亡事故处理和报告制度有哪些内容?
10. 女职工劳动保护的主要内容有哪些?
11. 未成年工劳动保护的主要内容有哪些?
12. 简述我国法律关于禁止性骚扰的主要内容。

第8章 劳动关系之建立、维持与结束

学习目标

学完本章之后，你应当能够：

1. 理解劳动合同的概念、种类和特征
2. 熟悉劳动合同的订立和内容
3. 了解无效劳动合同的确认及其处理制度
4. 掌握劳动合同的履行和变更
5. 阐述劳动合同的解除、终止和续订制度

引导案例

考勤弄虚作假骗取工资，用人单位解除劳动合同合法

杨某于2001年7月16日入职某楼宇服务公司，双方于2011年7月16日订立了无固定期限劳动合同，约定其担任某项目部负责人。工作期间，有员工向楼宇服务公司举报杨某通过为多名员工多做出勤天数的方式侵占公司支付的工资等。经楼宇服务公司调查核实，2014年1月至2017年7月期间，杨某利用项目部负责人的职权，为缺勤员工做满勤记载，制作虚假考勤，谋取个人利益，侵占工资金额达8万余元。2017年7月3日，杨某向楼宇服务公司递交《检讨书》认可上述事实，并于当日将侵占的8万余元工资上缴楼宇服务公司。2017年7月7日，楼宇服务公司向杨某发出《解除劳动合同通知书》，以其违反公司《员工手册》相关规定为由与其解除劳动合同。2018年3月，杨某向仲裁委员会提出仲裁申请，认为其并未签收《员工手册》，故要求楼宇服务公司支付违法解除劳动合同赔偿金。

仲裁委员会审理后认为，虽然杨某提出本人未签收《员工手册》的抗辩，楼宇服务公司亦未能提供证据证明已将《员工手册》公示或告知杨某，但杨某制作虚假考勤侵占工资的行为既构成营私舞弊，给用人单位造成重大损害，也违背诚实信用原则和基本职业操守，故裁决驳回杨某的仲裁请求。

主张未签收规章制度并非劳动者对抗解除劳动合同的“护身符”。根据《中华人民共和国劳动合同法》第四条的规定，用人单位应当依法建立和完善劳动规章制度；在制定、修订或决定直接涉及劳动者切身利益的规章制度或者重大事项时，应当经过相应的民主程序；用人单位应当将直接涉及劳动者切身利益的规章制度和重大事项决定公示，或者告知劳动者。劳动者应当本着诚实信用、勤勉谨慎、善意合作等原则履行劳动合同义务，除了应当自觉遵守用人单位依法制定的规章制度之外，还应当根据基本职业道德、公序良俗等对自己的履职行为做出判断和取舍，切勿以未签收规章制度或规章制度

未做出明确规定作为自己不当行为的“挡箭牌”。

资料来源：北京市劳动仲裁2019年案例六：考勤弄虚作假骗取工资用人单位解除合法.（2020-04-24）. http://www.cy12333.com/info.asp? infoid=21017.

引导案例讲述的是一起有关员工制作虚假考勤、谋取个人利益被企业解除劳动合同引发的争议。本章将讨论劳动合同的种类、内容，劳动合同的订立、履行、变更、解除、终止和续订，以及违反劳动合同的法律责任。

第1节　劳动合同法概述

一、劳动合同的概念

劳动合同也称劳动契约、劳动协议，是劳动者和用人单位之间明确劳动权利义务，规范劳动合同订立、履行、变更、解除和终止行为的协议。理解这一概念，应把握以下几点：

（1）劳动合同是劳动者与用人单位之间签订的协议。劳动合同的主体一方是劳动者个人，另一方是用人单位。劳动者是指具有劳动能力并在用人单位管理下实际参加劳动以自己的劳动收入为主要生活来源的人。用人单位是指依法招用和管理劳动者并向劳动者支付劳动报酬的组织或个人。《中华人民共和国劳动合同法》规定，用人单位主要是指企业、个体经济组织、民办非企业单位，以及国家机关、事业单位、社会团体等与劳动者建立了劳动合同关系的组织和个人。

（2）劳动合同是明确双方权利义务的协议。劳动合同的内容是双方的劳动权利义务，劳动者依据劳动合同成为用人单位的一员，有义务按照合同约定的岗位、工种或职务提供劳动，完成劳动任务，提高职业技能，执行劳动安全卫生规程，并遵守用人单位依法制定的规章制度和职业道德。同时，劳动者享有平等就业和择业权，享有获得劳动报酬、休息休假、安全卫生保护、社会保险的权利，享有接受职业技能培训、提请劳动争议处理的权利等。

（3）劳动合同是双方在平等自愿基础上意思表示一致达成的协议，是双方“合意”达成的法律，对双方都具有约束力，也是维护双方合法权益的法律保障。

二、劳动合同的法律特征

1. 合同主体的特定性

劳动合同主体一方为雇员（劳动者），另一方为雇主（用人单位）。《中华人民共和国劳动合同法》第二条规定：“中华人民共和国境内的企业、个体经济组织、民办非企业单位等组织（以下称用人单位）与劳动者建立劳动关系，订立、履行、变更、解除或者终止劳动合同，适用本法。国家机关、事业单位、社会团体和与其建立劳动关系的劳动者，订立、履行、变更、解除或者终止劳动合同，依照本法执行。”与《中华人民共和国劳动法》相比，《中华人民共和国劳动合同法》扩大了劳动合同制度的适用范围，将民办非企业单位（民办学校、医院、科研院所等）和实行聘用制的事业单位与劳动者建立的劳动关系纳入调整范围。这对于我国建立社会主义市场经济体制下统一的劳动力市场具有积极意义。

2. 主体意志的限制性

尽管劳动合同由双方当事人协商一致、合意约定，但合同条款必须受到国家法律和集体协议的约束。劳动合同主体双方的自由协商，要在国家法律规定的范围之内。从性质上看，劳动合同具有一定的社会品格，体现了一种社会利益。实践中有的劳动合同约定劳动者在合同期内不得结婚，或规定合同期内不得参加非本单位组织的培训等，虽然有双方的签字，是双方的“合意”，但这些条款严重侵犯了劳动者的婚姻自由权、受教育权和培训权，因此不具有法律效力。

3. 合同履行中的隶属性

劳动合同具有身份性质，在劳动合同履行的过程中，劳动者要参加到用人方的劳动组织中，担任一定的工作，服从用人方的领导和指挥，遵守劳动纪律和内部劳动规则，也就是说，双方存在管理上的依从、隶属关系。

4. 劳动合同的目的在于劳动过程的完成，而不是劳动成果的实现

建立劳动合同，是为了确立劳动关系，实现一定的劳动过程。劳动合同作为确立劳动关系的凭证，只要求劳动过程的实现，只要劳动者按照用人单位的要求从事了劳动，即有权享有相应的权利。

5. 劳动合同是通过双方选择确定的

订立劳动合同要遵循合法、公平、平等自愿、协商一致、诚实信用的原则，劳动者自由择业，用人单位择优录用。

6. 劳动合同是有偿的合同

劳动合同是以劳动换取报酬的协议，当事人一方享有利益，须向对方当事人支付相应代价，有偿性是劳动合同的本质特征。

7. 劳动合同一般有试用期限的规定

试用期是用人单位和劳动者相互考察、相互选择的过程，双方当事人可以根据合同期限的长短约定试用期。《中华人民共和国劳动合同法》第十九条规定：“劳动合同期限三个月以上不满一年的，试用期不得超过一个月；劳动合同期限一年以上不满三年的，试用期不得超过二个月；三年以上固定期限和无固定期限的劳动合同，试用期不得超过六个月。同一用人单位与同一劳动者只能约定一次试用期。以完成一定工作任务为期限的劳动合同或者劳动合同期限不满三个月的，不得约定试用期。试用期包含在劳动合同期限内。劳动合同仅约定试用期的，试用期不成立，该期限为劳动合同期限。”

8. 劳动合同往往涉及第三人的物质利益

由于劳动力本身需要再生产，因此劳动合同条款往往会涉及劳动者供养的亲属的人

学、入托、统筹、疾病保险等问题。

三、劳动合同的期限

劳动合同期限是指劳动合同的有效时间，是双方当事人所订立的劳动合同从起始到终止的时间，也是劳动关系具有法律约束力的时间。劳动合同期限是劳动合同的必备条款，劳动者与用人单位在劳动关系存续期间享受权利和履行义务。劳动合同的期限是判定劳动合同是否有效以及生效时间的依据，也是判定劳动合同终止时间的依据。《中华人民共和国劳动合同法》第十二条规定："劳动合同分为固定期限劳动合同、无固定期限劳动合同和以完成一定工作任务为期限的劳动合同。"劳动合同期限的确立，一般要依据法律规定、双方约定，以及企业生产、工作特点和需要。劳动合同期限是企业合理配置人力资源的手段，也是劳动者进行职业生涯设计、分期实现就业权的方式。

（一）固定期限劳动合同

《中华人民共和国劳动合同法》第十三条规定："固定期限劳动合同，是指用人单位与劳动者约定合同终止时间的劳动合同。用人单位与劳动者协商一致，可以订立固定期限劳动合同。"固定期限劳动合同必须对劳动合同履行的起始和终止日期有具体明确的规定。合同期限届满，除法律规定须续订外，双方的劳动关系即行终止。如果双方协商一致，还可以续订合同。固定期限劳动合同适用范围广泛，比较灵活。用人单位可以根据生产需要和工作岗位的不同要求来确定劳动合同期限，有利于合理使用人才，促进人力资源合理流动。《中华人民共和国劳动合同法》对固定期限劳动合同的期限没有限制，没有最长期限的限制，也没有最短期限的限制。用人单位与劳动者协商一致可以选择签订半年、1年期限的劳动合同，也可以选择签订5年、10年期限的劳动合同。对于那些常年性的工作，要求保持连续性、稳定性的工作，技术性强的工作，适合签订较为长期的固定期限劳动合同。对于一般性、季节性、临时性、用工灵活、职业危害较大的工作岗位，适合签订较为短期的固定期限劳动合同。

（二）无固定期限劳动合同

无固定期限劳动合同是指用人单位和劳动者签订的无确定终止时间的劳动合同，没有确定终止时间并不等于就是"终身"，而是指只要符合法律法规的规定，任何一方均可解除或终止无固定期限劳动合同。对劳动者来说，一般只要提前30天通知就可以解除劳动合同；而对用人单位而言，只有符合法定的解除和终止条件才能终结无固定期限劳动合同。用人单位要解除无固定期限劳动合同，必须具备法定的理由，没有法定解除理由，不能随便解除无固定期限劳动合同。所以，无固定期限劳动合同并不是"铁饭碗""终身制""保险箱"，而是要求用人单位解除和终止合同必须符合法律规定。与固定期限劳动合同相比，无固定期限劳动合同更有利于保护劳动者权益，更有利于保护劳动者就业稳定。对用人单位而言，有利于建立稳定的人力资源队伍，对于提高劳动生产率、促进企业生产经营具有积极作用。

《中华人民共和国劳动合同法》第十四条规定："无固定期限劳动合同，是指用人单位与劳动者约定无确定终止时间的劳动合同。用人单位与劳动者协商一致，可以订立无固定期限劳动合同。有下列情形之一，劳动者提出或者同意续订、订立劳动合同的，除劳动者提出订立固定期限劳动合同外，应当订立无固定期限劳动合同：（一）劳动者在该用人单位连续工作满十年的；（二）用人单位初次实行劳动合同制度或者国有企业改制重新订立劳动合同时，劳动者在该用人单位连续工作满十年且距法定退休年龄不足十年的；（三）连续订立二次固定期限劳动合同，且劳动者没有本法第三十九条和第四十条第一项、第二项规定的情形，续订劳动合同的。用人单位自用工之日起满一年不与劳动者订立书面劳动合同的，视为用人单位与劳动者已订立无固定期限劳动合同。"

案例 8－1

视为订立无固定期限劳动合同后用人单位仍未与劳动者签订劳动合同的是否应当支付第二倍工资

2016年8月1日，万某入职某食品公司，从事检验工作，双方口头约定万某月工资为3 000元。万某入职时，公司负责人告知其3个月试用期后签订书面劳动合同，但是双方一直未签订书面劳动合同。2018年7月31日，万某与食品公司解除劳动关系。万某要求食品公司支付2017年8月至2018年7月期间未与其签订无固定期限劳动合同的第二倍工资，该公司拒绝支付。万某遂向仲裁委员会申请仲裁，请求裁决食品公司支付2017年8月至2018年7月期间未签订无固定期限劳动合同的第二倍工资36 000元。

仲裁委员会裁决驳回万某的仲裁请求。本案的争议焦点是：2017年8月至2018年7月期间，万某与食品公司之间未签订书面劳动合同的情形是否属于《中华人民共和国劳动合同法》第八十二条规定的情形。

《中华人民共和国劳动合同法》第八十二条规定："用人单位自用工之日起超过一个月不满一年未与劳动者订立书面劳动合同的，应当向劳动者每月支付二倍的工资。用人单位违反本法规定不与劳动者订立无固定期限劳动合同的，自应当订立无固定期限劳动合同之日起向劳动者每月支付二倍的工资。"从上述条款可知，用人单位支付未依法签订劳动合同第二倍工资的情形包括两种：一种是用人单位自用工之日起超过一个月不满一年未与劳动者订立书面劳动合同的；第二种是用人单位应当与劳动者订立无固定期限劳动合同，但违反规定不与劳动者订立无固定期限劳动合同的。第二种情形中的"本法规定"，是指《中华人民共和国劳动合同法》第十四条第二款规定的"除劳动者提出订立固定期限劳动合同外，应当订立无固定期限劳动合同"的三种情形。而《中华人民共和国劳动合同法》第十四条第三款规定的"用人单位自用工之日起满一年不与劳动者订立书面劳动合同的，视为用人单位与劳动者已订立无固定期限劳动合同"是对用人单位不签订书面劳动合同满一年的法律后果的拟制规定，并非有关应当订立无固定期限劳动合同的情形规定。《中华人民共和国劳动合同法实施条例》第七条对于此种情形的法律后果也做了相同的分类规定。

本案中，万某于2016年8月1日入职，食品公司一直未与其签订书面劳动合同，自2017年8月1日起，根据上述法律法规的规定，双方之间视为已订立了无固定期限劳动合同，而非《中华人民共和国劳动合同法》第八十二条规定的用人单位违反规定不与劳动者订立无固定期限劳动合同的情形。因此，食品公司无须向万某支付未依法签订无固定期限劳动合同的第二倍工资，故依法驳回万某的仲裁请求。

无固定期限劳动合同是指用人单位与劳动者约定无确定终止时间的劳动合同。为了保障劳动关系稳定性，《中华人民共和国劳动合同法》第十四条规定了“可以”“应当”“视为”三类订立无固定期限劳动合同的情形，其中“视为”签订无固定期限劳动合同的规定，主要目的是为解决一些用人单位不愿与劳动者签订劳动合同，造成劳动者合法权益无法得到保障的问题。未依法签订劳动合同所应承担的第二倍工资责任在法律性质上是惩罚性赔偿，该责任设定与拟制无固定期限劳动合同的签订相结合，既保障了劳动者合法权益又限制了用人单位赔偿责任的无限扩大，有效地平衡了各方利益。

资料来源：人社部函〔2020〕62号 人力资源社会保障部 最高人民法院关于联合发布第一批劳动人事争议典型案例的通知.（2020-08-05）. https://www.shui5.cn/article/2b/138175.html.

（三）以完成一定工作任务为期限的劳动合同

《中华人民共和国劳动合同法》第十五条规定：“以完成一定工作任务为期限的劳动合同，是指用人单位与劳动者约定以某项工作的完成为合同期限的劳动合同。用人单位与劳动者协商一致，可以订立以完成一定工作任务为期限的劳动合同。”这类合同多适用于建筑业、铁路交通和水利工程等。用人单位与劳动者双方把完成某项工作或工程作为确定劳动合同起始和终止时间的依据。该项工作或者工程开始的时间，就是劳动合同履行的起始时间；该项工作或者工程完成时，劳动合同即终止。这类劳动合同，实际上也是一种定期的劳动合同，只是与固定期限劳动合同相比，其终止时间的表现形式不同而已。例如，为修建某些工程项目而招用的人员，就可以签订以完成某项工程为期限的劳动合同，这样工程结束的时间就是劳动合同的终止时间。签订以完成一定工作任务为期限的劳动合同，双方必须经过协商一致来决定，在了解工作基本信息的基础上，最终达成合意，不得强迫一方接受某种劳动合同期限的形式。

科学合理确定劳动合同的期限，对于用人单位和劳动者都至关重要。用人单位可以根据生产经营的长期规划和目标任务，对人力资源的使用进行科学预测、合理规划，使劳动合同期限能够长短并用、梯次配备，形成灵活多样的格局。劳动者可以根据自己的年龄、身体状况、专业技术水平、发展计划等因素，合理地选择适合自己的劳动合同期限。

四、劳动合同的作用

劳动合同作为调整劳动关系的重要手段，在建立和谐稳定劳动关系、实现人力资源的有效配置、保障劳动关系双方的权利义务方面有着积极的作用。劳动合同的作用主要表现在：

（1）劳动合同制度是市场经济条件下建立劳动关系的基本制度。改革开放以前，中国实行的是计划经济管理体制下的固定工制度，职工是“国家职工”，在企业中能进不能出、能上不能下。实行社会主义市场经济，要求建立劳动者自主择业、自由择业，企业择优用人的新机制。《中华人民共和国劳动法》规定了企业实施全员劳动合同制度，正式确立了我国的劳动合同制度。劳动合同制度从法律上根本改变了原有计划经济时代的用工制度，变“国家职工”为“企业职工”，实现了从“身份”到“契约”的变革，用人单位和劳动者可以通过双向选择的方式建立劳动关系。截至2019年，全国企业劳动合同签订率达90%以上①。

（2）劳动合同是企业人力资源管理的重要手段和工具。现代企业人力资源管理的目标是要实现人岗匹配，最大限度地发挥劳动者的潜力。如何让“正确的人做正确的事”是每家企业都面临的问题。而劳动合同正是确定劳动者工作内容、岗位、职责、工资福利待遇的最好的法律形式，企业通过劳动合同，能够实现“想留的人能留得住，想走的人能走得了”，从而实现人力资源的优化配置，提高企业的生产效率，继而为企业的发展目标服务。

（3）劳动合同是处理劳动争议的法律依据，是维护双方合法权益的基本手段。劳动法律、法规只能对劳动关系双方的权利义务做出原则性、纲领性的规范，不可能对每个具体合同条款都做出详细规定，劳动合同作为双方“合意”的法律，可以对法律未尽的事宜做出详细、具体的约定，明确彼此的权利和义务，促进双方全面履行合同。在发生劳动争议时，劳动合同也是解决纠纷的重要依据和证据，为解决纠纷提供了便利，降低了争议解决的成本。因而劳动合同是劳动者实现劳动权的重要法律形式，也是维护劳动者和用人方合法权益的法律保障。

（4）劳动合同是建立和维护劳动关系协调机制的一项基础保障。国家对劳动关系的调整和规范是通过多种制度和手段来实现的，比如劳动标准的立法、集体协商谈判、员工参与管理制度等，其中劳动合同作为现代劳动法律制度的基石，对于劳动关系的和谐与稳定发挥着基础性的作用。

第2节　劳动合同的订立

一、劳动关系的建立

《中华人民共和国劳动合同法》第七条规定：“用人单位自用工之日起即与劳动者建立劳动关系。用人单位应当建立职工名册备查。”这一规定明确了用人单位与劳动者劳动关系成立的时间，以及单位在录用员工时要承担的义务。

---

① 2019年度人力资源和社会保障事业发展统计公报．（2020-06-08）．http://www.mohrss.gov.cn/SYrlzyhshbzb/zwgk/szrs/tjgb/202006/t20200608_375774.html.

（一）劳动关系自用工之日起建立

劳动关系是指劳动者与用人单位在劳动过程中发生的、以劳动和劳动报酬给付为主要内容的社会关系。劳动关系建立的时间直接决定着劳动者与用人单位权利义务的时间界限，对双方都非常重要。法律规定用人单位自用工之日起即与劳动者建立劳动关系，即从劳动者到用人单位工作的第一天起，或者说从用人单位开始使用劳动者劳动的第一天起，不论双方是否订立书面劳动合同，劳动关系就成立了。《中华人民共和国劳动合同法》规定劳动关系自用工之日成立，而不是从签订书面劳动合同时成立。如果用人单位不签订书面劳动合同，则构成事实劳动关系，劳动者同样享有法律规定的权利。这一规定突破了劳动关系必须以书面劳动合同为有效要件的规定，确认只要有用工行为就存在劳动关系。这一规定对用人单位用工行为做了严格规范，避免一些企业不签订书面劳动合同而否认劳动关系存在、规避法律义务。

劳动关系成立的时间，决定了用人单位与劳动者劳动权利义务开始履行的时间。《中华人民共和国劳动合同法》第十条规定，用人单位与劳动者在用工前订立劳动合同的，劳动关系自用工之日起建立。如果用人单位先签合同后用人，从劳动合同订立之日至用工之日期间，用人单位与劳动者尚未建立劳动关系，双方可以依法解除劳动合同并承担双方约定的违约责任，用人单位无须承担劳动者的医疗费用等责任，也无须向劳动者支付经济补偿。如果用人单位先用人后签合同，即用人单位未在开始用工时订立书面劳动合同，之后补订劳动合同的，劳动合同期限自用工之日起计算。确定建立劳动关系的时间起点意义重大，从双方建立劳动关系之时起，双方才开始履行各自的义务，享有各自的权利。建立劳动关系之时，是劳动者开始在用人单位的指挥、监督、管理下提供劳动的时间，是计算劳动者工资的起始时间。劳动者在该用人单位的工作年限也自建立劳动关系之时开始计算。

案例8－2

员工借出企业无法继续履行协议，共享用工如何处理

张某为某餐饮公司服务员，双方签订有劳动合同。2020年春节期间，因新冠肺炎疫情影响，餐饮公司停止营业，多名员工滞留当地。而某电商公司则业务量持续暴发式增长，送货、拣货等岗位人员紧缺。电商公司遂与餐饮公司签订了共享用工协议，约定张某自2020年2月3日至5月4日借用到电商公司从事拣货员岗位工作，每月电商公司将工资交由餐饮公司后，由餐饮公司支付张某。张某同意临时到电商公司工作，并经该公司培训后上岗。然而，餐饮公司于3月20日依法宣告破产，并通知张某双方劳动合同终止，同时告知电商公司将无法履行共享用工协议。电商公司仍安排张某工作并支付工资。4月16日，张某向仲裁委员会申请仲裁。请求裁决确认与电商公司自2020年2月3日至4月16日存在劳动关系。

经仲裁委员会庭前调解，电商公司认可与张某自2020年3月20日起存在劳动关系，双方签订了2020年3月20日至2021年3月19日的劳动合同，张某撤回了仲裁申请。

本案的争议焦点是：员工借出企业无法继续履行共享用工协议，借入企业继续用工的，双方是否建立劳动关系。共享用工是指员工富余企业将与之建立劳动关系的员工借调至缺工企业工作，员工与借出企业的劳动关系不发生改变，借入企业与借出企业签订协议明确双方权利义务关系。《关于贯彻执行〈中华人民共和国劳动法〉若干问题的意见》（劳部发〔1995〕309号）第七条规定：用人单位应与其长期被外单位借用的人员、带薪上学人员以及其他非在岗但仍保持劳动关系的人员签订劳动合同，但在外借和上学期间，劳动合同中的某些相关条款经双方协商可以变更。因此，我国劳动法并不禁止用人单位之间对劳动者的借用。

《中华人民共和国劳动合同法》第四十四条规定："有下列情形之一的，劳动合同终止：……（四）用人单位依法宣告破产的……"因共享用工协议的履行以劳动者与借出企业劳动关系的存在为前提，共享用工的用工模式自借出企业宣告破产时被打破。借入企业明知劳动者与借出企业劳动关系终止的情况下继续用工，应根据有关法律和政策规定建立劳动关系。本案中，餐饮公司与电商公司签订并履行了共享用工协议，张某同意被借用到电商公司工作，应认定餐饮公司与张某口头变更了劳动合同中工作地点、工作内容等事项。因餐饮公司于2020年3月20日宣告破产，张某与餐饮公司劳动合同终止，电商公司与餐饮公司原有的权利义务不再存在。而电商公司明知餐饮公司宣告破产，双方共享用工协议无法履行，仍然安排张某从事业务工作，对其进行劳动管理并发放劳动报酬，符合《关于确立劳动关系有关事项的通知》（劳社部发〔2005〕12号）规定，张某与电商公司自2020年3月20日确立劳动关系。

庭前调解阶段，电商公司表示因张某工作表现良好，公司正在研究是否正式聘用，希望暂缓开庭。仲裁委员会告知张某后，张某考虑工作机会难得，且工作地点等条件十分便利，同意暂不开庭，愿意等待电商公司决议。最终，双方庭前和解，并签订了自2020年3月20日至2021年3月19日的劳动合同，张某撤回了仲裁申请。

共享用工是借出企业与借入企业之间自行调配人力资源、解决特殊时期用工问题的应急措施，其本质是企业在不同行业之间短期调配人力资源，以应对各行业因淡旺季或特殊事件带来的人力资源需求差异，从而实现各方受益。借出和借入员工是企业之间行为，可以通过签订民事协议明确双方权利义务关系。共享用工属于特殊情况下的灵活用工方式，在法律主体认定、劳动报酬支付、社会保险缴纳等方面还存在制度盲点，但需要明确的是，借出企业不得以营利为目的借出员工，也不得以共享用工之名，进行违法劳务派遣，或诱导劳动者注册个体工商户以规避用工责任。此外，劳动者在企业停工停产等特殊情况下，自主选择为其他企业提供劳动，不属于共享用工，应根据相关法律和政策认定是否建立双重劳动关系。

资料来源：人社部函〔2020〕62号 人力资源社会保障部 最高人民法院关于联合发布第一批劳动人事争议典型案例的通知.（2020-08-05）. https://www.shui5.cn/article/2b/138175.html.

（二）企业用工应当建立职工名册备查

职工名册是用人单位制作的用于记录本单位劳动者基本情况及劳动关系运行情况的书面材料。《中华人民共和国劳动合同法》第七条规定，用人单位应当建立职工名册备查。职工名册，应当包含劳动者姓名、性别、公民身份号码、户籍地址及现住址、联系方式、用工形式、用工起始时间、劳动合同期限等内容。用人单位违反《中华人民共和国劳动合同法》有关建立职工名册规定的，由劳动行政部门责令限期改正；逾期不改正的，由劳动行政部门处2 000元以上2万元以下的罚款。

（三）用人单位的告知义务和知情权

《中华人民共和国劳动合同法》第八条规定："用人单位招用劳动者时，应当如实告知劳动者工作内容、工作条件、工作地点、职业危害、安全生产状况、劳动报酬，以及劳动者要求了解的其他情况；用人单位有权了解劳动者与劳动合同直接相关的基本情况，劳动者应当如实说明。"这一规定明确了用人单位在招聘员工时的告知义务和知情权。

用人单位的告知义务即劳动者的知情权。法定告知内容都是与劳动者的工作紧密相连的基本情况，也是影响劳动者进行就业选择的主要因素之一。选择一份适合自己的工作对于劳动者而言相当重要。劳动者只有详细了解了用人单位的基本情况，才能结合自身特点做出选择。此外，对于劳动者要求了解的其他情况，如用人单位相关的规章制度，包括内部劳动纪律、规定、考勤制度、休假制度、请假制度、处罚制度以及企业内部已经签订的集体合同等情况，用人单位都应当进行详细说明。用人单位的知情权即为劳动者的告知义务。用人单位在履行告知义务的同时，也享有一定的知情权，劳动者负有如实告知义务。劳动者应当如实说明与劳动合同直接相关的基本情况，如劳动者的年龄、知识技能、身体状况、学历、工作经历以及就业现状等情况。

《中华人民共和国民法典》第一千零三十五条规定："处理个人信息的，应当遵循合法、正当、必要原则，不得过度处理，并符合下列条件：（一）征得该自然人或者其监护人同意，但是法律、行政法规另有规定的除外；（二）公开处理信息的规则；（三）明示处理信息的目的、方式和范围；（四）不违反法律、行政法规的规定和双方的约定。"

（四）不得要求劳动者提供担保

《中华人民共和国劳动合同法》第九条规定："用人单位招用劳动者，不得扣押劳动者的居民身份证和其他证件，不得要求劳动者提供担保或者以其他名义向劳动者收取财物。"这一规定明确了在订立劳动合同时禁止劳动者提供担保，用人单位招用劳动者，不得扣押劳动者的居民身份证和其他证件。《中华人民共和国劳动合同法》第八十四条明确规定违法收取抵押金的法律责任："用人单位违反本法规定，扣押劳动者居民身份证等证件的，由劳动行政部门责令限期退还劳动者本人，并依照有关法律规定给予处罚。用人单位违反本法规定，以担保或者其他名义向劳动者收取财物的，由劳动行政部门责令限期退还劳动者本人，并以每人五百元以上二千元以下的标准处以罚款；给劳动者造成损害的，应当承担赔偿责任。劳动者依法解除或者终止劳动合同，用人单位扣押劳动者档案或者其他物品的，依照前款规定处罚。”

二、建立劳动关系应当签订书面劳动合同

《中华人民共和国劳动合同法》第十条规定：“建立劳动关系，应当订立书面劳动合同。已建立劳动关系，未同时订立书面劳动合同的，应当自用工之日起一个月内订立书面劳动合同。用人单位与劳动者在用工前订立劳动合同的，劳动关系自用工之日起建立。”

劳动合同的形式是指劳动合同的表示方式，劳动合同有书面形式和口头形式之分。建立劳动关系，应当订立书面劳动合同。劳动者在与用人单位建立劳动关系时，要直接用书面文字形式表达和记载当事人经过协商而达成的协议。法律要求劳动合同采用书面形式，是因为劳动合同内容比较复杂，在一定时间内持续存在，且关系到劳动关系各方的权益，口头形式的劳动合同难以保持劳动合同特有的严肃性。书面劳动合同记载着用人单位与劳动者协商一致确定的劳动合同内容，是双方履行劳动合同的依据，是劳动关系的书面凭证。书面劳动合同清晰地规定了双方的权利义务，可以预防劳动争议的发生。同时，当劳动争议发生时，书面劳动合同是极为重要的证据，有利于快速解决争议。但作为例外，非全日制用工劳动者和用人单位可以订立口头协议。

用人单位必须在劳动关系建立后一个月内签订书面劳动合同，超过一个月不签劳动合同，用人单位需每月向劳动者支付双倍工资。用人单位自用工之日起满一年不与劳动者订立书面劳动合同的，视为用人单位与劳动者已订立无固定期限劳动合同，法律直接推定双方之间为无固定期限劳动合同。

针对实践中出现的一些劳动者拒绝签订书面合同，或者在企业要求签订书面合同时借故不签订合同而想获取双倍工资的现象，《中华人民共和国劳动合同法实施条例》第五条规定：“自用工之日起一个月内，经用人单位书面通知后，劳动者不与用人单位订立书面劳动合同的，用人单位应当书面通知劳动者终止劳动关系，无需向劳动者支付经济补偿，但是应当依法向劳动者支付其实际工作时间的劳动报酬。”对于超过一个月尚未签订书面劳动合同的，《中华人民共和国劳动合同法实施条例》第六条规定：“用人单位自用工之日起超过一个月不满一年未与劳动者订立书面劳动合同的，应当依照劳动合同法第八十二条的规定向劳动者每月支付两倍的工资，并与劳动者补订书面劳动合同；劳动者不与用人单位订立书面劳动合同的，用人单位应当书面通知劳动者终止劳动关系，并依照劳动合同法第四十七条的规定支付经济补偿。前款规定的用人单位向劳动者每月支付两倍工资的起算时间为用工之日起满一个月的次日，截止时间为补订书面劳动合同的前一日。”这一规定明确了超过一个月没有签订书面劳动合同的处理方式：超过一个月没有签订书面劳动合同，无论原因在劳动者还是单位，其行为都违反了《中华人民共和国劳动合同法》规定的签订书面合同的时限，因而用人单位要向劳动者支付两倍的工资，并与劳动者补签书面劳动合同。如果劳动者拒签书面合同，应当书面终止劳动

关系，终止劳动关系应当支付经济补偿。对超过一年尚未签订书面合同，视为已经签订无固定期限劳动合同，且用人单位需向劳动者支付11个月的双倍工资。

三、劳动合同的必备条款和约定条款

劳动合同权利义务体现为具体的合同条款。劳动合同的条款分为必备条款和约定条款，约定条款只要不违反法律和行政法规，具有与必备条款同样的约束力。

必备条款是指根据劳动合同法律，双方当事人签订劳动合同必须具备的内容。《中华人民共和国劳动合同法》第十七条规定：“劳动合同应当具备以下条款：（一）用人单位的名称、住所和法定代表人或者主要负责人；（二）劳动者的姓名、住址和居民身份证或者其他有效身份证件号码；（三）劳动合同期限；（四）工作内容和工作地点；（五）工作时间和休息休假；（六）劳动报酬；（七）社会保险；（八）劳动保护、劳动条件和职业危害防护；（九）法律、法规规定应当纳入劳动合同的其他事项。”

用人单位与员工在签订书面劳动合同时，对劳动合同的内容，应该首先围绕劳动法律中规定的劳动合同必须具备的条款进行协商，然后，由双方当事人再协商约定其他条款。

约定条款是指双方当事人在必备条款之外，根据具体情况，经协商可以自主约定的内容。《中华人民共和国劳动合同法》第十七条规定：“劳动合同除前款规定的必备条款外，用人单位与劳动者可以约定试用期、培训、保守秘密、补充保险和福利待遇等其他事项。”

四、试用期

试用期是指劳动合同双方当事人在合同中约定的互相考察了解以确定是否继续履行劳动合同的期间。在试用期内，劳动者享有合同期内法律赋予劳动者的一切权利，包括社会保险权利和住房公积金权利。在试用期内，劳动者不符合录用条件的，用人单位可以解除劳动合同。劳动者在试用期内可以解除合同，但须提前3天通知用人单位。

（一）试用期约定规则

《中华人民共和国劳动合同法》第十九条规定：“劳动合同期限三个月以上不满一年的，试用期不得超过一个月；劳动合同期限一年以上不满三年的，试用期不得超过二个月；三年以上固定期限和无固定期限的劳动合同，试用期不得超过六个月。同一用人单位与同一劳动者只能约定一次试用期。以完成一定工作任务为期限的劳动合同或者劳动合同期限不满三个月的，不得约定试用期。试用期包含在劳动合同期限内。劳动合同仅约定试用期的，试用期不成立，该期限为劳动合同期限。”这一规定明确了试用期的约定规则。《中华人民共和国劳动合同法》将试用期的长短与劳动合同的期限挂钩，合同期限越长，相应的试用期越长。用人单位违反法律关于试用期的规定与劳动者约定试用期的，根据《中华人民共和国劳动合同法》的规定，由劳动行政部门责令改正，违法约定的试用期已经履行的，由用人单位以劳动者试用期满月工资为标准，按照已经履行的超过法定试用期的期间向劳动者支付赔偿金。

（二）试用期工资

试用期的工资一般相对比较低，但是为了避免过度压低报酬，《中华人民共和国劳动合同法》《中华人民共和国劳动合同法实施条例》对试用期劳动者的工资做了限制性规定：劳动者在试用期的工资不得低于本单位相同岗位最低档工资的 80%或者不得低于劳动合同约定工资的 80%，并不得低于用人单位所在地的最低工资标准。之所以这样规定，是因为劳动者虽然处于试用期，但也付出了正常的劳动，为用人单位创造了价值，用人单位应当给予他们劳动报酬。虽然用人单位可以自主确定工资水平，但不能随意压低他们的工资。

（三）试用期劳动合同解除

《中华人民共和国劳动合同法》第二十一条规定："在试用期中，除劳动者有本法第三十九条和第四十条第一项、第二项规定的情形外，用人单位不得解除劳动合同。用人单位在试用期解除劳动合同的，应当向劳动者说明理由。"这一法条规定了用人单位可以与试用期内劳动者解除合同的必备条件，即只有在劳动者不符合录用条件、因病不能工作或者不能胜任工作时，用人单位才能在试用期内与劳动者解除劳动合同。《中华人民共和国劳动合同法》规定了用人单位在试用期解除劳动合同的灵活性，但禁止用人单位任意解除劳动合同。在试用期内解除劳动合同，必须符合法定条件，且须向劳动者说明理由。这就要求用人单位将录用条件、劳动者不符合录用条件的证据以及法定原因向劳动者解释，说明解除劳动合同的原因。

五、培训

培训协议是指企业为劳动者提供专项培训费用，对其进行专业技术培训时，双方约定的有关培训费用、服务期限、违约金以及违约金的支付等内容的合同。培训条款是用人单位出资对劳动者培训后所签订的协议，属合同双方自主约定的条款。主要是针对核心劳动者而言，其目的是防止劳动者接受用人单位出资培训后提前结束服务期，而给用人单位带来培训费用等直接经济损失和重新选拔、录用和培训新人所带来的各种间接成本。合理约定培训协议，有利于保护用人单位利益，防止核心员工随意、无序跳槽。

《中华人民共和国劳动合同法》第二十二条规定："用人单位为劳动者提供专项培训费用，对其进行专业技术培训的，可以与该劳动者订立协议，约定服务期。劳动者违反服务期约定的，应当按照约定向用人单位支付违约金。违约金的数额不得超过用人单位提供的培训费用。用人单位要求劳动者支付的违约金不得超过服务期尚未履行部分所应分摊的培训费用。用人单位与劳动者约定服务期的，不影响按照正常的工资调整机制提高劳动者在服务期期间的劳动报酬。"这一规定明确了培训协议的签订条件、服务期，以及劳动者违反服务期的违约金支付。

（一）培训协议的签订条件

根据《中华人民共和国劳动合同法》的规定，签订培训协议的条件为，企业给劳动者提供专项培训费用，进行专业技术培训。

专项培训费用包括用人单位为了对劳动者进行专业技术培训而支付的有凭证的培训费用、培训期间的差旅费用以及因培训产生的用于该劳动者的其他直接费用。企业只有向劳动者支付了有支付凭证的培训费用，才能视为向劳动者提供了专项培训费用，即认定专项培训费用必须具有支付凭证。例如，企业直接承担的学费，还包括住宿费、差旅费、培训补贴、参观考察费、观摩费等间接支出的费用。企业应当在培训协议中明确约定培训费的范围、培训费的构成及计算方式。

专业技术培训即专业性、技术性的培训，其目的在于提高劳动者在所从事专业方面的技术能力。尤其是对于资格认证、项目课程等性质相对模糊的培训类别，要通过协议条款的方式予以明确。企业在向员工提供培训时，应当事先订立培训计划，并对培训的性质明确界定为专业技术培训。

（二）服务期

通常，企业出资对劳动者进行专业技术培训，是希望通过对人力资源进行开发，提升劳动者工作能力，从而能继续为企业服务，带来持续的高绩效，所以事先明确约定服务期，以及劳动者违反服务期约定的责任就非常关键。

服务期是指企业提供专项培训费用，对劳动者进行专业技术培训，而由企业与劳动者双方在劳动合同中或者在服务期协议里约定的劳动者必须为该企业提供劳动的期间。服务期是劳动者因享有企业给予的特殊待遇而承诺必须为企业工作的期限，一般主要针对核心员工，其目的是防止员工接受出资培训后随意跳槽，给企业带来损失。培训协议是合理保护企业利益，规范员工流动的一种法律手段和人力资源管理措施。服务期与劳动合同期限可能并不一致，可能短于劳动合同期限，也可能长于劳动合同期限。当服务期长于劳动合同期限时，应当优先使用服务期约定，因为服务期是劳动合同双方当事人之间的特别约定，是企业给员工提供了特别义务时的一种特别约定，应当优先于劳动合同期限这一一般规定。劳动合同双方当事人可以变更劳动合同中的期限条款或者续订劳动合同，或者重新订立劳动合同，以与服务期的约定相一致。

至于企业到底应该与受训员工约定多长的服务期，主要根据企业的实际情况和员工的性格特点来定，员工流动率低的企业可以约定得长些，反之则可设置短一些。根据对跳槽周期的合理预估，服务期通常以3～5年为宜。

根据《中华人民共和国劳动合同法》的规定，企业与劳动者约定服务期的，不影响按照正常的工资调整机制提高劳动者在服务期间的劳动报酬。即不能因约定了服务期而不再调整劳动者的工资。工资调整机制是指企业根据经营利润状况、自身发展需要、绩效考核结果以及物价上涨等因素，对劳动者的工资级别进行调整的机制。由于工资的刚性特点，工资总体上呈现不断增长的趋势。该条规定是为了保护处于服务期的劳动者可以正常享受企业的工资调整待遇，保护劳动者的合法权益。这样规定的目的在于，防止企业由于与劳动者约定了服务期而长期不提高劳动者的工资。因为，培训协议中约定的工资待遇通常比较固定，在服务期较长的情况下，将缺乏灵活性和动态性，不能完全反映劳动者的工作表现和能力提升。

（三）违约金及其支付

按照《中华人民共和国劳动合同法》的规定，劳动者在服务期内解除劳动合同，不再履行劳动合同义务，要向企业支付违约金。违约金的数额按照双方在服务期协议中的约定履行，但不得超过企业提供的培训费用这一法定的最高数额。劳动者违约时支付的违约金，不得超过服务期尚未履行部分所应分摊的培训费用。如培训费用 10 万元，服务期 5 年，则每年分摊 2 万元。如果已经服务 3 年，则违约金不得超过尚未履行的 2 年服务期所应分摊的 4 万元培训费用。《中华人民共和国劳动合同法》对违约金的数额做了封顶，对违约金的支付也进行了封顶，即不能超过尚未履行的服务期所应分摊的培训费用。这样规定的目的，在于适度保护企业的权益。企业为劳动者提供了专项培训费用用于专业技术培训，相应地，企业可以与劳动者约定服务期及违反服务期约定的违约金。即提供的专项培训费用与约定的服务期是相对应的，违反服务期约定的违约金最高限额即为企业提供的专项培训费用。如果服务期已经履行了一部分，则应当依法扣减违约金。

案例 8－3

培训期间工资是否属于专项培训费用

2013 年 6 月 1 日，张某与某体检公司签订无固定期限劳动合同，到体检公司工作。2014 年 7 月 3 日，张某与体检公司签订培训协议，该公司安排张某到外地参加为期一年的专业技术培训。培训协议约定：由体检公司支付培训费、差旅费，并按照劳动合同约定正常支付张某培训期间工资；张某培训完成后在体检公司至少服务 5 年；若张某未满服务期解除劳动合同，应当按照体检公司在培训期间所支出的所有费用支付违约金。培训期间，体检公司实际支付培训费 47 000 元、差旅费 5 600 元，同时支付张某工资 33 000 元。培训结束后，张某于 2015 年 7 月 3 日回体检公司上班。2018 年 3 月 1 日，张某向体检公司递交书面通知，提出于 2018 年 4 月 2 日解除劳动合同。体检公司要求张某支付违约金 85 600 元（47 000＋5 600＋33 000），否则拒绝出具解除劳动合同的证明。为顺利入职新用人单位，张某支付了违约金，但认为违约金数额违法，遂向仲裁委员会申请仲裁。请求裁决体检公司返还违法收取的违约金 85 600 元。

仲裁委员会裁决体检公司返还张某 61 930 元（85 600－23 670）。

本案的争议焦点是体检公司支付给张某培训期间的工资是否属于专项培训费用。根据《中华人民共和国劳动合同法》第二十二条、《中华人民共和国劳动合同法实施条例》第十六条、《中华人民共和国劳动法》第五十条、《关于贯彻执行〈中华人民共和国劳动法〉若干问题的意见》第五十三条，专项培训费用与工资存在明显区别：（1）从性质看，专项培训费用是用于培训的直接费用，工资是劳动合同履行期间用人单位支付给劳动者的劳动报酬；（2）从产生依据看，专项培训费用是因用人单位安排劳动者参加培训产生，工资是依据国家有关规定或劳动合同约定产生；（3）从给付对象看，专项培训费用由用人单位支付给培训服务单位等，工资由用人单位支付给劳动者本人。

张某脱产参加培训是在劳动合同履行期间由体检公司安排的，目的是提升其个人技能，使其能够创造更大的经济效益，张某参加培训的行为，应当视为履行对体检公司的劳动义务。综合前述法律规定，体检公司支付给张某培训期间的33 000元工资不属于专项培训费用。仲裁委员会结合案情依法计算得出：培训期间体检公司支付的专项培训费用为52 600元（47 000+5 600）；培训协议约定张某培训结束后的服务期为5年（即60个月），张某已实际服务33个月，服务期尚未履行部分为27个月。因此，张某依法应当支付的违约金为23 670元（52 600÷60×27），体检公司应当返还张某61 930元（85 600−23 670）。

实践中，用人单位在与劳动者订立服务期协议时，应当注意依法对服务期限、违约金等事项进行明确约定。协议约定的违约金不得超过用人单位提供的专项培训费用、实际要求劳动者支付的违约金数额不得超过服务期尚未履行部分所应分摊的培训费用。劳动者参加了用人单位提供的专业技术培训，并签订服务期协议的，应当尊重并依法履行该约定，一旦违反，应当依法承担违约责任。

资料来源：培训期间工资是否属于专项培训费用.（2020-08-06）. https://www.sohu.com/a/411524970_558802.

六、商业秘密和竞业限制

为了规范保密和竞业限制中企业和劳动者的权利和义务，《中华人民共和国劳动合同法》第二十三条规定："用人单位与劳动者可以在劳动合同中约定保守用人单位的商业秘密和与知识产权相关的保密事项。对负有保密义务的劳动者，用人单位可以在劳动合同或者保密协议中与劳动者约定竞业限制条款，并约定在解除或者终止劳动合同后，在竞业限制期限内按月给予劳动者经济补偿。劳动者违反竞业限制约定的，应当按照约定向用人单位支付违约金。"

《中华人民共和国劳动合同法》第二十四条规定："竞业限制的人员限于用人单位的高级管理人员、高级技术人员和其他负有保密义务的人员。竞业限制的范围、地域、期限由用人单位与劳动者约定，竞业限制的约定不得违反法律、法规的规定。在解除或者终止劳动合同后，前款规定的人员到与本单位生产或者经营同类产品、从事同类业务的有竞争关系的其他用人单位，或者自己开业生产或者经营同类产品、从事同类业务的竞业限制期限，不得超过二年。"这些规定明确了保密和竞业限制的签订条件以及双方的权利义务。

商业秘密是指不为公众所熟悉、能给用人单位带来经济利益、被用人单位采取保密措施的技术、经济和管理信息。保守商业秘密是指保持商业秘密的原状，不使之泄露出去。对负有保守用人单位商业秘密义务的劳动者，用人单位可以在劳动合同或者保密协议中与劳动者约定竞业限制条款，并约定在解除或者终止劳动合同后，在竞业限制期限内按月给予劳动者经济补偿。劳动者违反竞业限制约定的，应当按照约定向用人单位支付违约金。

（一）竞业限制的人员范围

竞业限制义务主体，是负有保密义务的劳动者。根据《中华人民共和国劳动合同法》的规定，竞业限制的人员限于企业的高级管理人员、高级技术人员和其他负有保密义务的人员，如公司的经理、副经理、财务负责人、上市公司董事会秘书和公司章程规定的其他人员。确认竞业限制的人员范围，应当限定在有机会接触、掌握企业商业秘密，且承担保护商业秘密义务的核心员工，一般指有机会接触到公司商业秘密的决策人员、高级技术人员及其他接触公司商业秘密的岗位和人员。

（二）竞业限制范围、地域和期限

竞业限制的范围、地域和期限，在不违反法律的前提下，由企业与劳动者约定。负有竞业限制义务的人员不得到与本单位生产或者经营同类产品、业务的有竞争关系的其他企业，或者自己开业生产或者经营同类产品和业务。竞业范围既包括自己生产经营，也包括到与本单位有竞争关系其他用工单位工作。双方应尽可能约定能够预计到的、在法律规定的范围内的所有可能区间。竞业限制期限，是劳动者接受竞业限制的时间，从劳动合同解除或者终止之日起，到竞业限制期限届满结束。竞业限制期限最长不得超过2年。也就是说，劳动合同解除或者终止最长2年后，劳动者不再受竞业限制的约束。

案例8-4

百度地图前高管离职自立门户，违反竞业限制被判赔偿260万元

核心高管离职又创立多家竞争企业。林海原系百度公司的一名高管，于2018年3月30日辞职。2018年5月14日，林海经过筹备，作为唯一股东发起设立海林上海公司，经营范围为人工智能行业应用软件开发等，其担任法定代表人、总经理。后林海又陆续投资设立了多家企业，并担任董事、高管等职位。一切都有序进行，但2018年7月底林海收到通知，百度公司已提起劳动争议仲裁，请求裁令林海履行竞业限制义务，返还竞业限制补偿金89万余元，并支付违约金459万余元等。

百度为何会对林海索赔如此高额的违约金？原来，百度公司地图项目事业部掌握着百度公司近年来的重点投入项目——高精地图和无人车研发的核心技术，林海是该部门负责人。任职期间，百度公司与其签订了《竞业限制协议》，约定若林海离职，一年内不得从事与百度公司及关联公司相竞争的业务，百度公司支付月工资的50%作为竞业限制补偿金。另约定如林海违反协议，需返还所有经济补偿并支付3倍数额的违约金。

林海离职后，百度公司按约定支付了2018年4月至10月的竞业限制补偿89万余元。然而不久，林海就创办了多家企业，进行高精地图项目开发。

对簿公堂，双方是否存在竞业关系成关键。经审理，仲裁委员会支持了百度公司的部分请求。双方均不服该裁决，向法院提起诉讼。一审法院判定林海返还竞业限制补偿金89万余元，并酌情判决其支付竞业限制违约金260万元。双方均不服一审判决，向上海一中院提起上诉。百度公司认为：高精地图和无人车项目是百度公司重点投入项目。林海知悉公司大量商业秘密，离职后设立多家竞争企业，从事相同项目，给百度公司造成了巨大损失，一审判决的违约金数额不足以补偿其损失。林海则认为：即使海林上海公司的经营范围包括人工智能，也不足以认定其实际经营的业务涵盖了高精地图业务，不足以认定其与百度存在竞争关系。海林上海公司未实际经营，未生产产品，未对外提供服务，未聘用雇员。百度公司实际损失仅为违反竞业限制义务期间的经济补偿，其请求以该损失的30%调整违约金。

上海一中院经审理后认为：根据工商登记信息，海林上海公司登记的经营范围与百度公司有重合。海林上海公司曾在招聘网注册"海林科技"，并介绍其"致力于……实时的高精地图服务""三位创始人来自百度核心业务高管"，并已公开招聘岗位视觉算法研发工程师，与林海离职前从事的工作内容有一定重合。海林科技的注册日期、首次发布信息的日期均早于林海后续设立企业的成立时间。综上，海林上海公司与百度公司经营范围、实际开展的业务均存在一定的重合，可以认定存在竞争关系。林海系海林上海公司的唯一股东并担任法定代表人，违反了竞业限制义务。百度公司支付的竞业限制补偿为89万余元，一审依据约定判决林海予以返还并无不当。双方合同约定的违约责任中，林海除返还竞业限制补偿外，还需支付违约金。一审法院根据本案违反竞业限制义务的认定等，结合违约责任的约定，酌情调整林海承担的违约金，并无不当。据此，上海一中院驳回上诉，维持原判。

资料来源：百度地图前高管离职自立门户 违反竞业限制被判赔260万.（2019-09-24）. https://baijiahao.baidu.com/s?id=1645555940026681331&wfr=spider&for=pc.

（三）竞业限制违约金

违约金体现的是一种约定责任，只有在有约定的情况下劳动者才要承担，如果没有约定，劳动者就不需要支付。权利和义务应是平衡的，所以，对于确有必要要求其履行竞业限制义务的员工，用人单位要与其商定违约金的数额。如果没有约定违约金，但因此给企业造成损失的，企业可以要求劳动者承担赔偿责任。竞业限制违约金的具体数额、支付方式由双方当事人自主约定，违约金的约定应当公平、合理，过高或过低设置违约金都可能导致违约金约定无效。竞业限制违约金的具体标准、支付方式，按照双方约定执行。《司法解释（一）》第四十条规定："劳动者违反竞业限制约定，向用人单位支付违约金后，用人单位要求劳动者按照约定继续履行竞业限制义务的，人民法院应予支持。"明确劳动者违反竞业限制约定的，用人单位可以同时行使要求支付违约金和要求继续履行两种救济权利。当然，要求继续履行的前提是竞业限制约定对劳动者有约束力，企业应当在竞业限制约定里约定经济补偿标准。

（四）竞业限制经济补偿

竞业限制经济补偿是指企业与劳动者约定劳动者接受竞业限制，而由企业在劳动合同解除或者终止后的竞业限制期限内按月支付劳动者的货币。《司法解释（一）》第三十八条规定："当事人在劳动合同或者保密协议中约定了竞业限制和经济补偿，当事人解除劳动合同时，除另有约定外，用人单位要求劳动者履行竞业限制义务，或者劳动者履行了竞业限制义务后要求用人单位支付经济补偿的，人民法院应予支持。"

竞业限制经济补偿的标准应根据保护商业秘密给企业带来的效益、竞业限制的区域、期限等因素，具体数额由双方协商约定。经济补偿支付的时间必须是在劳动合同终止或者解除之后，支付方式是按月支付。劳动合同法没有规定用人单位应支付给员工的竞业限制补偿金具体金额比例，本意是留给用人单位和劳动者自行协商，但实践中很多情况是用人单位只和员工约定要求其履行竞业限制义务，但是不约定经济补偿标准，因此产生争议。《司法解释（一）》第三十六条规定："当事人在劳动合同或者保密协议中约定了竞业限制，但未约定解除或者终止劳动合同后给予劳动者经济补偿，劳动者履行了竞业限制义务，要求用人单位按照劳动者在劳动合同解除或者终止前十二个月平均工资的30%按月支付经济补偿的，人民法院应予支持。前款规定的月平均工资的30%低于劳动合同履行地最低工资标准的，按照劳动合同履行地最低工资标准支付。"也就是说，只要员工离职后履行了竞业限制义务，即使没有约定补偿标准，员工也有权按司法解释规定的标准要求用人单位支付补偿。另外，不约定经济补偿的竞业限制可能对劳动者失去约束力。因为根据相关司法解释的规定，用人单位要求劳动者履行竞业限制义务的前提是"约定了竞业限制和经济补偿"，即两个方面都要约定。依这个逻辑推演，只约定竞业限制而不约定经济补偿的合同（条款）可能被认为对劳动者丧失约束力。

案例8－5

用人单位未支付竞业限制经济补偿，劳动者是否需承担竞业限制违约责任

2013年7月，乐某入职某银行，在贸易金融事业部担任客户经理。该银行与乐某签订了为期8年的劳动合同，明确其年薪为100万元。该劳动合同约定了保密与竞业限制条款，约定乐某须遵守竞业限制协议约定，即离职后不能在诸如银行、保险、证券等金融行业从事相关工作，竞业限制期限为两年。同时，双方还约定了乐某如违反竞业限制义务应赔偿银行违约金200万元。2018年3月1日，银行因乐某严重违反规章制度而与乐某解除了劳动合同，但一直未支付乐某竞业限制经济补偿。2019年2月，乐某入职当地另一家银行依旧从事客户经理工作。2019年9月，银行向仲裁委员会申请仲裁。请求裁决乐某支付违反竞业限制义务违约金200万元并继续履行竞业限制协议。

仲裁委员会裁决驳回银行的仲裁请求。本案的争议焦点是银行未支付竞业限制经济

补偿，乐某是否需承担竞业限制违约责任。《中华人民共和国劳动合同法》第二十三条第二款规定："对负有保密义务的劳动者，用人单位可以在劳动合同或者保密协议中与劳动者约定竞业限制条款，并约定在解除或者终止劳动合同后，在竞业限制期限内按月给予劳动者经济补偿。劳动者违反竞业限制约定的，应当按照约定向用人单位支付违约金。"由此，竞业限制义务，是关于劳动者在劳动合同解除或终止后应履行的义务。本案中，双方当事人在劳动合同中约定了竞业限制条款，劳动合同解除后，竞业限制约定对于双方当事人发挥约束力。《中华人民共和国劳动合同法》第二十九条规定："用人单位与劳动者应当按照劳动合同的约定，全面履行各自的义务。"《司法解释（一）》第三十八条规定："当事人在劳动合同或者保密协议中约定了竞业限制和经济补偿，劳动合同解除或者终止后，因用人单位的原因导致三个月未支付经济补偿，劳动者请求解除竞业限制约定的，人民法院应予支持。"用人单位未履行竞业限制期间经济补偿支付义务并不意味着劳动者可以"有约不守"，但劳动者的竞业限制义务与用人单位的经济补偿义务是对等给付关系，用人单位未按约定支付经济补偿已构成违反其在竞业限制约定中承诺的主要义务。具体到本案中，银行在竞业限制协议履行期间长达11个月未向乐某支付经济补偿，造成乐某遵守竞业限制约定却得不到相应补偿的后果。根据公平原则，劳动合同解除或终止后，因用人单位原因未支付经济补偿达三个月，劳动者此后实施了竞业限制行为，应视为劳动者以其行为提出解除竞业限制约定，用人单位要求劳动者承担违反竞业限制违约责任的不予支持，故依法驳回银行的仲裁请求。

随着新兴行业迅猛发展，越来越多的用人单位增强了知识产权和核心技术的保密意识，强化了其高级管理人员、高级技术人员及负有保密义务的其他人员的竞业限制约束力。用人单位应当严格按照劳动合同的约定向劳动者履行竞业限制期间的经济补偿支付义务，劳动者亦应秉持诚实守信原则履行竞业限制义务。同时，仲裁与司法实务中应始终关注劳动关系的实质不平等性，避免用人单位免除自己的法定责任，而排除劳动者的合法权益的情形，依法公正地维护双方的合法权益。

资料来源：人社部函〔2020〕62号 人力资源社会保障部 最高人民法院关于联合发布第一批劳动人事争议典型案例的通知.（2020-08-05）. https://www.shui5.cn/article/2b/138175.html.

七、无效劳动合同的确认

只要劳动合同的双方当事人意思表示一致，劳动合同即可成立。劳动合同有效应当具备的条件是：劳动合同签订的主体合法、双方意思表示真实、合同内容合法以及形式合法。如果劳动合同不具备或不完全具备法定有效要件，则会构成劳动合同的无效或部分无效，不能产生当事人预期的法律后果。

无效劳动合同是指劳动者与用人单位订立的违反劳动法律、法规的协议。无效劳动合同从订立时起就不具有法律效力，不能继续履行，不受法律保护。劳动合同符合法律法规的要求，是合同受法律保护的前提。无效劳动合同分为部分无效和全部无效。部分无效的劳动合同是指由于法定的理由自订立之日起，部分条款就没有法律效力的劳动合同。根据《中华人民共和国劳动合同法》，下列劳动合同无效或者部分无效。

（1）以欺诈、胁迫的手段或者乘人之危，使对方在违背真实意思的情况下订立或者变更劳动合同的。欺诈是指一方当事人故意隐瞒真相或者制造假象，诱使对方产生错觉，做出错误意思表示而与之订立或者变更合同。欺诈行为在实践中可分为故意陈述虚假事实的欺诈和故意隐瞒真实情况使他人陷入错误的欺诈。胁迫是指行为人以将要发生的损害或者以直接实施损害相威胁，使对方当事人产生恐惧而违背真实意思与之订立或者变更合同。如以对方当事人或其亲友的生命健康、人格尊严、财产安全或其他利益为要挟，迫使对方屈服，违背其真实意志签订的合同等。胁迫人的胁迫行为是给对方施加一种强制和威胁，但这种威胁必须是没有法律依据的。如果一方有合法的理由对另一方施加压力，则不构成胁迫。乘人之危是指行为人利用他人危难处境或急迫需要，强迫对方接受某种明显不公平的条件，并做出违背真实意愿的意思表示。以欺诈、胁迫的手段或者乘人之危，其共同特点是违反了平等自愿的原则，不是双方当事人的真实意思表示，属于无效劳动合同。劳动合同必须是双方当事人在平等自愿的基础上意思表示一致而达成的协议。任何一方采用欺诈、胁迫的手段或者乘人之危达到订立或变更劳动合同的目的，都违背了平等自愿、协商一致、诚实信用的合同订立原则，因而在这些情况下订立的劳动合同是没有法律效力的。

案例 8-6

劳动者提供虚假学历证书是否导致劳动合同无效

2018年6月，某网络公司发布招聘启事，招聘计算机工程专业大学本科以上学历的网络技术人员1名。赵某为销售专业大专学历，但其向该网络公司提交了计算机工程专业大学本科学历的学历证书、个人履历等材料。后赵某与网络公司签订了劳动合同，进入网络公司从事网络技术工作。2018年9月初，网络公司偶然获悉赵某的实际学历为大专，经询问，赵某承认了自己为应聘而提供虚假学历证书、个人履历的事实。网络公司认为，赵某提供虚假学历证书、个人履历属欺诈行为，严重违背诚实信用原则，根据《中华人民共和国劳动合同法》第二十六条、第三十九条规定解除了与赵某的劳动合同。赵某不服，向劳动人事争议仲裁委员会申请仲裁。请求裁决网络公司继续履行劳动合同。

仲裁委员会裁决驳回赵某的仲裁请求。本案的争议焦点是，赵某提供虚假学历证书、个人履历是否导致劳动合同无效。

《中华人民共和国劳动合同法》第八条规定："用人单位招用劳动者时，应当如实告知劳动者工作内容、工作条件、工作地点、职业危害、安全生产状况、劳动报酬，以及劳动者要求了解的其他情况；用人单位有权了解劳动者与劳动合同直接相关的基本情况，劳动者应当如实说明"；第二十六条规定："下列劳动合同无效或者部分无效：（一）以欺诈、胁迫的手段或者乘人之危，使对方在违背真实意思的情况下订立或者变更劳动合同的……"第三十九条规定："劳动者有下列情形之一的，用人单位可以解除劳动合同：……（五）因本法第二十六条第一款第一项规定的情形致使劳动合同无效的……”从上述条款可知，劳动合同是用人单位与劳动者双方协商一致达成的协议，相关信息对于是否签订劳动合同、建立劳动关系的真实意思表示具有重要影响。《中华人民共和国劳动合同法》第八条既规定了用人单位的告知义务，也规定了劳动者的告知义务。如果劳动者违反诚实信用原则，隐瞒或者虚构与劳动合同直接相关的基本情况，根据《中华人民共和国劳动合同法》第二十六条属于劳动合同无效或部分无效的情形。用人单位可以根据《中华人民共和国劳动合同法》第三十九条规定解除劳动合同并不支付经济补偿。此外，应当注意的是，《中华人民共和国劳动合同法》第八条规定的“劳动者应当如实说明”应仅限于“与劳动合同直接相关的基本情况”，如履行劳动合同所必需的知识技能、学历、学位、职业资格、工作经历等，用人单位无权要求劳动者提供婚姻状况、生育情况等涉及个人隐私的信息，也即不能任意扩大用人单位知情权及劳动者告知义务的外延。

本案中，“计算机工程专业”“大学本科学历”等情况与网络公司招聘的网络技术人员岗位职责、工作完成效果有密切关联性，属于“与劳动合同直接相关的基本情况”。赵某在应聘时故意提供虚假学历证书、个人履历，致使网络公司在违背真实意思的情况下与其签订了劳动合同。因此，根据《中华人民共和国劳动合同法》第二十六条的规定，双方签订的劳动合同无效。网络公司根据《中华人民共和国劳动合同法》第三十九条的规定，解除与赵某的劳动合同符合法律规定，故依法驳回赵某的仲裁请求。

资料来源：人社部函〔2020〕62号 人力资源社会保障部 最高人民法院关于联合发布第一批劳动人事争议典型案例的通知.（2020-08-05）. https://www.shui5.cn/article/2b/138175.html.

（2）用人单位免除自己的法定责任、排除劳动者权利的。免除自己的法定责任是指用人单位通过合同约定不承担按照有关法律规定应当承担的义务，比如对劳动者人身健康与安全进行保护、为劳动者缴纳社会保险费等义务。排除劳动者权利是指用人单位在劳动合同中限制或剥夺劳动者依法应当享有的法律权利，比如休息休假权、社会保险权等。用人单位通过劳动合同免除自己的法定责任，或者排除劳动者权利的一些约定，因为违反公平原则而无效。公平原则要求当事人通过合同确定的权利义务应该对等，不能出现权利和义务严重失衡的状况。

（3）违反法律、行政法规强制性规定的。包括劳动合同的主体、内容、形式和订立程序与法律、法规的强制性或禁止性规定相抵触，或滥用法律、法规的授权性或任意性规定。例如，一些企业在劳动合同条款中约定妇女不得在合同期间结婚或生育，劳动报酬低于最低工资标准，或在劳动合同中约定“工伤概不负责”，等等。劳动合同违反法律、行政法规的强制性规定，就意味着该合同的履行将给一方当事人或者社会利益带来损害。因此，《中华人民共和国劳动合同法》规定这样的合同条款是无效的。

无效劳动合同的确认必须由法律规定的专门机关进行，其他任何组织和个人都无权进行。根据《中华人民共和国劳动合同法》的规定，对劳动合同的无效或者部分无效有争议的，由劳动争议仲裁机构或者人民法院确认。劳动合同部分无效，不影响其他部分效力的，其他部分仍然有效。劳动合同被确认无效，劳动者已付出劳动的，用人单位应当向劳动者支付劳动报酬。劳动报酬的数额参照本单位相同或者相近岗位劳动者的劳动报酬确定。这一规定明确了无效劳动合同的处理。

第 3 节　劳动合同的履行

劳动合同依法订立后，用人单位和劳动者就应当按照劳动合同的约定，全面履行各自的义务，并享受相应的权利，任何一方都不得擅自变更或者解除劳动合同。同时，全面履行并不意味着劳动合同绝对不能变更，用人单位与劳动者签订劳动合同后，在法定条件下也可以对其变更。为使劳动合同得到全面履行，同时也为了规范劳动合同的变更，《中华人民共和国劳动合同法》具体规定了劳动合同履行和变更的条件和程序。

一、劳动合同应当全面履行

劳动合同的履行是指劳动合同双方当事人履行劳动合同所规定的义务、实现劳动过程的法律行为。劳动合同的履行是实现劳动合同目的和价值之所在，只有合同获得履行，劳动合同双方当事人的合同期待及其所蕴含的利益才能实现。用人单位与劳动者在平等自愿、协商一致的基础上订立劳动合同，目的是使劳动合同确立的权利、义务得到实现，从而满足用人单位与劳动者各自的要求。而劳动合同确立的权利、义务，只有通过用人单位与劳动者对劳动合同的履行才能实现。如果用人单位或者劳动者不履行劳动合同中确立的义务，劳动者或者用人单位就无法享受劳动合同确立的权利。因此，劳动合同的履行是劳动合同制度的核心，劳动合同只有得到履行，订立劳动合同的目的才能得到实现。

促进劳动合同双方严格按照约定全面履行合同义务，是劳动合同立法的原则和制度追求。《中华人民共和国劳动合同法》第二十九条的规定确立了劳动合同全面履行的原则，劳动合同双方应按约定全面履行各自的义务。全面履行是指用人单位和劳动者应当按照约定的内容、方式、期限，亲自、正确、全部履行其承担的义务。全面履行原则是对劳动合同履行的总括性要求，它包含劳动合同亲自履行的要求。亲自履行，对用人单位而言，除劳务派遣、合并分立等特殊情形，必须亲自履行报酬给付义务和其他附随义务。对劳动者而言，除非用人单位同意，否则都应由自己亲自履行，不能委托他人代理履行或由他人来承继履行。例如，用人单位应当按照劳动合同的约定为劳动者提供休息和休假，支付工资，缴纳社会保险费用，提供劳动保护、劳动条件和职业危害防护，劳动者应当按照合同约定保守用人单位的商业秘密等。在劳动合同履行中，双方的权利义务是对应的，一方的权利为另一方的义务，反之亦然。例如，用人单位应当在劳动合同约定的期限内为劳动者提供工作，劳动者应当在劳动合同约定的期限内为用人单位提供劳动；用人单位为劳动者提供的工作内容和工作地点应当符合劳动合同的约定，劳动者应当在劳动合同约定的工作地点进行劳动合同约定的工作。因此，双方都必须严格按照合同约定履行各自的义务，任何一方不履行或瑕疵履行，都表明劳动合同存在违约情形。

劳动合同履行的反面是不履行，即违约。违反全面履行，即不履行或不全面履行的既可能是用人单位，也可能是劳动者。用人单位违反全面履行的行为，主要表现为拖欠劳动者工资、强迫和变相强迫劳动者加班及违章指挥、强令冒险作业等违反劳动合同的行为。《中华人民共和国劳动合同法》为了规范劳动合同的履行，保护劳动者的报酬权、休息权和职业安全权，在强调全面履行劳动合同的同时，分别规定了支付令申请、禁止强迫加班、加班费支付、拒绝违章指挥和强令冒险作业的法律后果以及监督权行使等具体促进劳动合同履行的制度性规则。

二、用人单位名称、法定代表人变更，不影响劳动合同履行

《中华人民共和国劳动合同法》第三十三条规定："用人单位变更名称、法定代表人、主要负责人或者投资人等事项，不影响劳动合同的履行。"这一规定明确了劳动合同的履行不受用人单位有关事项变更的影响。用人单位名称是指用以代表用人单位并区别于其他用人单位的称谓。法定代表人是指依照法律或者法人组织章程规定，代表法人行使职权的负责人。主要负责人是指在用人单位起决定作用的重要人员，如公司的董事长、副董事长、经理、副经理等。投资人是指通过法定途径出资于用人单位的人。用人单位变更名称，只是用以代表用人单位的称谓发生了变化，其性质、对外的实体权利义务等并没有发生任何变化；用人单位变更法定代表人、主要负责人或者投资人，只是其内部有关人员发生了变化，这种变化本身并不影响其对外的权利义务。这些因素均属于用人单位的非组织实体相关因素的变化，用人单位的主体资格并未消灭。由于在上述情况下，用人单位对外的权利义务没有任何变化，其对劳动者的权利义务也不应发生改变，其与劳动者订立的劳动合同也就不受任何影响，用人单位和劳动者都应当按照名称、法定代表人、主要负责人或者投资人等事项变更前订立的劳动合同，全面履行各自的合同义务。

三、用人单位合并或分立，劳动合同由承继其权利义务的用人单位继续履行

《中华人民共和国劳动合同法》第三十四条规定："用人单位发生合并或者分立等情况，原劳动合同继续有效，劳动合同由承继其权利和义务的用人单位继续履行。"这一规定明确了用人单位合并或分立时，劳动合同的履行问题。

用人单位合并是指用人单位并入其他用人单位或者其他用人单位并入该用人单位，或者用人单位与其他用人单位合在一起共同成立一个新的用人单位。用人单位分立是指用人单位将其一部分分出去成立一个新的用人单位，或者用人单位分割为两个以上的新用人单位。合并和分立是法人组织本身变更的主要形式。用人单位发生合并或者分立等情况，用人单位与劳动者在合并或者分立前订立的劳动合同，并不因为用人单位的合并

或者分立而失效，它仍然具有法律效力，应当予以履行。由于原用人单位已经发生变化或者已经不存在，因此履行劳动合同的用人单位一方应当是承继原用人单位权利义务的用人单位。也就是说，用人单位合并或者分立，不影响劳动者与原用人单位依法订立的劳动合同的有效性，原用人单位在劳动合同中的法律地位一并转移给新用人单位。

四、劳动合同履行地与公司注册地不一致时，劳动标准如何确定

《中华人民共和国劳动合同法实施条例》第十四条规定："劳动合同履行地与用人单位注册地不一致的，有关劳动者的最低工资标准、劳动保护、劳动条件、职业危害防护和本地区上年度职工月平均工资标准等事项，按照劳动合同履行地的有关规定执行；用人单位注册地的有关标准高于劳动合同履行地的有关标准，且用人单位与劳动者约定按照用人单位注册地的有关规定执行的，从其约定。"其中劳动合同履行地是指用人单位和劳动者履行劳动合同约定义务的地点，也即劳动者提供劳动、用人单位支付工资和提供劳动条件等的地点。用人单位注册地是指用人单位在工商行政管理机关登记的地点。

由于各地区经济发展水平不同，最低工资标准以及其他福利水平也有所差别。一些工资水平较高地区的用工单位为了降低用工成本，可能在工资水平较低地区寻找派遣公司进行劳务派遣，并按照派遣单位所在地区的工资水平向被派遣劳动者支付劳动报酬；或者一些用人单位在工资水平较低的地区注册，但劳动合同实际履行地在工资水平较高的地区，用人单位为了降低成本按照用人单位注册地的工资及福利标准支付劳动者。劳动者主要是在劳动合同履行地生活、消费，如果用人单位执行单位注册地较低的劳动标准，会给劳动者的工作和生活造成困难。如果用人单位注册地的劳动标准高于劳动合同履行地相关标准，要求用人单位执行较高的标准，则可能造成该单位在竞争中处于不利的地位。但是如果在这种情形下，用人单位与劳动者约定按照单位注册地的标准执行，则应该尊重双方当事人的合意。基于此，该条规定劳动合同履行地与用人单位注册地不一致时，一般情况下按照劳动合同履行地的有关标准执行；如果用人单位注册地的标准高于劳动合同履行地的标准，并且双方当事人约定依照用人单位注册地标准执行的，从其约定。

第4节 劳动合同的变更

一、劳动合同变更的条件

劳动合同的变更指劳动合同在履行过程中，经双方协商一致，对合同条款进行的修改、补充或者删除的法律行为，具体包括工作内容、工作地点、工资福利的变更等。劳动合同的变更，其实质是双方的权利义务发生改变。合同变更的前提是双方原已存在合法的合同关系，变更的原因主要是客观情况发生变化，变更的目的是继续履行合同。在市场经济条件下，用人单位因生产经营需要而调整变化属正常现象。法律允许用人单位

根据自身生产经营需要，合理调整劳动者的工作岗位及工作地点，不仅有利于用人单位发展，也有利于维护劳动关系稳定。需要注意的是，如果用人单位对岗位或工作地点的不合理调整侵害了劳动者合法权益，劳动者可依法请求继续履行劳动合同或补偿工资差额等。

《中华人民共和国劳动合同法》第三十五条规定："用人单位与劳动者协商一致，可以变更劳动合同约定的内容。变更劳动合同，应当采用书面形式。变更后的劳动合同文本由用人单位和劳动者各执一份。"《中华人民共和国劳动合同法》第四十条第（一）项、第（二）项规定，有下列情形之一的，用人单位提前30日以书面形式通知劳动者本人或者额外支付劳动者1个月工资后，可以解除劳动合同：（1）劳动者患病或者非因工负伤，在规定的医疗期满后不能从事原工作，也不能从事由用人单位另行安排的工作的；（2）劳动者不能胜任工作，经过培训或者调整工作岗位，仍不能胜任工作的。这些规定明确了劳动合同变更的条件和程序。

对于用人单位来说，在生产经营或管理调整时，首先应当选择与劳动者充分协商，尽量通过变更或补充签订劳动合同方式完成调整；若未能协商一致，在基于用工自主权调整劳动者工作岗位或地点时，也要充分考虑劳动者的权益保障问题。作为劳动者，也应支持用人单位发展，在发生调整时，充分了解对自己权益的影响，积极与用人单位开展协商，共同寻求调整变化中的和谐。

（一）协商一致调岗变薪

原则上，劳动合同的变更应当协商一致，依约变更。劳动合同依法订立后，即产生相应的法律效力，对合同当事人具有法律约束力。当事人应当按照约定履行自己的义务，不得擅自变更合同。但这并不意味着当事人就没有在合同生效后，变更相应权利义务的途径。恰恰相反，劳动合同作为双方意思表示一致所达成的协议，体现了意思自治的原则。根据这一原则，当事人有权根据自己的真实意愿，为自己设定权利和对他人承担义务。变更劳动合同约定的内容，是改变当事人的权利义务，也必须遵守意思自治的原则，获得当事人的同意。因此，劳动合同变更的实质条件是用人单位与劳动者协商一致，即由用人单位与劳动者双方对将要变更的劳动合同的内容进行充分协商，并达成一致意见。劳动合同的变更，要遵循平等自愿、协商一致的原则，任何一方不得将自己的意志强加给对方。除非满足法定变更条件，否则任何一方不得单方行使合同的变更权。变更劳动合同的形式要件是采取书面形式。《中华人民共和国劳动合同法》第三十五条为企业调岗变薪提供了最佳的解决方法——双方协商一致变更原有的劳动合同。这种调岗变薪的方式是双方真实意思的表达，符合法律的规定，有利于劳动关系的和谐发展。

（二）企业单方依法变更合同

在法律有明确规定的情形下，企业可以单方变更劳动合同，也即依法变更为例外。在劳动者不能胜任工作，或者劳动者因身体原因在规定的医疗期满后不能从事原工作的情形下，企业可以单方面调岗变薪。也就是说，企业必须提供能证明单方面调岗调薪合法合理的依据。

企业要有员工不胜任工作的标准。它需要企业制定详细的职位说明书，将每一岗位的具体要求以书面的形式固定下来。如因公司结构调整或重组，提升了岗位职责和技能要求，则应立即修改相应的职位说明书。职位说明书要注意从外语要求、业务经验、技能水平、思想品德、身体素质等诸方面提出详细任职要求。这样一旦现任员工在公司结构调整或重组后不适合现职，公司即可依据职位说明书将其调整到合适的岗位，以此证明调岗的合理性。企业要有员工不胜任工作的事实。企业要制定详细的绩效考核制度和薪酬制度，建立对员工考核的明确标准与制度，并明确设置每一个岗位的薪资区间，以及员工职、薪升降与岗位调整制度，要将考核结果和薪酬调整紧密结合起来，并据此定期对员工进行考核，升降职位和薪资，考核结果要让员工签收。一旦考核不合格，则可将考核结果作为企业调整员工岗位以及薪酬的合理性依据；一旦出现工作失误，员工必须向企业提交说明或者检讨等书面材料，以作为调整岗位的合理性依据。

企业要有劳动者患病或者非因工负伤，在医疗期满后不能从事原工作的证明。在劳动者因为身体原因不能从事原工作的情形下，用人单位可以另行安排其工作，这一条规定明确了企业可以依法因劳动者身体原因调整其工作岗位或变更劳动者薪酬的方式。

（三）事实变更

《司法解释（一）》以司法解释的方式确认了事实变更：变更劳动合同未采用书面形式，但已经实际履行了口头变更的劳动合同超过一个月，且变更后的劳动合同内容不违反法律、行政法规且不违背公序良俗，当事人以未采用书面形式为由主张劳动合同变更无效的，人民法院不予支持。

案例8－7

用人单位如何行使用工自主权合法调整劳动者的工作岗位和地点

孙某于2017年8月入职某模具公司，双方订立了无固定期限劳动合同，约定孙某的工作地点为某直辖市，岗位为“后勤辅助岗”，具体工作内容为“财务、预算管理和其他行政性工作”。双方还约定：“模具公司可以根据生产经营的需要，对孙某工作岗位、工作内容及工作地点进行调整。”入职后，孙某被安排在模具公司位于某城区的开发中心从事财务人事等辅助性工作。2019年7月1日，基于公司生产经营和管理需要，为减轻各中心的工作负担，模具公司将各中心的财务工作统一转回公司总部的财务处集中管理。为此，孙某办理了开发中心全部财务凭证的交接，模具公司与孙某沟通协商，提出安排其到开发中心其他岗位工作，但均被孙某拒绝。后模具公司安排孙某到位于相邻城区的公司总部从事人事相关工作。7月底，孙某要求模具公司将其调回原工作地点原岗位工作，双方由此发生争议。孙某向仲裁委员会申请仲裁，要求模具公司按原工作地点及原工作岗位继续履行劳动合同。

仲裁委员会裁决驳回孙某的仲裁请求。本案的争议焦点是模具公司对孙某调整工作岗位和工作地点是否属于合法行使用工自主权。《中华人民共和国就业促进法》第八条规定："用人单位依法享有自主用人的权利。"用人单位作为市场主体，根据自身生产经营需要而对劳动者的工作岗位、工作地点进行适当调整，是行使用工自主权的重要内容，对其正常生产经营不可或缺。但同时，用人单位用工自主权的行使也必须在相关法律和政策的框架内，符合一定条件和范围，如用人单位须对岗位或工作地点的调整做出合理说明，防止用人单位借此打击报复或变相逼迫劳动者主动离职，也即防止其权利的滥用。仲裁和司法实务中，岗位或工作地点调整的合理性一般考虑以下因素：（1）是否基于用人单位生产经营需要；（2）是否属于对劳动合同约定的较大变更；（3）是否对劳动者有歧视性、侮辱性；（4）是否对劳动报酬及其他劳动条件产生较大影响；（5）劳动者是否能够胜任调整的岗位；（6）工作地点做出不便调整后，用人单位是否提供必要协助或补偿措施等。

本案中，双方在劳动合同中约定孙某的工作岗位为"后勤辅助岗"，该岗位不属固定或专业岗位；模具公司根据生产经营需要，适当调整孙某的工作岗位、工作内容及工作地点是基于财务集中管理的需要，对孙某并无针对性；同时，该工作地点和工作内容的调整模具公司亦与孙某进行了沟通协商，给出了包括在原工作地点适当调整岗位等多种选择方案，体现了对孙某劳动权益的尊重；调整后的人事岗位与孙某的原先岗位性质相近，孙某也完全能够胜任；最后，孙某调整后的工作地点也处于交通便利的城区，上下班时间虽有所增加，但该地点变更不足以认定对其产生较大不利影响，对其劳动权益也构不成侵害，故依法驳回孙某的仲裁请求。

资料来源：人社部函〔2020〕62号 人力资源社会保障部 最高人民法院关于联合发布第一批劳动人事争议典型案例的通知.（2020-08-05）. https://www.shui5.cn/article/2b/138175.html.

二、劳动合同变更的程序

劳动合同变更的程序具体包括：

（1）协商。当事人一方要求变更劳动合同相关内容的，应当将变更要求以书面形式送交另一方，向对方提出变更合同的要求和理由。并约定答复期限，在规定的期限内给予答复，同意、不同意或提议再协商。

（2）签订协议。在达成一致意见的基础上，将变更的内容书面记载。即劳动合同变更内容的书面文件须经用人单位和劳动者双方签字或者盖章才能发生法律效力。

（3）各执一份。为保证用人单位和劳动者全面履行劳动合同，避免劳动合同纠纷，同时也为了便于发生劳动争议时有据可查，变更劳动合同，应当采用书面形式。变更后的劳动合同文本由用人单位和劳动者各执一份。这对于确认和证明劳动合同法律关系已发生变更的事实具有重要意义。

第5节 劳动合同的解除

劳动合同解除是指劳动合同订立后，尚未全部履行以前，由于某种原因导致劳动合同一方或双方提前消灭劳动关系的法律行为，分为法定解除和约定解除。为了平衡企业与劳动者的利益，建立与发展和谐稳定的劳动关系，我国法律对劳动合同的解除做了严格的规定和限制。

一、双方协商一致解除劳动合同

《中华人民共和国劳动合同法》第三十六条规定："用人单位与劳动者协商一致，可以解除劳动合同。"《中华人民共和国劳动合同法实施条例》第十八条、第十九条规定，用人单位与劳动者协商一致的，可以依照《中华人民共和国劳动合同法》规定的解除劳动合同的条件、程序，解除包括无固定期限在内的所有合同。协商一致解除劳动合同是指用人单位与劳动者在平等自愿基础上，互相协商，提前终止劳动合同效力的法律行为。劳动合同被称为合意上的法律，它既可以通过合意来订立、变更，也可以通过合意而提前解除。协商解除是劳动合同自由原则的体现，是双方当事人理性选择的结果，因此双方对其产生的后果是可以预见的。

在协商解除劳动合同的过程中，一定要遵循自愿原则，一方不得有利诱、胁迫另一方的违法行为。只有在平等自愿、协商一致的基础上，劳动合同才可以顺利解除，否则就会引发劳动争议。同时，应注意究竟由哪一方首先提出解除劳动合同的动议，其法律后果是不一样的。如果是劳动者首先提出解除合同的动议，并与用人单位协商一致解除劳动合同的，法律没有规定用人单位有支付经济补偿的义务。但如果是用人单位首先提出解除合同的动议，并与劳动者协商一致解除劳动合同的，用人单位应当向劳动者支付经济补偿。因此，通过协商解除劳动合同时，双方当事人都要做好证据的收集工作，一旦发生纠纷，就要拿出证据来证明究竟是哪一方首先提出解除劳动合同的动议，以此来证明用人单位是否应承担向劳动者支付经济补偿的义务。

二、劳动者单方解除劳动合同

《中华人民共和国劳动合同法》第三十七、第三十八条对劳动者单方面解除劳动合同的权利做出了规定。为了加强《中华人民共和国劳动合同法》的可操作性，消除社会上存在的关于无固定期限劳动合同是"铁饭碗""终身制"的误解，《中华人民共和国劳动合同法实施条例》第十八条采用集中表达的方式，明确了劳动者也可以依法解除包括无固定期限劳动合同在内的各类劳动合同。

（一）劳动者提前通知解除劳动合同

（1）提前30天通知，劳动者可解除劳动合同。《中华人民共和国劳动合同法》第三十七条规定，劳动者提前30天以书面形式通知用人单位，可以解除劳动合同。这一规定赋予劳动者辞职权，劳动者有权根据自己的能力、特长、志趣和爱好，选择适合的职业。提前30天通知既是劳动者单方解除劳动合同的条件，也是解除合同的程序。通过这种途径解除劳动合同，劳动者无须提供任何理由，只需要提前30天以书面形式通知即可。同时，用人单位也不承担支付劳动者经济补偿的义务，如果劳动合同中依法约定了劳动者提前解除劳动合同的法律责任，劳动者需要承担相应的责任。

（2）试用期内，劳动者提前3天通知解除合同。《中华人民共和国劳动合同法》规定，劳动者在试用期内提前3天通知用人单位，可以解除劳动合同。试用期既是用人单位对新招收职工各方面的情况进行考察的期限，也是新招收职工用以考察用人单位的劳动条件、劳动报酬是否符合劳动合同规定的选择期限。劳动者在试用期内，发现用人单位的实际情况与订立劳动合同时所介绍的实际情况不相符，或者发现自己不适于从事该工种工作，以及存在其他不能履行劳动合同的情况，则不需要任何理由，可以通知用人单位解除劳动合同。在这种情况下解除劳动合同，用人单位无须支付劳动者经济补偿。

（二）用人单位违法，劳动者随时解除劳动合同

《中华人民共和国劳动合同法》第三十八条规定，用人单位有下列情形之一的，劳动者可以通知用人单位解除劳动合同：（1）未按照劳动合同约定提供劳动保护或者劳动条件的；（2）未及时足额支付劳动报酬的；（3）未依法为劳动者缴纳社会保险费的；（4）用人单位的规章制度违反法律、法规的规定，损害劳动者权益的；（5）用人单位以欺诈、胁迫的手段或者乘人之危，使劳动者在违背真实意思的情况下订立或者变更劳动合同致使劳动合同无效的；用人单位免除自己的法定责任、排除劳动者权利致使劳动合同无效的；违反法律、行政法规强制性规定致使劳动合同无效的；（6）法律、行政法规规定劳动者可以解除劳动合同的其他情形。在这些情形下解除劳动合同，劳动者只需要通知用人单位即可，无须征得用人单位同意。同时，如果劳动者是根据这些理由解除劳动合同，用人单位还要依法向劳动者支付经济补偿。

案例8-8

确因有争议少发工资不构成被迫解除合同的理由

周某于2015年6月5日入职某商贸公司，双方订立了为期3年的劳动合同，约定周某的岗位为销售员，月工资为4 000元。2017年7月，周某晋升为店长，月工资调整为10 000元。2018年3月，周某所负责的店铺在盘点中发现丢失货品达60 000余元。商贸公司的《员工手册》规定，员工在岗期间，对公司销售的产品有看管义务，凡盘点发现账实不符且不能分清责任的情况下，均需由当月在岗的全体员工共同承担赔偿责任，按照损失货品零售价格的50%赔偿。故商贸公司在3月底发放工资时，从周某的工资中扣款5 000元作为赔偿，当月实发工资为4 000余元。次日，周某即以未足额支付劳动报酬为由提出辞职，并要求支付解除劳动合同

经济补偿。

仲裁委员会审理后认为，商贸公司的工资支付情况一贯良好，其向周某支付的 2018 年 3 月工资不低于北京市最低工资标准，扣除的 5 000 元系因周某所在店铺丢货而产生的损失赔款，双方对此存在争议，商贸公司并不存在明知应支付此 5 000 元而不支付的情况，不构成未及时足额支付劳动报酬，故裁决驳回周某的仲裁请求。

辞职可任性，但要求支付经济补偿须合法有据。用人单位与劳动者在行使权利、履行义务时都应遵守诚实信用原则。《中华人民共和国劳动合同法》第三十八条赋予了劳动者单方即时解除权，但劳动者不应滥用该权利。确因用人单位主观恶意未及时足额支付劳动报酬的，劳动者提出解除劳动合同要求支付经济补偿的，人民法院应当支持。因客观存在劳动报酬计算标准不清楚、有争议等情形，导致用人单位未能及时足额支付劳动报酬的，一般不应作为劳动者解除劳动合同要求支付经济补偿的依据。本案中，周某作为店长对货品丢失负有相应责任，虽然商贸公司从其工资中扣款 5 000 元缺乏充分的依据，但并无拖欠劳动报酬的主观恶意。周某虽可"任性"辞职，但其要求支付解除劳动合同经济补偿不符合合法、合理、公平原则，故未能得到支持。

资料来源：北京市劳动仲裁 2019 年案例四：确因有争议少发工资不构成被迫解除合同的理由.(2020-04-13). http://www.cy12333.com/info.asp? infoid=20928.

（三）非常情况下，劳动者可以立即解除劳动合同，无须提前通知

在劳动关系中，劳动者享有最基本的人身自由。虽然劳动者有义务服从企业的安排，遵守劳动纪律并完成劳动任务，但同时，提供符合安全生产要求的劳动条件、照章指挥、保障劳动者的生命安全以及身体健康也是企业的义务。因此，法律规定：用人单位以暴力、威胁或者非法限制人身自由手段强迫劳动者劳动的，或者用人单位违章指挥、强令冒险作业危及劳动者人身安全的，劳动者可以立即解除劳动合同，无须事先告知用人单位。这一规定赋予了劳动者立即解除合同的权利，且不用告知用人单位。暴力是指用人单位直接以身体强制的手段强迫劳动者为用人单位服务。威胁是指用人单位以将要实行暴力或对劳动者的其他损害为强迫劳动的手段。非法限制人身自由是指采用拘留、禁闭或其他强制方法，非法剥夺或限制自由行为，迫使他人按照自己意志支配其身体活动。劳动者的人身安全是受到法律保护的，用人单位采用非法手段强令劳动者进行危及自身人身安全的行为是违法的，劳动者有拒绝的权利。而且，根据法律规定，劳动者以此解除合同，用人单位应当向劳动者支付经济补偿。

三、用人单位单方解除劳动合同

《中华人民共和国劳动合同法》第三十九到第四十一条对用人单位解除劳动合同的权利进行了规定。除了协商一致解除劳动合同外，用人单位解除包括无固定期限劳动合同在内的情形可以分为以下三种情况：劳动者有过失，用人单位解除劳动合同；劳动者无过失，用人单位提前 30 天通知解除劳动合同；经济性裁员。

（一）劳动者有重大过失

根据《中华人民共和国劳动合同法》第三十九条的规定，劳动者有下列情形之一的，用人单位可以解除劳动合同：（1）在试用期间被证明不符合录用条件的；（2）严重违反用人单位的规章制度的；（3）严重失职，营私舞弊，给用人单位造成重大损害的；（4）同时与其他用人单位建立劳动关系，对完成本单位的工作任务造成严重影响，或者经用人单位提出，拒不改正的；（5）采用欺诈、胁迫的手段或者乘人之危，使用人单位在违背真实意思的情况下订立或者变更劳动合同，致使劳动合同无效的；（6）被依法追究刑事责任的。上述情形的共同特点是，劳动者主观上均有严重过失，因而用人单位有权随时解除合同。用人单位在这种情形下解除劳动合同，无须提前30天通知，且不受用人单位不得解除劳动合同的法律限制，无须支付经济补偿。

用人单位在上述情形下有权解除劳动合同，应特别注意：（1）确实掌握相关证据。对于过失性解除，法律设定了严格的条件，企业行使该权利前应当根据所掌握的证据进行评估。只有有证据证明员工有过失性行为，符合法定解除条件的，才可以解除合同。（2）严格履行法律程序。企业行使过失性解除合同权利，应依法征求工会意见，将解除劳动合同通知书文本交由员工签收。解除通知是企业用于解除或终止与员工的劳动合同的法律文本，可以用于判断双方劳动关系的解除时间。

案例 8-9

营私舞弊进行利益输送，被裁决赔偿用人单位经济损失

温某于2017年4月5日入职某网络技术公司，担任某直播平台的运营专员，双方订立了期限为1年的劳动合同，约定温某的月工资为12 000元。2018年1月初，温某从网络技术公司离职。2018年2月，网络技术公司内审部门通过调查发现，在职期间温某利用职务之便，未经申报私自批准亲属在网络技术公司直播平台上设立并运营公会，违规在公司后台系统进行操作，擅自删除平台潜力主播60余名，从而达到将上述潜力主播转移至其亲属运营的公会名下，为该公会牟利的目的。温某的上述行为导致网络技术公司需要为此额外支出被转移主播的底薪及多支出30%的分成比例，给网络技术公司造成严重经济损失。在调查中，温某承认其亲属利用网络技术公司直播平台获利40余万元，并与自己进行利益分成等。2018年3月，网络技术公司提出仲裁申请，要求温某赔偿经济损失26万余元。

仲裁委员会审理后认为，温某在明知网络技术公司有相关规定的情况下，利用其职务便利，营私舞弊，对其亲属进行利益输送，给网络技术公司造成了重大损害，故综合温某的工资标准、工作期限、工作期间获取的劳动报酬、在调查中的自认及行业特点等因素，酌定温某向网络技术公司赔偿损失8万元。

营私舞弊给用人单位造成重大损害须赔偿。《北京市工资支付规定》第十一条规定：“用人单位不得随意扣除劳动者工资。除法律、法规、规章规定的事项外，用人单位扣

除劳动者工资应当符合集体合同、劳动合同的约定或者本单位规章制度的规定。因劳动者本人原因给用人单位造成经济损失，用人单位按照前款规定扣除劳动者工资的，扣除后的余额不得低于本市最低工资标准。”《北京市劳动合同规定》第五十条中规定：“因劳动者存在本规定第三十条第（二）项、第（三）项规定的情形，被用人单位解除合同，且给用人单位造成损失的，应当承担赔偿责任。”本案中，温某虽已离职，但其在职期间，在明知网络技术公司相关规章制度的情况下，违背基本职业操守，利用其职务便利，营私舞弊，对其亲属进行利益输送，在网络技术公司能证明存在重大损害的情形下，温某应当承担相应的赔偿责任。

资料来源：北京市劳动仲裁2019年案例八：营私舞弊利益输送被裁决赔偿用人单位经济损失.(2020-04-30). http://www.cy12333.com/info.asp? infoid=21074.

（二）劳动者无过失

根据《中华人民共和国劳动合同法》第四十条的规定，有下列情形之一的，用人单位提前30日以书面形式通知劳动者本人或者额外支付劳动者1个月工资后，可以解除劳动合同：(1) 劳动者患病或者非因工负伤，在规定的医疗期满后不能从事原工作，也不能从事由用人单位另行安排的工作的；(2) 劳动者不能胜任工作，经过培训或者调整工作岗位，仍不能胜任工作的；(3) 劳动合同订立时所依据的客观情况发生重大变化，致使劳动合同无法履行，经用人单位与劳动者协商，未能就变更劳动合同内容达成协议的。

实践中，劳动者患病或非因工负伤医疗期满后解除合同在操作上应当注意以下几点：(1) 解除患病或者非因工负伤劳动者劳动合同应该等到医疗期满之后。在医疗期满后，用人单位对不能从事原工作岗位的职工应当对其调换岗位，并在平等自愿、协商一致的基础上与劳动者商议劳动合同内容的变更，之后还要协助劳动者适应岗位。如果用人单位尽了这些义务，劳动者仍然不能胜任工作，则用人单位可以在提前30日书面通知的前提下，解除与该劳动者的劳动合同。(2) 劳动者非因工致残和经医生或医疗机构认定患有难以治疗的疾病，医疗期满，应当由劳动鉴定委员会参照工伤与职业病致残程度鉴定标准进行劳动能力的鉴定。

用人单位在解除不能胜任工作的职工的劳动合同时需要注意：(1) 不能胜任工作，是指劳动者不能按要求完成劳动合同中约定的任务或者同工种、同岗位人员的工作量。用人单位不得故意提高定额标准，使劳动者无法完成。(2) 用人单位负有协助劳动者适应岗位的义务。劳动者不能完成某一岗位的工作任务，用人单位可以对其进行职业培训，提高其职业技能，也可以把其调换到能够胜任的工作岗位上。如果用人单位尽了这些义务，劳动者仍然不能胜任工作，此时，用人单位有权解除其劳动合同。

因客观情况发生变化，用人单位解除劳动合同，要与劳动者协商，只有在不能就变更合同达成一致的情况下，用人单位才能解除合同。

总之，非过失性解除是劳动者本身并无主观过失，而是基于某些外部环境或者劳动者自身的客观原因，用人单位可以单方面解除劳动合同的法定理由。这时，用人单位解除劳动合同需要提前30天以书面形式通知劳动者本人，或者额外支付劳动者1个月工资作为代通知金，解除合同要受法律规定的用人单位不得解除合同的法定情形的限制。而且，解除合同需要依法支付劳动者相应的经济补偿。如果用人单位违法解除劳动合同，应当依照经济补偿标准的两倍向劳动者支付赔偿金。

案例 8-10

因政策导致部门迁移属于客观情况发生重大变化

唐某于2012年8月1日入职某电子企业担任电焊工，工作地点位于北京市某郊区，双方订立了5年期限的劳动合同。2018年1月，根据北京市疏解整治促提升计划和该区具体实施政策要求，电子企业决定将生产部门全部迁移至河北省某市。当月，公司向生产部门全体员工发出《生产部门搬迁员工意向调查表》征询意见。唐某表示愿意随公司迁往新的工作地点，并提出工资待遇上浮40%、安排住宿补贴等要求，电子企业则表示可在两地安排班车接送上下班，工资待遇可上涨10%。此后，双方就搬迁、解除等事宜进行多次协商，但均未能达成一致。2018年3月12日，电子企业向唐某发出解除劳动合同通知书，以客观情况发生重大变化、双方未能就变更劳动合同达成一致为由，与唐某解除劳动合同，并向其支付了解除劳动合同经济补偿。随后，唐某提出仲裁申请，要求电子企业支付违法解除劳动合同赔偿金（差额）。

仲裁委员会审理后认为，电子企业与唐某解除劳动合同的情形符合《劳动合同法》第四十条第（三）项的规定，故裁决驳回了唐某的仲裁请求。

符合客观情况发生重大变化用人单位可行使解除权。对于何谓“劳动合同订立时所依据的客观情况发生重大变化”，《关于〈中华人民共和国劳动法〉若干条文的说明》第二十六条第四款做出了解释，即该条中的“客观情况”指：发生不可抗力或出现致使劳动合同全部或部分条款无法履行的其他情况，如企业迁移、被兼并、企业资产转移等，并且排除本法第二十七条所列的客观情况。本案中，电子企业的生产部门发生迁移，确因政府政策变化所致，是其在订立劳动合同时无法预见的客观情况，故在双方不能就变更劳动合同达成一致时，电子企业可行使单方解除权。

资料来源：北京市劳动仲裁2019年案例二：因政策导致部门迁移属于客观情况发生重大变化.(2020-03-10). http://www.cy12333.com/info.asp? infoid=20680.

（三）经济性裁员

经济性裁员是指用人单位在遭遇到经济上的困难时，通过裁减人员以达到摆脱困境的目的。经济性裁员是用人单位用人自主权的体现，但是大规模裁减人员，不但损害劳动者的合法权益，对社会稳定也会带来不利的影响。因此，《中华人民共和国劳动合同法》第四十一条规定：“有下列情形之一，需要裁减人员二十人以上或者裁减不足二十人但占企业职工总数百分之十以上的，用人单位提前三十日向工会或者全体职工说明情况，听取工会或者职工的意见后，裁减人员方案经向劳动行政部门报告，可以裁减人员：（一）依照企业破产法规定进行重整的；（二）生产经营发生严重困难的；（三）企业转产、重大技术革新或者经营方式调整，经变更劳动合同后，仍需裁减人员的；（四）其他因劳动合同订立时所依据的客观经济情况发生重大变化，致使劳动合同无法履行的。裁减人员时，应当优先留用下列人员：（一）与本单位订立较长期限的固定期限劳动合同的；（二）与本单位订立无固定期限劳动合同的；（三）家庭无其他就业人员，有需要扶养的老人或者未成年人的。用人单位依照本条第一款规定裁减人员，在六个月内重新招用人员的，应当通知被裁减的人员，并在同等条件下优先招用被裁减的人员。”

这一规定明确了经济性裁员的适用情形、人数限制和裁员程序等。《中华人民共和国劳动合同法实施条例》进一步明确了经济性裁员同样适用于无固定期限劳动合同。

（四）用人单位不得解除合同的情形

为了保护劳动者合法权益，防止不公正解雇，法律除规定用人单位可以解除劳动合同的情形外，还规定了用人单位不得解除劳动合同的情形。《中华人民共和国劳动合同法》第四十二条规定：“劳动者有下列情形之一的，用人单位不得依照本法第四十条、第四十一条的规定解除劳动合同：（一）从事接触职业病危害作业的劳动者未进行离岗前职业健康检查，或者疑似职业病病人在诊断或者医学观察期间的；（二）在本单位患职业病或者因工负伤并被确认丧失或者部分丧失劳动能力的；（三）患病或者非因工负伤，在规定的医疗期内的；（四）女职工在孕期、产期、哺乳期的；（五）在本单位连续工作满十五年，且距法定退休年龄不足五年的；（六）法律、行政法规规定的其他情形。”

用人单位不得解除劳动合同的规定，是对特殊劳动者在特殊时期的一种特别保护，如疑似职业病还在医学观察期的劳动者、患病尚处于医疗期内的劳动者以及处于“三期”的女职工等，他们都处于一个弱势时期，因此法律规定劳动者在这些情形下，用人单位不得因为“无过失性解除合同”或者“经济性裁员”而解除劳动合同。但是，如果这些劳动者有过失，同时具备用人单位可以“过失性解除合同”情形的，用人单位仍然可以依法解除劳动合同。

（五）解除劳动合同的程序

法律对用人单位单方解除合同的程序做了明确规定。《中华人民共和国劳动合同法》第四十三条规定：“用人单位单方解除劳动合同，应当事先将理由通知工会。用人单位违反法律、行政法规规定或者劳动合同约定的，工会有权要求用人单位纠正。用人单位应当研究工会的意见，并将处理结果书面通知工会。”这一规定明确了用人单位解除劳动合同的程序，用人单位依据法律法规规定解除劳动合同的，应当向劳动者出具解除劳动合同的书面证明，并办理有关手续。

1. 提前书面通知

规定解除合同的预告期，是各国劳动立法的惯例。除了劳动者有过失，用人单位可以随时解除劳动合同之外，我国劳动法律要求用人单位与劳动者解除劳动合同，需要提前30日以书面形式通知对方。

2. 征求工会意见

我国劳动法律规定，用人单位单方解除劳动合同，应当事先将理由通知工会。用人单位违反法律、行政法规规定或者劳动合同约定的，工会有权要求用人单位纠正。用人单位应当研究工会的意见，并将处理结果书面通知工会。

3. 经济补偿

经济补偿是用人单位解除和终止劳动合同而给劳动者的一次性补偿金。经济补偿的标准，主要取决于劳动者在本单位的工作年限和劳动者解除劳动合同前12个月的平均工资水平。劳动合同解除或终止，劳动者应当按照双方约定，办理工作交接。用人单位依照有关规定应当向劳动者支付经济补偿，在办结工作交接时支付。

4. 依法为劳动者办理档案转移手续

用人单位与劳动者解除合同后，应依次为劳动者办理档案转移手续。《中华人民共和国劳动合同法》第五十条规定："用人单位应当在解除或者终止劳动合同时出具解除或者终止劳动合同的证明，并在十五日内为劳动者办理档案和社会关系保险关系转移手续。"规定用人单位为劳动者出具解除或者终止劳动合同的证明，是为了方便劳动者寻找新的就业机会，尽快重新就业。为劳动者办理档案和社会保险转移手续，是为了保证劳动者社会保险缴纳的连贯性，保证劳动者能够及时交纳社会保险。用人单位解除或终止劳动合同应当办理的相关手续，包括出具证明、转移社会保险、办理工作交接、支付经济补偿以及保存档案备查。用人单位对已经终止的劳动合同的文本，至少保存2年备查。

案例 8－11

离职证明中不应包含对劳动者不利事项

姜某于2016年4月1日入职某房地产经纪公司，从事销售顾问工作，双方订立了为期5年的劳动合同。2018年6月，受市场不景气等因素影响，房地产经纪公司决定关闭部分门店，姜某所在门店是其中之一。当月，房地产经纪公司两次向姜某发出《调整工作地点通知书》，告知将其工作地点调整至相邻城区的另一门店，岗位及薪资待遇等不变。姜某收到第二份《调整工作地点通知书》后在落款处签署"本人要求单位单方解除劳动合同并支付经济补偿"，并拒绝到该门店工作。房地产经纪公司以姜某拒绝合理工作安排为由，向其发出两份《警告函》，后又发出《解除劳动合同通知书》。解除当日，房地产经纪公司向姜某出具的《离职证明》中载明，双方解除劳动合同的原因系姜某严重违反公司规章制度。姜某认为房地产经纪公司属于违法解除，要求支付赔偿金，且不同意《离职证明》中写明的离职原因，要求重新出具《离职证明》。

仲裁委员会审理后认为，姜某与房地产经纪公司在劳动合同中约定公司可以根据生产经营的需要合理调整姜某的工作地点，调整后的工作地点离原工作地点相距不远，对姜某的生活并无不利影响，且其工作岗位及薪资待遇并无不利的变化，房地产经纪公司依据《员工手册》的相关规定与其解除劳动合同合法，故对姜某要求支付违法解除劳动合同赔偿金的请求不予支持；房地产经纪公司在《离职证明》中写明的离职原因无相关依据，故对姜某要求重新开具《离职证明》的请求予以支持。

离职证明有瑕疵劳动者有权要求重新开具。《中华人民共和国劳动合同法实施条例》第二十四条规定："用人单位出具的解除、终止劳动合同的证明，应当写明劳动合同期限、解除或者终止劳动合同的日期、工作岗位、在本单位的工作年限。"从上述规定看，法律对离职证明应包含的事项做出了明确规定，并未包括解除劳动合同的原因或涉及劳动者能力、品行等情况的描述。如果允许离职证明中包含不利于劳动者的相关事项，显然不利于营造公平无歧视的就业环境。故从上述两个角度分析，对姜某要求重新开具离职证明的请求应予支持。

资料来源：北京市劳动仲裁 2019 年案例七：离职证明中不应包含对劳动者不利事项.（2020-04-29）. http://www.cy12333.com/info.asp? infoid=21070.

第6节 劳动合同的终止和续订

一、劳动合同终止的概念

劳动合同终止是指劳动合同期限届满或双方当事人主体资格消失，合同规定的权利义务即行消灭的制度。劳动合同终止，并非双方的积极行为所致，一般是由于合同本身的因素、法律规定或不可抗力所致。劳动合同签订后，双方当事人不得随意终止合同，而应依法终止。

二、劳动合同终止的条件

根据《中华人民共和国劳动合同法》第四十四条的规定，有下列情形之一的，劳动合同终止：

（1）劳动合同期满的；

（2）劳动者开始依法享受基本养老保险待遇的；

（3）劳动者死亡，或者被人民法院宣告死亡或者宣告失踪的；

（4）用人单位被依法宣告破产的；

（5）用人单位被吊销营业执照、责令关闭、撤销或者用人单位决定提前解散的；

（6）法律、行政法规规定的其他情形。

这一规定明确了劳动合同法定的终止条件。《中华人民共和国劳动合同法实施条例》

第二十一条规定："劳动者达到法定退休年龄的，劳动合同终止。"这一规定明确了劳动者达到退休年龄，劳动合同的终止问题。

三、劳动合同终止的限制性规定

《中华人民共和国劳动合同法》第四十五条规定："劳动合同期满，有本法第四十二条规定情形之一的，劳动合同应当续延至相应的情形消失时终止。但是，本法第四十二条第二项规定丧失或者部分丧失劳动能力劳动者的劳动合同的终止，按照国家有关工伤保险的规定执行。"

虽然劳动法律规定，劳动合同期满，劳动合同即行终止，但对于一些特定的劳动者，为保护其权益，又对劳动合同终止做了限制性的规定。其中包括从事接触职业病危害作业的劳动者未进行离岗前职业健康检查，或者疑似职业病病人在诊断或者医学观察期间的；在本单位患职业病或者因工负伤并被确认丧失或者部分丧失劳动能力的，应按照国家有关工伤保险的规定执行；劳动者患病或者非因工负伤，在规定的医疗期内的；女职工在孕期、产期、哺乳期的；劳动者在本单位连续工作满15年，且距法定退休年龄不足5年的；等等。劳动者属于上述情形，即使劳动合同期满，也不能立刻终止劳动合同，而应当续延至相应的情形消失时终止。

对于《中华人民共和国劳动合同法》第四十二条第二项规定的丧失或者部分丧失劳动能力劳动者的劳动合同的终止，按照国家有关工伤保险的规定执行。工伤保险是指劳动者在生产劳动和其他工作过程中遭受意外事故或因长期接触有毒有害物质而使人身受到损害，导致全部或部分丧失劳动能力时，对劳动者提供相应保障的社会保险。国务院颁布的《工伤保险条例》规定，职工发生工伤，经治疗伤情相对稳定后存在残疾、影响劳动能力的，应当进行劳动能力鉴定。劳动能力鉴定是指劳动功能障碍程度和生活自理障碍程度的等级鉴定。劳动功能障碍分为10个伤残等级。

对于丧失或部分丧失劳动能力的劳动者，合同期满时，劳动关系和相关待遇按照如下规定处理：

职工因工致残被鉴定为一级至四级伤残的，保留劳动关系，退出工作岗位，享受以下待遇：从工伤保险基金按伤残等级支付一次性伤残补助金；从工伤保险基金按月支付伤残津贴；工伤职工达到退休年龄并办理退休手续后，停发伤残津贴，享受基本养老保险待遇。基本养老保险待遇低于伤残津贴的，由工伤保险基金补足差额。职工的基本医疗保险费，由用人单位和职工个人以伤残津贴为基数缴纳。

职工因工致残被鉴定为五级、六级伤残的，享受以下待遇：从工伤保险基金按伤残等级支付一次性伤残补助金；保留与用人单位的劳动关系，由用人单位安排适当工作。难以安排工作的，由用人单位按月发给伤残津贴，并由用人单位按照规定为其缴纳应缴纳的各项社会保险费。伤残津贴实际金额低于当地最低工资标准的，由用人单位补足差额。经工伤职工本人提出，该职工可以与用人单位解除或者终止劳动关系，由工伤保险基金支付一次性工伤医疗补助金，由用人单位支付一次性伤残就业补助金，具体标准由省、自治区、直辖市人民政府规定。

职工因工致残被鉴定为七级至十级伤残的，享受以下待遇：从工伤保险基金按伤残等级支付一次性伤残补助金；劳动、聘用合同期满终止，或者职工本人提出解除劳动合同的，由工伤保险基金支付一次性工伤医疗补助金，由用人单位支付一次性伤残就业补助金，具体标准由省、自治区、直辖市人民政府规定。

四、劳动合同的续订

根据《中华人民共和国劳动合同法》的规定，劳动合同期满，双方可以续订劳动合同。续订劳动合同除了双方协商一致续订之外，《中华人民共和国劳动合同法》规定，有下列情形之一的，劳动合同的期限应当延续至相应的情形消失：

（1）从事接触职业病危害作业的劳动者未进行离岗前职业健康检查，或者疑似职业病病人在诊断或者医学观察期间的。

（2）在本单位患职业病或者因工负伤并被确认丧失或者部分丧失劳动能力的，应按照国家有关工伤保险的规定执行。根据《工伤保险条例》的规定，职工因工致残被鉴定为一级至四级伤残的，保留劳动关系，退出工作岗位；职工因工致残被鉴定为五级、六级伤残的，除工伤职工本人提出可以与用人单位终止劳动关系以外，应保留与用人单位的劳动关系，由用人单位安排适当工作。

（3）患病或者非因工负伤，在规定的医疗期内的。

（4）女职工在孕期、产期、哺乳期的。

（5）在本单位连续工作满 15 年，且距法定退休年龄不足 5 年的。

（6）法律、行政法规规定的其他情形。

上述情形是法定不得终止劳动合同的规定，用人单位不得终止劳动合同，直至这些情形消失为止。

第 7 节　经济补偿与经济赔偿

一、经济补偿

（一）用人单位向劳动者支付经济补偿的情形

经济补偿是指在劳动合同解除或终止后，用人单位依法一次性支付给劳动者的经济上的补助。在劳动合同的订立、履行、变更、解除和终止过程中，劳动者相对于用人单位而言，往往处于弱势地位。劳动关系的解除，通常会对劳动者产生一些不利影响。为了平衡劳动者与用人单位的利益，法律规定了经济补偿制度。我国经济补偿制度的特点，一是由用人单位单方面向劳动者支付；二是经济补偿的标准和支付情形由法律统一规定。

《中华人民共和国劳动合同法》第四十六条以及《中华人民共和国劳动合同法实施条例》规定，用人单位应当向劳动者支付经济补偿的情形如下：

（1）劳动者依照《中华人民共和国劳动合同法》第三十八条规定解除劳动合同的。

因用人单位违反劳动合同约定或者违法，致使劳动者解除合同，用人单位应当支付经济补偿。具体包括：用人单位未按照劳动合同约定提供劳动保护或者劳动条件的；未及时足额支付劳动报酬的；未依法为劳动者缴纳社会保险费的；用人单位的规章制度违反法律、法规的规定，损害劳动者权益的；用人单位以欺诈、胁迫的手段或者乘人之危，使劳动者在违背其真实意思的情况下订立或者变更劳动合同致使劳动合同无效；用人单位以暴力、威胁或者非法限制人身自由的手段强迫劳动者劳动，或者用人单位违章指挥、强令冒险作业危及劳动者人身安全等。

（2）用人单位依照《中华人民共和国劳动合同法》第三十六条规定向劳动者提出解除劳动合同并与劳动者协商一致解除劳动合同的。用人单位提出解除合同的动议，劳动者同意，双方协商一致解除劳动合同的，用人单位应当向劳动者支付经济补偿。协商一致解除合同，用人单位是否需要支付劳动者经济补偿，关键在于解除合同是谁提出来的。如果是由用人单位提出来的，需支付劳动者经济补偿；如果是劳动者提出来的，用人单位可以不用支付经济补偿。

（3）用人单位依照《中华人民共和国劳动合同法》第四十条规定解除劳动合同的。劳动者无过失，用人单位解除劳动合同时，应当向劳动者支付经济补偿。具体情形包括：劳动者患病或者非因工负伤，在规定的医疗期满后不能从事原工作，也不能从事由用人单位另行安排的工作的；劳动者不能胜任工作，经过培训或者调整工作岗位，仍不能胜任工作的；劳动合同订立时所依据的客观情况发生重大变化，致使劳动合同无法履行，经用人单位与劳动者协商，未能就变更劳动合同内容达成协议的。

（4）用人单位依照《中华人民共和国劳动合同法》第四十一条第一款规定解除劳动合同的。用人单位因经济性裁员，应当向劳动者支付经济补偿。具体情形包括：依照企业破产法规定进行重整的；生产经营发生严重困难的；企业转产、重大技术革新或者经营方式调整，经变更劳动合同后，仍需裁减人员的；其他因劳动合同订立时所依据的客观经济情况发生重大变化，致使劳动合同无法履行的。

（5）除用人单位维持或者提高劳动合同约定条件续订劳动合同，劳动者不同意续订的情形外，依照《中华人民共和国劳动合同法》第四十四条第一项规定终止固定期限劳动合同的。这一规定应从以下几个方面理解：1）用人单位维持或提高合同约定条件续订合同的情况下，如果劳动者同意，劳动关系继续存在，不会出现终止合同的问题；如果劳动者不同意续订，那么合同期满终止，用人单位不需要支付经济补偿。2）用人单位降低合同约定条件续订，如果劳动者不同意续订，合同终止，用人单位也需要支付经济补偿。3）合同期满，用人单位终止劳动合同，须支付劳动者经济补偿。

（6）依照《中华人民共和国劳动合同法》第四十四条第（四）项、第（五）项规定终止劳动合同的。用人单位被依法宣告破产，或者被吊销营业执照、责令关闭、撤销或提前解散，劳动合同终止的，应当支付经济补偿。

（7）以完成一定工作任务为期限的劳动合同终止，须支付经济补偿。《中华人民共和国劳动合同法实施条例》第二十二条规定："以完成一定工作任务为期限的劳动合同因任务完成而终止的，用人单位应当依照劳动合同法第四十七条的规定向劳动者支付经济补偿。”通常，这种合同以某项任务的完成为合同期限，一般要受季节、时间的限制，具有一定的不确定性；与固定期限和无固定期限的劳动合同一样，一旦发生法定事由即可以终止合同。用人单位不应该因为劳动者与其签订的是以完成一定工作任务为期限的劳动合同就不将劳动者视为本单位职工，更不能在企业破产劳动合同终止时拒绝支付劳动者经济补偿。

（8）劳务派遣劳动合同解除或者终止，应当依法支付经济补偿。《中华人民共和国劳动合同法实施条例》第三十一条规定：“劳务派遣单位或者被派遣劳动者依法解除、终止劳动合同的经济补偿，依照劳动合同法第四十六条、第四十七条的规定执行。”

（9）劳动者非因本人原因从原用人单位被安排到新用人单位工作时的经济补偿。实践中经常有用人单位通过工作调动、岗位调换或者轮流签订劳动合同的方式，规避或减少应当支付经济补偿的年限。为保障法律规定劳动者应获得的经济补偿落到实处，《司法解释（一）》还规定，劳动者非因本人原因从原用人单位被安排到新用人单位工作，原用人单位未支付经济补偿，在解除劳动合同计算支付经济补偿的工作年限时，应当把劳动者在原用人单位的工作年限合并计算为新用人单位的工作年限。《司法解释（一）》第四十六条规定，劳动者非因本人原因从原用人单位被安排到新用人单位工作，原用人单位未支付经济补偿，劳动者依照《中华人民共和国劳动合同法》第三十八条规定与新用人单位解除劳动合同，或者新用人单位向劳动者提出解除、终止劳动合同，在计算支付经济补偿或赔偿金的工作年限时，劳动者请求把在原用人单位的工作年限合并计算为新用人单位工作年限的，人民法院应予支持。用人单位符合下列情形之一的，应当认定属于“劳动者非因本人原因从原用人单位被安排到新用人单位工作”：1）劳动者仍在原工作场所、工作岗位工作，劳动合同主体由原用人单位变更为新用人单位；2）用人单位以组织委派或任命形式对劳动者进行工作调动；3）因用人单位合并、分立等原因导致劳动者工作调动；4）用人单位及其关联企业与劳动者轮流订立劳动合同；5）其他合理情形。

（10）用人单位经营期限届满不再继续经营导致劳动合同不能继续履行，应支付经济补偿。《司法解释（一）》规定，《中华人民共和国劳动合同法》施行后，因用人单位经营期限届满不再继续经营导致劳动合同不能继续履行，劳动者请求用人单位支付经济补偿的，人民法院应予支持。

（11）法律、行政法规规定的其他情形。

（二）工伤职工终止合同，除了经济补偿之外，还应获得什么补助

《中华人民共和国劳动合同法》第四十五条规定，在本单位患职业病或者因工负伤并被确认丧失或者部分丧失劳动能力劳动者的劳动合同的终止，按照国家有关工伤保险的规定执行。这一条明确了工伤职工劳动合同终止时依照执行的标准。《中华人民共和国劳动合同法实施条例》第二十三条规定：“用人单位依法终止工伤职工的劳动合同的，除依照劳动合同法第四十七条的规定支付经济补偿外，还应当依照国家有关工伤保险的规定支付一次性工伤医疗补助金和伤残就业补助金。”这一条款明确了工伤职工劳动合

同终止，用人单位应当支付经济补偿、医疗补助金和就业补助金。

经济补偿、一次性工伤医疗补助金和伤残就业补助金是出于不同目的向工伤职工发放的经济补助。经济补偿是在合同终止后对职工工龄的补偿，既是对职工曾经做出贡献的肯定，也可以有效缓解失业者的焦虑情绪和生活实际困难；一次性工伤医疗补助金是针对职工工伤医疗进行的补助，对工伤职工身体康复有重要意义；工伤职工由于身体伤残，在就业上可能存在困难，一次性伤残就业补助金是对职工的就业进行的补助。因此，按照《中华人民共和国劳动合同法实施条例》和《工伤保险条例》的规定，因工负伤并被确认丧失或者部分丧失劳动能力劳动者的劳动合同终止时，用人单位应当支付经济补偿、医疗补助金和就业补助金。根据《工伤保险条例》的规定，工伤职工终止劳动合同，需要支付的一次性工伤医疗补助金和伤残就业补助金具体标准由省、自治区、直辖市人民政府规定。

按照《工伤保险条例》的规定，职工因工致残被鉴定为五级、六级伤残的，将享受以下待遇：(1) 从工伤保险基金按伤残等级支付一次性伤残补助金，标准为：五级伤残为18个月的本人工资，六级伤残为16个月的本人工资。(2) 保留与用人单位的劳动关系，由用人单位安排适当工作。难以安排工作的，由用人单位按月发给伤残津贴，标准为：五级伤残为本人工资的70%，六级伤残为本人工资的60%，并由用人单位按照规定为其缴纳应缴纳的各项社会保险费。伤残津贴实际金额低于当地最低工资标准的，由用人单位补足差额。(3) 经工伤职工本人提出，该职工可以与用人单位解除或者终止劳动关系，由工伤保险基金支付一次性工伤医疗补助金，由用人单位支付一次性伤残就业补助金，具体标准由省、自治区、直辖市人民政府规定。

职工因工致残被鉴定为七级至十级伤残的，享受以下待遇：(1) 从工伤保险基金按伤残等级支付一次性伤残补助金，标准为：七级伤残为13个月的本人工资，八级伤残为11个月的本人工资，九级伤残为9个月的本人工资，十级伤残为7个月的本人工资；(2) 劳动、聘用合同期满终止，或者职工本人提出解除劳动、聘用合同的，由工伤保险基金支付一次性工伤医疗补助金，由用人单位支付一次性伤残就业补助金，具体标准由省、自治区、直辖市人民政府规定。

(三) 经济补偿的计算方式

《中华人民共和国劳动合同法》第四十七条规定："经济补偿按劳动者在本单位工作的年限，每满一年支付一个月工资的标准向劳动者支付。六个月以上不满一年的，按一年计算；不满六个月的，向劳动者支付半个月工资的经济补偿。劳动者月工资高于用人单位所在直辖市、设区的市级人民政府公布的本地区上年度职工月平均工资三倍的，向其支付经济补偿的标准按职工月平均工资三倍的数额支付，向其支付经济补偿的年限最高不超过十二年。本条所称月工资是指劳动者在劳动合同解除或者终止前十二个月的平均工资。"

这一规定统一规定了经济补偿的支付标准、月工资的计算基数以及经济补偿的封顶限制。

经济补偿，一方面可以促使用人单位与劳动者续订劳动合同或者尽量不解除劳动合同；另一方面可以保证劳动者在劳动合同终结后一段时间内的基本生活需要。《中华人民共和国劳动合同法》将经济补偿的标准规定为，以劳动者在本单位的工作年限和月工资为基数，工作每满1年补偿1个月工资。在本单位工作6个月以上不满1年的，按1年计算。对在本单位工作不满6个月的，补偿标准为半个月工资。

《中华人民共和国劳动合同法》为经济补偿设定了封顶线。对高收入劳动者群体，即劳动者月工资高于用人单位所在直辖市、设区的市上年度职工月平均工资3倍的，向其支付经济补偿的标准按职工月平均工资3倍的数额支付，向其支付经济补偿的年限最高不超过12年。由此可以看出，法律对高收入劳动者的经济补偿设定了两个限制条件：一是计算经济补偿的工资基数设限，即按照当地上年度月平均工资3倍计算；二是计算经济补偿的工作年限设限，即最高不超过12年，劳动者的工作年限超过12年的，也按照12年计算。

月工资是计算经济补偿的重要基数。明确月工资的概念，便于准确计算出补偿数额。《中华人民共和国劳动合同法实施条例》第二十七条规定："劳动合同法第四十七条规定的经济补偿的月工资按照劳动者应得工资计算，包括计时工资或者计件工资以及奖金、津贴和补贴等货币性收入。劳动者在劳动合同解除或者终止前12个月的平均工资低于当地最低工资标准的，按照当地最低工资标准计算。劳动者工作不满12个月的，按照实际工作的月数计算平均工资。"

案例8－12

经济补偿三倍封顶基数应执行新标准

施某于2016年1月4日入职某投资公司，从事分析师工作，双方订立了无固定期限劳动合同。自2017年3月起，施某的月工资增长为每月5万元。2019年8月30日，由于劳动合同订立时所依据的客观情况发生重大变化，致使劳动合同无法履行，经投资公司与施某协商，双方未能就变更劳动合同内容达成协议，故投资公司决定与施某解除劳动合同。双方就解除劳动合同经济补偿的计算标准发生争议，施某遂提出劳动争议仲裁申请。

仲裁委员会审理后认为，施某所主张的金额20万元（计算方法为：5万元×4个月）与投资公司所主张的金额101 604元（计算方法为：8 467元×3倍×4个月）均不符合规定，并裁决投资公司向施某支付解除劳动合同经济补偿127 104元（计算方法为：10 592元×3倍×4个月）。

经济补偿三倍封顶基数有新变化。2019年5月底，北京市人力社保局和北京市统计局分别发布了两组不同的2018年全市的平均工资数据。过去两局联合发布"北京市职工平均工资"的传统做法不复存在。北京市人力社保局发布了"全口径城镇单位就业人员平均工资"，为94 258元；而北京市统计局发布的是法人单位从业人员平均工资，为127 107元。2019年8月16日，市人力社保局发布通告称，经研究决定，将北京市统计部门发布的北京市法人单位从业人员平均工资，作为《中华人民共和国劳动合同法》规定的由当地政府公布的全市职工平均工资来计算经济补偿的封顶基数。由于法人单位从业人员平均工资取代了原职工平均工资，因此按照《中华人民共和国劳动合同法》第四十七条的规定，施某解除劳动合同经济补偿计算基数应为31 776元，其在投资公司工作3年又7个月，故投资公司应当支付其相当于4个月工资的经济补偿。

资料来源：北京市劳动仲裁2019年案例九：经济补偿三倍封顶基数应执行新标准.（2020-05-06）. http://www.cy12333.com/info.asp? infoid=21097.

二、违反劳动合同的赔偿责任

损害赔偿仅是侵权法上的概念，是指侵权方因其侵权行为给受损方造成损害所应承担责任的一种方式。损害赔偿金带有一定的惩罚性，以有侵权行为和损害事实的发生为前提。《中华人民共和国劳动合同法》不仅规定了用人单位正常解除或终止合同时要向劳动者支付经济补偿，而且规定了用人单位在违法解除或者终止合同时要向劳动者支付经济赔偿金。《中华人民共和国劳动合同法》第四十八条规定："用人单位违反本法规定解除或者终止劳动合同，劳动者要求继续履行劳动合同的，用人单位应当继续履行；劳动者不要求继续履行劳动合同或者劳动合同已经不能继续履行的，用人单位应当依照本法第八十七条规定支付赔偿金"；第八十七条规定："用人单位违反本法规定解除或者终止劳动合同的，应当依照本法第四十七条规定的经济补偿标准的二倍向劳动者支付赔偿金"。这些规定明确了用人单位违反《中华人民共和国劳动合同法》解除或终止合同所应承担的责任。

（一）继续履行

继续履行又称实际履行，带有一定的强制性。用人单位违反《中华人民共和国劳动合同法》的实体性规定或者程序性规定解除或终止劳动合同的，劳动者要求履行的，在能够履行的条件下，对原劳动合同未履行的部分继续按照约定履行。劳动合同继续履行应当满足三个条件：（1）用人单位有违法行为存在，即用人单位存在违反《中华人民共和国劳动合同法》规定解除或者终止劳动合同的行为。（2）劳动者选择继续履行劳动合同。劳动者有权选择用人单位承担责任的方式，既可以要求用人单位继续履行劳动合同，也可以要求用人单位支付赔偿金。（3）劳动合同能够履行。合同履行应当具备履行的客观条件，如果客观情况发生变化，使劳动合同不能履行，劳动者也只能接受经济赔偿。

（二）支付赔偿金

支付赔偿金的前提是劳动者不要求继续履行劳动合同或者劳动合同已经不能继续履行。支付赔偿金是对用人单位违法行为的惩罚。只有进一步提高违法成本，才能有效遏制违法行为，使劳动者的权益得到更有效的保护。根据《中华人民共和国劳动合同法》的规定，用人单位应当按照经济补偿标准的二倍向劳动者支付赔偿金。这一加重赔偿的规定，强化了用人单位的法定责任，既补偿了劳动者损失，又惩罚了用人单位，实现了对劳动者的有效保护。用人单位依法支付了赔偿金的，不再支付经济补偿。赔偿金的支付年限自用工之日起计算。

➡ 关键术语

劳动合同　固定期限劳动合同　无固定期限劳动合同　无效劳动合同　劳动合同履行　劳动合同变更　劳动合同解除　劳动合同终止　法定条款　约定条款　竞业限制　试用期　培训协议　经济补偿　赔偿金

➡ 复习思考题

1. 试述劳动合同的概念、特点和种类。
2. 实行劳动合同制度有何意义?
3. 如何约定试用期、培训协议和保密协议条款?
4. 如何确认无效劳动合同? 无效劳动合同怎样处理?
5. 劳动合同的内容包括哪些? 签订劳动合同应注意哪些问题?
6. 劳动合同履行的原则包括哪些?
7. 试述劳动合同变更的原则、情形和程序。
8. 试述用人单位可以单方解除劳动合同的条件和程序。
9. 试述劳动者可以单方解除劳动合同的条件和程序。
10. 试述双方协商一致可以解除劳动合同的条件和特点。
11. 试述劳动合同终止的条件。
12. 用人单位在哪些情况下必须续订劳动合同?

第9章 集体协商和集体合同

学习目标

学完本章之后，你应当能够：

1. 了解集体协商（谈判）的概念和作用
2. 掌握罢工的原因及解决方案
3. 掌握集体合同的概念和作用
4. 熟悉集体合同内容和条款
5. 理解工资福利调整
6. 熟悉行业性区域性集体合同的规定

引导案例

广汽东阳公司工资集体协商案例

广汽东阳公司成立于2011年3月，由广州汽车集团零部件有限公司与台湾东阳事业集团开曼群岛东阳控股股份有限公司共同出资筹建，注册资本3 500万美元，总投资6 000万美元，坐落于湖南省长沙县，是一家集汽车保险杠、外饰件及扰流板设计、开发、生产、制造、销售于一体的现代化企业，生产工艺主要为注塑及涂装。公司80%以上的员工在30岁以下，整体学历不高，建厂初期效益较好，员工工资不高、流失率高。

广汽东阳公司2013年启动首次工资集体协商，迄今共完成6次协商。实践证明，广汽东阳公司通过工资集体协商机制对员工薪酬福利调整改善颇有成效，但实践过程中也存在不少问题。

2013年7月，广汽东阳公司行政方基于集团公司的专项工作要求主动向工会发出工资集体协商邀约，以企业方主动的姿态和积极的行动开启工资集体协商探索。这次工资集体协商的主体双方追求的是“双赢”，双方基于合作原则，营造出积极、平等、友好的气氛。主要步骤包括：(1) 确定代表。员工通过职代会选举代表，企业通过行政推举协商代表。(2) 工会收集员工诉求，了解员工薪资预期及调整期望。(3) 双方对比周边企业薪酬福利以及物价生活上涨调查数据，并对比周边相似企业集体协商的达成情况，提出协商方案。(4) 经过了两轮正式协商。第一轮协商，双方很快对于工资支付方式及日期、工作时间、女员工权益、员工社保公积金等条款达成一致，但对工资年度综合涨幅比例、工资分配机制等展开了激烈争论。工会方要求2013年薪酬综合年度涨幅12%，一线员工普调涨幅40%以上。但企业根据实际运营情况提出年度薪酬综合涨幅9%，涨薪要兼顾关键岗位人员和技术研发人员。最后，企业根据综合考虑做出一定让步，2013年度工资按照综合涨幅11%进行调整，一线岗位员工平均工资增长幅度不低于本企业平均工资增幅。

2018年4月，广汽东阳公司正式启动第六次工资集体协商。这次协商由工会主动提出，企业行政方应约。工会以员工生活成本日益升高、购房育儿压力增大等为理由，提出协商方案：提高住房公积金缴费比例，工资总额涨幅10%以上，提高工龄工资标准，提高餐费标准，增加春节慰问经费，增加女职工卫生补贴，提高员工子女商业保险等。企业则坚持每年都会调升员工薪酬福利，且员工的工资水平在周边企业来说已经居于中上水平，与长沙市甚至湖南省的生产制造型企业比较，员工的工资水平居于80分位指标值以上。若员工仍然要求如此高标准薪酬福利项目增加，企业方难以承担人工成本，更难向股东方交代。第一轮双方协商不成。第二轮协商中公司行政方对员工方的诉求进行了回应：(1) 员工年均工资及调整比例实行普调与特调相结合，具体调整按公司经营计划目标和管理规定执行；(2) 津贴补贴及福利项目：住房公积金缴费比例较上年标准上浮1个百分点，按11%缴纳；中餐提高至14元/餐，早餐提高至8元/餐，对司龄一年以上的合同制员工且符合生育政策的0～6岁子女（一个家庭限2个名额）提供商业保险一份，由公司承担保险费用。针对公司行政方的强硬回应，双方经过激烈交锋，最后员工方接受了企业行政方的建议，协商达成一致。

资料来源：段青. 广汽东阳公司工资集体协商改进研究. 长沙：湖南大学，2019.

引导案例显示，集体协商机制在协调劳动关系、维护职工合法权益、促进企业发展中具有重要作用。我国正在大力促进工资集体协商制度立法，推动制定和完善相关的法规体系和相关政策制度，把集体协商和集体合同纳入制度化、规范化、法制化轨道。集体协商和集体合同是构筑和谐、双赢劳资关系的基础，对推动建立和谐社会发挥着不可替代的作用。本章将介绍集体协商和集体合同的主要内容，以及市场经济国家法律对于集体谈判和罢工的法律规定和调整。

第1节　集体协商

一、集体协商的含义和立法目的

集体协商（谈判）与工业革命带来的经济、社会、人口的变化是分不开的，技术革新带来的机械化使一些雇员失去了传统的技能，劳动力市场竞争加剧，形成了劳动力的买方市场，单个雇员难以通过个别谈判、签订个人劳动合同与雇主抗衡，维护自身利益，因而出现了雇员自发组成的群体性的组织——工会的前身，并开始了集体谈判。国际劳工公约对集体谈判的定义为：集体谈判是适用于一名雇主、一些雇主或一个或数个雇主组织为一方，一个或数个工人组织为另一方，双方就以下目的所进行的所有谈判：(1) 确定工作条件和就业条件；(2) 调整雇主与工人之间的关系；(3) 调整雇主组织与工人组织之间的关系。

集体谈判的立法目的主要包括以下三个方面：（1）培育民主。工会的组建、集体谈判和团体行动被看成是任何民主社会中工人的基本权利，它与自由结社的原则密切相连，被视为民主的基础。（2）在劳动关系中建立劳资双方力量对比的平衡、制约机制，允许工人通过组织工会增强力量，进行协商交涉，同时也对其行动特别是罢工权利进行限制。（3）建立和提供有效解决冲突和争议的机制，确保经济的稳定和有效运行。与立法目的相联系，作为规范集体劳动关系法律基础的三项原则是：（1）多数原则。即工会的组建、罢工的举行要征得大多数工人的同意。（2）排他原则。即单一的工会应当独立代表特定工作场所中的所有工人，享有排他的代理权。（3）自愿原则。鼓励工会和雇主在政府保持最小限度的干预下，通过自由的集体谈判，自愿解决双方的分歧和冲突，达到双方都满意的结果。

国际劳工组织通过了一系列有关集体谈判的国际劳工公约和建议书，主要包括：1948年《结社自由及组织保护权公约》（第87号）、1949年《组织权利和集体谈判权利原则的实施公约》（第98号）、1971年《工人代表公约》（第135号）、1981年《集体谈判公约》（第154号）。此外，还有关于公共事业雇员和乡村工人开展集体谈判的特别公约和建议书。其中，第98号公约作为集体谈判的基本人权公约，其目的是保护劳动者履行组织权利，禁止工人组织和雇主组织之间互相干涉，鼓励自愿性的集体谈判。

集体谈判是市场经济国家劳动关系制度的核心，它不仅规定了劳动者的工资福利水平，而且确立了以集体协议的方式调整劳动关系的正式规则。集体谈判也是解决冲突的一种重要途径，它能有效地促使双方互相让步，达成妥协，签订协议，从而大大减少诸如怠工、辞职等冲突的产生。集体谈判使劳资冲突得以规范化，是市场经济国家规范和调整劳动关系十分有效的基本手段和主要方法，也是现代工业社会劳动者应当拥有的一项权利。通过集体谈判确定的就业标准，不仅规范着工会化部门的劳动关系，而且对非工会化部门的劳动标准也具有示范作用。在劳动关系体系中，集体谈判的作用有三：一是确定和修改工作场所的规章制度；二是协调劳资双方共同关心的事务；三是调解、解决劳资纠纷。

二、集体协商代表

（一）协商代表的确立

《中华人民共和国劳动合同法》第五十一条第二款规定："集体合同由工会代表企业职工一方与用人单位订立；尚未建立工会的用人单位，由上级工会指导劳动者推举的代表与用人单位订立。"这一规定明确了集体协商代表的产生途径。

我国法律规定协商双方的代表人数应当对等，每方至少3人，并各确定1名首席代表。职工一方的协商代表由本单位工会选派。未建立工会的，由本单位职工民主推荐，并经本单位半数以上职工同意。职工一方的首席代表由本单位工会主席担任。工会主席可以书面委托其他协商代表代理首席代表。工会主席空缺的，首席代表由工会主要负责人担任。未建立工会的，职工一方的首席代表从协商代表中民主推举产生。用人单位一方的协商代表由用人单位法定代表人指派，首席代表由单位法定代表人担任或由其书面委托的其他管理人员担任。在区域性、行业性平等协商中，协商代表和首席代表由企业推举产生。协商代表也可以外请专业人员担任，但应由首席代表出具书面委托，并且外请代表人数不得超过本方代表的1/3。首席代表不得由非本单位人员担任。

（二）平等协商代表的职责

平等协商代表的职责是：(1) 参加平等协商；(2) 接受本方人员质询，及时向本方人员公布协商情况并征求意见；(3) 提供与平等协商有关的情况和资料；(4) 代表本方参加平等协商争议的处理；(5) 监督集体合同或专项集体合同的履行；(6) 法律、法规和规章规定的其他职责。

（三）平等协商代表的更换

工会可以更换职工一方协商代表；未建立工会的，经本企业半数以上职工同意，可以更换职工一方协商代表。企业法定代表人可以更换企业一方协商代表。

三、集体协商的程序

平等协商和签订集体合同的程序包括提出协商要求、协商前准备、召开协商会议、形成集体合同草案、职代会审议、签字、报送、审查和公布等。

(1) 提出协商要求。集体协商的任何一方均可就签订集体合同或专项集体合同以及相关事宜，以书面形式向对方提出进行集体协商的要求。一方提出进行集体协商要求的，另一方应当在收到集体协商要求之日起20日内以书面形式给予回应，无正当理由不得拒绝进行集体协商。

(2) 协商前准备。协商代表在协商前应进行下列准备工作：熟悉与集体协商内容有关的法律、法规、规章和制度；了解与集体协商内容有关的情况和资料，收集用人单位和职工对协商意向所持的意见；拟定集体协商议题，集体协商议题可由提出协商一方起草，也可由双方指派代表共同起草；确定集体协商的时间、地点等事项；共同确定一名非协商代表担任集体协商记录员。记录员应保持中立、公正，并为集体协商双方保密。

(3) 召开协商会议。集体协商会议由双方首席代表轮流主持，并按下列程序进行：宣布议程和会议纪律；一方首席代表提出协商的具体内容和要求，另一方首席代表就对方的要求做出回应；协商双方就商谈事项发表各自意见，开展充分讨论；双方首席代表归纳意见。谈判未达成一致或出现事先未预料的问题时，经双方同意可以暂时中止谈判，具体中止期限及下次谈判的具体时间、地点、内容由双方共同商定。

(4) 形成集体合同草案。经过平等协商达成一致的，应当根据协商结果形成集体合同草案，经过双方协商代表确认，由双方首席代表签字。

(5) 职代会讨论通过。《中华人民共和国劳动合同法》第五十一条规定："集体合同草案应当提交职工代表大会或者全体职工讨论通过。"对于企业层级的集体合同草案，应提交职代会或全体职工讨论。职代会和全体职工讨论草案，应当有2/3以上职工代表或职工出席，且需经全体职工代表或职工半数以上同意，草案方获通过。

（6）首席代表签字。集体合同草案经过讨论审议后，由双方首席代表签字，集体合同即告成立。

（7）报送、审查与公布。《中华人民共和国劳动合同法》第五十四条规定：“集体合同订立后，应当报送劳动行政部门；劳动行政部门自收到集体合同文本之日起十五日内未提出异议的，集体合同即行生效。”集体合同签订后，应当在7日内由用人单位一方将集体合同一式三份及说明报送当地劳动行政部门。劳动行政部门对于报送的集体合同文本的内容、程序以及平等协商双方的主体资格的合法性进行审查，如果发现有违反法律、法规的内容和程序，可以指令当事人予以修改。如果未提出异议，15日之后，集体合同即生效。集体合同生效后，用人单位应当将集体合同向全体职工公布。

第2节　罢工及其处理

一、罢工的概念和分类

（一）罢工的概念

罢工是劳动者为了改善工作条件、签订或变更集体协议，在以工会为主体的集体谈判中，为使谈判产生一定压力而实施的有计划、有组织的集体暂时停止工作的行为。这一定义强调了罢工是以工会为主体而展开，并作为集体谈判中的一种压力手段而使用的。罢工权是劳动者为改善劳动条件，缔结或变更集体协议而集体停止工作的权利。作为工会向资方施加压力的战术，罢工是工会在集体谈判中威胁对方的手段和解决争端的最后武器，也是劳动者表达和保护自身权益的一种基本手段。

对罢工可以从以下三方面理解：（1）罢工是劳动者暂时停止工作的行为。罢工是单纯的劳动行为的中断，而不是劳动契约关系的终结，劳动者是暂时离开工作岗位，引起生产秩序的中断，给雇主造成压力，而不是永久离开岗位。罢工结束，劳动者仍可以回到工作岗位上。（2）罢工是劳动者集体的、一致的行为。罢工是多数劳动者的共同行为，而不是个人的单独行为，是多数劳动者在工会领导下有组织地停止工作，以给雇主造成一定的影响，个人罢工一般为观念所不允许。（3）罢工是以维持和改善劳动条件，提高劳动报酬，获得经济利益为目的，以缔结或修订集体协议为目标，而不是以取得政治、宗教等非经济利益为目标。工会举行罢工，是为了增强谈判力量，迫使雇主提高工资和福利水平，改善工作条件。罢工的目的限于经济范畴，是劳动者为实现经济目的而进行的经济行为。联合国也在《经济、社会及文化权利国际公约》而不是《公民及政治权利国际公约》中对它做出了规定。

（二）罢工的分类

根据罢工行使的手段、发起组织、追求目的、策略运用以及规模的不同，可以对罢工进行不同的分类。

（1）依争议手段的先后不同，可分为攻击性罢工和防御性罢工。攻击性罢工是由劳动者首先提出争议，要求满足一定条件而发起的罢工。防御性罢工是劳动者为防止雇主裁员、解雇、关闭工厂或采取其他不利于劳动者的行为而实施的罢工。

（2）依罢工的发起组织不同，可分为工会罢工和非工会罢工。工会罢工是指由工会组织策划、号召举行的罢工，通常要遵循法定的程序，如要经调解无效、工人投票表决、发布罢工令等才能中断工作。工会通常要设置罢工纠察队、紧急服务人员以及公共关系声援中心，并支付罢工津贴。非工会罢工又称野猫罢工（wildcat strike），即未经过工会组织策划，由工人自发组织的罢工。

（3）依罢工的目的不同，可分为协约罢工、同情罢工和示威罢工。协约罢工是为了签订集体协议而进行的罢工。同情罢工是为了声援其他劳动者的罢工行动而采取的罢工，其目的不是反对本企业雇主，而是对另一个举行罢工的工会表示同情。示威罢工是为了向雇主或国家机关表达某种强烈要求或不满情绪而举行的罢工。

（4）依罢工的策略不同，可分为间隔罢工、巡回罢工、象征性罢工和迟滞罢工。间隔罢工是每隔一定时间，即反复进行一定时间的罢工。巡回罢工也叫轮流罢工，指不同企业或工厂轮流接续进行一定时间的罢工；也指罢工轮流在不同的部门之间进行，即一个部门罢工后另一个部门接着罢工。象征性罢工又称警告罢工，指为迫使雇主做出让步而短暂中止工作，以表示对抗的决心与准备，通常是向雇主发出的进行正式罢工的预警。迟滞罢工又称怠工（go-slow strike），即不是全部中止工作，而是减量或放慢节奏进行工作。

（5）依罢工的规模不同，可分为总罢工、全面罢工和部分罢工。总罢工是所有劳工组织都参与的罢工。全面罢工是特定经济产业或行业的全部劳动者都中断其工作。部分罢工是特定经济行业中，居于关键地位的企业或工厂的劳动者所举行的罢工，又称重点罢工。

罢工虽然有多种形式、多种形态，但并非每种形态的罢工都是合法的。而且，即使是合法的罢工，劳动者在罢工中的种种行为，是否都属于正当的争议手段而受到法律保护，也需要进一步斟酌和研究，具体要看各国劳动法有关罢工的各项规定。

二、罢工的功能

劳资冲突可以用多种形式表现出来，但罢工是最激烈的一种冲突形式，因为双方都要承受相当的损失和压力。同时，罢工也最具公开性，最受媒体和公众的关注，而且常常会影响甚至损害第三方以及社会公众的利益，尤其是在某些罢工发生较多的国家（如西班牙、希腊和加拿大等）。虽然这些国家因罢工所损失的工作日已少于过去，但相对于其他国家仍然较多。

通常，人们都很关注罢工所产生的负面影响和给生产带来的损失，以及对企业经营管理权的侵害。因而有人认为，罢工在某种程度上就是一种“强索”，是工人和工会以停工相威胁，迫使雇主接受高于市场水平的工资和劳动条件。既然如此，为什么还有那么多国家允许罢工？罢工为什么又能够存在如此之久？答案只能是，在罢工给人们带来损失和不便的同时，也许它的确具有某些积极的作用。因而，对罢工的功能和作用进行分析就非常有价值了。

（一）罢工是解决冲突的主要方法

罢工是由工会发起的最明确、最典型的产业行动，在解决劳动冲突方面，罢工所起的作用是矛盾的。罢工既是冲突的形式，又是可以迫使双方妥协让步的压力。由于种种原因，有时劳资双方在谈判中都不愿意妥协，但迫于谈判破裂可能引发罢工的损失压力，双方又会重新考虑各自的让步底线，降低其心理预期，在罢工前或罢工过程中相互妥协，达成协议，解决冲突。如果禁止罢工，则双方都不会面对罢工的压力，其结果可能是永远也达不成和解。这样，在整个集体协议的执行中，冲突依然存在，矛盾并没有化解，表现为离职率上升、劳资关系恶化，甚至出现蓄意破坏的情况，同时还会引发工人申诉比率上升。加拿大安大略省一项对公共部门工人申诉比率的研究表明，“禁止罢工所引发的工人申诉率要远远高于允许罢工引发的申诉率”①。

（二）罢工是迫使雇主让步的压力手段

没有罢工权意味着雇主可以根本不理会工会的要求。罢工权不仅确认了工会代表工人的权利，更重要的是它保证了这种代表权能够得到落实。如果没有罢工权，“工会代表工人”就会成为一句空话，因为在没有罢工压力的情况下，雇主可以根本不理会工会的要求。因此，不仅在法律上规定罢工权非常必要，而且要确保工人拥有能够通过罢工或罢工权给雇主造成损失的能力②。

（三）罢工是工人自由表达不满的方式

享有罢工权而无须担心遭到报复，对工人自由表达其意志至关重要。当工人对工作和劳动报酬不满时，罢工是表达其不满的主要方式和手段。如果不加区别地对所有罢工活动一律禁止，在某种程度上等于侵犯了公民所拥有的言论自由权利，而在今天，言论自由是国际社会公认的最基本的人权。因此，不仅从法律上规定罢工权十分重要，而且确保工人享有罢工权而不被解雇同样重要。例如，美国法律虽然规定工人享有罢工权，但如果罢工，雇主可以雇用永久性替代工人，这就使工人有理由担心他们会因为享受了最基本的人权而失去工作。在加拿大，虽然法律对罢工权的保护力度远远高于美国，但罢工对工人来说，仍要付出很大的代价，尤其是在雇主有意通过“艰难的谈判”和延长罢工时间才做出让步的情况下，工人付出的代价会更高。但即便如此，“加拿大相对较高的罢工率依然表明，罢工的预期损失仍没有高到足以有效否定法定罢工权的程度，在

---

① Robert H，Stern R. Tradeoffs among expressions of industrial conflict：public sector strike bans and grievance arbitrations. Industrial and Labor Relations Review，1998，50（2）.

② Godard J. Industrial relations，the economy，and society. 2nd ed. Concord，ON：Captus Press，2000.

美国通常也是这种情形"[①]。因此，在罢工已成为工人向雇主施加压力、表达不满的主要手段的情况下，在一定程度、一定范围内允许罢工活动是可取的，也是必要的。一些欧洲国家允许工人成立工厂委员会，对雇主的决策过程施加影响，使雇主在决策时更多地考虑工人利益，从而减少冲突发生的可能性，降低产生冲突的概率。同时，强调企业要像保护投资者利益那样保护工人的利益，在这些国家出现了人们期望的罢工率较低的情况。但在加拿大，劳动关系的发展并不是这样，人们通常认为罢工活动太频繁、罢工发生率过高，在不侵犯工人权益的情况下，应当寻求减少罢工发生的方法和手段。较高的罢工率可能并不是人们期望的，但它可能是劳资关系健康发展的一个信号，因为如果相信潜在的冲突是劳资关系的基础，那么罢工发生率的大幅度下降会被看成是劳工力量衰弱的一种令人担忧的信号。

罢工在集体谈判过程中的潜在功能是始终存在的，它确认了劳资双方相对的谈判优势，而且作为一种妥协诱因，罢工能促使双方找到一种彼此都接受的解决方案，是双方达成协议的手段。罢工又是工人表达不满的权利，工人通过罢工和行使罢工权可以对管理方施加压力，罢工是市场经济体制下劳资双方矛盾导致的结果。由于劳动者和管理方在经济地位上的强弱不平衡，现代劳动法为实现强调保护弱者的目标，赋予劳动者以罢工权，使劳资双方在新的基础上重新达到动态平衡。

三、对罢工的法律约束和限制

工人拥有罢工权并不意味着罢工在任何情况下都是可行的、不受限制的。罢工使工人、雇主，以及那些从罢工企业获得原料设备的第三方，直接或间接地受到影响，遭受损失，罢工还使劳资双方加深了相互间的不信任和敌对情绪。如果罢工不受任何约束，还会导致双方谈判力量的失衡，尤其是企业生产受到较大影响或者出现少数工人就能使一个大企业关闭的情况。因此，许多国家法律在赋予工人享有罢工权的同时，对罢工权的行使、罢工行为、罢工原则、合法罢工的条件也进行了相应的规范，一些国家同时还规定了雇主在罢工中享有的权利。

罢工活动不能随意举行，而应遵循相应的限制及条件。法律上对罢工的约束和限制包括以下几个方面。

（一）对公用事业的罢工限制

对公用事业的罢工限制最显著的就是规定在公共部门无条件禁止罢工。禁止公用事业部门的雇员罢工，是多数国家通行的做法和规定，但由于各国对公用事业的界定不同，因此禁止罢工的人员范围也不同。一些国家法律明文规定，禁止所有公务员（政府直接雇用的工作人员，如公务员、法官、检察官、军人等）从事罢工活动，而代之以仲裁解决双方争议。那些正在从事与人们日常生活密切相关的公用事业以及关系国计民生或国家安全等行业（包括运输、煤气、交通等）的雇员，如消防员、警察等，同样也不

---

① Godard J. Industrial relations, the economy, and society. 2nd ed. Concord, ON: Captus Press, 2000.

享有罢工权。政府有权根据法律裁定那些正在罢工的工人停止罢工，返回工作岗位。但一般而言，以强制仲裁取代罢工的方式，只是紧急情况下处理罢工的临时性措施。

显然，法律对罢工行为是否予以限制的重要标准是，雇员所从事的工作是否属于影响社会公共利益的工作。同时，对法律要求罢工者返回工作岗位，究竟是出于政治上的考虑，还是因为罢工确实给公众带来太多的不便，也存在争论。一些学者认为，政府在劳动关系中的角色，既是雇主又是立法者，显然政府在制定法律时也有其利益和偏好。政府既要保证工人享有合法的罢工权，又要确保这一权利的实施不会造成严重后果，危害公共利益，因而规定在某些情况下政府有权要求停止罢工。但这样做的结果是工人无法表达其不满，潜在的矛盾并没有得到适当的、令人满意的解决。对罢工权的否定可能在短期内是政治上的权宜之计，但从长远看，可能会把事情弄得更糟，如在美国，法律一般禁止公用事业部门的雇员进行罢工，比如中小学教师和护士等，但这些雇员越来越多地举行“违法”罢工，或者利用集体辞职等手段，以达到与罢工相同的效果。

总的来说，鉴于公用事业的社会性，许多国家法律严格限制公用事业部门的罢工权。如限定罢工人员的范围，提前通知说明罢工的理由、罢工的地点、开始时间与日期、期限、是有限期罢工还是无限期罢工等。而且，当罢工危及社会公共利益时，政府可以采取法律措施结束罢工。另外，法律严禁在公用事业部门举行巡回罢工和怠工。

（二）罢工的原则

从市场经济国家的立法来看，法律规定罢工通常要遵循以下两个原则。

（1）社会适当原则。衡量罢工是否合法的标准是社会适当原则，其含义是社会一般能够接受而又合法的行为[①]。罢工不能损害工作场所及其他有关房屋、生产设备等企业财产，不得伤害他人及其财产。罢工应以正当非暴力的方式进行，不得采取极端手段，罢工活动受禁止过分、公平进行对抗、公共利益拘束原则的约束。

（2）均衡性原则。为防止工会过多地行使罢工权利，规定罢工应当符合法定的条件，如罢工必须是不得已而采取的方式；必须是工会已经履行了通过诚实谈判达成协议的义务；罢工手段的运用应当符合当时签订集体协议的合适手段。实行罢工并不是解决劳资矛盾的唯一手段，应尽量使用其他较平和的方式。有的国家规定，罢工应当经过调解或仲裁程序之后才能举行，只能作为解决争议的最后手段，在调解或仲裁期间不得进行罢工。

遵循罢工原则，是确保这一制度良性运行的关键，也是法院衡量罢工合法与否的依据，以及区分运用罢工权利与滥用罢工权利的重要界限。

（三）合法罢工的条件

大多数市场经济国家的劳动法都有对罢工权的规范。如澳大利亚1996年修订的《工作场所关系法》对罢工做了具体规定，其主要内容是：在合法的集体谈判期间，劳

---

① 石美遐. 市场中的劳资关系：德、美的集体谈判. 北京：人民出版社，1993.

方享有罢工权，资方享有关厂权；协议有效期内采取的争议行为属非法行为；采取争议行为须提前72小时书面通知产业关系委员会及对方，且必须事先已通过谈判努力和对方达成共识；如果想采取争议行为的当事人无诚意与对方谈判，或争议行为将给个人生命、健康、安全及居民生活带来危害，以及给国家经济带来重大损害，产业关系委员会有权冻结或阻止劳资双方的谈判；在委员会冻结或阻止劳资双方谈判期间，不得强行罢工或关闭工厂，否则受害者有权向民事法庭起诉，追究其民事责任；产业关系委员会有权命令停止非法的劳动争议行为，对不执行者罚以重金；坚决取缔劳方为胁迫雇主而采取的妨碍企业正常交易的行为。

一般来说，罢工权的行使应当符合如下条件：

（1）必须是原集体协议期限届满。在集体协议履行期间，当事人负有和平的义务。

（2）工会已经履行了“真诚”与雇主谈判、达成协议的义务。

（3）必须通知劳动行政部门。工会在举行罢工之前，要通知劳动行政部门。劳动行政部门在接到通知后应先行调解，确认双方能否和解。如调解失败，工会应在罢工前以书面形式向劳动行政机关报告。

（4）投票表决。一些国家规定，工会在举行罢工前，应当先在工会会员中举行投票表决，在获得多数会员支持后才能罢工。另外，劳动委员会根据雇主要求，也有权决定是否举行罢工投票表决。

（5）提前通知。工会在罢工前应当提前正式通知资方罢工的目的、时间和地点。

法律对罢工条件的限制至少在两个问题上存在争论。一是强制调解制度。有的学者认为强制调解制度违背了一方或双方的意志，不一定有助于争议的解决，甚至由于时间的拖延，使一方或双方能有更多的时间为罢工做好准备，从而使劳动部门难以做出决定。二是关于集体协议有效期内不得罢工的问题。从理论上讲，规定集体协议有效期内不得罢工，对产生的冲突通过申诉程序解决，这有助于保持劳动关系的稳定。但由于申诉程序过于漫长，而且雇主可能采取一些虽有争议却不违背集体协议的行为，造成工人难以提起申诉，这时争议就只能等到下一轮谈判开始才能被提上日程。这样，被压抑的挫折感连同日积月累的问题，会大大增加双方达成协议的难度。反之，从根本上说，如果在协议期内赋予工人罢工权，随时解决出现的问题，对促进劳动关系的有序和稳定发展、保障工人的民主权利具有积极意义。

（四）雇主在罢工期间的权利

雇主除了享有罢工条件中规定的相关权利之外，最具争议的是在罢工期间雇主能否通过使用其他单位雇员继续生产，或者鼓励罢工工人越过纠察线，或雇用替代工人等方式继续经营的问题。历史上的美国法律规定，在罢工期间雇主享有雇用永久性替代工人的权利，这一规定的结果是某些工人因行使罢工权而失去工作，从而造成罢工权名存实亡。所以，通常法律规定雇主在罢工期间可以雇用临时性替代工人。在加拿大，正常情况下罢工工人在罢工结束时，都有权回到原来的工作岗位或类似工作岗位，一些省区甚至禁止或者限制雇主雇用临时性替代工人。支持者认为，在罢工期间雇主应当享有继续生产经营的权利，否则会过度损害双方的力量对比平衡。既然在罢工期间罢工者可以自由选择为其他雇主工作，那么作为一种对等权利，雇主也应能使用替代工人。但允许雇主在罢工期间继续生产经营的实际效果，特别是替代工人的卷入，会把严重的不平等引入劳动关系制度，使得那些对工作技能和培训程度要求不高的企业很容易从劳动力市场上获得大量替代工人，造成那些最需要工会、处于最不利地位（退出和岗位力量弱）的工人实际具有的罢工力量最弱。相反，那些处于最有利地位、最不需要工会的工人，却具有最有效、最强大的罢工力量，这显然违背了劳动关系立法的初衷。这一权利的行使大大削弱了工人的罢工力量，在某种程度上使罢工权变得毫无意义，从而使雇主能有效削弱集体谈判的基础，对劳动关系造成不可弥补的、长期的损害，甚至会引发暴力冲突。

（五）对罢工行为的限制

对罢工行为的限制，与工人在罢工期间享有的纠察权直接相关。通常，罢工工人只能对雇主的经营场所设置纠察，对不属于雇主所有的任何私人经营场所，必须得到允许才能设置纠察线，即使这些经营场所是为公众使用的（如购物中心的停车场）。罢工工人不得阻挡这些经营场所的出入口，也不得威胁、损害任何人通过纠察线。如果有迹象表明纠察员违背这些限制，或者有理由相信他们会这样做，雇主可以请求法院或劳动关系委员会出面制止，甚至同时解除纠察。除了针对雇主实施的纠察受到限制之外，罢工期间罢工工人能否对与雇主继续经营的其他企业实施纠察，也有相应的限制。通常，这种纠察只有在这个企业被怀疑为雇主的“积极同盟者”，并充当雇主的生产替代者，或作为其代表时，才是合法的。最后，是对同情罢工的限制。同情罢工是为了支持已经罢工的工人而举行的罢工，通常被认为是非法的。对罢工行为进行必要的限制，预防没有参加罢工的工人举行同情罢工，符合保持稳定、提高效率的政策目标。

如果同时从雇主的权利和罢工的法定条件考虑，罢工权不是一种绝对的权利，因而对罢工权的行使要进行必要的限制。存在的争论是，无论这些限制是否正当，实际都削弱了工会确保达成公正协议的能力，尤其是罢工期间雇主可能会试图破坏工会并保持继续生产经营。为避免这种情形出现，工会可能不得不简单地停止其会员的劳动，从而可能使工会处于更加不利的地位。

四、罢工原因分析

对工业国家罢工的原因主要有两种解释。

（一）罢工是一种“错误”

如前所述，集体谈判是一个极其复杂的过程，包含大量的不确定性因素和信息失真的情况，任何一方在努力识别对方真实情况的同时，也在竭力夸大自己承受罢工的能力。这样，尽管每一方都在通过多种渠道了解对方的真实处境和立场，但仍不能准确地判断对方实力，错误地认为对方已准备做出让步，实际却并非如此。其结果是任何一方或双方都未能在谈判中及时调整自己的立场，找到双方都能接受的解决办法。只有在集体协议期限届满或者罢工已经爆发时，一方或双方才意识到自己错误地估计了对方，并开始重新调整各自的立场。这种解释是将罢工看作一个“错误”，因为在理想条件下，双方不会发生误解，罢工也就不会发生。很明显，由于罢工给双方都会带来损失，因而劳资双方为追求自身经济利益的最大化，都会尽可能避免这种损失的发生①。实际上，如果不是信息受到限制或者沟通复杂，任何一方都能够预见对方的让步能力和意愿，以及罢工的后果，从而在罢工到来之前达成协议，避免罢工带来的损失。由于“错误”导致罢工的情况通常有以下几种：

（1）由于误解引发的罢工。在不成熟的谈判关系中，由于谈判者缺乏谈判技巧和经验，可能错误地传递自己的意愿和误解对方的观点。而且，一方或双方对谈判对手或者其观点、日程安排的厌恶，也可能干扰他们做出理智的判断和选择。另外，如果谈判者彼此不熟悉、相互之间不了解，也难以对谈判进程达成默契和共识，难以形成可供继续磋商的“草案”，导致双方的误解进一步加深，沟通更加困难。

（2）为确认雇主的真实让步能力而引发的罢工。一般而言，当企业面临的竞争环境改变时，雇主的让步能力也会随之做出相应调整。由于劳资双方谈判时存在信息不对称，资方掌握着相关的产品市场和财务机密，而工会谈判者却不拥有这些信息。为了确认资方的真实让步能力，工会谈判者常常会指责资方存在欺骗行为，声称要发动罢工。在这种情况下，如果资方确实在欺骗工会，则会迅速改变态度；如果没有，则会继续拒绝让步。工会据此可以识别资方提供的信息真实与否。因而，有人认为罢工能给工会提供有关雇主财务状况的重要信息②。

（3）由于不确定因素引发的罢工。企业面临的不确定因素不仅包括竞争环境的改变，还有通货膨胀率、失业率的变化等，这些因素最终都会对双方的预期或罢工力量产生影响。当这些因素出现时，罢工造成的损失难以预料，一方或谈判双方也很难确定最终能够接受的让步条件，从而错误地估算对方能够做出让步的意愿和/或罢工成本，而这最终又会引发罢工。

（4）不切实际的期望引发的罢工。有时罢工的发生并不是双方谈判者的错误估算所致，而是工人的错误判断引起的。换句话说，工会谈判者的预期可能是现实而合理的，但其委托人工人却缺乏理性。这时，除非谈判者能够代表工人的期望，否则工人也不可能批准随后达成的协议，甚至在下次选举中投票罢免代表者的资格。这样，罢工表现出的误解不是来自工会谈判者，而是来自工人本身。只有在罢工爆发后，工人才会调整、变更其预期，才有可能与资方达成协议。

---

① Siebert S W，Addison J T. Are strikes accidental?. Economic Journal，1981（91）；Lacroix R. Strike activity in Canada//Riddell C. Canadian Labor Relations. Toronto：University of Toronto Press，1986.

② Ashenfelter O，Johnson G. Bargaining theory，trade union，and industrial strike activity. American Economic Review，1969（59）. 在这一点上存在争论。正因为如此，罢工更容易被视为工会获得信息的有效手段，而不是双方误解的结果。但工会获得的信息总是有限的，如果工会根据自己掌握的信息认为资方还有能力做出更大的让步，则会继续罢工。如果工会的信息是错误的，工会的决定就是错误的；而如果工会的信息是正确的，则资方会由于低估了工会而做出错误的决断。

（5）谈判自身的复杂性引发的罢工。由于劳资之间的争议非常复杂，或者由于工会、管理方内部意见不一致而使谈判变得错综复杂时，也可能导致谈判破裂，爆发罢工。一般来说，这种情况之所以会发生，是因为谈判单位自身情形比较复杂，比如谈判单位覆盖了多个机构和/或不同职业、不同技能的工人等。

将罢工的原因解释为“错误”，有利于分析、关注那些影响双方做出决定（或者产生误解）的因素。如果谈判双方或者政府决策者能够采取有效措施，减少影响谈判的不确定因素或者降低双方产生误解的可能性，鼓励有经验的专家从事谈判活动，就能确保谈判进程的健康发展，避免罢工的发生。但也有学者认为，即使采取了这些措施，也不可能完全避免罢工[①]，其主要原因是：

第一，将罢工看成是双方的“错误”，过于狭隘地理解谈判、罢工的概念，因为它通常假定谈判双方只关心经济利益最大化，而不重视对谈判过程中双方行为所依赖的社会经济背景进行分析，不关心那些通常在罢工中居于核心地位的人的道德观念、社会影响力等因素。如果仅从经济角度看，有些罢工的确缺乏理性。但如果从谈判主体尤其是工人和工会的角度思考，罢工与否取决于更广泛的社会原因，包括不同的价值观、原则和公平信念，它反映了工作场所存在的潜在冲突的根源。因而，毫无疑问，工会在决定罢工时，不仅要考虑罢工的经济后果，而且要考虑工人的不满程度，以及资方应让步而不让步引发的工人不满。

第二，劳动关系的本质是劳方隶属于资方，这种隶属地位并没有因工人享有集体谈判权而得到实质性的改变。在劳动关系中，劳动者要服从管理方的指挥和命令，工人无权制定管理规则，也无权参与工作过程的管理，劳资之间的潜在冲突构成了劳动关系的基础。不满、愤恨、缺乏信任弥漫在整个工作场所，因而罢工是劳动者集体表达其不满和愤怒的主要渠道。

因而，仅仅将罢工看成是谈判“错误”，太过于狭隘。最重要的是，罢工是表达“集体声音”的渠道，是劳动者集体表达不满和不信任的重要方式。

（二）罢工是“集体的声音”

罢工是“集体的声音”，这种解释认为只要在劳资关系中存在一定程度的不满或不信任，就总会有发生罢工的可能。但这并不意味着罢工发生的可能性就很大，或者持续时间会很长。在这方面应特别关注以下因素：

（1）工人的不满程度。企业的管理政策、实践以及工作性质本身，对工人的满意度来说特别重要。管理方在某种程度上都采取了“高度认同”的管理方式，通过给工人提供自主性强、工作条件好的岗位，吸引工人参与政策的制定，期望从整体上降低工人的不满程度。另外，在一些小企业，工人的不满程度也较低，因为小企业工作不是那么按部就班，工人也不太会形成明显的阶层观念。在这些情况下，工会谈判者很少支持罢工

① Godard J. Strikes as collective voice: a behavioral analysis of strike activity. Industrial and Labor Relations Review, 1992b (46); Godard J. Strikes as collective voice: towards an integrative theory of strike activity. Proceedings of the 44th Annual Meetings of the Industrial Relations Research Association, 1992d.

活动，也很少号召罢工，而且一旦发生罢工，因为担心会员会越过纠察线，也会尽可能及时寻求解决办法。

（2）管理方的让步程度。如果管理方愿意满足工人期望，尽可能消除工人的不满，也可能避免罢工。管理方在某种程度上做出让步，会使工人感到罢工并不可取，这样，工会谈判者更容易与资方达成协议，满足工人的要求。

（3）工人辞职、离职的意愿和罢工自身的可行性。工人通过选择其他方式尤其是以辞职、离职来表达不满，在某种程度上也能减少罢工发生的可能性，但这时失业问题是一个重要的影响因素。失业率居高不下会减少工人重新就业的机会，尤其对那些资历丰富的雇员来说，选择辞职可能更加不可取。资深雇员在原企业、原岗位上积累的技能和经验，使他们能够获得资历福利或者更高的工资，如果换一个企业工作，一切可能又得从头开始。因而，对多数工人而言，不考虑失业水平的辞职并不是一个很好的选择。

另外，还有罢工本身的可行性问题。罢工的发生往往取决于工会所拥有的罢工力量，罢工力量越强，发生罢工的可能性也越大。工会罢工力量强，不仅意味着管理方更容易对工会的要求做出让步，而且意味着罢工是工人表达不满、争取权利而无须担心遭到报复的最有效途径，也是工人宣泄感情的重要方式①。

（4）社会影响力的大小。主要表现在两个方面：一是工会领导鼓动工人表达不满的能力，通常工人的不满情绪是潜在的、隐藏的，没有适当方式表达，但在谈判中，工会领导能否成功地引导工人的不满情绪并将其表达出来是非常重要的。因为它不仅可以增强工会在谈判桌上的谈判、说服能力，也是权衡罢工是否可行，进而决定是否罢工、罢工持续时间长短的重要因素，同时还是谈判破裂时能够得到工人继续支持的重要因素。二是社会文化的影响，尤其是罢工所在社区的凝聚力，以及人们对罢工活动是否合法的看法。如果社区凝聚力强、罢工合法，不仅工人自身会倾向于罢工，甚至社区成员也会期望罢工，并在罢工开始后向罢工工人提供道德甚至经济上的援助和支持，特别是对公共部门，人们也期望通过罢工能对雇主施加某种压力。

此外，工会内部的政治策略、工会领导的价值观和意识形态、工会的能力以及工人是否以政治方式表达其忧虑等因素，都可能减少人们对罢工的需求。总之，罢工的发生不仅取决于谈判活动本身，而且取决于谈判的经济社会背景，反映了经济生活中由于劳资关系的结构和本质引发的潜在冲突的根源。如果没有这些根源，罢工在总体上就会减少。

因而，罢工是一种“错误”这种解释强调了谈判活动和谈判行为的重要性，罢工是“集体的声音”这种解释则认为谈判行为并不能直接导致罢工，因为工会谈判者会尽力避免“错误”发生，即使出现“错误”，也会及时寻找解决办法，因而其支持罢工的理由并不充分。研究表明，认为罢工是一种“错误”，有利于解释罢工发生可能性的大小，

---

① Kerr C, Siegel A. The interindustry propensity to strike//Kornhauser, et al. Industrial Conflict. New York, McGraw-Hill, 1954.

而不能解释罢工持续时间的长短[①]。

从冲突是劳资关系基础的观点看，保持相对较多的罢工活动也许是劳资关系健康发展的信号，但这并不是说罢工就必然是件好事。相反，由于罢工会给劳资双方以及第三方造成损失，带来不便，因而在不过度侵害工人罢工权的前提下，人们总是在寻找各种方法降低罢工发生的可能性。从对罢工原因的这两种不同解释出发，减少罢工的方法也是不同的。

基于罢工是一种“错误”，则可以通过减少谈判中的“错误”来避免罢工，比如采用比较集中的谈判结构，确保较高水平的专家参与，选择合作式谈判方式，采取第三方斡旋、调解等。

基于罢工是“集体的声音”，则需要消除导致罢工产生的不信任和不满意的根源。具体措施：一是鼓励雇主采取进步的管理策略，尤其是与高绩效模式相适应的高度认同的管理方式，但这些管理方式往往难以引起雇主的兴趣；二是通过制度改进，加强工人的参与决策权，促使雇主优先考虑工人的工资福利待遇。一些欧洲国家（如德国等）所采取的措施降低了劳资冲突的激烈程度，从而降低了罢工发生的可能性。此外，通过制定强有力的就业法，保障工人的工资福利、安全工作条件以及雇佣关系中的公平待遇，也能降低由于不满意、不安全引发的罢工产生的可能性。

五、罢工的处理和解决

第三方介入谈判、解决争议的方式通常有两种：和解和裁决。和解是双方自愿的，但不阻止、不排除双方最终选择罢工或关闭工厂；裁决则是强制性的，禁止罢工或采取过激行为。和解的形式有很多，包括斡旋、调解和实情调查；裁决通常包括多种形式的利益仲裁。

（一）斡旋、调解和实情调查

斡旋、调解和实情调查这三个概念非常接近，在解决争议中有时甚至可以相互替代。但无论怎样定义，其特定程序都是通过帮助双方有效沟通、澄清事实，或者通过公众压力、直接或间接说服双方改变立场，降低由于“错误”引发罢工的频率。

1. *斡旋*

斡旋（conciliation）是20世纪头10年和战后许多国家劳动立法中规定的解决争议的方式。传统的斡旋方式包括两个阶段，并要求在罢工爆发前合法地进行。第一阶段，由劳动部门任命的独立斡旋者对双方争议进行调解。斡旋者的作用是调和双方分歧，帮助双方达成解决方案。如果不成功，斡旋者向劳动部门提交报告，说明双方所争议的问题及解决的可能性。第二阶段，由劳动部门任命一个斡旋委员会（通常由中立者、工会代表和资方代表三方组成），发挥更积极的作用，促使双方陈述各自立场，提出正式、

---

① Godard J. Strikes as collective voice：a behavioral analysis of strike activity. Industrial and Labor Relations Review，1992b（46）.

可行的建议并促成问题的解决。从理论上讲，这不仅有利于澄清事实，而且促使双方根据斡旋委员会的建议，调整、改变各自的立场和观点。

这种传统的、分两步走的斡旋程序多年来已受到严厉批评[①]。批评者认为，斡旋违背了一方或双方的意愿，干扰了谈判过程，使谈判变得更加复杂甚至失败。同时，还使一方或双方从物质上、心理上为罢工做好了准备，一旦罢工爆发，双方会变得更加强硬，不愿改变立场。即使不是这样，斡旋程序也由于过于烦琐、耗时而限制了工人通过罢工集体表达不满的权利。因此，目前这种传统的、分两步走的强制斡旋程序在实践中已很少采用。虽然一些国家对斡旋程序进行了调整和变通，但批评者仍认为，斡旋的本质是用“行政”干预“自由”的谈判过程，其效果是积极的还是负面的，并不清楚。

2. 调解

调解（mediation）与斡旋的作用大致相似，相当于斡旋的第一个阶段。作为一种解决纠纷的主要措施，调解在两个方面不同于斡旋：第一，与斡旋相比，调解建立在自愿的基础之上，是双方通过协议商定由一个中立的第三方帮助他们达成协议；第二，调解者的角色更多地表现为干预，在谈判过程中发挥着更积极的作用，通过劝说、调解，促使双方让步，达成协议。其主要步骤是：召集双方会面，确定问题所在；以中间人身份确定可行的解决方案；通过积极施压，引导、诱使双方改变立场，促使问题得到圆满解决。

3. 实情调查

实情调查（fact-finding）相当于斡旋的第二阶段，是法律规定的用于打破公共部门谈判僵局的方式。在公共部门，当调解或斡旋失败时，可采取的解决办法之一就是实情调查。实情调查，顾名思义，是指依靠外来者，调查争议事实并提出报告，试图提高争议的公开性，迫使当事人双方达成妥协。实际上，实情调查人也可在发布报告前，尝试先行调解，如果成功，报告也就失去了意义。这些尝试不像常规调解那么深入细致，主要由调查人根据个人经验和感受，对能否达成协议做出判断。

总的来说，斡旋、调解和实情调查都是由中立的第三方介入谈判过程。作为专业人员，他们更可能确定一方或双方的让步底线，从而降低罢工发生的可能性以及缩短罢工的持续时间。而且，斡旋、调解和实情调查主要都是以罢工是一个“错误”为假设前提，如果双方都极力想达成协议，又已存在一个积极的解决问题的区域，那么斡旋、调解和实情调查就会更加有效，因为在这种情况下，罢工的确是一个错误。但如果罢工或谈判破裂是由于明显的外部压力，罢工的原因是为了反映集体的声音，这些方式则可能难以奏效，只会使事情变得更加难以解决。尤其是如果第三方提出的解决方案一方难以接受，会使其变得更加固执己见。

（二）利益仲裁

之所以称为利益仲裁（interest arbitration），是因为它是对谈判双方利益冲突的裁

---

① Ponak A, Falkenberg L. Resolution of interest disputes//Sethi A S. Collective bargaining in Canada. Toronto: Nelson, 1989.

决，而不是对个人冤情的评判。相对于斡旋、调解和实情调查，利益仲裁是对争议的最终裁决，而不是试图让双方自行解决冲突。虽然有时它也尝试让双方自行和解，甚至选择解决方案，但总的来讲，由于利益仲裁免除了工人的罢工权、限制了劳资双方的民主权利，并最终要迫使双方接受一方或双方都不太满意的裁决决定，因而长期受到人们的批评。利益仲裁很少以自愿为基础，通常用于公共部门的劳资纠纷裁决，因为政府可以以罢工过度伤害公共利益为由，限制公共部门的罢工权。

利益仲裁有两种方式：常规仲裁（conventional arbitration）和最后出价仲裁（final offer selection）。常规仲裁是由一个仲裁员或三方组成的仲裁委员会，根据双方的意见和相似行业中其他雇员的劳动标准，对争议做出最终裁决。最后出价仲裁是指劳资双方各自提出最终解决方案，由仲裁员从中选择最合理的一种作为最终解决方案。最后出价仲裁通常有两种形式：一是由仲裁员对谈判条款进行逐项选择，这样任何一方可能都会有得有失；二是“一揽子选择”，即由仲裁员从双方的整体方案中选择其中之一作为最终方案，这时赢者只有一个，要么是工会，要么是资方，而且一旦赢就赢得了全部方案。

然而，任何一种利益仲裁形式都不是很普遍。常规仲裁存在的最大问题是它抑制了双方的真诚谈判，通常出现的问题是：（1）劳资双方更容易依赖仲裁员，而不是依靠双方谈判独立达成协议；（2）双方会拒绝或控制做出让步的程度，而认为仲裁员会倾向于在双方的最终出价中寻求平衡，做出一个中间裁决，这时，拒绝让步意味着将得到更有利的结果。前者通常使劳资双方处于麻木状态，因为双方都过于依赖仲裁员，而后者又使双方都感到“寒栗”，因为双方都不会为达成协议而积极做出某种让步。

最后出价仲裁则克服了常规仲裁的这些不足，因为劳资双方不会再依赖仲裁员做出一个中间裁决，在这种情况下，仲裁对双方都是孤注一掷、极其冒险的，尤其是基于“一揽子”的整体方案裁决时，任何一方面临的风险都是输掉全部。为避免全盘皆输，双方都会积极做出某些额外让步，使自己提出的方案看起来最合理。因此，从理论上讲，最后出价仲裁有利于克服常规仲裁下双方的麻木和寒栗，避免双方过于依赖仲裁，鼓励在仲裁之前尽可能通过谈判做出适当让步，使问题得到解决。

对仲裁结果的研究表明，常规仲裁方式下谈判双方能够自行达成协议的比例，要远低于工人享有罢工权条件下能够达成协议的比例；同时，选择最后出价选择的裁决方式，双方能够达成协议的比例也要高于常规仲裁方式，但仍低于享有罢工权条件下能够达成协议的比例。这表明与常规仲裁方式相比，在最后出价选择仲裁方式下，谈判双方会以更加积极、主动的态度促成协议的达成[①]。这一研究存在的问题是，它并没有说明仲裁结果是否会随着适用条件的不同而变化。

前面介绍了罢工及其争议的解决，但实际上，在西方国家劳资双方很少出现不能达成某种协议的情况，即使一方或双方对协议并不十分满意。一旦协议达成，在协议有效期内工会不得举行罢工，双方负有诚实谈判、达成新协议的义务。同时，对协议执行过

① Godard J. Industrial relations，the economy，and society. 2nd ed. Concord，ON：Captus Press，2000.

程中引发的争议，协议的解释方法和运用、双方遵守协议的意愿等以及由此引发的争议，则主要通过个人申诉或申诉程序处理。

总体上说，之所以避免过多地使用利益仲裁，主要是因为人们怀有这样一种强烈的信念，即对劳资双方实际情况最了解的是工会和资方，而不是仲裁员，劳资双方才应该是最能有效地解决冲突的人。

第3节　集体合同

一、集体合同的概念和特点

（一）集体合同的概念

集体合同，英文为 collective agreement，又称团体协约、集体协议等，是个人劳动合同的对称，它是指工会或者劳动者代表与雇主或雇主团体之间签订的，以改进劳动组织、改善劳动条件和生活条件、确定劳动标准及协调劳动关系为主要内容的书面协议。

国际劳工组织 1951 年《集体协议建议书》（第 91 号建议书）提出，集体合同的管理办法由有关的雇主与工人双方来确定，或由国家立法按照各国实际情况制定。集体合同是指一个雇主、一群雇主、一个或多个雇主组织为一方，与一个或多个工人代表组织（或选出并依法授权的工人代表）为另一方之间签订的关于工作条件和就业条件的书面协议。集体合同对签字者及其代表者有约束力。受集体合同约束的工人个人与雇主之间签订的雇用合同中如有违反协议的规定，则此项规定应属无效，除非它对工人有利。国家法律对集体合同应规定有效的最短期限。

我国的《集体合同规定》明确规定：集体合同是指用人单位与本单位职工根据法律、法规、规章的规定，就劳动报酬、工作时间、休息休假、劳动安全卫生、职业培训、保险福利等事项，通过集体协商签订的书面协议。集体合同是有关集体劳动条件、就业条件和劳动关系的规定，对缔约当事人以及缔结协议双方所代表的人员都具有约束力，包括集体合同订立时或订立后加入该团体的雇主及工人。集体合同既是对各项劳动立法的具体落实，又是调整企业内部劳动关系的具体规范。积极推进集体协商和集体合同制度，有利于增进劳动者与用人单位之间的相互理解和信任，推动劳动关系双方互利共赢。截至 2019 年，我国当期有效的集体合同累计达 175 万份，覆盖职工 1.49 亿人[①]。

集体合同的作用主要表现在以下几个方面：

（1）集体合同制度是劳动力市场机制运行的必要条件。劳动力市场机制的有效运行，依赖于市场主体力量的相互平衡和制约，依赖于建立规范的程序规则。劳动关系是一种隶属关系，劳动者个人处于相对弱势的地位，在劳动力市场上难以与雇主相抗衡，

---

① 2019 年度人力资源和社会保障事业发展统计公报.（2020－06－08）. http://www.mohrss.gov.cn/SYrlzyhshbzb/zwgk/szrs/tjgb/202006/t20200608_375774.html.

而劳动合同在人格、经济上的从属性更加重了这种失衡。集体合同制度的建立，可以使劳动者的个人意志通过劳动者团体表现出来，由团体代表劳动者个人交涉劳动过程中的事宜，这有助于克服个别劳动关系的内在不平衡，弥补个人劳动合同的不足，增强劳动者一方的力量，确保劳动力市场的平衡和谐发展。所以集体合同制度是劳动力市场机制运行的必要条件。

（2）集体合同制度建立了平等协商、谈判的制度。平等协商、谈判是签订集体合同的前提，谈判质量的高低决定了集体合同内容的质量。集体谈判和集体合同制度，是市场经济条件下劳动关系主体双方自主协调的基本机制。集体协商谈判，是双方在法律地位完全平等的基础上，就劳动标准、劳动条件以及其他与劳动关系相关的问题，依据国家法律、法规而进行沟通、协商、交涉的行为。建立平等协商、谈判机制，是保护员工合法权益，建立和谐稳定劳动关系，调动和发挥劳动者的积极性、创造性，促进企业和员工加强沟通、共谋发展的重要手段。

（3）集体合同制度是雇主谋求工业和平和工业利润的手段之一。经过平等协商、谈判依法订立的集体合同，是协调劳动关系的重要依据，对企业和全体劳动者都具有约束力。企业要从自身实际出发，因企制宜，合理确定集体合同的具体内容和标准，增强实效性和可操作性。根据具体情况，企业可以与劳动者签订综合性集体合同，也可以就工资分配等问题签订专项集体合同。集体合同的签订，可以使雇主在既定的劳动条件基础之上组织生产经营；可以避免怠工、罢工等争议行为带来的经济损失；可以防止本行业的不正当竞争，使劳动条件趋于标准化，降低员工流动率，保持工业和平，促进技术改进和生产力水平提高。

（4）集体合同制度是协调劳动关系的手段。集体合同制度是市场经济国家通行的调整劳动关系的制度，是维护劳动者权益的有效手段，也是预防和化解劳资冲突、维护社会稳定的重要制度。为确保这一制度的有效运行，法律规定任何一方都有权提出平等协商、谈判的要求，另一方没有正当理由不得拒绝。集体合同制度规定了协商谈判代表的产生程序，加强了对谈判代表的保护力度，强化了协商代表的义务，明确了协议文本的制作和协议成立时间，赋予集体协商双方代表平等的提议权、建议权、否决权、陈述权和谈判义务，同时禁止企业以保护商业秘密为由拒绝披露有关信息。集体合同制度把工资集体协商作为推进平等协商的重点，就企业内部分配制度、工资分配形式、工资收入水平、工资支付办法等事项进行平等协商，使平等协商在协调劳动关系方面发挥重要作用。

（5）集体合同制度是法律、法规的重要补充。劳动法律法规所规定的劳动条件和标准是保护劳动者权益的最低标准，而且很多只是原则性规定，相对于丰富复杂的劳动关系而言，难免有所疏漏。集体合同可以弥补法律法规的不足，根据不同企业、不同行业的具体情况，就劳动者权益和劳动关系协调的共性问题做出规定，具体规范劳动关系，对劳动立法的不完善可起到补充作用。

集体合同是市场经济的一种调节手段，它避免了劳动条件的一成不变，特别是避免了政府确定工资。集体合同最重要的作用在于它保证了有组织的劳资双方平等地参加对劳动条件的确定，消除了单个雇员和其雇主之间的力量不均衡的状态。作为个人劳动合同的一个合法的补充，它在劳动力市场和整个经济中发挥了调节缓和的作用①。

（二）集体合同与劳动合同的区别

集体合同与劳动合同的不同之处在于：

（1）主体不同。集体合同的主体是企业与工会或者行业组织工会（没有组织工会的，由职工推选的职工代表）；劳动合同的主体则是员工个人与企业。

（2）内容不同。集体合同不仅规定企业一般性的劳动权利义务，而且可以涉及劳动关系的各个方面，内容相当宽泛，具有整体性。专项性集体合同，其内容仅仅涉及劳动关系的某一方面。劳动合同的内容则是劳动者个人的劳动条件和劳动标准的约定，内容细致具体，针对性和操作性相对较强。

（3）效力不同。《中华人民共和国劳动合同法》第五十四条规定，依法订立的集体合同对用人单位和劳动者具有约束力；第五十五条规定，用人单位与劳动者订立的劳动合同中劳动报酬和劳动条件等标准不得低于集体合同规定的标准。依据法律、法规，集体合同适用于用人单位内的全体劳动者与用人单位，劳动合同则适用于劳动者个人与用人单位。集体合同的法律效力高于劳动合同，对劳动合同内容有规范作用。当劳动合同与集体合同冲突时，应优先适用集体合同。劳动合同中的劳动条件和劳动报酬等标准不得低于集体合同的约定，否则无效，无效部分以集体合同标准代替。

（4）产生的时间不同。一般而言，集体合同产生于劳动关系运行过程中，它不以单个劳动者参加劳动为前提。而劳动合同通常产生于当事人一方的劳动者参加劳动前，以劳动者就业为前提。

（5）签订的目的不同。签订集体合同的目的是维护员工的集体合法权益，调整和改善群体劳动关系，促进企业和员工全体的共同发展。签订劳动合同的目的仅在于确定员工和企业双方之间单个的、具体的权利义务关系，针对的是特定明确的个体。

（三）集体合同的特征

集体合同具有以下特征：

（1）集体合同的主体具有特定性。一般来说，一方为工会，另一方为用人单位。对于用人单位来说，可以是法人、个体经营户，也可以是它们的团体。《中华人民共和国劳动合同法》规定，尚未建立工会的用人单位，由上级工会指导劳动者推举的代表与用人单位订立。

（2）集体合同的目的具有特定性，即规范当事人之间具体的劳动关系。集体合同并不产生特定当事人之间的具体权利义务关系，而是通过对劳动条件、劳动争议处理以及职工民主管理等内容的约定来达到协调企业内部劳动关系的目的。集体合同是联结国家

---

① 马克曼. 联邦德国的集体谈判//中华人民共和国劳动和社会保障部法制司，德国技术合作公司中国法律改革咨询项目. 中德劳动与社会保障法：比较法文集. 北京：中信出版社，2003.

法律与具体劳动合同之间的纽带。

（3）集体合同的内容具有广泛性，涉及企业劳动关系的各个方面。

（4）集体合同是特殊的双务合同。合同的当事人之间互相承担一定的义务和职责，用人单位或用人单位团体一方违背了义务，责任人要负相应的法律责任，而工会一方若违背了义务，一般不承担法律责任和经济责任，只承担道义和政治责任。

（5）集体合同是要式合同，一般要求以书面形式签订。

集体合同和劳动合同作为劳动契约的两种形式，既存在联系，也有着明显的区别。从历史角度看，集体合同是在劳动合同的基础上产生和发展的，它是对劳动合同不足的补充。从现实程序来看，也只有在劳动合同确立了用人单位与劳动者之间的劳动法律关系之后，才会进一步签订集体合同。

二、集体合同的订立原则

集体合同的订立要遵循相应的原则，这些原则体现了集体合同的本质，贯穿集体谈判的整个过程。订立集体合同，应遵循合法、平等、合作的原则。《集体合同规定》第五条规定，进行集体协商，签订集体合同或专项集体合同，应当遵循下列原则：

（1）遵守法律、法规、规章及国家有关规定。合法原则是进行谈判、签订协议的基本准则，其内容包括双方主体资格合法、内容合法、程序合法和形式合法。

（2）相互尊重，平等协商。平等原则要求劳资双方以平等的地位进行谈判和对话。

（3）诚实守信，公平合作。合作原则要求劳资双方在谈判过程中相互配合、相互合作。谈判是两个组织之间的磋商与交涉，双方利益既有差异性又有一致性，合作贯穿签订集体合同的全过程，体现了集体合同的基本精神。

（4）兼顾双方合法权益。兼顾双方合法权益原则要求协议条款所确定的权利和义务要对等，做到互利互惠。

（5）不得采取过激行为。不得采取过激行为原则，要求双方在进行谈判、签订协议的过程中，不得采取怠工、罢工、关闭工厂等争议行为，实际上是要求谈判双方负有和平的义务。

三、行业性、区域性集体合同

根据集体合同所调整的层次不同，可分为全国性集体合同、区域性集体合同、行业性集体合同以及企业集体合同（基层集体合同）。一般来说，企业集体合同能恰当地反映各企业劳动关系的特点和劳动管理方面的要求，便于合同的有效实施，但由于其过多地考虑企业劳动关系双方的利益，可能会出现忽视社会公共利益的现象。行业性集体合同和全国性集体合同能较好地执行国家政策，保护本行业和全国范围内劳动者的利益，但缺乏适应性和灵活性。西欧国家的集体合同主要在产业或行业的全国或地区一级工会组织与雇主联合会之间签订。而在日本、美国，则通过劳资谈判签订集体合同，主要在企业内部进行。《中华人民共和国劳动合同法》首次以法律形式规定，在县级以下区域内，建筑业、采矿业、餐饮服务业等行业可以由工会与企业方面代表订立行业性集体合同，或者订立区域性集体合同。

行业性集体合同指的是在一定区域的特定行业内由行业工会组织与企业方面代表订立的适用于整个行业的集体合同。区域性集体合同是区域性的工会联合会和区域内的企业管理委员会签订的适用于全区域劳动者的集体合同。《中华人民共和国劳动合同法》第五十三条规定，在县级以下区域内，建筑业、采矿业、餐饮服务业等行业可以由工会与企业方面代表订立行业性集体合同，或者订立区域性集体合同；第五十四条规定，行业性、区域性集体合同对当地本行业、本区域的用人单位和劳动者具有约束力。这些规定表明，行业性、区域性集体合同是该行业、区域内所有劳动者与企业订立的集体合同。行业性、区域性集体合同一经合法签订，即对全行业、全区域内的用人单位和劳动者具有法律约束力。

《中华人民共和国劳动合同法》对行业性、区域性集体合同做了明确规定，为行业性、区域性集体协商的规范发展提供了依据和指导。订立行业性、区域性集体合同，要把握两个方面：一是订立范围。订立行业性、区域性集体合同，要在县级以下区域内，在建筑业、采矿业、餐饮服务业等行业开展，一般在小型企业或同行业企业比较集中的乡镇、街道、社区和工业园区。具备条件的地区可以根据实际情况在县（区）一级开展行业性集体协商签订集体合同。二是合同内容。通过协商签订的行业性、区域性集体合同可以是综合性的，也可以是专项的。综合性集体合同的内容较为广泛，涉及劳动条件、劳动保护、劳动关系、争议处理等诸多问题。专项集体合同则是就劳动关系的某个方面的事项签订的专项协议。它只涉及劳动关系的某一个或少数几个有关劳动者切身利益的问题，比如劳动安全卫生、女职工权益保护、工资调整等内容。专项集体合同的订立有利于以书面协议的方式对关乎劳动者切身利益的关键方面进行更加具体的约定，保护劳动者的合法权益。《集体合同规定》规定，集体协商双方可以就下列某项内容进行集体协商，签订专项集体合同：劳动报酬；工作时间；休息休假；劳动安全与卫生；补充保险和福利；女职工和未成年工特殊保护；职业技能培训等内容。《中华人民共和国劳动合同法》第五十二条规定："企业职工一方与用人单位可以订立劳动安全卫生、女职工权益保护、工资调整机制等专项集体合同。"

订立行业性、区域性集体合同有利于调整行业内或区域内的劳动关系，切实维护行业内或区域内所有劳动者的合法权益。随着近年来我国非公有制经济的迅猛发展，非公有制企业数量迅速增加。这些企业大部分集中在乡镇、街道、社区、各类经济开发区和工业园区内，具有规模较小、管理不规范的特点。再加上非公有制企业中工会干部兼职的较多，他们依附于企业，没有经济上的独立权，因此在与企业的商讨中没有什么主动权。甚至有的企业还没有建立工会组织。这些原因导致很多企业无法真正履行集体合同。加之这些行业内劳动者缺乏核心竞争力，很难与用人单位平等协商相关事项。行业性集体合同则弥补了这一不足。行业性集体合同约定了全行业劳动条件和劳动标准的最低限，行业内所有劳动者的劳动标准都应不低于这一规定。建立行业级别的集体协商制度可以弥补企业级别协商制度的不足，有利于全面准确地收集和掌握谈判信息资料，集中谈判专家的优势和力量，提出协商方针和方案，提高劳动者一方的整体力量，避免在单个企业中因实际力量的不平衡造成的不平等。同时，也有利于形成产业、行业的劳动标准，避免企业之间无序竞争。这对于调节行业或区域内的劳动关系，必将起到重要的作用。

我国现行立法规定集体合同的期限为1～3年。在合同约定的期限内，双方代表可对协议履行情况进行检查，每年可对合同进行修改。

四、集体合同的履行

（一）集体合同的履行、变更和终结

集体合同的履行是指集体合同生效后，当事人双方按照合同约定的各项内容，全面地完成各自承担的义务，使合同的权利义务得以全部实现的行为过程。集体合同的履行是集体合同制度实现的基本形式，集体合同一旦生效，就具有法律效力，签约双方都要严格履行合同的约定，保证合同目的的实现。

集体合同的变更是指因订立集体合同所依据的客观情况发生变化，当事人依法对尚未履行或尚未完全履行的集体合同进行修改和补充的法律行为。依法订立的集体合同具有法律约束力。一般说来，除非经过双方同意，否则任何一方在合同到期前不得修改、变更合同内容。执行合同中遇到的最主要问题是对合同条款的理解与应用。执行合同是日复一日的行动，其目的是使各方都能从中获益。我国法律规定，在集体合同期限内，由于集体合同订立时所依据的客观环境和条件发生变化，致使集体合同难以履行时，集体合同任何一方均可提出变更合同的要求。签约一方就集体合同变更提出商谈时，另一方应当给予答复并进行协商；双方协商一致对原集体合同进行修改后，应在10日内报送劳动行政部门审查。集体合同变更的情形主要包括：(1) 用人单位因被兼并、解散、破产等原因，致使集体合同无法履行的；(2) 因不可抗力等原因致使集体合同无法履行或部分无法履行的；(3) 集体合同约定的变更或解除条件出现的；(4) 法律、法规规定的其他情形。变更集体合同应遵守平等协商的程序。

集体合同的终结是指合同期限届满、合同目的已经实现，或者依法解除合同等而使合同法律效力消失，即集体合同关系结束。《集体合同规定》第三十八条规定，集体合同或专项集体合同期满或双方约定的终止条件出现，即行终止。集体合同终止，必须经过一定的法定程序。一般有以下几种情形：一是集体合同的期限届满；二是集体合同当事人一方不存在；三是集体合同依法或依协商解除。

（二）工会监督集体合同履行

《中华人民共和国劳动合同法》第五十六条规定：“用人单位违反集体合同，侵犯职工劳动权益的，工会可以依法要求用人单位承担责任；因履行集体合同发生争议，经协商解决不成的，工会可以依法申请仲裁、提起诉讼。”这一规定明确了工会监督集体合同履行，维护职工合法权益。

维护职工合法权益是工会的基本职责。通过平等协商和集体合同制度协调劳动关系，是工会履行维权职责的重要方式。在集体合同制度中，工会不仅有代表和指导职工与用人单位签订集体合同的职责，而且有监督集体合同履行的职责。工会在监督集体合同履行中，要承担的职责是：

（1）要求用人单位承担职责。工会应当定期组织有关人员对集体合同的履行情况进行监督检查，发现用人单位违反集体合同，侵犯职工劳动权益时，工会应当依法要求用人单位承担责任，包括要求其停止侵权行为、赔礼道歉、赔偿损失，或者依法向劳动主管部门反映情况，由有关主管部门依法追究行政责任。对于有严重侵犯职工权益行为构成犯罪的，还有责任向司法机关举报，依法追究用人单位的刑事责任。

（2）对集体合同争议申请法律救济。在履行集体合同中，职工和用人单位因履行合同发生争议是不可避免的。一旦发生争议，当事人应当本着合法、公正、及时处理的原则，通过协商、调解、仲裁、提起诉讼等形式解决。经协商解决不成的，作为职工利益的代表，工会可以依法申请仲裁、提起诉讼。

第4节　集体合同条款研究

一、西方国家集体合同的主要条款

在西方市场经济发达的国家，劳动条件和标准的达成是通过集体谈判完成的。通过谈判签订的集体合同确立了劳资双方的权利义务关系。集体合同的主要条款包括以下六个方面。

（一）工资和福利

一直以来，工资和福利都是集体谈判中最具争议性的问题。在谈判单位内部，有关工资福利水平、分配方式以及协议期内工资调整机制等问题总会引发争论。

1. 工资和福利水平

工资和福利水平是劳资冲突的首要原因之一。对劳动者而言，工资福利不仅对其特定阶段的生活水平有着重要意义，而且直接影响到其未来的收入，如养老金。在其他条件不变的情况下，尽可能争取最有利的工资福利待遇是工人在谈判中的利益所在。对于雇主来说，工资福利支出对于企业的财务状况和经营活动意义重大。在其他条件相同时，最大限度地降低工资福利待遇是其利益所在。对劳动者来说，如果其期望和公平感得到满足，他们通常会对稳定的工资福利增长感到满意。影响工资满意度的因素有很多，其中有三个主要因素：（1）相似职业的雇主提供的工资福利；（2）生活费用的增长；（3）在不危及企业安全前提下，雇主具有的对工资福利做出让步的能力。从20世纪80年代开始，严峻的经济条件已经使最后一项显得尤为重要。许多事例表明，工人为确保企业的生存发展，实际已对工资的增长、福利的加大做出了让步。

2. 工资分配

除了对总的工资福利水平进行谈判之外，在谈判单位内部如何从整体上分配工资福利，也会引发冲突和矛盾。在大多数工作场所，不同类别的工作由于复杂程度和责任大小不同，需要不同的技能和经验。根据这些差别，不同的工作可以划分为不同的类别等级，一般较高等级的工作能够分配到较高的工资。通常，企业规模越大，工作差异程度越高，工资差别也就越大，尤其在那些已经建立工作阶梯的企业，工人自然期望快速向更高工资水平的岗位流动。尽管雇主采用自发联合的方式与高绩效的工作模式相联系，工作阶梯将逐渐被淘汰已成为共识，但目前这种问题仍然广泛存在。

3. 工资调整条款

集体合同除了规定工资分配之外，还涉及工资增长的数量和方式，尤其是在通货膨胀情况下的工资增长及计算问题。当通货膨胀水平较高时，如果缺乏工资调整条款，则意味着在协议期内工人的实际购买力将大大降低。为保护会员利益，工会通常在以下四种做法中选择其一：（1）谈判签订短期协议。（2）签订“重新调整”条款。（3）通过谈判确立在合同有效期内，工资定期有计划地增长。（4）通过谈判制定“生活费用调节”条款。管理方通常都不喜欢这些选择，尤其当通货膨胀率不确定时（因为通货膨胀率通常处于较高水平），在前两种做法的情况下，不仅工资福利的支出不确定，而且还有罢工的可能性。因此，管理方通常更趋于签订长期合同，规定固定的工资增长幅度。

4. 团队奖金

近年来，以团体为基础的有条件的薪酬计划已得到越来越多的关注，尤其是在那些高绩效的工作部门。这些制度包括团体奖金制度、获利共享制度、利润分享制度等，大部分制度都可以追溯到20世纪头10年，它们在高绩效的工作团队中显得尤为重要。工会通常会反对这些由雇主单方决定的制度安排，因为它导致雇员收入的不稳定，也使工会很难对此施加影响。此外，工会在传统上总是致力于通过谈判在集体合同中建立固定的工资增长机制，这样工资就能不断地获得提高，而有条件的薪酬制度特别反对这一做法。如果雇主以牺牲工人工资增长为代价倡导这一制度，会遭到工会及其会员的强烈抵制。

（二）工作时间和加班

大多数集体合同都规定了雇员每日或每周的工作时数，以及雇主有权要求工人完成的工作等。例如集体合同具体规定，标准工作日是8小时，管理方可以要求工人加班但每天不超过1小时。或者规定，每周标准工作时间是40小时，雇主要求工人加班每周不得超过5小时。另外，集体合同还对雇主可以安排工人工作或者加班的时间进行了限制，如规定雇主不得安排工人在周末工作，或在周五下午加班。集体合同还包括对雇主安排加班的方式进行限制的条款。集体合同一般明确规定，资深工人可以拒绝从事资历较浅的工人就能完成的加班工作。或者具体规定，要将加班任务平均分派，不能使工人感觉到自己比本部门或地区的其他工人工作更长时间。虽然工会极力限制管理方对非自愿加班做出的安排，但对工人来说，加班往往意味着能够获得额外的收入和高于正常工资的待遇。因而，工人代表也试图通过谈判确立一些条款，获得对自愿加班做出安排的权力。

（三）工作规则

长期以来，人们在工作场所形成了一些有关工作内容及完成方式的非正式规则和惯例。一般来说，这些规则不仅反映了作为工资-劳动契约中的劳动者一方要通过提供一定的劳动获取相应的工资报酬，同时也反映了不同类别的工作内容所包含的职责范围。例如在生产车间，对机器设备的保养和维修，一般属于机械工的职责范围，而不属于操作工的职责和义务。如果要求操作工负有维修和保养机器的职责，则不符合一般常规。尽管这些规则和惯例已或多或少被工人和其直接管理者接受，但在管理权力不断膨胀的影响下，管理方可以堂而皇之地违反那些行之有效却没有写入集体合同的规则。比如管理方可以通过裁减工人而不减少总工作量的方式，合理地安排工作，或者在保持人数不变的前提下，提高工作定额，或者重新制定、分配工作任务，使那些不熟练或半熟练工人能够完成以前由熟练工人才能做完的工作。

为防止管理方采取这些行为，历史上工会曾试图寻求通过谈判将涉及工作规则的条款列入集体合同。这些规则内容非常广泛，但一般包括诸如最小人员规模，对工作定额、工作进度以及工作内容的限制。最小人员规模规定了管理方完成一定工作和任务所应该投入的最少人数；工作定额和工作进度规定了在一定时间内，个人或群体应完成的工作数量或工作速度；对工作内容的限制则主要是按照特定职位的工作类型或级别，规定相应的工作职责范围，确保低职位的工人不会从事高职位工人才能正常完成的工作，或者从事不是其职位正常范围内的工作。

（四）工作和收入保障

有关工作和收入保障的协议内容主要反映在工作规则和资历条款的谈判上，前者主要保护工人不受技术变革的影响，后者则主要保护资历较深的员工不被解雇。此外，它还反映在大量保护工会成员工作及收入的具体条款上，主要包括：工作合同的转让条款；解雇通知及技术变革条款；补充失业保险条款。

1. 工作合同的转让

除了集体合同有具体规定外，管理方有权将部分工作任务转包给谈判单位以外不受集体合同约束的工人去做，尤其是管理方可以从其他企业购买部分原材料及配件，来代替自己生产；或者将部分生产任务转包给其他企业和工人，而不是交给自己的工人完成。当然，在企业生产任务充足，或者不影响工人完成正常劳动定额的情况下，生产合同转让条款相对来说也就没有特别意义。但如果不是这样，则会产生极大的影响，因为如果谈判单位内部的工作量减少，不仅意味着会解雇工人、减少加班收入，而且使管理方能以低于本企业工人的工资福利成本完成生产任务，从而破坏了集体合同的完整性。正因为如此，工会经常通过谈判限制雇主转让工作合同。尽管限制工作合同转让的条款比较常见，但其约束力很有限。它通常只规定，只有在导致解雇或不能召回已被解雇的工人时，管理方才不能把那些能在内部完成的工作转让给其他企业。

2. 解雇通知及技术变革

与工作合同转让密切相关的是有关解雇和技术变革带来的问题，二者都会对劳动者产生相当不利的影响。解雇的影响显而易见，它不仅意味着劳动者会立刻丧失收入来源，而且还会给劳动者造成严重的心理创伤，使其丧失自我价值及自我认同感。

技术变革给劳动者带来的影响也很大，虽然它不会立即导致解雇，却给劳动者造成了相当大的压力和不安。劳动者常常担心，这种变革意味着他们将来会面临解雇，或者技能下降、工资级别降低；担心自己不能掌握必需的新技术，或被分配到不满意的工作岗位上。由于这些原因，工会经常会通过谈判限制管理方解雇工人或实行技术变革，或者将解雇和技术变革的影响及冲击降到最低限度。在集体谈判中，这类条款并不是很普遍，效力也很有限，通常只限于雇主解雇工人时，要适当提前通知或与工会领导磋商。

3. 补充失业保险

补充失业保险是在集体谈判中，约定由雇主（在某些情况下也可以是工人）建立一个基金计划，用于提高被解雇工人的失业保险福利（例如为常规收入的90%）。虽然工人领取失业保险的时间有限，并且领取的保险金额也与其在特定时间内缴纳的保险金有关，但毫无疑问，补充失业保险计划明显有利于保护工人个人利益，能把解雇带来的收入损失减至最少。同时，它对雇主也有好处，因为对临时被解雇的工人来说，他们更愿意被重新招回，而不是去寻找其他工作，这可以为雇主节省招聘及培训新雇员的费用。

（五）资历

资历通常有两种，即福利资历和竞争资历。福利资历主要用于决定雇员享有相关福利的资格地位，最常见的是休假。雇员依法享有的休假时间，按照为雇主服务的年限不同而有所区别，一般随着工龄的增加而增加。另外，个人养老金账户的建立、退休金的计发、解雇经济补偿的支付以及其他福利也都要以雇员的资历为基础。

相对来讲，福利资历比较简单，而且不易产生争议。竞争资历则较为复杂，它要求雇主在决定有关晋升、解雇及召回、岗位调动、工作安排、轮班、休假的选择、请假的批准以及加班等事宜时，都要考虑雇员资历问题。与福利资历相比，竞争资历往往是由多种因素综合决定的，其中最主要的是雇员的能力和资格。另外，许多集体合同对资历的认定、适用条件也做了具体限制。比如一些协议规定，资历仅限于在本部门范围内工作的时间和经历，这样，尽管有的工人或许在其他部门已工作过好几年，但也不能计算为本部门的资历。集体谈判还确定了一些非常具体的资历条款，规定只有某些职位上的工人才准许晋升到更高的职位。这类限制性规定通常为管理方所追求，因为管理方认为，那些在某一具体组织中具有一定资历的工人对所做的工作更熟悉，而且已经融入工作群体，从而使他们更容易接管更高职位的工作。

（六）工会保障和权利

工会仅仅获得了承认，并不意味着就能稳固地生存，或有效地为其会员服务。管理方可能会继续抵制工会，而工人可能会不缴纳会费或拒绝罢工。因此，工会可能会感到内外交困，缺乏谈判改善雇佣条件的力量和资源，在协议过程中不能充分代表其会员利益。在集体合同中签订工会保障和权利条款，就是为了防止这些状况的发生。与工会保障紧密联系的是会费代扣条款。依照此条款，管理方同意代表工会定期从雇员的工资中扣减工会会费。这种制度安排不仅节省了工会领导自己直接收费所需的时间和费用，而且可以避免工人个人不支付会费，从而确保工会更加安全，最终有利于形成更加稳定的劳资关系。因此，一些司法判例确认了法律规定的强制性的会费代扣制度。总体来看，许多集体合同中都包含工会权利的规定，如允许工会领导在工作时间从事工会事务，并为其提供超级资历的待遇。工会领导可以利用工作时间处理不满申诉、进行谈判以及从事其他有关代表职责的事务，在某些情况下甚至可以参加工会大会。在一些大企业，还允许工会领导离开其岗位，专职从事工会工作。作为回报，超级资历条款通常还规定工会领导在诸如解雇与召回、加班和轮班方面，享有最具竞争力的资格。

总之，集体谈判是很复杂的，对许多条款的争论也很激烈。这些争论不仅反映了管理权力理论面临的困境，也揭示了潜在的劳资冲突的根源。

二、我国集体合同的主要条款

《中华人民共和国劳动合同法》第五十一条第一款规定："企业职工一方与用人单位通过平等协商，可以就劳动报酬、工作时间、休息休假、劳动安全卫生、保险福利等事项订立集体合同。"这一规定概括了集体合同的内容。我国规定的集体合同的条款主要包括：劳动报酬、工作时间、休息休假、劳动安全卫生、保险福利、合同期限、双方履行集体合同的权利和义务、履行集体合同发生争议时协商处理的约定、违反集体合同的责任，以及集体合同变更、解除、终止的协商程序等内容。这些内容主要分为两类。

（一）法定条款

劳动基准方面，即法律对劳动条件和劳动待遇的规定，如工资、工时、保险待遇等，它们属于强制性的规定。这部分内容对于劳动者来说是权利，对于雇主或用人单位来说是一种义务。劳动者与用人单位签订劳动合同时，可以直接把这些内容作为劳动合同的内容。如劳动报酬、工作时间、休息休假、保险福利、劳动安全卫生、合同期限以及双方需要约定的其他条款。具体来看：劳动报酬包含企业最低工资水平、工资形式、工资支付时间、加班工资、津贴、补贴、奖金及工资增长办法等；工作时间包括工作班制、每天最长工作时间、加班限制和特殊工种的工作时间等；休息休假具体包括年休假标准、其他休假和补假制度；保险福利具体包括依法参加保险种类、企业补充保险标准及福利设施的基本保障；劳动安全卫生包括劳动安全卫生责任制、劳保用品发放标准、定期健康检查和女职工的特殊保护；合同期限一般为1～3年，合同期满或双方约定的终止条件出现，集体合同即行终止。集体合同期满前3个月内，任何一方均可向对方提出重新签订或续签的要求。其他内容还包括变更、解除、终止集体合同的协商程序，双方履行集体合同的其他权利和义务。

（二）约定条款

约定条款是规范合同当事人关系方面，及调整、确定工会与用人单位或雇主之间权利义务的规定。这是集体合同作为双务合同的一种体现，为当事人双方在劳动关系上的行为提供了具体规范。它们是谈判双方自主协商订立的条款，这类条款不是法律要求必须具备的条款，但只要条款本身不违法，又符合双方当事人意愿，就可以作为集体合同的条款。在国外通常包括补偿合同、管理方关于工会事务的权利、退休雇员的退休金福利、谈判单位的范围、工会标签的使用、处理擅自改变劳动内容的问题、自助餐食堂价格、过去合同的延续、谈判小组的成员、工头的雇用等内容。约定条款一经写入合同，即具有与法定条款同等的法律效力。

第5节　集体合同的立法实践

一、国外集体合同的立法实践

集体合同是18世纪末开始出现的。它的产生和发展是劳动者主动为争取改善劳动条件而不断斗争的结果。第二次世界大战后的集体合同就不仅仅是劳动者希望得到的一种契约保障，也成为雇主阶层主动谋求工业和平和工业利润的手段之一。集体合同的缔结连接了劳资双方的利益，使劳动者生活待遇和工作效率的提高互为因果，也为劳资间经济利益的协调提供了一种有效途径。集体合同从出现到得到法律认可，经历了一个曲折的过程。18世纪末的英国，已经出现了雇佣劳动者团体与工厂雇主签订团体协议的事实。工人已经懂得利用团体的力量，通过集体合同来维护自身的利益。各国政府对集体合同的态度经历了从反对、承认到保护的演变过程。19世纪初，自由竞争思潮在各国盛行，政府认为集体合同有碍于自由竞争的经济政策，也有悖于契约自由的私有原则，因而持反对态度。19世纪中期，在工人运动的强大压力下，雇主无法压制工人提出改善劳动条件进行谈判的要求，被迫与工人进行谈判，在经历了谈判失败——罢工——再谈判的反复之后，最终达成协议。政府认识到签订集体合同可以减少或防止罢工，避免劳资纠纷，于是改变了态度，转而承认集体合同，于是19世纪后半期各国政府开始从立法上采取保护的政策。历史地看，一方面，工业国家中社会经济矛盾的存在和劳动契约制度的不足是集体合同最初产生的直接动因；另一方面，集体合同也是工人与雇主长期斗争迫使雇主妥协让步所取得的一项重大成果。以法国、德国为代表的大陆法系国家，有关集体合同的法律规定大多附于工会法、企业经营条例或民法等其他成文法律之中。这些国家在第一次世界大战后，才开始出现单独的集体合同立法，或在劳动法典中专门列章规定。英美法系国家有关集体合同的规定最初主要通过判例的形式确定下来，法院做出的集体合同方面的典型案例成为处理此类问题的法律依据。随着政府对集体合同态度的转变和对劳动关系干预的加强，以判例法为主的英美法系各国先后制定了集体合同方面的成文法，而以成文法为主的大陆法系国家在处理集体合同纠纷时，也开始参照过去的判例，两大法系相互靠近。从发展趋势看，单独的集体合同立法将会日益增多。

集体合同对于劳、资、政府三方都是有利的。对于劳动者来说，集体合同是他们团结自助的保卫手段，一方面保证了有关工资、工作时间、劳动条件等方面法律规定的最低利益，另一方面还可以在一定条件下提高福利待遇。对于雇主来说，也是有利的，至少在以下几个方面起到某种保障作用：第一，集体合同中有关劳动条件的约定，使雇主在此既定的基础上从事有计划的生产经营，不会因为劳动条件变更而妨碍雇主总体经营计划的执行；第二，在合同有效期内，可以避免怠工、罢工等争议行为带来的经济损失；第三，集体合同的订立一方面可以防止本行业的不正当竞争，另一方面由于劳动条件趋于标准化，可以降低工人流动率，吸引就业，从而有助于技术的改进和生产力的提高，有利于企业在竞争中保持发展势头。对于政府来说集体合同的缔结使劳动争议得以避免或减少，在一定程度上促进了社会和经济秩序的稳定，因此政府从最初对集体合同采取不承认态度，转变为以立法形式给予确认和保护。

集体合同是国际劳工组织进行国际劳动立法的一项必不可少的内容。鉴于各国的条件和实际情况很不相同，国际劳工组织对集体合同方面的问题，较多地采用建议书而不是公约的形式制定国际劳动标准。这些建议书构成了集体谈判和集体合同方面的基本国际劳动标准。1951年国际劳工组织通过了《集体协议建议书》(第91号建议书)。该建议书首先要求各国根据本国情况，通过签订协定或者制定法律、法规的形式，建立适合现有条件的谈判、缔结、修改和更新集体合同的机制。其次，规定了集体合同的定义。再次，关于集体合同的效力，该建议书规定集体合同应当对缔约当事者以及缔约协议双方所代表的人员都具有约束力。最后，该建议书对一项集体合同扩大适用范围，如何解决由于解释协议而引起的争议，谁负责协议的监督执行，以及协议变更登记或交存等问题都做了规定。1951年国际劳工组织制定《自愿调解和仲裁建议书》，规定了集体合同纠纷的处理。1981年国际劳工组织大会通过了《集体谈判公约》和同名的建议书（第154号公约和第163号建议书)。第154号公约要求各国采取符合国情的措施促进集体谈判，这些措施的目的应当是：使所有的经济活动部门中的所有雇主同所有的工人群体之间都有可能进行集体谈判；集体谈判的内容应当逐步扩大，直到把决定劳动条件和就业条件、规范工人和雇主之间的关系、规范雇主同工人之间的关系等一切事务全都包括进去；应当推动雇主组织和工人组织之间就订立集体谈判程序的规则取得一致；使解决劳动争议的机构和程序都表现出有利于促进集体谈判。第163号建议书着重从促进集体谈判的方法方面做出规定。该建议书规定，各国主管机关应当决定哪些雇主组织和工人组织可以被授予集体谈判权；在企事业单位、产业部门及其分支部门、地区或全国等各个层次都应当采取促进集体谈判的措施，以使集体谈判在任何一个层次都成为可能。该建议书还强调参加集体谈判的各方应当采取措施，使它们的各层次谈判人员有机会得到适当的培训。

二、我国集体合同的立法实践

新中国成立后，集体合同制度得到了一定发展。《中国人民政治协商会议共同纲领》规定，私营企业为实现劳资两利原则，应由工会代表工人职员与资方订立集体合同。1950年《中华人民共和国工会法》规定，国营及合作经营企业中，工会有代表受雇工人、职员群众参加生产管理及与行政方面缔结集体合同之权。20世纪50年代后，由于历史原因集体合同制度被取消。党的十一届三中全会后，集体合同制度得到恢复。在1983年的《中国工会章程》、1986年的《全民所有制工业企业职工代表大会条例》，及1992年重新制定，2001年、2009年修改的《中华人民共和国工会法》中，都规定工会可以代表职工与企事业单位签订集体合同，一度中止的集体合同制度具备了赖以恢复的法律依据。《中华人民共和国劳动法》第三章将集体合同与劳动合同并列为一章，对集体合同内容、订立和效力做了原则性规定，确立了集体合同法律制度。《中华人民共和国劳动合同法》对集体合同制度做了专节规定。此外，还有一些配套的行政规章，如《集体合同规定》（2004）、《工会参加平等协商和签订集体合同试行办法》（1995）、《工资集体协商试行办法》（2000）、《关于开展区域性行业性集体协商工作的意见》（2006）等。集体合同立法的内容，涉及集体合同订立原则、订立程序、订立内容、变更解除办法、法律效力、集体合同审查和集体合同争议处理等内容。

事实证明，集体合同成为协调经营者与劳动者之间利益关系，建设企业利益共同体的有效形式，它使企业劳动关系趋于契约化、规范化，一方面可以充分发挥工会在代表和维护职工利益方面的积极作用，另一方面也能明确用人单位在保障职工利益方面所承担的义务。集体合同最初只是工人与雇主斗争时尝试的一种方式，随着发展，它已经成为对于缓和劳资冲突、改善工人福利起着极为重要作用的一项确定不移的法律制度，并且伴随着社会经济和科技的发展，集体合同日益成为劳资双方合作的规范，成为工业和平发展的基石，成为发挥工会力量的重要途径。

➡ 关键术语

集体谈判　罢工　集体合同　集体合同的效力　行业性（区域性）集体合同

➡ 复习思考题

1. 试述集体协商谈判的概念和作用。
2. 试述罢工的原因及解决方案。
3. 试述集体合同的含义和作用。
4. 集体合同的订立原则包括哪些?
5. 简述集体合同的效力。
6. 阐述行业性、区域性集体合同的含义。
7. 集体合同中最具争议性的问题有哪些? 你如何理解?
8. 我国集体合同的内容包括哪些方面?

第 10 章
灵活用工管理

学习目标

学完本章之后，你应当能够：

1. 熟悉劳务派遣用工制度
2. 明确劳务派遣机构的义务
3. 了解用工单位劳务派遣用工的义务
4. 熟悉被派遣劳动者的权利
5. 描述非全日制用工的法律规定
6. 了解实践中企业劳务用工的主要形式

引导案例

劳务派遣工遭遇车祸，两东家均被裁赔偿

常某是某劳务派遣公司派遣至某食品公司的员工，在 2018 年 1 月下班途中遭遇车祸，经工伤部门鉴定，其所受伤害已经达到了职工工伤与职业病致残等级标准七级。常某要求劳务派遣公司、食品公司向其支付工伤待遇。劳务派遣公司以社会保险应由食品公司缴纳、《劳务派遣协议》约定由该公司支付工伤待遇为由拒绝了常某的要求。食品公司则认为常某是劳务派遣员工，是与劳务派遣公司存在劳动关系，也拒绝了常某的要求。常某于是申请劳动仲裁。

仲裁委员会经审理后认为，按照法律规定劳务派遣公司属于用人单位，食品公司则属于用工单位，《中华人民共和国劳动合同法》规定，用工单位应当履行支付加班工资、绩效奖金以及与工作岗位相关福利待遇的义务。常某的社会保险本应由用人单位也就是劳务派遣公司为其缴纳，因未缴纳社会保险造成的工伤待遇损失应由劳务派遣公司承担，同时按法律规定，食品公司作为用工单位，承担工伤保险待遇的连带赔偿责任。

劳务派遣员工发生工伤，用人用工两东家都有责。连带责任是指将来如果劳务派遣公司不按照裁决书的裁决结果向常某支付相关的工伤保险待遇，常某可以向人民法院申请强制执行，在申请强制执行时他既可以以劳务派遣公司作为被执行人，也可以把食品公司作为被执行人，谁有偿还能力就让谁做被执行人，多了一个选择更有利于保护常某的合法权益。连带责任的设立就是法律对于劳务派遣工的一项特殊保护措施。

引导案例显示，在劳务派遣用工中，劳务派遣公司与实际的用工单位食品公司共同承担连带责任。劳务派遣用工和非全日制用工是劳动合同法规定的两者灵活用工方式。灵活用工并非法律上的专业术语，不论是劳动法领域还是民法领域，均没有灵活用工的明确定义。灵活用工实质上是比照标准劳动用工而言，简单来说，只要是标准劳动关系

之外的用工方式都属于灵活用工。近年来，随着电子商务、网络约车、物流快递等新业态经济蓬勃发展，灵活用工的方式逐渐由适用劳动法律法规调整的传统灵活用工方式，不断发展为劳务、外包、加盟协作、平台共享用工和其他合作用工等适用民事法律法规调整的新形态的灵活用工方式。本章将主要讲述灵活用工的主要形态和相关规定。

第1节 劳务派遣用工管理

一、劳务派遣的发展演变

劳务派遣又叫人才派遣、人才租赁，是指劳务派遣单位与劳动者签订劳动合同，与用工单位签订劳务派遣协议，将劳动者派遣至用工单位从事约定的生产劳动的一种用工形式。与劳动关系不同，劳务派遣涉及派遣机构、劳动者和接受单位（实际用工单位）三方之间的关系。在劳务派遣中，劳动者与劳务派遣机构存在劳动关系，与用工单位不存在劳动关系。派遣机构与劳动者订立劳动合同后，依据与用工单位订立的劳务派遣协议，将劳动者派遣到用工单位工作。对用工单位来说，劳务派遣是人力资源外包的一种重要形式，其最大特点是劳动力的法律雇用和使用相分离。劳动者与派遣单位之间签订劳动合同，形成劳动关系，但并不发生劳动力给付的事实；派遣单位与用工单位之间签订劳务派遣协议，形成劳务派遣关系；劳动力给付的事实发生在劳动者与用工单位之间，双方形成劳务关系。

劳务派遣起源于20世纪五六十年代的美国，成长于欧洲、日本，后被世界各国越来越多地采用。在经济全球化和企业竞争日趋激烈的背景下，选择包括劳务派遣形式在内的新的雇佣形式，降低用人成本和风险，保证用工灵活性，成为许多国家企业用工制度的一种选择。在中国，劳务派遣也是适应这一需要而产生的，并在20世纪90年代之后如雨后春笋般发展起来，通过劳务派遣方式就业的劳动者数量也以惊人的速度增长。企业通过采用劳务派遣方式，可以较灵活地调整用工形式，完善富余人力资源的退出机制，有效地降低人力成本，化解体制、政策原因而产生的用人障碍，对企业提升自身管理能力，专注核心人力资源的管理发挥了重要作用。但由于缺乏明确法律规范，劳务派遣员工与正式员工在劳动关系的归属、解雇保护、社会保险缴纳、福利待遇、同工同酬等方面存在差异，劳务派遣各方一旦出现纠纷，屡屡出现互相推诿、侵害劳动者权益的情形，因而规制劳务派遣关系成为一个令人关注的问题。

为规范劳务派遣人员的聘用和管理，明确用工单位、劳务派遣机构和被派遣劳动者三方的权利和义务，保证劳务用工制度的规范执行，《中华人民共和国劳动合同法》用专节对劳务派遣用工方式首次做出规定，明确规定了劳务派遣三方的权利义务，以保障劳务派遣的规范运行。《中华人民共和国劳动合同法实施条例》进一步明确了劳务派遣的相关规定。2012年12月28日，十一届全国人大常委会第三十次会议通过了《关于修改〈中华人民共和国劳动合同法〉的决定》，提高了经营劳务派遣的注册资本，细化了劳务派遣中的“同工同酬”“三性”岗位等规定，该修改案自 2013 年 7 月 1 日起施行。为确保劳动合同法修改案的有效实施，2013 年 6 月 20 日，人力资源和社会保障部令第 19 号公布《劳务派遣行政许可实施办法》。该办法分总则、劳务派遣行政许可、监督检查、法律责任、附则 5 章 35 条，自 2013 年 7 月 1 日起施行。2014 年 1 月 24 日，人力资源和社会保障部令第 22 号《劳务派遣暂行规定》公布，自 2014 年 3 月 1 日起施行。劳动合同法修改案及其配套行政规章明确规定了劳务派遣三方的权利义务，以保障劳务派遣的规范运行。

二、劳务派遣单位的义务

（一）劳务派遣单位须具有合法资质

《中华人民共和国劳动合同法》第五十七条规定：“经营劳务派遣业务应当具备下列条件：（一）注册资本不得少于人民币二百万元；（二）有与开展业务相适应的固定的经营场所和设施；（三）有符合法律、行政法规规定的劳务派遣管理制度；（四）法律、行政法规规定的其他条件。经营劳务派遣业务，应当向劳动行政部门依法申请行政许可；经许可的，依法办理相应的公司登记。未经许可，任何单位和个人不得经营劳务派遣业务。”这一规定明确了劳务派遣单位的资质。劳务派遣机构具备合法资质是保障劳务派遣规范运行的基础。严格经营劳务派遣业务的资质，可以强化劳务派遣单位的责任负担能力。其目的是避免一些劳务派遣单位经营不规范，规章制度不健全，侵害被派遣劳动者的合法权益，即在于限制劳务派遣公司的数量，提高质量。下面我们对这些条件进行具体介绍。

1. 劳务派遣单位注册资本不得少于人民币 200 万元

劳务派遣作为劳动合同法规范的一种用工方式，在劳动合同法实施中存在一些突出问题。由于劳动合同法对劳务派遣单位设立的市场准入“门槛”过低，只要求“依照公司法的有关规定设立，注册资本不得少于 50 万元”，没有赋予劳动行政部门有效监管手段，导致《中华人民共和国劳动合同法》实施以来经营劳务派遣业务的单位增长较快，一些不具备经营能力的劳务派遣单位甚至“皮包”公司进入派遣行业，无力承担用人单位的法律义务，侵害了被派遣劳动者的合法权益。针对上述问题，考虑到劳务派遣单位是经营劳动力的特殊用人单位，十一届全国人大常委会借鉴一些市场经济国家的做法，决定对经营劳务派遣业务实行行政许可，并对取得许可的条件做了具体规定，提高了劳务派遣单位的成立与运营的准入门槛，规定注册资本金不得低于 200 万元。用工单位在选择劳务派遣单位时，应严格审查劳务派遣机构的经营范围、资质和注册资金状况，防范因派遣机构资质不合法而引发的劳务派遣风险。

2. 有与开展业务相适应的固定的经营场所和设施

劳务派遣单位必须有固定经营场所和设施，具有稳定的与开展业务相适应的服务场所和设施。劳务派遣单位服务场所办公面积应达到一定要求，应设有接洽会客室、档案室、工作人员办公室和必要的辅助用房等。劳务派遣单位具有为被派遣劳动者和劳务派遣用工单位服务的相关工具和设备，办公场所应配备必要的计算机、传真机、打印机、电话机、文档柜、网络设备和网络服务等基础设施。劳务派遣单位应配备与业务规模相适应的信息化管理系统，具备信息化管理和服务能力，可以对被派遣劳动者实行动态管理。

3. 有符合法律、行政法规规定的劳务派遣管理制度

符合劳务派遣法律法规规定的规章制度，包括劳动合同、劳动报酬、社会保险、工作时间、休息休假、劳动纪律等与劳动者切身利益相关的规章制度文本；劳务派遣协议样本。

4. 具有《劳务派遣经营许可证》

经营劳务派遣业务，应当向劳动行政部门依法申请行政许可；经许可的，依法办理相应的公司登记。未经许可，任何单位和个人不得经营劳务派遣业务。申请经营劳务派遣业务的，申请人应当向许可机关提交下列材料：（1）劳务派遣经营许可申请书；（2）营业执照或者《企业名称预先核准通知书》；（3）公司章程以及验资机构出具的验资报告或者财务审计报告；（4）经营场所的使用证明以及与开展业务相适应的办公设施设备、信息管理系统等清单；（5）法定代表人的身份证明；（6）劳务派遣管理制度，包括劳动合同、劳动报酬、社会保险、工作时间、休息休假、劳动纪律等与劳动者切身利益相关的规章制度文本；拟与用工单位签订的劳务派遣协议样本。

《劳务派遣经营许可证》应当载明单位名称、住所、法定代表人、注册资本、许可经营事项、有效期限、编号、发证机关以及发证日期等事项。《劳务派遣经营许可证》分为正本、副本，正本、副本具有同等法律效力。《劳务派遣经营许可证》有效期为3年。劳务派遣单位需要延续行政许可有效期的，应当在有效期届满60日前向许可机关提出延续行政许可的书面申请，并提交3年以来的基本经营情况；劳务派遣单位逾期提出延续行政许可的书面申请的，按照新申请经营劳务派遣行政许可办理。

劳务派遣单位有下列情形之一的，许可机关应当自收到延续申请之日起10个工作日内做出不予延续书面决定，并说明理由：（1）逾期不提交劳务派遣经营情况报告或者提交虚假劳务派遣经营情况报告，经责令改正，拒不改正的；（2）违反劳动保障法律法规，在一个行政许可期限内受到2次以上行政处罚的。

劳务派遣单位应当于每年3月31日前向许可机关提交上一年度劳务派遣经营情况报告，如实报告下列事项：（1）经营情况以及上年度财务审计报告；（2）被派遣劳动者人数以及订立劳动合同、参加工会的情况；（3）向被派遣劳动者支付劳动报酬的情况；（4）被派遣劳动者参加社会保险、缴纳社会保险费的情况；（5）被派遣劳动者派往的用工单位、派遣数量、派遣期限、用工岗位的情况；（6）与用工单位订立的劳务派遣协议情况以及用工单位履行法定义务的情况；（7）设立子公司、分公司等情况。劳务派遣单位设立的子公司或者分公司，应当向办理许可或者备案手续的人力资源社会保障行政部门提交上一年度劳务派遣经营情况报告。许可机关应当对劳务派遣单位提交的年度经营情况报告进行核验，依法对劳务派遣单位进行监督，并将核验结果和监督情况载入企业信用记录。

5. 法律、行政法规规定的其他条件

例如，劳务派遣单位按照法律规定应当符合公司的设立条件。《中华人民共和国公司法》规定，设立公司，应当依法向公司登记机关申请设立登记。依法设立的公司，由公司登记机关发给公司营业执照，营业执照签发日期为公司成立日期。公司营业执照应当载明公司的名称、住所（主要办事机构所在地）、注册资本、实收资本、经营范围、法定代表人姓名等事项。公司营业执照记载的事项发生变更的，公司应当依法办理变更登记，由公司登记机关换发营业执照。设立公司必须依法制定公司章程。公司的经营范围由公司章程规定，并依法登记。公司的经营范围中属于法律、行政法规规定须经批准的项目，应当依法经过批准。公司可以修改章程，改变经营范围，但是应当办理变更登记。公司法定代表人依照公司章程的规定，由董事长、执行董事或者经理担任，并依法登记。法定代表人变更，应当办理变更登记。公司可以设立分公司。设立分公司，应当向公司登记机关申请登记，领取营业执照。分公司不具有法人资格，其民事责任由公司承担。公司也可以设立子公司，子公司具有法人资格，依法独立承担民事责任。

设立有限责任公司，应当具备下列条件：股东符合法定人数（50 个以下）；股东出资达到法定资本最低限额；股东共同制定公司章程；有公司名称，建立符合有限责任公司要求的组织机构；有公司住所。有限责任公司章程应当载明下列事项：公司名称和住所；公司经营范围；公司注册资本；股东的姓名或者名称；股东的出资方式、出资额和出资时间；公司的机构及其产生办法、职权、议事规则；公司法定代表人；股东会会议认为需要规定的其他事项，而且股东应当在公司章程上签名、盖章。有限责任公司的注册资本为在公司登记机关登记的全体股东认缴的出资额。公司全体股东的首次出资额不得低于注册资本的 20%，也不得低于法定的注册资本最低限额，其余部分由股东自公司成立之日起两年内缴足。劳务派遣单位的设立首先要符合上述公司设立的条件，否则，不具备劳务派遣的合法资质。

（二）明确劳务派遣单位的地位和角色

《中华人民共和国劳动合同法》第五十八条规定：“劳务派遣单位是本法所称用人单位，应当履行用人单位对劳动者的义务。劳务派遣单位与被派遣劳动者订立的劳动合同，除应当载明本法第十七条规定的事项外，还应当载明被派遣劳动者的用工单位以及派遣期限、工作岗位等情况。劳务派遣单位应当与被派遣劳动者订立二年以上的固定期限劳动合同，按月支付劳动报酬；被派遣劳动者在无工作期间，劳务派遣单位应当按照所在地人民政府规定的最低工资标准，向其按月支付报酬。”这一规定明确了劳务派遣单位在劳务派遣中的地位和角色。

1. 劳务派遣单位是用人单位，应依法与被派遣劳动者订立劳动合同

劳务派遣单位的角色属于劳动关系中的用人单位，应当与被派遣的劳动者签订劳动合同，履行所有用人单位应当履行的义务。劳务派遣单位虽然不实际、直接使用劳动者，但却直接招录劳动者，作为劳动合同的相对方。《中华人民共和国劳动合同法》明确劳务派遣单位是劳动关系中所称的用人单位，应当履行用人单位对劳动者所应承担的

义务，包括订立劳动合同、及时足额支付劳动报酬、缴纳社会保险费用、办理档案转移手续等义务。

劳务派遣单位作为用人单位，应当与被派遣的劳动者签订劳动合同，建立劳动关系，并依法派遣劳动者到用工单位（即实际用人单位）工作。劳务派遣单位与劳动者签订的劳动合同的内容包括两部分：一是《中华人民共和国劳动合同法》第十七条规定的劳动合同的法定条款和约定条款；二是劳务派遣中的特殊内容，即被派遣劳动者的用工单位、派遣期限以及工作岗位等情况。派遣单位应当告知被派遣劳动者用工单位的上述情况。

2. 劳务派遣中劳动合同期限不低于两年，且被派遣劳动者在无工作期间，劳务派遣单位应当向其按月支付不低于最低工资标准的报酬

《劳务派遣暂行规定》第五条规定，劳务派遣单位应当依法与被派遣劳动者订立两年以上的固定期限书面劳动合同。它明确规定了劳务派遣单位与被派遣劳动者之间签订的劳动合同为不低于两年的固定期限劳动合同，保障了被派遣劳动者劳动关系的稳定性。劳务派遣员工的劳动合同期限不低于两年，且因非劳动者个人原因被退回，被派遣劳动者在无工作期间，劳务派遣单位应当向其按月支付不低于最低工资标准的劳动报酬。这些规定加大了派遣单位的法律责任，要求派遣单位与被派遣劳动者之间形成相对稳定的劳动关系，并保障劳动者在劳务派遣期间的最低报酬。它对规范劳务派遣用工形式，强化派遣单位的责任，严格控制劳务派遣的数量和质量具有重要意义。

此外，《劳务派遣暂行规定》第六条规定，劳务派遣单位可以依法与被派遣劳动者约定试用期。劳务派遣单位与同一被派遣劳动者只能约定一次试用期。至于被派遣劳动者被派遣至不同的企业时如何考核其是否符合用工条件的问题，用工单位可以与被派遣劳动者约定一定期限的试工期，明确试工期内考核方式、考核程序、考核标准等，但这种试工期在无特殊规定的情况下只能作为退回被派遣劳动者的依据，不能作为解除劳动合同的依据。

3. 派遣单位不得以非全日制用工形式招用被派遣劳动者

《中华人民共和国劳动合同法》第五十八条规定了劳务派遣单位应当与被派遣劳动者订立两年以上的固定期限劳动合同，但对于是否能够签订非全日制劳动合同这一问题，并没有做出明确的回答。对此，《中华人民共和国劳动合同法实施条例》第三十条规定：“劳务派遣单位不得以非全日制用工形式招用被派遣劳动者。”这一规定明确了劳务派遣单位和被派遣劳动者之间只能订立两年以上的固定期限全日制劳动合同，禁止签订非全日制劳动合同。因为非全日制劳动合同属于一种灵活用工形式，劳动关系可以随时终止，而且终止劳动关系，用人单位也无须支付经济补偿。另外，我国法律法规规定，非全日制用工劳动者的社会保险的缴纳也与全日制用工不同：非全日制用工，可以由劳动者个人缴纳社会保险费，但工伤保险除外。因此，如果允许劳务派遣单位与被派遣劳动者订立非全日制劳动合同，就意味着劳务派遣单位可以不给被派遣劳动者缴纳社会保险，劳动合同解除或终止时也没有经济补偿，这显然会侵犯被派遣劳动者的合法权益，同时也与立法规范劳务派遣的初衷相悖。为防止劳务派遣被滥用，《中华人民共和

国劳动合同法实施条例》规定劳务派遣单位不得与被派遣劳动者订立非全日制劳动合同。因此，劳务派遣单位在与劳动者建立劳动关系时，一定要建立全日制劳动关系。用工单位在招用劳务派遣工时，一定要注意审查被派遣劳动者的劳动关系是否正当合法，如果因劳务派遣单位的违法行为给被派遣劳动者造成了损失，根据《中华人民共和国劳动合同法》的相关规定，用工单位要与劳务派遣公司承担连带责任。

（三）劳务派遣单位应当对被派遣劳动者履行的义务

《中华人民共和国劳动合同法》第六十条规定："劳务派遣单位应当将劳务派遣协议的内容告知被派遣劳动者。劳务派遣单位不得克扣用工单位按照劳务派遣协议支付给被派遣劳动者的劳动报酬。劳务派遣单位和用工单位不得向被派遣劳动者收取费用。"《劳务派遣暂行规定》第八条规定："劳务派遣单位应当对被派遣劳动者履行下列义务：（一）如实告知被派遣劳动者劳动合同法第八条规定的事项、应遵守的规章制度以及劳务派遣协议的内容；（二）建立培训制度，对被派遣劳动者进行上岗知识、安全教育培训；（三）按照国家规定和劳务派遣协议约定，依法支付被派遣劳动者的劳动报酬和相关待遇；（四）按照国家规定和劳务派遣协议约定，依法为被派遣劳动者缴纳社会保险费，并办理社会保险相关手续；（五）督促用工单位依法为被派遣劳动者提供劳动保护和劳动安全卫生条件；（六）依法出具解除或者终止劳动合同的证明；（七）协助处理被派遣劳动者与用工单位的纠纷；（八）法律、法规和规章规定的其他事项。"劳务派遣单位作为企业及派遣单位双重身份，须对被派遣劳动者承担比普通企业更多的义务。

劳务派遣单位与劳动者签订了劳动合同之后，劳动者就与劳务派遣单位形成了正式的劳动关系。劳务派遣单位对劳动者应承担的义务包括：

（1）告知义务。劳务派遣单位应当将派遣协议的相关内容告知被派遣劳动者。派遣协议包括很多内容，涉及被派遣劳动者的劳动报酬、社会保险、劳动条件和劳动保护等。

（2）不得克扣劳动报酬。被派遣劳动者有权按照自己提供劳动的数量和质量获得劳动报酬，有权获得最低工资保障、工资支付保障和实际工资保障。由于用工单位不直接支付劳动报酬给被派遣的劳动者，而是由劳务派遣单位转支付，现实生活中被派遣的劳动者获取劳动报酬的权利往往得不到切实的保障。因此，《中华人民共和国劳动合同法》明确规定，劳务派遣单位不得克扣用工单位按照劳务派遣协议支付给被派遣劳动者的劳动报酬。

（3）不得向劳动者收取费用。劳务派遣单位与被派遣劳动者订立劳动合同，劳务派遣单位与用工单位订立劳务派遣协议，劳动者通过自己的劳动取得合法的报酬，劳务派遣单位通过管理活动获取相应的报酬，劳务派遣单位和用工单位不能以介绍费、中介费等为名向劳动者收取任何费用，也不得按一定比例扣除用工单位支付给劳动者的劳动报酬作为劳务费用的补充。用工单位支付给劳务派遣单位的管理费用应当单独列支，并明确约定。

（4）依法申请工伤认定。《劳务派遣暂行规定》第十条规定：被派遣劳动者在用工单位因工作遭受事故伤害的，劳务派遣单位应当依法申请工伤认定，用工单位应当协助工伤认定的调查核实工作。劳务派遣单位承担工伤保险责任，但可以与用工单位约定补偿办法。被派遣劳动者在申请进行职业病诊断、鉴定时，用工单位应当负责处理职业病诊断、鉴定事宜，并如实提供职业病诊断、鉴定所需的劳动者职业史和职业危害接触史、工作场所职业病危害因素检测结果等资料，劳务派遣单位应当提供被派遣劳动者职业病诊断、鉴定所需的其他材料。这一规定明确了被派遣劳动者在发生工伤或者罹患职业病时如何处理的问题。劳务派遣用工的一大特点就是用人单位与用工单位分立，而在此情况下，被派遣劳动者在工作中发生工伤或者罹患职业病，会面临一个很重要的问题：应当由谁来办理工伤认定手续或者职业病诊断、鉴定手续。该条规定明确了用工单位、劳务派遣单位在工伤认定以及职业病诊断、鉴定过程中的角色分工以及各自的义务。在工伤认定程序中，劳务派遣单位应当依法申请工伤认定，用工单位则负责协助工伤认定的调查核实工作。而在职业病诊断、鉴定程序中，用工单位应处于主导地位，负责处理职业病诊断、鉴定相关事宜，并如实提供职业病诊断、鉴定所需的劳动者职业史和职业危害接触史、工作场所职业病危害因素检测结果等资料，在此过程中，作为用人单位的劳务派遣单位则应当提供被派遣劳动者职业病诊断、鉴定所需的其他材料。另外，这一规定明确了劳务派遣单位应当承担工伤保险责任，但劳务派遣单位可以与用工单位约定补偿办法，只是这种双方约定的补偿办法不能对抗被派遣劳动者直接向劳务派遣单位主张工伤补偿的权利。

（5）培训义务、支付劳动报酬义务、缴纳社会保险费义务，出具解除或者终止劳动合同的证明义务。另外，劳务派遣单位还承担着督促用工单位合法用工的义务以及协助处理被派遣劳动者与用工单位的纠纷的义务。法律法规明确了劳务派遣单位作为用人单位而应尽的义务，明确了用工单位与被派遣劳动者发生纠纷时劳务派遣单位的角色定位。

三、用工单位在劳务派遣中的义务

（一）用工单位应当严格执行劳动标准和条件

《中华人民共和国劳动合同法》第六十二条规定：“用工单位应当履行下列义务：（一）执行国家劳动标准，提供相应的劳动条件和劳动保护；（二）告知被派遣劳动者的工作要求和劳动报酬；（三）支付加班费、绩效奖金，提供与工作岗位相关的福利待遇；（四）对在岗被派遣劳动者进行工作岗位所必需的培训；（五）连续用工的，实行正常的工资调整机制。用工单位不得将被派遣劳动者再派遣到其他用人单位。”

这一规定明确了用工单位对被派遣劳动者的法定义务。被派遣劳动者直接为用工单位提供劳动，双方虽然没有签订劳动合同，但用工单位应当履行对被派遣劳动者的义务。派遣单位承担用人单位义务的基础是实际用工单位须承担法定的义务和责任。《中华人民共和国劳动合同法》明确规定用工单位的义务，避免被派遣劳动者权益受到侵犯时，用工单位和派遣单位相互推诿的现象。

《中华人民共和国劳动合同法实施条例》第二十九条对用工单位所需履行的相关义务进行了再次强调："用工单位应当履行劳动合同法第六十二条规定的义务，维护被派遣劳动者的合法权益。"用工单位在使用被派遣劳动者时，必须切实履行法定义务，维护被派遣劳动者的合法权益。

对于涉及同工同酬问题，《劳务派遣暂行规定》第九条进一步明确："用工单位应当按照劳动合同法第六十二条规定，向被派遣劳动者提供与工作岗位相关的福利待遇，不得歧视被派遣劳动者。"

（二）不得自设劳务派遣单位，进行自我派遣

《中华人民共和国劳动合同法》第六十七条规定："用人单位不得设立劳务派遣单位向本单位或者所属单位派遣劳动者。"劳务派遣的典型特征是通过第三方派遣单位的介入，使劳动力的使用与管理相分离。派遣单位作为专门的人力资源服务机构，负责被派遣劳动者的监督、管理，并按约定承办有关劳动和社会保障事务，为用工单位提供专业的人力资源服务；用工单位则按约定支付劳务报酬。由于劳务派遣单位是依法设立、专门经营劳务派遣业务的独立经济组织，符合劳动关系主体的资格，劳动者可以依法与劳务派遣单位确立劳动关系，这样就能够避免实际用工单位不具备劳动关系主体资格的问题，也可以规避一部分法律风险，促进劳动关系的规范化。

实践中，有些用人单位自设派遣公司，把一些员工重新纳入被派遣劳动者行列。有的企业为了降低用工成本，将一些原来的正式职工以改制名义，分流到本企业设立的劳务派遣公司，然后又以劳务派遣公司的名义派遣到原岗位。有的企业将内设的劳动管理机构又挂一个劳务派遣公司的牌子，将招用的员工以劳务派遣公司的名义派遣到所属企业，损害劳动者的利益。如果对这种现象不加限制，将导致更多的用人单位为了降低用工成本、节省开支而滥用劳务派遣，不仅一些临时性的岗位可能全部采用劳务派遣的形式，直接与用人单位签订劳动合同的员工也有可能被转为被派遣劳动者，这将极大影响劳动关系的稳定。因此，《中华人民共和国劳动合同法》对用人单位自设劳务派遣单位进行派遣做了禁止性规定。

《中华人民共和国劳动合同法》明确禁止用人单位设立劳务派遣单位进行自我派遣，但在实践中究竟怎样才算符合"用人单位自行设立"这一条件仍然没有定论。对此，《中华人民共和国劳动合同法实施条例》第二十八条规定："用人单位或者其所属单位出资或者合伙设立的劳务派遣单位，向本单位或者所属单位派遣劳动者的，属于劳动合同法第六十七条规定的不得设立的劳务派遣单位。"该规定从形式、主体两方面界定了"自行设立"。在劳务派遣单位设立方式上，凡是与用人单位有资本关联的，如出资、参股或者合伙等，均属自行设立劳务派遣单位。在设立主体方面，凡是劳务派遣单位向用人单位、用人单位的所属单位以及用人单位的上级单位派遣劳动者，均属于向本单位或者所属单位派遣劳动者。对于出资、参股、合伙设立等资本关联行为的定义，具体见《中华人民共和国公司法》有关规定。

（三）跨地区劳务派遣的劳动者的劳动报酬、劳动条件和社会保险的规定

《中华人民共和国劳动合同法》第六十一条规定："劳务派遣单位跨地区派遣劳动者的，被派遣劳动者享有的劳动报酬和劳动条件，按照用工单位所在地的标准执行。"其中所提到的跨地区，既包括省、自治区、直辖市，也包括省会所在市、较大的市、设区的市。如果市级行政区域内有相应的标准应当按照设区市的标准执行，如果市级行政区域没有相应的标准，就按照省、自治区、直辖市的标准执行。

实践中，可能也会存在经济发达地区的劳动者被派往经济不发达地区工作的情况，出现劳务派遣单位的有关劳动标准高于用工单位所在地标准的情形，这时是否要按用工单位所在地的标准执行？根据《中华人民共和国劳动合同法实施条例》的规定，有关劳动者的最低工资标准、劳动保护、劳动条件、职业危害防护和本地区上年度职工月平均工资标准等事项，原则上按照用工单位所在地的有关规定执行。如果劳务派遣单位的有关劳动标准高于用工单位所在地的有关标准，劳务派遣单位与劳动者约定按照劳务派遣单位有关标准执行的，从其约定。也就是说，双方可以按照"就高不就低"的原则，约定按照劳动标准较高的劳务派遣单位所在地的有关标准执行。

为了规范劳务派遣员工的社会保险缴纳问题，《劳务派遣暂行规定》对于跨地区劳动派遣用工，被派遣劳动者如何参加社会保险进行了规定。劳动者一般在用人单位所在地参加社会保险，但是不排除劳务派遣用工中存在用人单位所在地与用工单位所在地不一致的情况，在跨地区劳务派遣过程中，经济发达地区的用工单位往往通过经济欠发达地区的劳务派遣机构进行劳务派遣，来减少社会保险费用以降低用工成本，此种行为显然严重侵害了被派遣劳动者的合法权益。因此，该条对跨地区劳务派遣的社会保险问题进行了详细规定，根据该条的规定，劳务派遣单位跨地区派遣劳动者的，应当在用工单位所在地为被派遣劳动者参加社会保险，按照用工单位所在地的规定缴纳社会保险费，被派遣劳动者按照国家规定享受社会保险待遇。跨地区劳务派遣社会保险缴纳需分两种情况处理：一种是劳务派遣单位在用工单位所在地设立分支机构的，由分支机构为被派遣劳动者办理参保手续，缴纳社会保险费；另一种是劳务派遣单位未在用工单位所在地设立分支机构的，由用工单位代劳务派遣单位为被派遣劳动者办理参保手续，缴纳社会保险费。该条对跨地区社保缴纳主体做了明确的规定，对由用工单位为被派遣劳动者缴纳社会保险的情形做出了限制。

四、被派遣劳动者在劳务派遣中的权利

（一）享有同工同酬的权利

《中华人民共和国劳动合同法》第六十三条规定："被派遣劳动者享有与用工单位的劳动者同工同酬的权利。用工单位应当按照同工同酬原则，对被派遣劳动者与本单位同类岗位的劳动者实行相同的劳动报酬分配办法。用工单位无同类岗位劳动者的，参照用工单位所在地相同或者相近岗位劳动者的劳动报酬确定。劳务派遣单位与被派遣劳动者

订立的劳动合同和与用工单位订立的劳务派遣协议，载明或者约定的向被派遣劳动者支付的劳动报酬应当符合前款规定。”这一规定确认了被派遣的劳动者与用工单位劳动者享有同工同酬的权利，体现了《中华人民共和国劳动合同法》的公平原则。这些保障劳务派遣工同工同酬权利的规定，对于严格规范劳务派遣用工、保障劳务派遣工合法权益、促进和谐劳动关系具有重要意义。

同工同酬是《中华人民共和国劳动合同法》中具有突破性的制度规定。同工同酬是指企业应当对从事相同工作、付出等量劳动、具有相同技能要求并且取得相同劳动业绩的劳动者同等地支付劳动报酬。同工同酬须具备以下条件：一是劳动者工作岗位、工作内容相同；二是在相同工作岗位上付出了同样工作量；三是取得了相同工作业绩；四是劳动者能力、素质大致相同。简言之，就是同样岗位、同样工作任务、同样工作量和技能要求、同样实际贡献，获得同样报酬。

实行同工同酬的前提：一是科学的岗位价值评估，即采用科学方法，对岗位的职责大小、工作强度、工作难度、任职条件、工作条件等特性进行评价，确定岗位的相对价值评价系统，以确定是否同工；二是完善绩效考核体系，即采用科学手段收集、分析、评价有关劳动者在其工作岗位上的能力、业绩、工作态度和适应性等方面的信息情况，科学测量工作绩效，以决定相同岗位的劳动者是否应该同酬。被派遣劳动者与用工单位同类岗位的其他劳动者，如果从事相同工作，取得相同的工作绩效，其所获得的报酬也应该相同，用工单位不能简单因为其身份不同而实行差别对待，而应当实行相同的劳动报酬分配办法。对企业而言，不能简单因为身份不同而实行明显的同工不同酬。简单因为派遣工等身份不同，而实行明显的同工不同酬，既违反《中华人民共和国劳动合同法》的要求，也不利于形成公平的劳动条件，因为工资支付的依据是工作、绩效、能力，而不是身份。同工同酬与劳动者的身份没有多大关系，而与工作岗位有关。

在用工单位无同类岗位劳动者的情况下，被派遣劳动者的劳动报酬参照用工单位所在地相同或者相近岗位劳动者的劳动报酬确定。这样规定具备公正、公平、合理性，同时可以防止用工单位借机压低被派遣劳动者的劳动报酬。

同工同酬是否包括企业的自主福利？《劳务派遣暂行规定》第九条明确同工同酬的范围包括相同的劳动报酬分配办法、法定的社会保险以及与岗位相关的福利待遇，强调了用工单位不得因为用工类型的差别而歧视被派遣劳动者。被派遣劳动者在用工单位的合法权益有了进一步的保障，用工单位不但要保障被派遣劳动者与劳动合同制劳动者享有相同的劳动报酬分配办法，而且在非报酬类的福利方面，也不得歧视被派遣劳动者。

（二）有权依法参加或者组织工会

《中华人民共和国劳动合同法》第六十四条规定：“被派遣劳动者有权在劳务派遣单位或者用工单位依法参加或者组织工会，维护自身的合法权益。”

《中华人民共和国工会法》第三条规定：“在中国境内的企业、事业单位、机关中以工资收入为主要生活来源的体力劳动者和脑力劳动者，不分民族、种族、性别、职业、宗教信仰、教育程度，都有依法参加和组织工会的权利。任何组织和个人不得阻挠和限制。”《中华人民共和国劳动法》第七条规定：“劳动者有权依法参加和组织工会。工会代表和维护劳动者的合法权益，依法独立自主地开展活动。”被派遣劳动者应享有同其他劳动者一样参加或者组织工会的权利。由于被派遣劳动者多被派往不同的用工单位，工作场所分散，劳动关系不稳定，多数劳务派遣单位未组建工会或者即使组建工会，也难以对会员进行直接管理，用工单位的工会也不愿吸纳被派遣劳动者。加之多数用工单位与劳务派遣单位之间没有就工会经费拨缴问题做出规定，被派遣劳动者与用工单位之间只是一种劳务关系，工资总额并没有涵盖被派遣劳动者，因此职工工资总额2%的工会经费无法提取。针对劳务派遣员工组建和参加工会活动问题，《中华人民共和国劳动合同法》第一次在法律层面明确规定了被派遣劳动者有加入劳务派遣单位或者用工单位工会的权利。依法参加或者组织工会是法律赋予劳动者的合法权利，用工方式的改变不影响劳动者行使这一权利，无论是被派遣劳动者还是正式员工，在组织和参加工会活动上是平等的。因而，法律赋予被派遣劳动者在两个单位参加或组织工会的选择权，可以是派遣单位，也可以是用工单位。这一规定不仅为劳动者权利提供了有力保障，也为工会下一步工作的开展提供了法律支持。

（三）依法享有解除合同的权利

《中华人民共和国劳动合同法》第六十五条规定：“被派遣劳动者可以依照本法第三十六条、第三十八条的规定与劳务派遣单位解除劳动合同。被派遣劳动者有本法第三十九条和第四十条第一项、第二项规定情形的，用工单位可以将劳动者退回劳务派遣单位，劳务派遣单位依照本法有关规定，可以与劳动者解除劳动合同。”该规定明确了被派遣劳动者与劳务派遣单位解除劳动合同的权利。

1. 协商解除合同的权利

《中华人民共和国劳动合同法》第三十六条规定，用人单位与劳动者协商一致，可以解除劳动合同。劳务派遣单位与劳动者之间建立的是劳动关系，《中华人民共和国劳动合同法》规定的劳动者可解除劳动合同的情形同样适用于被派遣劳动者与劳务派遣单位。

2. 单方解除合同的权利

被派遣劳动者依法享有单方解除合同的权利。《中华人民共和国劳动合同法》第三十八条是有关用人单位违法，劳动者可以解除劳动合同的规定：用人单位有下列情形之一的，劳动者享有单方解除合同的权利：未按照劳动合同约定提供劳动保护或者劳动条件的；未及时足额支付劳动报酬的；未依法缴纳社会保险费的；规章制度违反法律、法规的规定，损害劳动者权益的；以欺诈、胁迫的手段或者乘人之危，违背对方真实意思订立或者变更劳动合同致使劳动合同无效的；免除自己的法定责任、排除被派遣劳动者权利致使劳动合同无效的；违反法律、行政法规强制性规定致使劳动合同无效的；法律、行政法规规定劳动者可以解除劳动合同的其他情形；用人单位以暴力、威胁或者非法限制人身自由的手段强迫劳动者劳动的，或者用人单位违章指挥、强令冒险作业危及劳动者人身安全的。在用人单位出现上述情形之一时，被派遣劳动者不仅享有单方解除合同的权利，而且有权要求劳务派遣单位向其支付经济补偿。

《劳务派遣暂行规定》第十四条对《中华人民共和国劳动合同法》第六十五条第一款的规定进行了补充，规定被派遣劳动者提前 30 日以书面形式通知劳务派遣单位，可以解除劳动合同。被派遣劳动者在试用期内提前 3 日通知劳务派遣单位，可以解除劳动合同。劳务派遣单位应当将被派遣劳动者通知解除劳动合同的情况及时告知用工单位。明确了被派遣劳动者有权依据《中华人民共和国劳动合同法》第三十七条的所规定的情形单方面解除劳动合同的权利，进一步完善了被派遣劳动者的辞职权。

3. 被派遣劳动者被退回的情形

（1）被派遣劳动者严重违纪，用工单位如何将其退回。在劳务派遣当中，用工单位与被派遣劳动者不存在劳动关系，因而无权与其直接解除劳动合同，只能将劳动者退回劳务派遣单位，退回劳务派遣单位之后，由劳务派遣单位对被派遣劳动者的违规行为进行处理。根据《中华人民共和国劳动合同法》第六十五条第二款的规定，被派遣劳动者有下列行为之一的，用工单位可以将其退回劳务派遣单位：1）被派遣劳动者在试用期内被证明不符合录用条件的；2）被派遣劳动者严重违反用工单位的规章制度的；3）被派遣劳动者严重失职，营私舞弊，给用工单位的利益造成重大损害的；4）被派遣劳动者同时与其他用人单位建立劳动关系，对完成本单位的工作任务造成严重影响，或者经用工单位提出，拒不改正的；5）被派遣劳动者以欺诈、胁迫的手段或者乘人之危，使对方在违背真实意思的情况下订立或者变更劳动合同，致使劳动合同无效的；6）被派遣劳动者被依法追究刑事责任的。即被派遣劳动者严重违纪，用工单位可以将其退回。被派遣劳动者被退回的，劳务派遣单位可以行使即时解雇权，也可以在对其进行批评教育后继续留用。

（2）被派遣劳动者患病无法继续工作的，用工单位如何将其退回。根据《中华人民共和国劳动合同法》第六十五条第二款的规定，当劳动者患病或非因公负伤，在规定的医疗期满后不能从事原工作，也不能从事由用工单位另行安排的工作时，用工单位才有权将其退回劳务派遣单位。用工单位在这种情形下退回劳动者，应明确：1）必须是劳动者患病或非因工负伤，如果是因公负伤或者患职业病则不适用。2）必须是医疗期满。医疗期是劳动者患病或非因工负伤的治疗、休息期间，劳动者依据其工龄长短享有 3 个月至 24 个月不等的医疗期。被派遣劳动者患病或非因工负伤，用工单位应当依法给予医疗期，而不能直接退回劳务派遣单位。3）医疗期满，劳动者不能从事原工作，经过调岗后，也无法从事用工单位安排的其他工作的，用工单位才能将劳动者退回。用工单位应当证明劳动者不能工作，而且经调岗后仍不能继续工作，才能将劳动者退回。被派遣劳动者被退回的，劳务派遣单位可以与其解除劳动合同，并支付经济补偿。

（3）派遣期限未满的被派遣劳动者不能胜任工作，用工单位能否将其退回。根据《中华人民共和国劳动合同法》第六十五条第二款的规定，被派遣劳动者不能胜任工作，经过培训或者调整工作岗位，仍不能胜任工作的，用工单位可以将派遣期限未满的被派遣劳动者退回劳务派遣单位。需要强调的是，在退回劳动者之前，用工单位必须对劳动者进行培训或者调整工作岗位，在经过培训或调岗后确定劳动者仍然无法胜任工作的，才能将其退回。被派遣劳动者被退回的，劳务派遣单位可以与其解除劳动合同，并支付经济补偿。

（4）非因劳动者个人原因，用工单位可以退回被派遣劳动者的情形。因为被派遣劳动者个人原因，如严重过失、医疗期满不能工作、不能胜任工作等，用工单位可以将被派遣劳动者退回，劳务派遣单位可以据此与被退回的劳动者解除劳动合同。在《中华人民共和国劳动合同法》的基础上，《劳务派遣暂行规定》第十二条还明确规定了非因个人原因，用工单位可以退回被派遣劳动者的情形：一是用工单位有《中华人民共和国劳动合同法》第四十条第三项（客观情况发生重大变化）、第四十一条规定的情形（经济性裁员）的，但医疗期、三期内劳动者除外；二是用工单位被依法宣告破产、吊销营业执照、责令关闭、撤销、决定提前解散或者经营期限届满不再继续经营的；三是劳务派遣协议期满终止的。用工单位符合上述情形规定将被派遣劳动者退回劳务派遣单位，如果劳务派遣单位重新派遣时维持或者提高劳动合同约定条件，劳动者不同意的，劳务派遣单位可以解除劳动合同。如劳务派遣单位重新派遣时降低劳动合同约定条件，劳动者不同意的，劳务派遣单位不得解除劳动合同。在被派遣劳动者退回后无工作期间，劳务派遣单位应按照不低于所在地人民政府规定的最低工资标准，向其按月支付报酬。

（5）不得退回的情形。《劳务派遣暂行规定》第十三条规定："被派遣劳动者有劳动合同法第四十二条规定情形的，在派遣期限届满前，用工单位不得依据本规定第十二条第一款第一项规定将被派遣劳动者退回劳务派遣单位；派遣期限届满的，应当延续至相应情形消失时方可退回。"这一规定是对退回被派遣劳动者情形的限制，根据此规定，被派遣劳动者在具有《中华人民共和国劳动合同法》第四十二条规定的情形时，用工单位就不能依据《中华人民共和国劳动合同法》第四十条第（三）项、第四十一条所规定的情形退回被派遣劳动者。该条款可以说是对《中华人民共和国劳动合同法》中用人单位不得解除劳动合同的制度的一种延伸，保障了被派遣劳动者享有与用工单位中其他劳动者同等的权利，是对被派遣劳动者充分保护的一项规定。

五、劳动派遣的一般性规定

（一）明确劳务派遣工作岗位的范围

《中华人民共和国劳动合同法》第六十六条规定："劳动合同用工是我国的企业基本用工形式。劳务派遣用工是补充形式，只能在临时性、辅助性或者替代性的工作岗位上实施。前款规定的临时性工作岗位是指存续时间不超过六个月的岗位；辅助性工作岗位是指为主营业务岗位提供服务的非主营业务岗位；替代性工作岗位是指用工单位的劳动者因脱产学习、休假等原因无法工作的一定期间内，可以由其他劳动者替代工作的岗位。用工单位应当严格控制劳务派遣用工数量，不得超过其用工总量的一定比例，具体比例由国务院劳动行政部门规定。"

这一规定明确了劳务派遣工作岗位的范围和用工比例。劳务派遣只能在"三性"岗位上实施，并明确了"三性"岗位的具体含义。为了规范企业决定辅助性岗位的行为，

《劳务派遣暂行规定》第三条规定了辅助性岗位的决定程序，即“用工单位决定使用被派遣劳动者的辅助性岗位，应当经职工代表大会或者全体职工讨论，提出方案和意见，与工会或者职工代表平等协商确定，并在用工单位内公示”。

我国劳务派遣产生于 20 世纪 70 年代末，起源于北京外企人力资源服务公司向外国使领馆及外国公司驻华代表处派遣中方雇员。这种新型用工的方式对于用人单位来说，可以减少人员储备，有效避免招聘、培训、解雇等引发的人力资源管理成本。对于劳动者而言，利用劳务派遣机构在信息和联络上的优势，他们相对较容易地实现了就业，缩短了找工作的周期。因此，劳动派遣适用范围越来越宽，派遣人数急剧增长。为适应市场需要，劳动派遣公司应运而生，并得到迅速发展。实践中，大量用人单位开始大量使用劳务派遣劳动者，在某些行业和地区，劳务派遣已成为一种常态、主流的用工形式，甚至一些长期性、固定性工作岗位也开始使用被派遣劳动者，一些用人单位将原本劳动关系的劳动者改为劳务派遣制员工，实行逆向派遣。劳务派遣用工形式的无限制扩大严重挑战了劳动关系的存在基础。为了防止、规范劳务派遣被滥用带来的负面效果，劳动合同法修改案对劳务派遣的范围和比例做出了规定。规定劳务派遣只能在临时性、辅助性或者替代性岗位上使用。《劳务派遣暂行规定》进一步明确了辅助性岗位的认定程序。用工单位决定使用被派遣劳动者的辅助性岗位，应当经职工代表大会或者全体职工讨论，提出方案和意见，与工会或者职工代表平等协商确定，并在用工单位内公示。

关于劳务派遣用工的比例问题，《劳务派遣暂行规定》第四条特别规定了劳务派遣所占用工总量的比例，并且确定了比例计算的方法以及适用范围。根据此条规定，用工单位使用被派遣劳动者数量不得超过其用工总量的 10%，而用工总量按照用工单位订立劳动合同人数与使用的被派遣劳动者人数之和进行计算。同时该条还明确了严控劳务派遣用工比例的用工单位的范围主要限于具有用人单位主体资格的各单位，这就排除了不具有独立用人主体资格的境外企业在中国的代表处，如外国企业常驻中国代表机构、外国金融机构驻华代表机构等。

（二）派遣单位与用工单位应当订立劳务派遣协议

《中华人民共和国劳动合同法》第五十九条规定：“劳务派遣单位派遣劳动者应当与接受以劳务派遣形式用工的单位（以下称用工单位）订立劳务派遣协议。劳务派遣协议应当约定派遣岗位和人员数量、派遣期限、劳动报酬和社会保险费的数额与支付方式以及违反协议的责任。用工单位应当根据工作岗位的实际需要与劳务派遣单位确定派遣期限，不得将连续用工期限分割订立数个短期劳务派遣协议。”《劳务派遣暂行规定》第七条进一步明确了劳务派遣协议应当载明的内容。

劳务派遣协议是劳务派遣单位与用工单位就派遣劳动者一事在法律范围内进行的约定，其相关内容既涉及劳务派遣单位与用工单位各自权利义务的问题，同时也直接关系到劳动者的切身利益问题，劳务派遣机构不仅要与劳动者签订劳动合同，还要与用工单位订立劳务派遣协议，明确双方在劳务派遣中各自的权利义务，保护劳动者合法权益，避免发生争议时责任不清、互相推诿。劳务派遣协议除了约定派遣人数、派遣期限、派遣岗位、工时休假等条款外，还必须约定按照同工同酬原则确定的劳动报酬数额和支付方式，力图从劳务派遣协议的签订开始，保障被派遣劳动者的合法权益。

劳务派遣协议是劳务派遣单位与用工单位在平等自愿、协商一致的基础上订立的书面法律文件。其内容包括：（1）派遣的工作岗位名称和岗位性质。派遣岗位名称，即劳动者到用工单位从事被派遣工作的劳动岗位。岗位性质是指临时性、辅助性或替代性岗位。（2）工作地点。（3）派遣人员数量和派遣期限。人员数量即劳务派遣单位派遣到用工单位从事派遣工作的劳动者的数量。派遣期限即劳务派遣单位和用工单位约定的劳动者在派遣岗位工作的期间。派遣期限的起算日期，可以由劳务派遣单位和用工单位约定，一般应从劳动者实际开始在派遣岗位工作的时间起算。用工单位应当根据工作岗位的实际需要与劳务派遣单位确定派遣期限，不得将连续用工期限分割订立数个短期劳务派遣协议。（4）按照同工同酬原则确定的劳动报酬数额和支付方式。包括劳务派遣员工与直接用工实行相同的劳动报酬分配制度，劳动报酬的形式、构成、标准、支付方式等。（5）社会保险费的数额和支付方式。（6）工作时间和休息休假事项。（7）被派遣劳动者工伤、生育或者患病期间的相关待遇。（8）劳动安全卫生以及培训事项。（9）经济补偿等费用。（10）劳务派遣协议期限。（11）劳务派遣服务费的支付方式和标准。（12）违反劳务派遣协议的责任。即劳务派遣单位和用工单位违反劳务派遣协议各自应如何承担责任的条款。（13）法律、法规、规章规定应当纳入劳务派遣协议的其他事项。

这些约定对于规范劳务派遣行为，明确各方权利义务，保障劳务派遣员工利益至关重要。签订派遣协议是劳务派遣中一个不可或缺的环节，应该引起重视。不少劳务派遣纠纷就是双方没有签订书面派遣协议，或者某些关键协议条款没有明确规定而引起的。

（三）劳务派遣单位与用工单位承担连带赔偿责任

为了规范劳务派遣活动，保护劳动者的合法权益，明确劳务派遣单位与实际用工单位的权利义务，《中华人民共和国劳动合同法》第九十二条规定："违反本法规定，未经许可，擅自经营劳务派遣业务的，由劳动行政部门责令停止违法行为，没收违法所得，并处违法所得一倍以上五倍以下的罚款；没有违法所得的，可以处五万元以下的罚款。劳务派遣单位、用工单位违反本法有关劳务派遣规定的，由劳动行政部门责令限期改正；逾期不改正的，以每人五千元以上一万元以下的标准处以罚款，对劳务派遣单位，吊销其劳务派遣业务经营许可证。用工单位给被派遣劳动者造成损害的，劳务派遣单位与用工单位承担连带赔偿责任。"

《中华人民共和国劳动合同法》2012年修正时在这一条中增加了未经许可、擅自经营劳务派遣业务的处理内容。在第二款增加了用工单位，明确了劳务派遣单位、用工单位违反该法有关劳务派遣规定的，限定是由劳动行政部门责令限期改正；提高了处罚的数额；还明确了双方负连带赔偿责任的条件是用工单位给被派遣劳动者造成损害的情况。修改内容在于对违法经营劳务派遣业务的行为加大处罚力度，明确处罚的内容、处罚的额度及吊销其劳务派遣业务经营许可证的条件，从而达到进一步规范劳务派遣单位和用人单位合理、合法用工的目的。

连带责任是我国立法中的一项重要民事责任制度，是一种加重责任。《中华人民共和国劳动合同法》明确，用工单位给被派遣劳动者造成损害的，劳务派遣单位与用工单位对被派遣劳动者承担连带责任，当劳动者合法权益受到侵害时，可将劳务派遣单位和用工单位作为共同被诉人，向劳动争议仲裁委员会申请劳动仲裁，要求其承担连带责任。劳务派遣单位与用工单位都负有赔偿责任。

（四）解除终止劳务派遣劳动合同的经济补偿和赔偿

劳务派遣单位与劳动者签订劳动合同，建立劳动关系，就应履行用人单位对劳动者的义务，但《中华人民共和国劳动合同法》并未明确派遣单位和劳动者依法解除或终止劳动合同的，是否需要支付经济补偿。《中华人民共和国劳动合同法实施条例》第三十一条规定："劳务派遣单位与被派遣劳动者依法解除或者终止劳动合同，依照劳动合同法第四十六条、第四十七条的规定执行。"《劳务派遣暂行规定》第十七条规定："劳务派遣单位因劳动合同法第四十六条或者本规定第十五条、第十六条规定的情形，与被派遣劳动者解除或者终止劳动合同的，应当依法向被派遣劳动者支付经济补偿。"

根据规定，派遣单位和被派遣劳动者依法解除终止劳动合同的，应当向劳动者支付经济补偿的情形包括：（1）单位违法劳动者解除合同的；（2）用人单位提出解除劳动合同，劳动者同意的；（3）劳动者无过失解除劳动合同的；（4）用人单位经济性裁员的；（5）劳动合同期满，用人单位提出降低劳动条件续订合同的；（6）用人单位主体灭失，终止劳动合同的；（7）法律、行政法规规定的其他情形。劳动合同的解除与终止符合上述情形之一的，劳务派遣单位就应向被派遣劳动者支付经济补偿。也就是说，劳务派遣单位与被派遣劳动者之间依法解除或终止劳动合同的经济补偿，与用人单位和劳动者之间解除或终止合同的经济补偿的条件完全一样，没有任何差别。

经济补偿的支付标准参照《中华人民共和国劳动合同法》第四十七条有关规定：按照劳动者在本单位工作的年限，每满一年支付 1 个月工资的标准向劳动者支付。6 个月以上不满一年的，按一年计算；不满 6 个月的，向劳动者支付半个月工资的经济补偿。劳动者月工资高于用人单位所在直辖市、设区的市级人民政府公布的本地区上年度职工月平均工资 3 倍的，向其支付经济补偿的标准按职工月平均工资 3 倍的数额支付，向其支付经济补偿的年限最高不超过 12 年。月工资是指劳动者在劳动合同解除或者终止前 12 个月的平均工资。这些规定明确了劳务派遣单位支付经济补偿的计算标准。同时，对月工资的计算标准做出明确规定，即劳动者在劳动合同解除或终止前 12 个月的平均工资。

对于用人单位违法解除、终止被派遣劳动者劳动合同的，《中华人民共和国劳动合同法实施条例》第三十二条规定："劳务派遣单位违法解除或者终止被派遣劳动者的劳动合同的，依照劳动合同法第四十八条的规定执行。"《劳务派遣暂行规定》第二十一条规定："劳务派遣单位违反本规定解除或者终止被派遣劳动者劳动合同的，按照劳动合同法第四十八条、第八十七条规定执行。"即劳务派遣单位违法解除或终止劳动合同，劳动者要求继续履行合同的，派遣单位应当继续履行；如果劳动者不要求继续履行合同或者劳动合同已经无法继续履行，则用人单位依照《中华人民共和国劳动合同法》第四十七条规定的经济补偿标准的两倍向劳动者支付赔偿金。劳务派遣单位违法解除或终止合同，已经向劳动者支付了赔偿金的，不再支付经济补偿。赔偿金的计算年限自用工之日起计算。赔偿金是用人单位因违法解除或终止劳动合同时，依照法律规定支付给劳动者一定数额的金钱，用以补偿劳动者所受到的损失。

第2节　非全日制用工管理

非全日制用工是比全日制用工更为灵活的一种用工形式，根据其特点可以从计酬方式和工作时间两方面进行定义。从计酬方式看，非全日制用工以小时为单位，根据劳动者实际的工作时间支付其劳动报酬，单位时间的工资不得低于法律规定的小时最低工资标准；从工作时间看，非全日制用工的工作时间远低于全日制用工。《中华人民共和国劳动合同法》针对非全日制用工的特点，对非全日制用工的界定，非全日制用工劳动合同的订立、履行和终止，非全日制用工的试用期问题和劳动报酬等问题都做出了规定，为更好地促进非全日制用工的发展，促进就业和保护非全日制用工劳动者的合法权益奠定了法律基础。

一、非全日制用工的含义

1994年制定的《中华人民共和国劳动法》是以全日制劳动关系为模式进行设计和规范的，对非全日制劳动关系没有涉及。《中华人民共和国劳动合同法》第一次以法律的形式对非全日制用工做出了规定。近年来，非全日制劳动用工形式呈现迅速发展趋势，特别是在餐饮、超市、社区服务等领域，用人单位使用非全日制用工形式越来越多。非全日制用工适应企业降低人工成本、推进灵活用工的客观需要，越来越多的企业根据生产经营需要，采用包括非全日制用工在内的一些灵活用工形式。非全日制用工是灵活就业的一种重要形式，通过法律对非全日制用工进行规范很有必要。

《中华人民共和国劳动合同法》第六十八条规定："非全日制用工，是指以小时计酬为主，劳动者在同一用人单位一般平均每日工作时间不超过四小时，每周工作时间累计不超过二十四小时的用工形式。"这一规定指出了非全日制用工的三个特征：（1）以小时计酬为主，但不局限于以小时计酬；（2）劳动者在同一用人单位一般平均每日工作时间不超过4小时；（3）每周工作时间累计不超过24小时。

非全日制用工，劳动者可以在一个以上的用人单位从事非全日制劳动，所以法律规定的一般平均每日工作时间和每周工作累计时间，都是针对劳动者在同一个用人单位劳动所做出的，而并不是指劳动者实际平均每日的全部劳动时间和每周累计的全部劳动时间。

根据《中华人民共和国劳动合同法》第二条规定的适用范围，非全日制用工只限于用人单位用工，而不包括个人用工形式。个人用工属于民事雇佣关系，应受民事法律关系调整。用人单位与非全日制劳动者之间的关系，符合劳动关系的所有特征，双方之间建立的是劳动关系，理应受《中华人民共和国劳动法》和《中华人民共和国劳动合同法》的调整。与全日制用工形式相比，非全日制用工机制较为灵活。

《中华人民共和国劳动合同法》对非全日制用工的工作时间做出了明确、严格的规定。用人单位对一些临时性、辅助性、替代性的岗位可以选择招用非全日制劳动者，采用这种较为灵活的用工形式。

《中华人民共和国劳动合同法》以基本法律的形式，确认了非全日制用工的形式。国际上对非全日制用工的界定，大致可以分为几类：（1）以工时数界定。例如日本、美国、瑞典、澳大利亚等国规定周工作不满 35 小时为非全日制就业。我国也属此类。（2）以比例界定。例如法国，非全日制指其工作时间与法定周或日工作时间相比至少少 1/5。（3）双重标准界定。例如我国台湾地区对“部分工时”的定义。

二、非全日制用工的特点

1. 非全日制用工可以订立口头协议

非全日制用工既可以订立书面协议，也可以订立口头协议。考虑到实践中存在大量无书面合同的劳动关系和国际上通行的做法，为了更好地保持非全日制用工形式的灵活性以促进就业，《中华人民共和国劳动合同法》采用了最为宽松的模式，允许采用口头形式。当然，也可以采用书面形式。不管采用口头形式还是书面形式，都是合法行为。之所以这样规定，主要是非全日制用工具有较大的灵活性，合同履行具有即时性，因而法律规定非全日制劳动合同的形式可以较为灵活。双方当事人既可以采用口头协议形式，也可以采用书面形式。

2. 非全日制用工可以形成一个以上劳动关系

《中华人民共和国劳动合同法》第六十九条规定：“非全日制用工双方当事人可以订立口头协议。从事非全日制用工的劳动者可以与一个或者一个以上用人单位订立劳动合同；但是，后订立的劳动合同不得影响先订立的劳动合同的履行。”

由于非全日制用工形式的特殊性、灵活性，非全日制就业的人员在一家用人单位往往工作时间短，获得的劳动报酬也非常有限，所以法律允许他们可以在多个用人单位任职，比较灵活。同时规定从事非全日制用工的劳动者可以与一个或者一个以上用人单位签订劳动合同；但是，后签订的劳动合同不得影响或者损害先签订劳动合同的权利和义务。非全日制用工双方当事人可不签订书面合同，可建立双重或者多重劳动关系，这就是非全日制用工灵活的典型体现。

3. 非全日制用工不得约定试用期

《中华人民共和国劳动合同法》第七十条规定：“非全日制用工双方当事人不得约定试用期。”试用期是用人单位对新录用的劳动者是否合格进行考核，劳动者对用人单位是否适合自己进行了解的期限。《中华人民共和国劳动合同法》规定非全日制用工不得约定试用期，主要是因为非全日制用工本来就属于灵活用工形式，劳动关系的不确定性比全日制用工要大，而且非全日制劳动者的收入也往往低于全日制职工。由于非全日制劳动时间较短，一般对劳动技能要求不是很高，不需要通过试用来考察员工是否能胜任工作。同时，非全日制劳动关系相对灵活松散，双方当事人任何一方都可以随时通知对方终止用工，约定试用期对非全日制用工没有意义。所以，用人单位对非全日制用工不得约定试用期，对不合格的非全日制员工可以随时终止合同，但对劳动者已经付出的劳动，同样需要支付足额的劳动报酬。

用人单位违反《中华人民共和国劳动合同法》规定与非全日制用工的劳动者约定了试用期的，按照《中华人民共和国劳动合同法》第八十三条的规定，由劳动行政部门责令改正，违法约定的试用期已经履行的，由用人单位以劳动者试用期满月工资为标准，按已经履行的超过法定试用期的期间向劳动者支付赔偿金。

4. 非全日制用工，用人单位可以随时终止合同，且无须向劳动者支付经济补偿

《中华人民共和国劳动合同法》第七十一条规定："非全日制用工双方当事人任何一方都可以随时通知对方终止用工。终止用工，用人单位不向劳动者支付经济补偿。"非全日制用工的突出特点就是它的灵活性。为了更好地利用非全日制用工的灵活性，促进就业，促进劳动力资源的优化配置，《中华人民共和国劳动合同法》对非全日制用工的终止做出了比全日制用工更为宽松的规定。对于非全日制合同是否继续履行，双方都具有完全自由的决定权利，劳动者和用人单位任何一方都可以随时提出终止非全日制劳动合同。这里的终止用工，既包括因劳动合同期届满而导致的终止，也包括劳动合同期没有届满而解除劳动合同的情形。终止合同应该通知另一方。通知可以采用书面形式，也可以采用口头形式。任何一方提出终止用工都无须向对方支付经济补偿。对用人单位来说，不得约定试用期就不能以劳动者在试用期间被证明不符合录用条件为由而与劳动者解除劳动合同，但可以依照这一规定，随时通知劳动者终止用工。同样，对劳动者而言，劳动者也不再需要提前30天以书面形式通知用人单位，或在试用期内提前3日通知用人单位，而可以随时以书面或口头的形式提出终止用工。

5. 非全日制用工，工资支付最长不超过15天

《中华人民共和国劳动合同法》第七十二条规定："非全日制用工小时计酬标准不得低于用人单位所在地人民政府规定的最低小时工资标准。非全日制用工劳动报酬结算支付周期最长不得超过十五日。"由于非全日制劳动用工是一种更为灵活便捷的用工形式，用人单位和劳动者之间的劳动关系也远远不如全日制劳动用工稳定，因此，法律规定非全日制劳动用工报酬的结算周期比较短，这是对劳动者权益的保护。全日制劳动合同的工资按月支付，非全日制劳动合同则按周来支付，最长支付周期不得超过15天，支付周期较短。

三、非全日制用工应注意的问题

非全日制用工，企业与劳动者可以订立口头协议；从事非全日制用工的劳动者可以与一个或者一个以上用人单位订立劳动合同，但是后订立的劳动合同不得影响先订立劳动合同的履行；非全日制用工双方当事人任何一方均可随时通知对方终止用工；终止用

工不支付经济补偿。这些法律规定，保证了非全日制这种灵活就业形式的发展。

有些用人单位为了省事，对非全日制员工每月发一次工资，看似很合理，其实已经违反了《中华人民共和国劳动合同法》的规定，是一种违法行为。另外非全日制用工的劳动关系相对而言灵活松散，法律规定用人单位可以随时通知对方终止用工，并且不需要支付经济补偿。因此对非全日制用工而言就无须约定试用期。

第 3 节 劳务用工管理

近年来，随着政府大力鼓励创业、促进就业，共享经济兴起，人力资源管理边界不断重构，加之人口红利消减、社保入税等因素，企业用工成本压力持续增大。在此背景下，企业不断转型升级用工方式，各类灵活用工方式快速发展。与适用劳动法律法规的劳动用工不同，越来越多的灵活用工中各方权利义务依赖于企业与从业人员之间的合同约定，用工方式出现民法化的迹象。

传统角度来看，灵活用工更多停留在劳动法领域，比如使用非全日制用工或者通过派遣机构等第三方分担雇主职能等。但在近年来，随着电子商务、网络约车、物流快递等新业态经济的发展，灵活用工的方式逐渐由适用劳动法律法规调整的传统灵活用工方式，不断发展为劳务、外包、合伙用工等适用民事法律法规调整的新形态的灵活用工方式。实践中适用民法调整的用工方式，不论企业与从业人员在用工过程中对灵活用工方式的名称如何约定，归纳到法律关系上，主要包括承揽关系、合伙关系、劳务关系、合作关系这几类，主要体现在《中华人民共和国民法典》第三编“合同编”和第七编“侵权责任编”的规定中。

一、劳务用工的主要形式

（一）劳务关系

雇佣关系是雇佣人在一定或不特定的期间内，从事雇主授权或指示范围内的生产经营活动或其他劳务活动，雇主接受雇佣人提供的劳务并按约定给付报酬的权利义务关系。劳务关系双方签订的是民事协议，雇主按照合同约定按月或按项目支付劳务费，双方之间的权利义务关系适用民法。雇员在劳动过程中接受雇主的间接管理，接受雇主规章制度的约束。

（二）合作关系

合作关系指两个或两个以上独立的成员之间形成的一种经济利益协调关系，以保证实现某个特定的目标或效益。合作关系双方签订的是民事协议，按照劳动成果支付服务费，双方之间的权利义务关系适用民法。双方之间不存在管理与被管理的关系，双方行为受协议条款约束。

（三）承揽关系

承揽合同是承揽人按照定作人的要求完成工作，交付工作成果，定作人给付报酬的合同。承揽合同包括加工、定作、修理、复制、测试、检验等工作。承揽关系双方签订的是民事协议，按年度支付承揽收益，双方之间的权利义务关系适用民法。双方之间不存在管理与被管理的关系，双方行为受协议条款约束。

（四）合伙关系

合伙合同是两个以上合伙人为了共同的事业目的，订立的共享利益、共担风险的协议。合伙关系双方签订的是民事协议，按协议约定支付合伙人分红，双方之间的权利义务关系适用民法。双方之间不存在管理与被管理的关系，双方行为受协议条款约束。

随着《中华人民共和国民法典》的实施，对于灵活用工方式的法律关系的界定，企业需要注意以下问题。

第一，与劳动法领域用人单位与劳动者之间管理与被管理的地位不同，合同是民事主体之间设立、变更、终止民事法律关系的协议，体现的是双方平等的地位。因此企业在适用灵活用工方式时，首先需要清楚理清不同灵活用工方式项下所对应的法律关系。如企业与从业人员之间采用属于民法调整的法律关系，企业应避免对从业人员进行人事上的管理，否则最终可能被认定为劳动关系，不仅无法实现灵活用工的目的，甚至可能给企业带来劳动法上未签劳动合同双倍工资、工伤赔付等更为严重的法律风险。企业应根据自身业务情况，选择最适合企业用工需求的灵活用工方式，并应符合法律的要求，保持实际履行与协议约定的一致性。司法裁判机关在认定双方之间法律关系的时候，书面协议仅是其中一方面，更多的是回归到双方实际用工的本质，根据双方实际履行的权利和义务情况来进行判定，因此在实际履行中应当注意与协议约定的法律关系的一致性。

第二，《中华人民共和国民法典》除了延续之前合同法将承揽合同作为有名合同外，还增加了合伙合同作为独立的有名合同，反映出合伙关系在社会实践中应用愈发广泛。具体到用工管理中，合伙关系作为灵活用工方式的一种，尤其适用于企业的初创团队或项目团队，不仅可以增加企业用工的灵活性，更能激励员工，应当引起企业的关注。

第三，除了承揽合同和合伙合同外，对于灵活用工方式项下的劳务关系、合作关系等法律关系，《中华人民共和国民法典》中并没有纳入有名合同的章节，进行单独规定，这就意味着这些法律关系只能适用《中华人民共和国民法典》总则中的各项规定。由于缺少具体化的规定，加之此类法律关系本身又存在一定的相似性，因此在灵活用工中，企业在进行甄别和界定时会遇到一定的难度和挑战。

二、侵权责任风险

除了法律关系界定外，《中华人民共和国民法典》有关侵权责任风险的规定对企业的灵活用工也产生了一定影响。灵活用工中的侵权责任风险包括两个方面：一是从业人员自身在从事企业的活动中人身受到损害；二是从业人员在从事企业的活动中致其他第三人损害的情况。

（1）关于劳务派遣用工的侵权责任。劳务派遣劳动者自己在工作中受到伤害的，适用劳动法领域中工伤相关规定。劳务派遣劳动者致他人损害的，由接受派遣的用工单位承担侵权责任；派遣单位有过错的，承担相应责任。在劳务派遣三方法律关系中，虽然派遣公司与劳动者之间为劳动关系，但由于劳动者接受派遣公司指派，实际为用人单位提供服务，所以对于劳务派遣用工中劳动者造成他人损害的情形，《中华人民共和国民法典》规定了替代责任。即劳动者造成他人损害，由用工单位作为侵权人承担赔偿责任，而作为用人单位的派遣公司只在派遣劳动者中有过错，如选任、培训、管理不当等情形时才承担相应责任。实践中，作为用人单位的企业适用劳务派遣时，除重点关注劳动法项下有关规定外，也不能忽略《中华人民共和国民法典》关于劳务派遣用工侵权责任的相关规定。

（2）关于劳务关系（一方主体为企业）中的侵权责任。《中华人民共和国民法典》对于灵活用工中较为普遍的劳务关系（一方主体为企业）中的侵权责任承担，并没有做出明确规定。目前仍适用《最高人民法院关于审理人身损害赔偿案件适用法律若干问题的解释》。对于提供劳务一方致他人损害的情形，不论是一方主体为单位的劳务关系还是个人劳务关系，均由接受劳务一方承担侵权责任，如提供劳务一方有过错，接受劳务一方可以进行追偿。但对于提供劳务一方在提供劳务过程中自己受伤的情况，与个人劳务关系中按照双方过错各自承担责任不同，一方主体为企业的劳务关系中，由接受劳务一方（也即雇主）承担无过错责任。这也意味着，企业在灵活用工中适用劳务关系时，一旦提供劳务一方受伤，则企业需要无过错地承担责任，责任较重，如果企业没有提前预防，并购买保险，则会给企业造成较大的成本损失。

（3）关于合作或合伙关系中的侵权责任。对于企业与从业人员为合作关系或合伙关系的灵活用工方式中从业人员受伤和从业人员对外侵权的行为，如何进行侵权责任承担，《中华人民共和国民法典》没有进行单独规定。由于此时企业与从业人员为平等的民事主体地位，因而双方的责任承担主要依赖于双方协议中的具体约定，如果在双方的协议中，企业未能就侵权责任承担提前进行有效约定，则后续可能出现责任划分不清、产生诉累等风险。

（4）关于承揽关系中的侵权责任。从业人员自己受伤，承揽人自己承担责任。从业人员致他人损害，承揽人承担责任，但定作人对定作、指示或选人有过错，承担相应责任。

➡ 关键术语

劳务派遣　非全日制劳动合同　同工同酬　劳务关系　合作关系　承揽关系　合伙关系

➡ 复习思考题

1. 试述劳务派遣的概念和特点。
2. 如何约定劳务派遣协议？

3. 劳务派遣中派遣单位和用工单位分别承担怎样的法律责任？
4. 如何理解劳务派遣员工与直接签订劳动合同的员工应当实行同工同酬？
5. 非全日制劳动合同的内容包括哪些？签订非全日制劳动合同应注意哪些问题？
6. 实行非全日制劳动合同制度有何意义？
7. 试述非全日制用工的特点。
8. 劳务用工的主要形式有哪些？
9. 企业使用灵活用工应注意哪些问题？

第 11 章
劳动争议处理

学习目标

学完本章之后，你应当能够：

1. 熟悉劳动争议的种类和范围
2. 阐述劳动争议处理的原则
3. 熟悉劳动争议调解制度
4. 掌握劳动争议仲裁制度
5. 理解劳动争议诉讼制度
6. 了解集体争议处理制度的内容

引导案例

如何快速处理拖欠农民工工资集体劳动争议

2018 年，王某等 142 名农民工与某汽车配件公司签订劳动合同，从事汽车配件制作、销售等工作。2019 年 4 月，该公司全面停工停产，并开始拖欠工资。2019 年 9 月 3 日以后，该公司陆续邮寄了书面解除劳动合同通知，但未涉及拖欠工资事项。2019 年 9 月 15 日，王某等 142 名农民工向仲裁委员会申请仲裁。请求裁决汽车配件公司支付拖欠的工资等。

经仲裁委员会调解，王某等 142 名农民工与汽车配件公司当庭达成调解协议，由该公司于调解书生效后 100 天内支付工资等共计 145 万元。

本案中，仲裁委员会采取的快速处理拖欠农民工工资集体劳动争议方法值得借鉴。

建立拖欠农民工工资争议快速处理机制

人力资源社会保障部、最高人民法院等五部门联合下发的《关于实施“护薪”行动全力做好拖欠农民工工资争议处理工作的通知》（人社部发〔2019〕80 号）提出，“仲裁委员会要对拖欠农民工工资争议实行全程优先处理”。《劳动人事争议仲裁办案规则》第五十八条规定：“简易处理的案件，经与被申请人协商同意，仲裁庭可以缩短或者取消答辩期。”本案中，仲裁委员会为王某等 142 名农民工开通绿色通道，于收到仲裁申请当日立案，通过简化优化仲裁程序，对能合并送达的开庭、举证通知等仲裁文书一并送达。此外，在征询双方当事人同意后，对本案取消了答辩期，于立案后两个工作日即开庭审理，并对当庭达成调解协议的，当庭制作、送达调解书。

运用要素式办案方式

要素式办案是指围绕案件争议要素加强案前引导、优化庭审程序、简化裁决文书的仲裁处理方式，对于创新仲裁办案方式，优化仲裁程序，提升办案效能，满足当事人快速解决争议的需要具有重要意义。《中华人民共和国劳动法》第五十条规定：“工资应当以货币形式按月支付给劳动者本人。不得克扣或者无故拖欠劳动者的工资。”本案中，仲裁庭以仲裁申请书为基础，提炼案件要素并梳理总结争议焦点，考虑到案件同质性强且涉及劳动者人数较多的实际情况，在开庭前对农民工代表及委托代理人制作要素式谈话笔录，明确入职时间、工资标准、拖欠工资数额、劳动合同解除时间等要素，并在开庭前安排汽车配件公司代理人逐一核对王某等农民工请求事项，对于无争议要素由代理人签字确认，对于有争议要素由代理人当场写明理由及依据。

发挥工会、企业代表组织协商作用

根据要素谈话笔录反映的信息，仲裁委员会理清了案情脉络，并及时引入社会力量，会同当地工会、工商联等，启动集体劳动争议应急预案，由工会、工商联派人与农民工代表、汽车配件公司反复沟通协商，充分解答双方咨询法律问题、释明法律风险，为仲裁调解奠定了良好基础。

通过调解化解争议

《劳动人事争议仲裁办案规则》第六十六条第一款规定："仲裁庭处理集体劳动人事争议，开庭前应当引导当事人自行协商，或者先行调解。"2019年9月18日仲裁庭审中，仲裁庭分别进行了"面对面"和"背对背"调解，对涉及停工停产后劳动报酬的支付问题、劳动争议的"一裁两审"程序等进行了解释说明，从经济成本、时间成本、社会诚信以及和谐劳动关系等角度引导双方当事人协商，最终双方就工资支付数额、期限和方式达成一致，并当庭制作142份调解书送达了双方当事人。

人社部发〔2019〕80号文件要求完善协商、调解、仲裁、诉讼相互协调、有序衔接的多元处理机制。发生拖欠农民工工资集体劳动争议时，要根据国家有关保障工资支付法律和政策规定，先行引导当事人到专业性劳动争议调解组织进行调解；调解不成的，则需及时引导进入仲裁程序，要充分发挥协商、调解在争议处理中的基础性作用和仲裁准司法的优势，发挥人社部门、工会和企业代表组织等有关部门合力及与司法的联动效能共同解决好拖欠农民工工资集体劳动争议，实现政治效果、法律效果与社会效果的统一。

资料来源：人社部函〔2020〕62号 人力资源社会保障部 最高人民法院关于联合发布第一批劳动人事争议典型案例的通知.（2020-08-05）. https://www.shui5.cn/article/2b/138175.html.

劳动（人事）争议是用人单位与员工之间因为对薪酬、工作时间、福利、解雇及其他待遇等工作条件的主张不一致而产生的纠纷，处理劳动争议必须遵循法律规定的原则和程序。通过本章的学习，你将了解劳动（人事）争议的含义、分类和特点，掌握劳动（人事）争议处理的原则和方法，劳动争议调解、仲裁、诉讼制度以及集体争议处理制度。

第1节　劳动争议处理概述

一、劳动争议的分类和意义

（一）劳动争议的类别

劳动争议也称劳资争议，是指劳资关系当事人之间因为对薪酬、工作时间、福利、解雇及其他待遇等工作条件的主张不一致而产生的纠纷。在我国，具体指劳动者与用人单位之间，在《中华人民共和国劳动法》调整范围内，因适用国家法律、法规和订立、履行、变更、解除和终止劳动合同以及其他与劳动关系直接相联系的问题而引起的纠纷。劳动纠纷是员工关系不协调的反映，只有妥善、合法、公正、及时处理劳动争议，才能维护劳动关系双方当事人的合法权益。

一般而言，根据主体不同，劳动争议可以分为个别争议和集体争议两种。

（1）个别争议是指个别雇主与个别员工之间因为劳动合同关系所产生的争议；

（2）集体争议是指工会与雇主或工会与雇主团体之间因为劳动条件或劳资关系相关事项所产生的争议。它以劳动者团体即工会为主体，是在集体谈判过程中发生的争议。

根据性质不同，劳动争议可以分为权利事项争议和利益（调整）事项争议。

（1）权利事项争议。权利事项争议以劳资双方当事人基于相关法律法规、集体协议或劳动合同而主张现在的权利是否受损，或者权利是否存在为其争议内容，涉及“既有规范的解释和应用”。

（2）利益（调整）事项争议。调整事项争议是指“劳资双方当事人对于劳动条件主张继续维持或变更的争议”，也就是说，是劳资双方当事人基于事实状况，尤其是经济、社会状况的变动，而主张未来劳动条件的调整，涉及“新规则的修订或制定”。

根据上述争议内容的性质与当事人交叉，劳动争议可以分为个别权利事项争议，个别利益事项争议，集体权利事项争议，集体利益事项争议。理论上，个别争议可能涉及权利事项与利益事项争议，不过个别争议通常是权利事项争议，在极少的情况下，会因个别劳动者向雇主争取新的权益而发生争议。集体争议通常是以调整事项为主，争议多发生在集体协议签订时，劳资双方要求变更既有的劳动条件。当然，集体争议也可能有权利事项的争议，例如劳资双方对集体协议内容的解释和履行有不同看法，或者雇主不遵守劳动法律法规。具体例子如下：

（1）老张与雇主签订劳动合同时，约定工作地点在上海总公司，之后，雇主擅自将老张调至成都分公司。老张不同意，雇主将其解雇引发纠纷。这是个别争议，也是权利事项争议。

（2）某公司的工会与雇主签订集体协议时，公司同意提供给工会某项福利，之后不久，公司要将该福利收回，工会与雇主遂起争执。这种争议是集体争议，也是权利事项争议。

（3）老王认为他在公司的工作负担越来越重，因此要求公司加薪，公司不同意，双方发生纠纷。这是个别争议，也是调整事项争议。

（4）某公司的工会与雇主签订的集体协议到期，在签订新协议时，工会要求调高加班费的计算标准，雇主拒绝，双方产生争议。这种争议是集体争议，也是调整事项争议。

之所以将劳动争议进行这样的分类，其法律意义在于，在多数国家，因为争议的种类不同，而设置了不同的解决争议的机构，采用了不同的法律程序。权利争议的处理多采用仲裁、诉讼的方法解决，因为既定权利的确认相对容易；利益争议则由于其复杂性和专业性等特点，通常由政府或专业人士出面进行仲裁，而很少采用诉讼途径。

在中国，通常把劳动争议分为“一般劳动争议”和“因签订、履行集体合同发生的争议”。一般劳动争议是发生在特定的员工与雇主之间，因为适用国家法律、法规和订立、履行、变更、解除和终止合同等劳动权利义务而产生的争议。并且，根据劳动者一方人数的多少和争议理由，进一步规定，发生劳动争议的职工一方在10人以上，并有共同理由的，可以推举代表参加调解或者仲裁活动。因签订集体合同而发生的争议由劳动保障行政部门会同同级工会代表、企业代表共同进行协调；因履行集体合同而发生的劳动争议可以向劳动争议仲裁委员会提起申诉，对仲裁裁决不服的，可以向法院起诉。

（二）劳动争议立法的意义

劳动争议的产生源于工业革命。工业革命以后，劳资之间的关系逐渐复杂，劳资双方由于利害关系而处于对立地位。在多种学说的影响之下，劳资之间爆发了相当规模的各种纠纷，随着工业的发达，这些纠纷越来越多，第一次世界大战之后，劳资争议成为各国重要的社会问题。由于劳资争议往往会引发巨大的社会风险，给劳资双方甚至整个社会带来很大危害，因此迅速、适当处理劳动争议，减少、缓和争议，维持社会公共秩序和生产秩序的安宁就成为各国政府所共同谋求解决的问题，各国均在立法上对劳资争议处理做了规定，但由于国情不同，各国处理劳资争议的法律内容也不尽相同。

我国一向重视劳动争议的处理工作，制定了一系列有关劳动争议处理的法律、法规。有关劳动争议处理的法律主要是《中华人民共和国劳动法》和《中华人民共和国劳动争议调解仲裁法》，它们对劳动争议处理的基本程序和问题做出了规定。2008年5月1日实施的《中华人民共和国劳动争议调解仲裁法》是一部专门处理劳动争议的程序法，它针对劳动争议处理实践中存在的突出问题在许多制度上进行了修改和完善，对劳动争议的及时妥善处理具有直接意义。《中华人民共和国劳动争议调解仲裁法》扩大了适用范围，优化了处理程序，强化了调解程序，完善了仲裁程序，加强了司法救济，延长了仲裁申请时效，缩短了处理时限。

虽然各国都制定了有关劳资争议处理的法律，但有一点必须注意，即无论这些立法如何完善和周密，都不能绝对避免劳资争议的发生，同时也不能以现有的劳动立法完全解决所有的劳资争议问题，即使是劳动立法最进步的国家，也不能避免劳资争议问题。因此，这就需要我们对劳动争议有正确的认识。在现代社会，从事经济活动的劳动者与雇主之间存在纠纷是正常现象，如果毫无纠纷发生，则说明劳动者处于绝对低下和被奴役的境地，这种情况必然会导致社会的停滞不前。正如美国学者帕特森（Florence Paterson）在其《劳动经济学概论》中指出的，劳资争议并非一定要造成工作的停顿，既要维持罢工与开除工人的权利，同时也要采取有效措施避免争议的一再发生。对劳资纠纷采取和平的方式加以处理，不仅是政府的目标，其实也是劳动者和雇主共同追求的目标，通过劳、资、政三方努力，以达到共同目标。

二、劳动争议的受案范围

（一）劳动争议受案范围的一般规定

准确地界定劳动争议的受案范围是劳动争议处理的前提。《中华人民共和国劳动争议调解仲裁法》对劳动争议的受案范围做出了集中、统一规定，根据该法第二条，我国劳动争议的受案范围包括：

（1）因确认劳动关系发生的争议。是否存在劳动关系，决定了劳动者能否享有劳动法规定的各种权益和保护。就是否存在劳动关系发生争议的，属于劳动争议的受案范围。

（2）因订立、履行、变更、解除和终止劳动合同发生的争议。劳动合同是确定用人单位和劳动者权利、义务的基本依据，劳动争议中大部分是劳动合同争议。

（3）因除名、辞退和辞职、离职发生的争议。

（4）因工作时间、休息休假、社会保险、福利、培训以及劳动保护发生的争议。

（5）因劳动报酬、工伤医疗费、经济补偿或者赔偿金等发生的争议。

（6）法律、法规规定的其他劳动争议。这是一个弹性条款。

上述规定只是原则性地列举了劳动争议的范围，在实际适用中还需根据不同情况进行具体分析。《中华人民共和国劳动争议调解仲裁法》主要是针对调解和仲裁做出规范，对于劳动诉讼并未过多涉及。最高人民法院根据审理劳动争议案件的需要，陆续做出了一系列重要的司法解释，对于一些复杂且存争议的劳动争议事项是否属于法院受案范围的问题做出了细化规定。

（二）特殊的劳动争议

1. 事业单位人事争议

事业单位人事争议是一类特殊的劳动争议。在我国，企业劳动争议有劳动法作为依据，公务员与国家机关的纠纷有公务员法，事业单位的人事争议则存在法律调整的“盲区”。随着事业单位人事制度改革不断深入，当事业单位工作人员与单位发生纠纷时，往往面临实体法与程序法适用的双重困境。《中华人民共和国劳动合同法》第九十六条规定：“事业单位与实行聘用制的工作人员订立、履行、变更、解除或者终止劳动合同，法律、行政法规或者国务院另有规定的，依照其规定；未作规定的，依照本法有关规定执行。”该法第一次在法律层面将事业单位人事争议纳入劳动法调整范围，主要针对实体法律的适用，不过在适用事项上仍旧做了一定的限定。随后，《中华人民共和国劳动争议调解仲裁法》第五十二条规定：“事业单位实行聘用制的工作人员与本单位发生劳动争议的，依照本法执行；法律、行政法规或者国务院另有规定的，依照其规定。”据此，在法律适用方面，程序法上人事争议仲裁和劳动争议仲裁原则上均统一适用《中华人民共和国劳动争议调解仲裁法》，实体法上人事争议的某些事项适用劳动法规范，但法律、行政法规或者国务院另有规定的，优先适用该规定。

案例 11－1

试用期考核不合格事业单位有权不予录用

某区某街道社区服务中心系事业单位。宋某于2017年7月经公开招聘，入职该社区服务中心，约定试用期为1年，从事财务工作。宋某系该单位在编人员。2018年9月6日，社区服务中心向宋某送达了《取消录用通知书》，主要内容为：宋某试用期内违反工作制度、工作纪律，试用期满考核未通过，经研究决定取消录用资格。2018年10月12日，宋某向仲裁委员会提出仲裁申请，要求撤销《取消录用通知书》并继续与社区服务中心履行聘用关系。庭审中，社区服务中心主张，其单位于2018年7月对宋某进行了试用期满考核，宋某试用期内违反规定私自离京、出国，群众基础差，且被发现存在同时与第三方建立劳动关系等情况，其行为违反了单位的工作制度及工作纪律，试用期考核结果不合格，故决定取消录用。社区服务中心提交了因私出国管理规定、内网公示制度、宋某病假条及出入境记录、宋某试用期满考核谈话情况、微信记录及会议纪要等证据。宋某对上述证据的真实性不持异议，对其证明目的不予认可。

仲裁委员会审理后认为，宋某虽主张其对试用期满考核结果有异议，但其未举证证明按照相关人事管理制度对该考核结果申请复核或提出申诉等，社区服务中心依据试用期考核不合格的结果，对其做出取消聘用的处理，符合《事业单位公开招聘人员暂行规定》第二十六条“事业单位公开招聘的人员按规定实行试用期制度。试用期包括在聘用合同期限内。试用期满合格的，予以正式聘用；不合格的，取消聘用”的规定，故裁决驳回宋某的仲裁请求。

不同的人事争议有内外不同的救济途径。《事业单位人事管理条例》第三十七条规定：“事业单位工作人员与所在单位发生人事争议的，依照《中华人民共和国劳动争议调解仲裁法》等有关规定处理”；第三十八条规定：“事业单位工作人员对涉及本人的考核结果、处分决定等不服的，可以按照国家有关规定申请复核、提出申诉”。《事业单位工作人员申诉规定》（人社部发〔2014〕45号）第十一条规定：“事业单位工作人员对涉及本人的下列人事处理不服，可以申请复核或者提出申诉、再申诉：（一）处分；（二）清退违规进人；（三）撤销奖励；（四）考核定为基本合格或者不合格；（五）未按国家规定确定或者扣减工资福利待遇；（六）法律、法规、规章规定可以提出申诉的其他人事处理。”从上述规定可知，事业单位与其工作人员的不同人事争议有两种不同的救济渠道，即申请人事争议仲裁与申请复核或者提出申诉、再申诉。本案中，宋某对试用期考核结果有异议，按照规定其应当通过后一渠道解决。在宋某未申请复核或者提出申诉、再申诉，相关部门未按照管理权限责令社区服务中心撤销（或变更）或者直接撤销（或变更）原考核结果的情况下，社区服务中心做出的考核结果即具有相应的效力，故宋某要求恢复聘用关系的请求无法得到支持。

资料来源：北京市劳动仲裁2019年案例十：试用期考核不合格事业单位有权不予录用.（2020-05-11）. http://www.cy12333.com/info.asp? infoid＝21138.

2. 社会保险争议

社会保险争议作为另一类特殊的劳动争议，涉及用人单位、劳动者、社会保险经办机构三方主体，三方主体之间均可能因社会保险问题而产生争议。社会保险争议主要包括两类：一是劳动者与用人单位之间基于劳动关系而产生的社会保险待遇争议；二是用人单位、劳动者和社会保险经办机构之间因为征收与缴纳社会保险而产生的争议。

《司法解释（一）》规定，劳动者退休后，与尚未参加社会保险统筹的原用人单位因追索养老金、医疗费、工伤保险待遇和其他社会保险待遇而发生的纠纷，人民法院应当受理。《劳动争议调解仲裁法》进一步明确了社会保险争议属于劳动争议，但是否应把所有的社会保险争议不加区别地纳入人民法院受案范围，确是一个在实践中争议广泛的问题。为此，《司法解释（一）》对社会保险争议的受案范围做出进一步限定：劳动者以用人单位未为其办理社会保险手续，且社会保险经办机构不能补办导致其无法享受社会保险待遇为由，要求用人单位赔偿损失而发生争议的，人民法院应予受理。这类争议属于典型的单一的劳动者与用人单位之间的社保争议纠纷，人民法院应依法受理。而对于用人单位、劳动者和社保机构就欠费等发生争议，是征收与缴纳之间的纠纷，属于行政管理的范畴，带有社会管理的性质，因此，因用人单位欠缴、拒缴社会保险费或者因缴费年限、缴费基数等发生的争议，应由社保管理部门解决处理，不应纳入人民法院受案范围。

3. 企业改制引发的争议

企业改制常常引发劳动争议，如下岗、买断工龄、提前退休问题等。由于没有明确的法律规定，人民法院往往不予受理此类案件，劳动者诉求无门。企业改制的情况比较复杂，既有政府主导型的，也有企业自主进行的。随着经济体制改革的逐步深入，无论国有企业还是民营企业，其改制越来越呈现出多元化特征，而不局限于政府或相关部门主导。《司法解释（一）》规定，企业自主进行改制引发的纠纷人民法院应予受理，从而使这部分争议被纳入司法轨道。而政府主导的企业改制带来的职工下岗、整体拖欠职工工资等问题引发的争议仍不在法院受理范围之内。

4. 加付赔偿金争议

《中华人民共和国劳动合同法》第八十五条规定："用人单位有下列情形之一的，由劳动行政部门责令限期支付劳动报酬、加班费或者经济补偿；劳动报酬低于当地最低工资标准的，应当支付其差额部分；逾期不支付的，责令用人单位按应付金额百分之五十以上百分之一百以下的标准向劳动者加付赔偿金：（一）未按照劳动合同的约定或者国家规定及时足额支付劳动者劳动报酬的；（二）低于当地最低工资标准支付劳动者工资的；（三）安排加班不支付加班费的；（四）解除或者终止劳动合同，未依照本法规定向劳动者支付经济补偿的。"赔偿金是对用人单位的惩罚性责任，对于加付赔偿金的纠纷，《司法解释（一）》规定，劳动者依据劳动合同法第八十五条规定，要求用人单位支付加付赔偿金发生的纠纷，人民法院应予受理。但加付赔偿金诉讼有一个前提，即劳动者必须就用人单位拖欠其劳动报酬、加班费或者经济补偿的违法行为先向劳动行政部门投诉，劳动行政部门在责令用人单位限期支付后，用人单位仍未支付的，才存在加付赔偿金。如果未经过这一前提程序，劳动者之间主张加付赔偿金的，法院将不受理。

5. 退休人员再就业争议

对于退休人员再就业（超龄劳动），与用人单位之间的法律关系，是劳动关系还是劳务关系，一直争论不断。《司法解释（一）》第三十二条规定："用人单位与其招用的已经依法享受养老保险待遇或者领取退休金的人员发生用工争议而提起诉讼的，人民法院应当按劳务关系处理。"该条首次正面明确了已享受养老待遇的人员再就业形成的是劳务关系，适用民法调整。

6. 停薪留职、内退、待岗及放长假人员再就业争议

企业停薪留职人员、未达到法定退休年龄的内退人员、下岗待岗人员以及企业经营性停产放长假人员，与原单位仍旧保持着松散的劳动关系，这些人员未结束原劳动关系而再就业的，其与新单位所形成的法律关系的性质问题，一度存在争议。《司法解释（一）》第三十二条明确了此类关系属于劳动关系，即停薪留职、内退、待岗及放长假人员与新的用人单位发生用工争议而提起诉讼的，人民法院应当按劳动关系处理，因此也属于劳动争议的受案范围。

7. 扣押保证金、抵押金，转移人事档案、社会保险关系争议

根据《司法解释（一）》第一条的规定，劳动者与用人单位解除或者终止劳动关系后，请求用人单位返还其收取的劳动合同定金、保证金、抵押金、抵押物发生的纠纷，或者办理劳动者的人事档案、社会保险关系等移转手续发生的纠纷，经劳动争议仲裁委员会仲裁后，当事人依法起诉的，人民法院应予受理。

8. 就业歧视争议

《中华人民共和国就业促进法》第六十一条规定："违反本法规定，实施就业歧视的，劳动者可以向人民法院提起诉讼。"

（三）劳动争议仲裁机构不予受理的案件

《司法解释（一）》第二条明确了不属于劳动争议案件受理范围的案件包括：（1）劳动者请求社会保险经办机构发放社会保险金的纠纷；（2）劳动者与用人单位因住房制度改革产生的公有住房转让纠纷；（3）劳动者对劳动能力鉴定委员会的伤残等级鉴定结论或者对职业病诊断鉴定委员会的职业病诊断鉴定结论的异议纠纷；（4）家庭或者个人与家政服务人员之间的纠纷；（5）个体工匠与帮工、学徒之间的纠纷；（6）农村承包经营户与受雇人之间的纠纷。

三、劳动争议处理的目的和原则

（一）劳动争议处理的目的

设定劳动争议处理制度，是为了公正及时处理劳动争议，建立和谐稳定的劳动关

系，保护劳动者合法权益。

（1）公正及时处理劳动争议。公正及时处理劳动争议，保障用人单位和劳动者合法权益，有利于平衡劳动合同双方当事人的利益，建立和谐稳定的劳动关系。

（2）建立和谐稳定的劳动关系。劳动争议，特别是集体劳动争议，如果不能及时预防和有效解决，就会引起停工、罢工，影响经济发展和社会安定。因此，事先预防和事后公正处理劳动纠纷具有重要意义。这就需要建立解决纠纷的相应机构，通过法定程序解决纠纷，使劳动关系在协调、稳定、有序的轨道上发展，促进劳动关系双方的合作与共同发展。

（3）保护劳动者合法权益。只有将劳动纠纷纳入法制的轨道，才能妥善处理，切实保障双方的合法权益，发展良好的劳动关系。

（二）劳动争议处理的原则

劳动关系原则上是一种不受国家权力直接干预的私人自治关系，但如果不能及时预防和有效解决劳资间发生的各种纠纷，可能对国家经济发展带来不利的后果。因此，事先预防和事后公正处理劳资纠纷具有重要的意义。这就需要建立解决纠纷的相应机构，通过合适的方法解决纠纷。

（1）着重调解、及时处理原则。调解是处理劳动争议的基本手段，贯穿劳动争议处理的全过程。企业劳动争议调解委员会处理劳动争议的工作程序全部是进行调解。仲裁委员会和人民法院处理劳动争议，也应当先行调解，在裁决和判决前还要为当事人提供一次调解解决争议的机会。调解应在当事人自愿的基础上进行，不得有丝毫的勉强或强制。调解应当依法进行，包括依照实体法和程序法，而不是无原则的“和稀泥”。对劳动争议的处理要及时。企业劳动争议调解委员会对案件调解不成的，应在规定的期限内及时结案，避免当事人丧失申请仲裁的权利；劳动争议仲裁委员会对案件先行调解不成的，应及时裁决；人民法院在调解不成时，应及时判决。

（2）在查清事实的基础上依法处理原则。正确处理调查取证与举证责任的关系。调查取证是劳动争议处理机构的权利和责任，举证是当事人应尽的义务和责任，两者有机结合，才能达到查清事实的目的。处理劳动争议既要依实体法，又要依程序法，而且要掌握好依法的顺序，按照“大法优于小法，后法优于先法”的顺序处理。处理劳动争议既要有原则性，又要有灵活性，坚持原则性与灵活性相结合。

（3）当事人在适用法律上一律平等原则。劳动争议当事人法律地位平等，双方具有平等的权利和义务，任何一方当事人不得有超越法律规定的特权。当事人双方在适用法律上一律平等、一视同仁，对任何一方都不偏袒、不歧视，对被侵权或受害的任何一方都同样予以保护。

四、劳动争议处理机制

劳动争议处理机制是由各种劳动争议处理机构和相互衔接的争议处理程序共同构成的解决劳动争议的制度体系。劳动争议处理机制是整个劳动争议处理制度的核心，处理机制设计是否合理，各种程序协调、衔接是否顺畅，决定了劳动争议处理的效果。《中华人民共和国劳动争议调解仲裁法》第五条规定："发生劳动争议，当事人不愿协商、协商不成或者达成和解协议后不履行的，可以向调解组织申请调解；不愿调解、调解不成或者达成调解协议后不履行的，可以向劳动争议仲裁委员会申请仲裁；对仲裁裁决不服的，除本法另有规定的外，可以向人民法院提起诉讼。"我国现行的劳动争议处理体制可大致概括为"一调一裁二审"，对部分劳动争议案件实行有限制的"一裁终局"。国外劳动争议处理机制通常分为协商、斡旋调解、仲裁和审判，对公益事业或紧急情况下的劳动争议采取紧急调整的机制。

1. 协商和解

劳动争议发生后，劳动者和用人单位可以自行协商和解，也可以请工会或者第三方共同与用人单位协商和解。协商是双方自主解决争议的一种方式，既可以是双方自主协商，也可以由第三方介入进行协商。第三方可以是本单位人员，也可以是双方都信任的其他人，如工会、律师等。《司法解释（一）》第三十五条规定："劳动者与用人单位就解除或者终止劳动合同办理相关手续、支付工资报酬、加班费、经济补偿或者赔偿金等达成的协议，不违反法律、行政法规的强制性规定，且不存在欺诈、胁迫或者乘人之危情形的，应当认定有效。前款协议存在重大误解或者显失公平情形，当事人请求撤销的，人民法院应予支持。"这明确肯定了就特定事项达成的和解协议的法律效力。

协商是争议双方采取自治的方法解决纠纷，根据双方的合意或团体协议，相互磋商，和平解决纷争。协商解决劳动纠纷，不是基于法律的强制，而是基于当事人自主选择。以协商方式解决争议的优越性在于：（1）解决争议的气氛比较平和，双方不伤和气，不丢面子。劳动争议与其他纠纷不同，双方很可能今后仍要维持劳动关系，仍得共事与合作，以协商方式处理纠纷，既容易解决问题，又不至于闹翻，不仅不会影响今后的合作，反而会促进双方的理解。以协商方式解决纠纷，影响面小，可以避免将争议闹得沸沸扬扬、人人皆知。（2）解决争议的方式最为便捷，具有简易、灵活、快捷的特点，有利于在短时间内化解矛盾，容易解决纠纷。（3）由于双方当事人最熟悉纠纷的起因和争议的焦点，便于"对症下药"，有利于真正解决争议。（4）由双方自主协商，没有任何外在压力，可以充分表达当事人内心意愿，便于协议的执行。

通过协商解决纠纷，要注意选择适当的时间、场所和方式，为协商顺利进行创造较好的外部条件。双方要充分表明自己的主张、要求及理由，认真听取对方的主张、观点及其依据，在知己的同时做到知彼。同时，要清楚两方主张之间的异同点，把握争议的焦点，熟悉大环境，包括国家的政策和法规、国家和地区的经济状况、单位生产经营状况，乃至自己在单位中所处地位。反省自己的主张和要求，进行换位思考，必要时可以暂时中止协商过程，冷静思考一段时间。审时度势，做出必要的让步和妥协，达成协议。如不能及时达成协议，应终结协商程序，选择其他方式。

2. 斡旋和调解

当事人不愿协商、协商不成或者达成和解协议后不履行的，可以向调解组织申请调解。无论和解还是调解，都不是劳动争议处理的必经程序。

国外对争议的处理通常包括斡旋和调解。斡旋是在争议双方自我协商失败的情况下，由第三者或中间人介入，互递信息，传达意思，促成其和解。斡旋分为自愿斡旋和强制斡旋。自愿斡旋是一方或双方自愿接受斡旋和解建议；强制斡旋出现在仲裁或审判程序中，是政府使用强制手段介入劳动纠纷，以预防罢工和关闭工厂。调解是第三者或者中间人介入争议处理过程，并提出建议，促使双方达成协议。与斡旋相比，调解人的角色更加独立，可以提出解决争议的具体方案或建议，供双方参考。调解分为自愿调解和强制调解。自愿调解是当事人一方或双方自愿申请的调解；强制调解是依法律规定由调解者出面进行，不以当事人自愿为条件。

3. *劳动仲裁*

当事人不愿调解、调解不成或者达成调解协议后不履行的，可以向劳动争议仲裁委员会申请仲裁。劳动仲裁是劳动争议处理机制的核心，原则上是处理劳动争议的必经程序。经劳动仲裁的案件区分两种情况做不同处理：

（1）对于《中华人民共和国劳动争议调解仲裁法》第四十七条规定的情形，仲裁裁决为终结裁决，裁决书自做出之日起发生法律效力。对于这些仲裁裁决，用人单位不得起诉，但劳动者仍可起诉，不过用人单位在具备几种法定情形时可以申请法院撤销仲裁裁决。这种情形可称为有限制的“一裁终局”。

实行“一裁终局”的劳动争议案件主要有：（1）追索劳动报酬、工伤医疗费、经济补偿或者赔偿金，不超过当地月最低工资标准 12 个月金额的争议；（2）因执行国家劳动标准在工作时间、休息休假、社会保险等方面发生的争议。第一类是小额的劳动争议；第二类是有关劳动标准的争议。之所以实行“一裁终局”处理，主要是因为这类争议与劳动者的利益密切相关，并且劳动者迫切需要获得救济，争议金额又不大；或者因为关于劳动者权利的这些事项大多有明确的法律规定、合同或者基准作为依据，事实比较清楚，仅是因用人单位未依法履行而引发争议，对这样的案件不需要设置太复杂的程序来解决。一裁终局处理争议的制度缩短了劳动争议案件的处理周期，可以让大量的劳动争议案件在仲裁阶段就得到彻底解决，无须拖延到诉讼阶段，同时，也防止了当事人恶意诉讼、案件久拖不决的情形。

（2）对于《中华人民共和国劳动争议调解仲裁法》第四十七条规定以外的情形，仲裁裁决做出后，并非立即生效，自裁决做出之日起 15 日内，双方均可起诉，在此期限内无人起诉的，仲裁裁决始生效。《司法解释（一）》第二十条规定：“劳动争议仲裁机构作出的同一仲裁裁决同时包含终局裁决事项和非终局裁决事项，当事人不服仲裁裁决向人民法院提起诉讼的，应当按照非终局裁决处理。”

在国外，仲裁一般分为自动仲裁、自愿仲裁和强制仲裁。自动仲裁是双方在争议发生前已在集体协议之中规定，一旦发生争议，双方以仲裁方式解决。自愿仲裁是双方在争议发生后或争议未达成和解协议时，自愿将争议提交仲裁机构处理，并服从仲裁裁决。强制仲裁是根据法律规定，双方必须将争议提交仲裁机构处理，或由仲裁机构主动介入争议处理。仲裁是仲裁机构对争议事项做出的裁决决定。仲裁裁决具有约束力，并具有强制执行的效力。

4. 诉讼

劳动者不服仲裁裁决，用人单位不服对《中华人民共和国劳动争议调解仲裁法》第四十七条规定以外情形所做的仲裁裁决，可以依法向法院起诉。当事人不服一审判决，还可上诉，二审判决为生效判决。

此外，许多国家劳动争议立法普遍对公益事业或紧急情况下的劳动争议采取紧急调整的方法。紧急情况下的劳动争议，即对公众的日常生活不可缺少或对国民经济产生重大影响的劳动纠纷事件，如铁路、邮电、医疗、银行、广播等行业的集体纠纷，许多国家都规定了特殊的处理程序。具体方法是：(1) 坚持优先和迅速处理的原则；(2) 政府在必要时可采取强制仲裁，即停止或者限制影响公共利益和国民生活的争议行为，采取紧急的方法提出解决问题的方案。

第2节　劳动争议调解

一、劳动争议调解的概念

（一）劳动争议调解的含义

劳动争议调解是指调解组织对企业与劳动者之间发生的劳动争议，在查明事实、分清是非、明确责任的基础上，依照国家劳动法律、法规，以及依法制定的企业规章和劳动合同，通过民主协商的方式，推动双方互谅互让、达成协议、消除纷争的一种活动。劳动争议调解是一种力求达成一致的过程，立足于把矛盾、纠纷化解在基层，促进劳动关系的和谐稳定。调解人不偏袒任何一方，不把自己的决定强加于当事人，而是帮助双方找到一个都可以接受的解决办法。调解劳动争议的依据是有关劳动法律、法规和依法制定的规章制度和劳动合同。当事人不愿协商、协商不成或者达成和解协议后未履行的，可以向调解组织申请调解。无论和解还是调解，都不是劳动争议处理的必经程序。

调解是一种以柔性方式化解矛盾的机制，是解决争议的一种古老方法，在我国具有悠久的历史。调解解决纠纷，具有成本低、及时、灵活的优点，可以促使当事人双方尽快取得谅解，减少双方的对立情绪，防止矛盾激化，因此，调解也被称为解决纠纷的“第三条道路”和“绿色”纠纷处理机制。在解决劳动争议中引入调解机制，有利于把争议及时解决在基层，最大限度地降低当事人双方的对抗性，阻止双方矛盾激化，对解决劳动争议起着很大的作用，尤其是对于希望仍在原单位工作的员工，通过调解解决劳动争议当属首选步骤。《中华人民共和国劳动争议调解仲裁法》在确立企业调解制度的基础之上，整合并强化了劳动争议调解制度，重申了着重调解的原则，规定了调解组织的类型、调解员的任职资格、调解的方式、调解协议的效力等。

（二）劳动争议调解的原则

(1) 劳动争议调解员应当由公道正派、联系群众、热心调解工作，并具有一定法律知识、政策水平和文化水平的成年公民担任。公道正派，要求调解员具有一定的道德力量和社会影响力，在群众中具有较高威信。调解劳动纠纷，在一定程度上需要靠调解员的影响力和说服力。调解员为人正派、信誉高，具有较好的沟通能力和亲和力，有利于妥善解决劳动争议。调解员调解劳动争议，应当充分听取双方当事人对事实和理由的陈述，耐心疏导，帮助其达成协议。

（2）充分听取双方当事人对事实和理由的陈述。充分听取双方当事人对事实和理由的陈述，就是要求调解员以事实为依据，在弄清事实、分清是非的基础上开展调解工作，帮助双方解决分歧，就争议事项达成共识。只有事实清楚，矛盾焦点明确，调解工作才能有的放矢，纠纷才能顺利解决。因此，在开展调解工作前，调解员既要听取劳动者一方对事实和理由的陈述，也要听取用人单位一方对事实和理由的陈述，不能只听一家之言，偏听偏信。此外，调解员在听取双方当事人陈述时，可以要求其提供相应的证据，以便弄清事实。若证据不足或没有证据，也不妨碍调解工作的进行，调解员可以主动调查了解，弄清事实。

（3）耐心疏导。耐心疏导，就是要求调解员根据法律、法规和政策，耐心地对争议双方当事人进行说服和教育，做到以理服人，而不能以势压人。调解工作是一项耗费时间和精力的工作，这就要求调解员有耐心、虚心和诚心，不厌其烦地对双方当事人进行开导和说服，从而引导争议双方以和解的方式解决纠纷。在进行劝导时，调解员也可以提出自己的意见，但不能强迫双方当事人接受自己的主张。这是因为调解协议是双方当事人真实意思的表达，是双方自愿的结果。调解内容涉及双方当事人权利和义务的，调解员应当尊重当事人自己的意愿进行处理。如果强迫当事人达成调解协议，不是当事人心甘情愿，即使达成协议，也可能得不到履行。

二、劳动争议调解组织

《中华人民共和国劳动争议调解仲裁法》第十条规定："发生劳动争议，当事人可以到下列调解组织申请调解：（一）企业劳动争议调解委员会；（二）依法设立的基层人民调解组织；（三）在乡镇、街道设立的具有劳动争议调解职能的组织……"其中，企业劳动争议调解委员会是传统上最主要的劳动争议调解机构，后两种调解组织是《中华人民共和国劳动争议调解仲裁法》新增加的，旨在增强劳动争议调解的能力，分流更多的劳动争议案件，为仲裁和诉讼减压。根据这一规定，我国的劳动争议调解组织主要包括三类，劳动者与用人单位发生劳动纠纷后，可以根据自愿的原则，向这三种调解组织中的任何一个申请调解。

（1）企业劳动争议调解委员会。企业劳动争议调解委员会是建立在企业内部从事劳动争议调解工作的专门组织，对发生在本单位的劳动争议案件，经当事人自愿提出调解后，在查清事实、分清是非、明确责任的基础上，运用宣传法律法规和说服教育、规劝疏导的方法，使劳动争议及时得到解决。企业劳动争议调解委员会由职工代表和企业代表组成。职工代表由工会成员担任或由全体职工推举产生，企业代表由企业负责人指定。企业劳动争议调解委员会主任由工会成员或者双方推举的人员担任。

（2）基层人民调解组织（又称人民调解委员会）是我国解决民间纠纷的组织。人民调解委员会是村民委员会和居民委员会下设的调解民间纠纷的群众性组织，在基层人民政府和基层人民法院指导下进行工作。人民调解委员会的任务是解决民间纠纷，并通过调解工作宣传法律、法规、规章和政策，教育公民遵纪守法，尊重社会公德。通过基层人民调解组织解决劳动争议，在企业外部提供了解决争议的途径，成本低、效率高，有利于提高劳动争议处理的总体效率，也有望节约司法资源和成本。《中华人民共和国劳动争议调解仲裁法》规定发生劳动争议，当事人可以向基层人民调解组织申请调解。

（3）在乡镇、街道设立的具有劳动争议调解职能的组织。在乡镇、街道设立劳动争议调解组织，是一些经济发达地区为解决劳动争议的实际需要而设立的区域性、行业性调解组织。与企业调解委员会相比，区域性、行业性调解组织地位超脱，调解员与企业没有利害关系，调解更具有权威性。行业性劳动争议调解组织熟悉行业情况、与成员单位联系紧密的优势，为及时解决劳动争议提供了便利条件。

三、劳动争议调解的程序

劳动争议调解的程序比较简便：当事人应当首先申请调解，申请可以书面形式提出，也可以口头申请。口头申请的，调解组织应当当场记录申请人的基本情况、申请调解的争议事项、理由和时间。调解申请应本着自愿原则，是否申请调解，由双方当事人自行决定，对任何一方不得强迫。调解不是劳动争议处理必经程序。如果一方当事人申请调解，另一方向仲裁委员会申请仲裁，则仲裁委员会应当受理。

调解组织经审查受理当事人的申请后，应当充分听取双方当事人对事实和理由的陈述，耐心疏导，帮助其达成协议。实施调解的一般形式是，由调解组织主持召开由争议双方当事人参加的调解会议，基于事实依法在当事人之间进行调和。经调解达成协议的，应当制作调解协议书。调解协议书由双方当事人签名或盖章，经调解员签名并加盖调解组织印章后生效。在调解的过程中，应始终贯彻自愿协商的原则，不得强迫当事人达成调解协议。自劳动争议调解组织收到调解申请之日起15日内未达成调解协议的，当事人可以依法申请仲裁。

四、劳动争议调解协议的效力

由双方当事人签名或盖章的调解协议书，对双方当事人具有约束力，当事人应当履行。这种约束力只是合同的约束力，达成调解协议后一方当事人在协议约定期限内不履行调解协议的，另一方当事人不能够直接申请强制执行。但是，在案件进入司法程序后，调解协议将作为法院裁判的重要参考。《司法解释（一）》第五十一条规定："当事人在调解仲裁法第十条规定的调解组织主持下达成的具有劳动权利义务内容的调解协议，具有劳动合同的约束力，可以作为人民法院裁判的根据。"这一规定有助于增强调解协议的约束力。《中华人民共和国劳动争议调解仲裁法》进一步增强了调解协议的效力，使某些调解协议具有据以申请支付令的效力。第十六条规定："因支付拖欠劳动报酬、工伤医疗费、经济补偿或者赔偿金事项达成调解协议，用人单位在协议约定期限内不履行的，劳动者可以持调解协议书依法向人民法院申请支付令。人民法院应当依法发出支付令。”《司法解释（一）》第五十二条规定：“当事人在人民调解委员会主持下仅就给付义务达成的调解协议，双方认为有必要的，可以共同向人民调解委员会所在地的基层人民法院申请司法确认。”由此，调解协议的效力进一步增强，有助于调解程序发挥更大作用。

第 3 节　劳动争议仲裁

一、劳动争议仲裁的概念

仲裁也称公断，其基本含义是由一个公正的第三人对当事人之间的争议做出评断。在我国，劳动争议仲裁是指劳动争议仲裁委员会对用人单位与劳动者之间发生的劳动争议，在查明事实、明确是非、分清责任的基础上，依法做出对双方具有约束力的裁决，从而解决劳动争议。劳动争议仲裁制度是处理劳动争议的核心制度，是劳动争议处理的中间环节，也是《中华人民共和国劳动争议调解仲裁法》规定的重要制度。具有以下特点：

（1）公正性。仲裁是由中立的第三方居中裁决，因此有利于实现公正。为保证第三人公正处理纠纷，劳动争议仲裁委员会由来自政府、工会和企业的三方代表组成，仲裁程序实行回避、合议等制度。

（2）及时性。劳动争议仲裁具有较强的专业性，其程序与司法程序相比，较为简便、及时，仲裁申请、受理、审理和做出裁决不如诉讼烦琐、严格。

（3）强制性。主要体现在两个方面，一是劳动仲裁程序的启动，不需要当事人达成一致，只要有一方当事人申请仲裁即可，另一方没有权利拒绝。二是劳动争议案件的处理必须经过仲裁才能进入诉讼程序。

二、劳动争议仲裁机构

劳动争议仲裁机构包括劳动争议仲裁委员会及其办事机构、仲裁庭以及仲裁员。

（一）劳动争议仲裁委员会

劳动争议仲裁委员会是国家授权，依法独立处理劳动争议的专门机构。在劳动争议与人事争议处理整合的模式下，其称谓则为劳动人事争议仲裁委员会。劳动争议仲裁委员会按照统筹规划、合理布局和适应实际需要的原则设立。省、自治区人民政府可以决定在市、县设立；直辖市人民政府可以决定在区、县设立。直辖市、设区的市也可以设立一个或者若干个劳动争议仲裁委员会。劳动争议仲裁委员会不按行政区划层层设立，市需要设立仲裁委员会的，由省、自治区、直辖市人民政府确定。各级仲裁委员会相互间不存在行政隶属关系，独立裁决本行政区域内发生的劳动人事争议案件，各自向同级人民政府负责并报告工作。省、自治区、直辖市人民政府劳动行政部门对本行政区域的劳动争议仲裁工作进行指导。这一设立原则体现了精简、高效、灵活的特点。

劳动争议仲裁委员会的组成采用“三方原则”，即由劳动行政部门代表、工会代表和企业方面代表组成。仲裁委员会组成人员应当是单数，仲裁委员会按照少数服从多数的原则做出决定。仲裁委员会由主任1名、副主任和委员若干名组成，主任由劳动行政部门代表担任。

（二）劳动争议仲裁委员会办事机构

劳动争议仲裁委员会办事机构负责办理劳动争议仲裁委员会的日常工作，主要有两种主要形式：一是设在劳动行政部门内部的办事机构，二是实体化的办事机构。目前多数省市设立了以劳动人事争议仲裁院为主要形式的实体化办事机构，具体承担争议调解仲裁等日常工作，提高了争议处理效能。

（三）仲裁庭和仲裁员

劳动争议仲裁委员会处理争议案件实行仲裁庭制度，即依照“一案一庭”的原则组成仲裁庭，受理争议案件。仲裁庭的组织形式可分为独任制和合议制两种。独任制，是由仲裁委员会指定1名仲裁员独任审理仲裁，适用于事实清楚、案情简单、法律适用明确的争议案件。合议制，由仲裁委员会指定3名或3名以上单数仲裁员共同审理。对10人以上集体劳动人事争议、有重大影响的争议案件，仲裁委员会认为应当由3名仲裁员组庭处理的其他案件，应当实行合议制。

仲裁员是指由劳动争议仲裁委员会依法聘任的，可以成为仲裁庭组成人员而从事劳动人事争议处理工作的职员。仲裁员有专职仲裁员和兼职仲裁员两种，二者在执行职务时享有同等权利。劳动争议仲裁委员会应当设仲裁员名册。仲裁员必须具备法定的资质，《中华人民共和国劳动争议调解仲裁法》规定，仲裁员应当公道正派并符合下列条件之一：（1）曾任审判员的；（2）从事法律研究、教学工作并具有中级以上职称的；（3）具有法律知识、从事人力资源管理或者工会等专业工作满5年的；（4）律师执业满3年的。无论专职仲裁员还是兼职仲裁员，都应满足上述条件。

三、劳动争议仲裁的管辖

劳动争议仲裁委员会负责管辖本区域内发生的劳动争议。劳动争议仲裁主要实行地域管辖，劳动争议由劳动合同履行地或者用人单位所在地的劳动争议仲裁委员会管辖。双方当事人分别向劳动合同履行地和用人单位所在地的劳动争议仲裁委员会申请仲裁的，由劳动合同履行地的争议仲裁委员会管辖。此外，发生争议的企业与职工不在同一个仲裁委员会管辖区域内的，由职工当事人工资所在地的劳动争议仲裁委员会管辖。我国公民与国（境）外企业签订的劳动（工作）合同履行地在我国领域的，因履行该合同发生争议的，由合同履行地仲裁委员会受理。劳动合同履行地，通常指履行劳动合同义务的实际工作场地。用人单位所在地，为用人单位的注册地，注册地与经常营业地不一致的，以用人单位经常营业地为用人单位所在地。用人单位未经注册的，其出资人、开办单位或主管部门所在地为用人单位所在地。多个仲裁委员会都有管辖权的，由先受理的仲裁委员会管辖。

由于劳动争议仲裁委员会并不按照行政区划层层设立，彼此也不存在领导关系，因而仲裁的级别管辖并不明显，法律并无明确规定。从目前实际情况看，主要有两种级别管辖方法：一是直辖市，其市辖区仲裁委员会处理本辖区内的劳动争议案件，直辖市仲裁委员会则受理一些在本市有重大影响的（如集体争议）、案情复杂的（如法律适用存在问题），以及外商投资企业及大型企业的劳动争议。二是省、自治区仲裁委员会，一般省一级仲裁委员会不直接受理劳动争议案件，只负责指导全省（自治区、区）的劳动仲裁工作。而计划单列市、省辖市乃至地区一级仲裁委员会受理本行政区域内有重大影响、案情复杂，以及外商投资企业和大型企业的劳动争议。正确确定仲裁案件的管辖权，便于正确行使申诉权，保证劳动争议得到及时处理。

四、劳动争议仲裁时效

时效是指在规定的期限内，劳动争议当事人不行使申诉权，申诉权因期满而归于消灭的制度。劳动争议仲裁时效是指劳动争议发生后，劳动者和用人单位在法定的期限内不向劳动争议仲裁机构申请仲裁，就将丧失请求通过仲裁程序保护自己的合法权益的制度。仲裁时效是当事人请求通过仲裁解决劳动纠纷的程序性权利的有效期限，通常也把仲裁时效称作申诉时效。时效期限届满，当事人即丧失请求保护其权利的申诉权，仲裁委员会对其仲裁申请不予受理。

（一）仲裁时效的期间及起算

法律为行使申诉权规定了时间界限。《中华人民共和国劳动争议调解仲裁法》第二十七条规定，劳动争议申请仲裁的时效期间为一年。从当事人知道或者应当知道其权利被侵害之日起计算。即当事人应当在知道其权利被侵害之日起一年内，以书面形式向仲裁委员会申请仲裁。如期限届满，即丧失请求保护其权利的申诉权，仲裁委员会对其仲裁申请不予受理。时效的规定是针对正常情况做出的，无论是对争议当事人还是劳动争议仲裁委员会，都是非常重要的，因为法律不保护权利上的“睡眠者”。之所以对时效做出规定，一是有利于及时解决纠纷，二是便于及时查清事实真相，避免由于时间太长而难以收集到证据。

争议发生之日，是指“知道或者应当知道权利被侵害之日”，也就是说，争议发生之日，并不是以双方当事人产生正面冲突为标志。当事人知道自己的权利被侵犯之时，在法律上就被认为是产生争议之日，此时也就是仲裁时效的起算之日。申诉时效的起算点不是凭空设定的，而是有证据表明当事人知道自己的权利被侵害的日期，或者根据常理可以推断当事人应当知道自己的权利被侵害的日期。

（二）仲裁时效中断

仲裁时效中断是指在具备一定的事由时，已经计算的仲裁时效归零，重新计算。劳动仲裁时效中断的原因有：(1) 当事人一方向对方当事人主张权利；(2) 当事人一方向有关部门请求权利救济；(3) 对方当事人同意履行义务。符合任何一种情况，仲裁时效即发生中断。从中断时起，仲裁时效期间重新计算。

（三）仲裁时效中止

仲裁时效中止是指具备一定的事由使当事人申请仲裁存在障碍时，暂停时效的计算，待上述事由消除后，再继续计算时效。仲裁时效中止的原因，一是不可抗力，即不能预见、不能避免和不能克服的客观情况，例如因地震、海啸、水灾，或者因战争、交通中断，当事人无法完成在仲裁时效内应当完成的行为；二是其他正当理由，比如无民事行为能力或者限制民事行为能力劳动者的法定代理人未确定等，使权利人无法行使请求权的客观情况。从中止时效的原因消除之日起，仲裁时效期间继续计算。仲裁时效中止的时间不计入仲裁时效，而将仲裁时效中止前后的时效时间合并计算为仲裁时效期间。

（四）特殊规定

《中华人民共和国劳动争议调解仲裁法》第二十七条规定了特殊情况下的仲裁时效，即劳动关系存续期间因拖欠劳动报酬发生争议的，劳动者申请仲裁不受1年仲裁时效期间的限制，但是，劳动关系终止的，应当自劳动关系终止之日起1年内提出。对劳动关系存续期间劳动者追索劳动报酬争议的仲裁时效做出规定，是为了更好地维护劳动者的合法权益。若劳动者与用人单位已解除或终止劳动合同，因追索劳动报酬发生争议的，劳动者应当在劳动关系终止之日起1年内提出申请仲裁，超过1年的时间，仲裁委员会也将不予受理。

五、劳动争议仲裁的程序

《中华人民共和国劳动争议调解仲裁法》对于仲裁的程序进行了规范，《劳动人事争议仲裁办案规则》整合性地对劳动争议仲裁的程序性规则做出了更加细化的规定。

（一）申请和受理

申请人申请仲裁应当提交书面仲裁申请，并按照被申请人人数提交副本。仲裁申请书应当载明下列事项：(1) 劳动者的姓名、性别、年龄、职业、工作单位和住所，用人单位的名称、住所和法定代表人或者主要负责人的姓名、职务；(2) 仲裁请求和所根据的事实、理由；(3) 证据和证据来源、证人姓名和住所。书写仲裁申请确有困难的，可以口头申请，由劳动争议仲裁委员会记入笔录，并告知对方当事人。

劳动争议仲裁委员会收到仲裁申请之日起5日内，认为符合受理条件的，应当受理，并通知申请人；认为不符合受理条件的，应当书面通知申请人不予受理，并说明理由。劳动争议仲裁委员会决定不予受理或者逾期未做出决定的，申请人可以就该劳动争议事项向人民法院提起诉讼。仲裁委员会在申请人申请仲裁时，可以引导当事人通过协商、调解等方式解决争议，给予必要的法律解释及风险提示。

（二）开庭准备

劳动争议仲裁委员会受理仲裁申请后，应当在 5 日内将仲裁申请书副本送达被申请人。被申请人收到仲裁申请书副本后，应当在 10 日内向劳动争议仲裁委员会提交答辩书。劳动争议仲裁委员会收到答辩书后，应当在 5 日内将答辩书副本送达申请人。被申请人未提交答辩书的，不影响仲裁程序的进行。被申请人可以在答辩期间提出反申请，仲裁委员会应当自收到被申请人反申请之日起 5 日内决定是否受理并通知被申请人。决定受理的，仲裁委员会可以将反申请和申请合并处理。劳动争议仲裁委员会应当在受理仲裁申请之日起 5 日内将仲裁庭的组成情况书面通知当事人。仲裁庭应当在开庭 5 日前，将开庭日期、地点书面通知双方当事人。当事人有正当理由的，可以在开庭 3 日前请求延期开庭。是否延期，由劳动争议仲裁委员会决定。

（三）审理

仲裁庭在正式审理之前，应首先在当事人之间进行调解，达成调解协议的，制作调解书结案。当事人不同意调解的，继续审理。审理的基本程序是：开庭审理时，仲裁员应当听取申请人的陈述和被申请人的答辩，主持庭审调查、质证和辩论，征询当事人最后意见，并进行调解。申请人收到书面通知，无正当理由拒不到庭或者未经仲裁庭同意中途退庭的，视为撤回仲裁申请，重新申请仲裁的，仲裁委员会不予受理。被申请人收到书面通知，无正当理由拒不到庭或者未经仲裁庭同意中途退庭的，可以缺席裁决。因出现案件处理依据不明确而请示有关机构，或者案件处理需要等待工伤认定、伤残等级鉴定、司法鉴定结论，公告送达以及其他需要中止仲裁审理的客观情形，经仲裁委员会主任批准，可以中止案件审理，并书面通知当事人。中止审理的客观情形消除后，仲裁庭应当恢复审理。

当事人在仲裁过程中有权进行质证和辩论。质证是双方当事人之间对彼此提供的证据的真实性、合法性、关联性以及有无证明力、证明力大小进行说明和质辩。质证的程序一般是：申请人出示证据，被申请人进行质证；被申请人出示证据，申请人进行质证；第三人出示证据，申请人、被申请人对第三人出示的证据进行质证；第三人对申请人或被申请人出示的证据进行质证。仲裁庭辩论是在庭审调查事实的基础上，双方当事人对案件事实的认定、各自的责任和适用法律等提出自己的主张。辩论的重点应着重在责任的分析和运用法律上，辩论应围绕案件事实是否清楚、责任是否分明以及如何适用法律等进行。为充分保证当事人发表意见的权利，质证和辩论终结时，首席仲裁员或者独任仲裁员应当征询当事人的最后意见。

关于仲裁中的举证责任，以“谁主张，谁举证”为基本原则。同时，考虑到举证能力等因素，在特定情形下按照有利于劳动者的特别原则进行举证。举证责任是指当事人在仲裁、诉讼中对自己的主张加以证明，并在自己的主张最终不能得到证明时承担不利法律后果的责任。《中华人民共和国劳动争议调解仲裁法》第六条规定："发生劳动争议，当事人对自己提出的主张，有责任提供证据"；第三十九条第二款规定："劳动者无法提供由用人单位掌握管理的与仲裁请求有关的证据，仲裁庭可以要求用人单位在指定期限内提供。用人单位在指定期限内不提供的，应当承担不利后果"。这是因为在劳动关系中用人单位处于管理者的地位，有些与争议事项有关的证据是用人单位掌握管理的，例如人事档案、工资发放清单、考勤记录、绩效考核材料、奖金分配制度、社会保险费缴纳等，劳动者一般无法取得和提供。对于这些证据，用人单位有提供的义务，否则将会承担不利后果。在这些情况下仍然坚持"谁主张，谁举证"，对劳动者来说有失公平。仲裁庭可以根据公平原则和诚实信用原则，综合当事人举证能力等因素确定举证责任的承担。对劳动者而言，要更加注意保存证据，因为法律规定用人单位仅负责提供一种证据，那就是"与争议事项有关的证据属于用人单位掌握管理的"，而其他属于劳动者自己管理的证据，依然要由劳动者提供。对用人单位而言，对用人单位的规范管理提出了更高的要求。用人单位要高度重视和完善档案管理制度，同时要加强对档案资料的保管，尤其对用人单位有利的档案资料。而且，离职员工的所有档案保留至少不少于两年，以防范员工在离职后对用人单位提起劳动争议仲裁。否则，将大大增加用工成本。

（四）裁决

当事人申请劳动争议仲裁后，可以自行和解。达成和解协议的，可以撤回仲裁申请或者请求仲裁委员会制作调解书。仲裁庭在审理后、做出裁决前，应当先行调解。调解达成协议的，仲裁庭应当制作调解书，调解书经双方当事人签收后，发生法律效力，任何一方不得反悔。《司法解释（一）》第十一条规定："劳动争议仲裁机构作出的调解书已经发生法律效力，一方当事人反悔提起诉讼的，人民法院不予受理；已经受理的，裁定驳回起诉。"

调解不成或者调解书送达前，一方当事人反悔的，仲裁庭应当及时做出裁决。裁决应当按照多数仲裁员的意见做出，少数仲裁员的不同意见应当记入笔录。仲裁庭不能形成多数意见时，裁决应当按照首席仲裁员的意见做出，对特殊的重大、疑难案件可提交仲裁委员会决定。仲裁庭裁决案件时，裁决内容同时涉及终局裁决和非终局裁决时，应分别做出裁决并告知当事人相应的救济权利。

仲裁庭裁决劳动争议案件时，其中一部分事实已经清楚，可以就该部分先行裁决。仲裁庭对追索劳动报酬、工伤医疗费、经济补偿或者赔偿金的案件，根据当事人的申请，可以裁决先予执行，移送人民法院执行。仲裁庭裁决先予执行的，应当符合下列条件：（1）当事人之间权利义务关系明确；（2）不先予执行将严重影响申请人的生活。劳动者申请先予执行的，可以不提供担保。先行裁决和先予执行制度是为保护劳动者利益而设计的制度，它使得劳动者能尽快地获得劳动报酬等金钱支付。对涉及劳动者基本生活、部分事实清楚的仲裁请求先行裁决先予执行，可以缓解劳动者燃眉之急，有利于及时保护劳动者合法权益。

仲裁庭裁决劳动争议案件，应当自劳动争议仲裁委员会受理仲裁申请之日起 45 日内结束。案情复杂需要延期的，经劳动争议仲裁委员会主任批准，可以延期并书面通知当事人，但是延长期限不得超过 15 日。逾期未做出仲裁裁决的，当事人可以就该劳动争议事项向人民法院提起诉讼。

劳动争议仲裁不收费。劳动争议仲裁委员会的经费由财政予以保障。过去，劳动争议当事人申请仲裁，需要向劳动争议仲裁委员会缴纳仲裁费，各地收费标准不一，少则几百元，多则上千元。2008 年 5 月 1 日《中华人民共和国劳动争议调解仲裁法》实施后，劳动争议仲裁委员会的经费由财政予以保障，无论是劳动者还是用人单位，申请仲裁都无须负担任何费用。

六、劳动争议仲裁裁决的效力

劳动争议仲裁裁决的生效时间分两种，部分裁决一经做出立即生效，其他裁决待当事人自收到裁决书之日起 15 日内不起诉后生效。

《中华人民共和国劳动争议调解仲裁法》第四十七条规定：“下列劳动争议，除本法另有规定的外，仲裁裁决为终局裁决，裁决书自作出之日起发生法律效力：（一）追索劳动报酬、工伤医疗费、经济补偿或者赔偿金，不超过当地月最低工资标准十二个月金额的争议；（二）因执行国家的劳动标准在工作时间、休息休假、社会保险等方面发生的争议。”不过，对于这些立即生效的裁决，劳动者对一裁终局案件的裁决不服的，可以自收到仲裁裁决书之日起 15 日内向人民法院提起诉讼。上述条文中所称“十二个月金额”，是指劳动报酬、工伤医疗费、经济补偿或者赔偿金当中每一项单独计算均不超过当月最低工资标准 12 个月金额，用人单位对这些事项无权起诉，但根据《中华人民共和国劳动争议调解仲裁法》第四十九条的规定，用人单位有证据证明一裁终局案件的仲裁裁决有下列情形之一，可以自收到仲裁裁决书之日起 30 日内向劳动争议仲裁委员会所在地的中级人民法院申请撤销裁决：（1）适用法律、法规确有错误的；（2）劳动争议仲裁委员会无管辖权的；（3）违反法定程序的；（4）裁决所根据的证据是伪造的；（5）对方当事人隐瞒了足以影响公正裁决的证据的；（6）仲裁员在仲裁该案时有索贿受贿、徇私舞弊、枉法裁决行为的。人民法院经组成合议庭审查核实裁决有前款规定情形之一的，应当裁定撤销。仲裁裁决被人民法院裁定撤销的，当事人可以自收到裁定书之日起 15 日内就该劳动争议事项向人民法院提起诉讼。

当事人对《中华人民共和国劳动争议调解仲裁法》第四十七条规定以外的其他劳动争议案件的仲裁裁决不服的，可以自收到仲裁裁决书之日起 15 日内向人民法院提起诉讼。同一仲裁裁决同时包含终局裁决事项和非终局裁决事项，当事人不服该仲裁裁决而向人民法院提起诉讼的，应当按照非终局裁决处理。仲裁调解书自送达当事人之日起生效。

生效的仲裁调解书、裁决书对当事人具有法律约束力，当事人应当依照规定的期限履行。一方当事人逾期不履行的，另一方当事人可以向人民法院申请执行，维护自身的合法权益。

第4节　劳动争议诉讼

一、劳动争议诉讼的概念

劳动争议诉讼是指人民法院依法对劳动争议案件进行审理和裁判的活动。此外，劳动争议诉讼还包括当事人一方不履行仲裁委员会已发生法律效力的裁决书或调解书，另一方当事人申请人民法院强制执行的活动。劳动争议诉讼是解决劳动争议的最终程序，它通过司法程序保证了劳动争议的最终彻底解决。由人民法院参与处理劳动争议，从根本上将劳动争议处理工作纳入了法制轨道，有利于保障当事人的诉讼权，有助于监督仲裁委员会的裁决，有利于生效的调解协议、仲裁裁决和法院判决的执行。

根据《中华人民共和国劳动争议调解仲裁法》以及相关司法解释，劳动争议诉讼的种类具体包括：

（1）不服仲裁裁决而起诉。主要包括两类：一是对于《中华人民共和国劳动争议调解仲裁法》第四十七条规定的一裁终局裁决事项不服的，劳动者可以起诉，不服一审判决的，还可以上诉。用人单位无权起诉，但在具备法定事由时可申请撤销仲裁裁决。法院对撤销申请做出的裁定为终结裁定。二是对《中华人民共和国劳动争议调解仲裁法》第四十七条规定以外的情形做出的裁决不服的，当事人双方都可起诉及上诉。

（2）申请劳动仲裁但仲裁委员会不予受理，当事人可以向人民法院诉讼。劳动争议仲裁委员认为不符合受理条件的情形，主要有申请的仲裁主体不适格、仲裁申请超过时效、申请仲裁的事项不属于劳动争议等。对于这种起诉，法院将区别情况做出不同处理。

（3）仲裁委员会逾期未做出受理决定或仲裁裁决，当事人直接提起诉讼的，人民法院应予受理，但申请仲裁的案件存在下列事由的除外：移送管辖的；正在送达或送达延误的；等待另案诉讼结果、评残结论的；正在等待仲裁委员会开庭的；启动鉴定程序或者委托其他部门调查取证的；其他正当事由。当事人以仲裁委员会逾期未做出仲裁裁决为由提起诉讼的，应当提交劳动争议仲裁委员会出具的受理通知书或者其他已接受仲裁申请的凭证或证明。

（4）不需要申请调解和仲裁，直接进入诉讼。《司法解释（一）》第十五条规定："劳动者以用人单位的工资欠条为证据直接提起诉讼，诉讼请求不涉及劳动关系其他争议的，视为拖欠劳动报酬争议，人民法院按照普通民事纠纷受理。"根据《劳动合同法》第三十条的规定，用人单位拖欠或者未足额支付劳动者报酬的，劳动者可以依法向人民法院申请支付令，从而进入民事诉讼督促程序。但如果支付令因单位提出异议使督促程序终结的，劳动者不能直接起诉，而应先申请仲裁。

（5）经过调解进入诉讼。原则上当事人经过调解后不能越过仲裁直接起诉，但有例外情形存在。《司法解释（一）》第五十一条第二款规定，当事人在调解仲裁法第十条规定的调解组织主持下仅就劳动报酬争议达成调解协议，用人单位不履行调解协议确定的给付义务，劳动者直接提起诉讼的，人民法院可以按照普通民事纠纷受理。

二、劳动争议诉讼的管辖

劳动争议案件的诉讼管辖是指各级法院之间以及同级法院之间受理第一审劳动争议案件的分工和权限。

劳动争议案件由用人单位所在地或者劳动合同履行地的基层人民法院管辖。劳动合同履行地不明确的，由用人单位所在地的基层人民法院管辖。通常，劳动争议当事人不服仲裁裁决，可向仲裁委员会所在地的人民法院提起诉讼。但如果有涉外因素或根据案件性质、繁简程度、影响范围，对于难度大、影响范围广的案件也可由中级人民法院或高级人民法院作为第一审法院进行审理，而不是由做出仲裁裁决的仲裁委员会同级的基层人民法院管辖。

当事人双方就同一仲裁裁决分别向有管辖权的人民法院起诉的，后受理的人民法院应当将案件移送给先受理的人民法院。

三、劳动争议诉讼的当事人

劳动争议诉讼当中常常涉及特殊的当事人诉讼资格问题。用人单位与其他单位合并的，合并前发生的劳动争议，由合并后的单位为当事人；用人单位分立为若干单位的，其分立前发生的劳动争议，由分立后的实际用人单位为当事人。用人单位分立为若干单位后，对承担劳动权利义务的单位不明确的，分立后的单位均为当事人。

用人单位招用尚未解除劳动合同的劳动者，原用人单位与劳动者发生的劳动争议，可以列新的用人单位为第三人。原用人单位以新的用人单位侵权为由向人民法院起诉的，可以列劳动者为第三人。原用人单位以新的用人单位和劳动者共同侵权为由向人民法院起诉的，新的用人单位和劳动者列为共同被告。

劳动者在用人单位与其他平等主体之间的承包经营期间，与发包方和承包方双方或者一方发生劳动争议，依法向人民法院起诉的，应当将承包方和发包方作为当事人。劳动者与起有字号的个体工商户产生劳动争议诉讼的，人民法院应当以营业执照上登记的字号为当事人，但应同时注明该字号业主的自然情况。劳动者因履行劳务派遣合同产生劳动争议而起诉的，以派遣单位为被告；争议内容涉及接受单位的，以派遣单位和接受单位为共同被告。

劳动者和用人单位均不服劳动争议仲裁委员会做出的同一裁决，向同一人民法院起诉的，人民法院应当并案审理，双方当事人互为原告和被告。在诉讼过程中，一方当事人撤诉的，人民法院应当根据另一方当事人的诉讼请求继续审理。

劳动者与未办理营业执照、营业执照被吊销或者营业期限届满仍继续经营的用人单位发生争议的，应当将用人单位或者出资人列为当事人。未办理营业执照、营业执照被吊销或者营业期限届满仍继续经营的用人单位，以挂靠等方式借用他人营业执照经营的，应当将用人单位和营业执照出借方列为当事人。

当事人不服劳动争议仲裁委员会做出的仲裁裁决，依法向人民法院提起诉讼，人民法院审查认为仲裁裁决遗漏了必须共同参加仲裁的当事人的，应当依法追加遗漏的人为诉讼当事人。被追加的当事人应当承担责任的，人民法院应当一并处理。

四、劳动争议诉讼中的举证责任

在劳动争议诉讼中，举证责任原则上按照民事诉讼"谁主张，谁举证"的一般原则，但是对于特殊问题和证据，当劳动者提出请求时，应由用人单位从反面来举证。根据《司法解释（一)》第四十四条的规定，因用人单位作出的开除、除名、辞退、解除劳动合同、减少劳动报酬、计算劳动者工作年限等决定而发生的劳动争议，用人单位负举证责任。此外，根据《工伤保险条例》的规定，对于工伤的认定，劳动者认为是工伤而用人单位不认为是工伤的，由用人单位负举证责任。另据《司法解释（一)》第四十二条的规定，劳动者主张加班费的，应当就加班事实的存在承担举证责任。但劳动者有证据证明用人单位掌握加班事实存在的证据，用人单位不提供的，由用人单位承担不利后果。劳动关系的从属性决定了某些事实由用人单位举证更加容易，因而也更加合理。

第5节　集体争议处理制度

一、集体争议的含义

集体争议的本质是劳动者依据团结权进行团体交涉，进而行使争议权，以达到改善劳动条件的目的。为达到这一目的，劳动者的争议权最终将落实在与雇主签订的集体协议中，因此争议权行使的目的在于缔结集体协议，凡不以缔结或修订集体协议为目的的行为，均不得称为集体争议。集体争议是法律上具有特定含义和意义的专有名词，并不是一切冲突、械斗、纠纷都可以称为争议行为。各国对劳资集体争议介入的程度不同，因而也就形成了制度上的差异。市场经济国家大多采用当事人自主解决原则，国家处于援助地位。解决争议遵循的原则包括诚实原则、自主性原则和政府积极合作原则。

世界各国劳资争议处理的方法各异。总的来说，其因为无非是尽量避免激烈的对立和对抗，尽量延长和谐义务的期限。在具体做法上多以各种机制尽可能防止或限制公开的冲突，比如对争议权的主体进行限制，规定军队、警察及公共事业不能行使争议权，限制对国民日常生活重要的公用事业单位的争议权的行使。此外，还有其他一些限制，如德国法律规定只有工会才有罢工权，不承认工会会员的罢工权；有些国家规定权利事项不得罢工，只能遵循司法途径解决，只有利益争议（调整）事项才允许罢工；规定合同期内的和平义务；规定冷却期间，进行强制调解、斡旋及实情调查等。

二、我国集体争议处理

集体争议的产生与集体谈判、集体协议的发展密切相关，是工会与雇主、雇主组织因参与集体谈判、签订和履行集体协议而发生的争议。如果一个国家调整劳动关系不是通过集体谈判或者主要不是通过集体谈判，则集体谈判和集体协议制度就不会发展，处理集体争议的法律制度也就不会完善。《中华人民共和国劳动法》第八十四条“因签订集体合同发生争议，当事人协商解决不成的，当地人民政府劳动行政部门可以组织有关各方协调处理”和“因履行集体合同发生争议，当事人协商解决不成的，可以向劳动争议仲裁委员会申请仲裁”两项规定，明确了集体合同争议包括签订和履行集体合同发生的争议。

（一）集体合同签订过程中的争议处理

因签订集体合同发生的争议，是围绕劳动者未来利益的争议，通过协商和协调处理，而不是通过司法或准司法途径裁决，这与西方发达国家处理签订集体合同争议的原则相似。根据《中华人民共和国劳动法》第八十四条与《中华人民共和国工会法》第五十三条的规定，因签订集体合同发生争议的，应由政府介入，依法协调处理。其原因在于集体合同协商过程中的争议不是一般意义上的权利争议，而是利益争议。工会具有代表职工与用人单位进行集体合同协商的权力，但平等协商不是都必然能够达成协议的，《中华人民共和国劳动法》《中华人民共和国工会法》赋予了劳动关系双方协调劳动关系这样一种机制、手段。集体合同制度的目的是确立合理的劳动标准、条件，正是这一点决定了因签订集体合同发生的争议不能按劳动争议的处理的一般程序解决。

《集体合同规定》第四十九条规定：“集体协商过程中发生争议，双方当事人不能协商解决的，当事人一方或双方可以书面向劳动保障行政部门提出协调处理申请；未提出申请的，劳动保障行政部门认为必要时也可以进行协调处理。”《上海市集体合同条例》第三十四条规定：“职工一方或者企业一方无正当理由拒绝或者拖延另一方的集体协商要求，或者双方在集体协商过程中不能达成一致或者签订集体合同的，职工一方可以提请上级工会、企业一方可以提请企业方面代表进行指导。经指导仍未能达成一致的，集体协商的任何一方可以提请人力资源社会保障部门协调处理。集体协商双方未提请协调处理的，人力资源社会保障部门认为必要时，也可以进行协调处理。”这些规定明确了集体协商争议的处理方式是行政协调，其启动方式可以劳资双方申请，也可以劳动行政部门认为必要时组织协调处理。

劳动保障行政部门应当组织同级工会和企业组织等三方面的人员，共同协调处理集体协商争议。协调处理集体协商争议，应当自受理协调处理申请之日起 30 日内结束协调处理工作。期满未结束的，可以适当延长协调期限，但延长期限不得超过 15 日。协调处理因签订集体合同发生的争议结束后，由劳动行政部门制作《协调处理协议书》，《协调处理协议书》应当载明协调处理申请、争议的事实和协调结果，双方当事人就某些协商事项不能达成一致的，应将继续协商的有关事项予以载明。《协调处理协议书》

由集体协商争议协调处理人员和争议双方首席代表签字盖章后生效。争议双方均应遵守生效后的《协调处理协议书》。

我国现行规定中的“因集体协商发生的争议处理”，实际就是国际上通常所说的“利益争议”，是在签订或变更集体协议过程中当事人双方就如何确定合同条款所发生的争议，其标的是在合同中如何设定尚未确定的利益。它往往表现为集体谈判出现僵局或破裂，罢工、闭厂是其最激烈的形式。将这类争议的处理程序规定为“行政调解”，基本符合利益争议的通行处理方法，但有两个重要问题没有解决：(1) 在《协调处理协议书》无法达成的情况下，争议如何处理没有相关法律规定；(2)《协调处理协议书》达成后，如果一方拒绝执行，法律尚未做出规定。在现有法律框架下，《协调处理协议书》尚不具备可执行性。这两个问题不解决，谈判协商过程中的争议也就无法解决，集体协议制度发展就会受到很大限制。政府会同其他机构协调因集体协商发生的争议，应当秉承劳资双方利益共享的理论和原则，将劳动者利益与资方利益结合起来，使劳动者能够分享企业发展成果。

将集体协商中的争议处理纳入法制轨道，通过法律明确在何种情况下谈判双方可以提起集体争议调解、由谁负责处理、通过调停或斡旋达成的协议是否具有可执行性，以及在无法达成一致时能否强制调解或仲裁，采取产业行动的申请和报告，对超过合法范围的产业行动的法律制裁等，对于建立和完善集体协商谈判争议处理制度极为重要。

（二）因履行集体合同发生的争议处理

因履行集体合同发生的争议是指在履行集体合同过程中当事人双方就如何将协议条款付诸实现所发生的争议，其标的是实现协议中已经设定并表现为权利义务的利益。它通常是由于解释协议条款有分歧或违约所致。

我国法律、法规规定，因履行集体合同发生的争议，当事人协商解决不成的，可以依法向劳动争议仲裁委员会申请仲裁，对仲裁裁决不服的可以在法定期限内向人民法院提起诉讼。因履行集体合同发生的争议是以工会作为主体的、以既存权利义务为标的的争议，在处理程序上适用法律规定的个别劳动争议处理程序，但有其自身特点：(1) 不适用企业基层调解程序，当事人双方不能自行协商解决的，可以向仲裁机构申请仲裁。(2) 适用劳动争议处理程序中关于集体争议仲裁的特别规定。具体包括：在管辖方面，县级仲裁委员会认为有必要可以将争议报请上一级仲裁委员会处理。在受理方面，仲裁委员会应当自收到申诉书之日起3日内做出受理或不予受理的决定。受理通知书送达或受理布告公布后，当事人不得有激化矛盾的行为。在仲裁组织方面，仲裁委员会应当在做出受理决定的同时，组成特别仲裁庭。在仲裁方式方面，仲裁庭应按照就地、就近的原则进行处理，开庭场所可设在发生争议的企业或其他便于及时办案的地方。仲裁庭应先行调解，或者促成双方召开协商会议，在查明事实的基础上促使当事人自愿达成协议。调解或协商未能达成协议的，应及时裁决，并制作裁决书送达当事人或用布告形式公布。在仲裁期限方面，仲裁庭处理争议，应当自组成仲裁庭之日起15日内结束；案情复杂需要延期的，经报仲裁委员会批准可适当延期，但延长的期限不得超过15日。

在其他方面，仲裁委员会对受理的争议及其处理结果，应及时向当地政府汇报。

因履行集体合同发生的争议，是对既定权利发生的争议，沿用个别劳动争议的仲裁诉讼程序处理。但在现实中集体合同争议案件为数很少，也没有公开的集体合同争议的统计数据。

➡ 关键术语

劳动争议　个别争议　集体争议　协商　调解　仲裁　诉讼　时效　举证责任

➡ 复习思考题

1. 试述劳动争议的概念、种类和特征。
2. 处理劳动争议的目的是什么?
3. 处理劳动争议的方法有哪些?
4. 试述劳动争议调解制度。
5. 试述劳动争议仲裁制度的主要内容。
6. 劳动争议诉讼制度有哪些新的规定?
7. 如果你是人力资源经理，你应该如何预防劳动争议的发生?
8. 结合人力资源管理实践，谈谈处理劳动争议的经验和技巧。

第 12 章
当代劳动关系的发展和问题

学习目标

学完本章之后，你应当能够：

1. 描述跨国谈判的特点
2. 理解工会应对跨国公司劳动关系问题面临困难的原因
3. 熟悉工会应对跨国谈判的方法和雇主的反应
4. 了解主要国家劳动关系制度的主要特征
5. 把握劳动关系的发展趋势

引导案例

福耀在美国：美国工人究竟怎么看待中国老板曹德旺

中国福耀玻璃工业集团股份有限公司（以下简称福耀）在美国的工厂是世界上最大的汽车玻璃制造单体工厂，整个厂区占地面积 675 亩。福耀显然是当地的一家明星企业。司机戴维说："福耀给工人的时薪比当地平均工资的 13 美元还多 3 美元，所以当地人都想在那里找一份工作。"几乎遇见的每一个当地人都有个朋友或者亲戚在福耀工作或者工作过。福耀已经在莫瑞恩雇佣了 2 000 名美国员工，超出了和莫瑞恩市以及俄亥俄州政府当时约定的 1 500 名。福耀董事长曹德旺向美国当地媒体透露，福耀仍将继续雇佣当地员工至 3 000 人。这对于人口只有 6 000 余人的莫瑞恩来说，显然是一个巨大的就业来源。

"3 美元是什么概念？按每个工人每周工作 40 小时算，每周就可以多赚 120 美元。"每个工人每个月可以多赚 480 美元。按照莫瑞恩当地的消费水平，每月不到 800 美元就可以在市区租一套非常舒适的两居室。"但是现在人们对去福耀工作开始打怵了。""福耀要求他们像中国工人一样紧张工作，快速完成工作任务。"戴维边说边伸出右手，像弹钢琴一样在空中快速弹动手指。

美国当地时间 2019 年 7 月 19 日，刚下班的美国年轻员工杰克（化名）坐在长椅上休息。在工厂门口，包括杰克在内的部分美国员工分享了他们在福耀找到的强烈归属感。杰克之前在莫瑞恩的一家造纸厂工作。"我再也不想回到那里去了，我非常喜欢在这家中国公司工作。"他说，在这里工资更多，工作环境也比之前的造纸厂安全卫生。然而，还是有一部分员工选择了离开。"嘿，兄弟，我要回快餐店工作了，那里至少有工会的保障。"杰克的一位同事离开时和他打招呼说。这让杰克不能理解。"为什么一定要加入工会呢？"他说。在他身后的这家工厂内部，一场激烈的争论正在进行：到底要不要加入工会？

据美国汽车工会（UAW）在当地的主管兰金介绍，福耀的起步工资只有每小时 10

美元左右，但在工会的推动下，2019 年 4 月，福耀把所有在职美国员工的小时工资涨了 2 美元左右。很多美国员工入职前听说，在福耀工作 3 个月后小时工资会再涨 2 美元。当他们发现工资没有上涨时感到生气和失望，所以希望组建工会去谈判。“他们对薪水的预期太不现实了。”杰克说，自己的祖母在一家美国当地工厂工作了十几年，时薪才 16 美元，这些年轻人一入职就期待拿这么多，这不合理。

按照传统，美国很多工厂或者雇主都会加入工会。在劳资产生矛盾时会通过工会去沟通，很多美国员工在没有工会时会觉得不安全，自己的利益无法得到保障。“不，不，不。”7 月 20 日，莫瑞恩市政府的一位负责人在他的办公室摇着头说：“这是个过时的传统，UAW 的影响力已经远远没有几十年前那么大了。”今天加入工会的企业比之前要少很多，即使在俄亥俄也并不是每一家公司都加入工会。来当地建厂的日本公司和其他中国公司也并非全部加入工会。

杰克忧心忡忡地看着身后大批参加培训的新入职员工走出工厂。随着新员工的加入，杰克听到工厂里越来越多的人开始讨论加入工会的事情。杰克并不希望福耀加入工会。工会保护那些懒惰或者无法完成工作任务的人，这对福耀不利。福耀是一家新工厂，还在投资的前期，还没有赚钱，杰克不希望工会拖垮这家公司。“我根本不想再去谈更高的工资，我现在拿到的工资已经比当地平均工资高了。相反，我希望这家公司能持续发展，让我在接下来的几年里一直从事这份又好又稳定的工作。”杰克说。

在福耀工作的两年里，杰克和两位中国员工比较熟，他们是明（音）和老王。明不太会讲英语，他是一位技术主管，他同时教几位美国员工，主要靠打手势来交流。“天啊！这个人简直是个混蛋（Asshole）！不是吗？”杰克听到其他美国员工向他抱怨明的态度粗鲁。“但是我能理解，同样一项工作内容，重复教好多次，美国人还是学不会，谁都难免有些急躁。”杰克说。

不少离职员工在网上抱怨福耀的企业文化：“他们的政策简直每天一变，让人无所适从……嘴上说这是个大家庭，但实际上对待员工像垃圾。远离福耀。”“公司好多内部政治，我只是去人力资源部要求换班，就惹来好多麻烦……”“这是一个最差的工作的地方，很多中国员工一句英语也不会说，他们没理由就解雇员工。”“福耀的企业文化很差，从中国来的技术人员非常没礼貌，我从来没见过这么霸道的人……”“他们解雇美国管理层就是为了给中国管理层让位置，而中国管理层根本不给美国员工任何机会。如果你不是中国人在公司根本没有提升的可能，我希望这个糟糕的地方赶紧加入工会。”“我老公之前在这里工作的时候，薪酬和保险遇到好多麻烦，打电话过去问人力资源部，居然有一半的时间没人接电话……还有沟通上的问题，承诺给你的福利从来不会兑现，等等，这家公司还有很大的提升空间。”

但在杰克眼里，中国员工既聪明又勤快，学得快做得快，有些美国员工却学得很慢，无法达到工作要求，完不成自己的工作。为此，公司设置了 5 分制的考核评分体系，主管会根据工作质量和效率来评分。但对于无法完成工作任务的美国员工，福耀的管理者也会睁一只眼闭一只眼，并不想因此引起劳资矛盾或者解雇员工。这让杰克有些不舒服。拿一样的工资，有人在拖延，自己却总是按时完成工作。几名中国员工印证了这个情况。几年前，中国技术人员刚到厂里指导美国员工时，能感觉到对方不舒服的眼神。“你一个中国人，跑到人家国家对着人家指指点点，他们肯定不舒服。”从福耀中国总部福清工厂调来的技术人员张青说。但当美国工人看到中国员工居然在一个小时里干完了一天的活儿，也忍不住竖起大拇指来。“太难教了。”张青说。有些美国员工乐意学，有些就不愿意学，教了几遍还是摇摇头说学不会。“这种情况下，会避免和他们直接冲突，只是客气地让主管领走，再给他们安排别的活儿。”张青说。

中外员工的工资体系也不一样。美国员工按小时领工资，中国员工仍然拿着在中国每月几千元人民币的工资，外加每天 50 美元的餐食补助，整体比美国员工薪资水平偏低。但中国员工干活又多又快。张青每隔几个月会来莫瑞恩的厂里待几个月，“通常外国工人搞不定的活儿，中国员工会在周末加班补回来。”他说，“我们就是来收拾烂摊子的。”“工作节奏完全不一样。”另一位从天津调来的中国员工说。中国工人喜欢一鼓作气把活做完，而美国人工作节奏比较松散——聊个天，喝个下午茶，刷个脸书，打个电话。但公司一般也不会立刻开除人，之前开除的员工是因为旷工太严重，根本不来上班。

但福耀仍然会继续雇佣更多的美国员工。莫瑞恩市政府当时参与福耀工厂收购谈判的一位工作人员向界面新闻透露，根据双方的约定，曹德旺承诺雇佣至少 1 500 名美国员工，而莫瑞恩市政府承诺从第 3 年开始，也就是 2019 年 11 月开始，每年支付 20 万美元补偿金给福耀，5 年至少补偿 100 万～180 万美元，雇佣员工越多，补偿金额越高。俄亥俄州政府则承诺，达到雇佣美国当地员工 1 500 人以上，5 年内至少补偿 1 300 万～1 500 万美元给福耀。同样，雇佣人数越多，补偿金额越高。“如果雇佣人数保持在目前的水平或者更高，莫瑞恩市和俄亥俄州政府的补贴加起来可达到 2 500 万美元。”该负责人说。此外，莫瑞恩市政府还免去了福耀新建办公楼等设施 15 年的产权税，该政策让福耀截至目前受益至少 800 万美元。这两项优惠政策加起来已经超过了 3 000 万美元。曹德旺此前在接受外媒采访时也印证了这个数字。“我买这个厂房花了 1 500 万美元，改造用了 1 500 万美元，当地政府通过各种渠道补贴我 3 000 多万美元，所以我购买厂房基本上没花钱。”曹德旺说。

除了上述经济补偿以及税费减免等优惠政策，位于代顿的辛克莱尔社区大学还帮助福耀的人力资源部建立了美国员工的薪酬体系，以及培训入职的新员工等，这项无偿援助也价值不菲。此外，福耀的邻居，一家日本企业 Dmax 也帮助福耀熟悉和建立美国员工的福利薪酬体系。福耀不仅是莫瑞恩最大的投资项目，也是近年来美国获得的最大投资项目之一，优惠力度自然不同。福耀目前已经投入至少 700 万美元来引进机器、设备及生产玻璃的原材料等，建立了至少 24 条生产线，但并没有全部投入生产。

对于莫瑞恩市政府来说，福耀所雇佣的这 2 000 名美国工人，为当地政府贡献了收入 2.5%的个人所得税，这对于维护和投入当地年久失修的公共设施意义重大。此外，这 2 000 名工人对莫瑞恩以及代顿的经济贡献也非常显著，比如餐饮等行业。“2009 年通用汽车离开的时候，当地政府损失了 50%的税收来源，这让我们近年来的处境非常艰难。通用汽车当时雇佣了 4 200 名员工。”该负责人说。

对福耀来说，莫瑞恩的工厂显然离其美国的供应商及客户更近，运输成本也更低。福耀早在 1995 年就进入了美国市场，在美国市场的年销售额近 4 亿美元，是福特、通用汽车、克莱斯勒、卡特彼勒等美国知名车企的供应商。2014 年 7 月，福耀成立福耀美国伊利诺伊有限公司，收购世界汽车玻璃巨头 PPG 公司旗下芒山工厂，包括土地、厂房、两条浮法玻璃生产线设备等。此外，福耀集团在美国密歇根州设有附件装配工厂以及产品设计中心，在多个州设立了销售部门。

此前有多家美国媒体报道称，福耀因为生产环境的安全问题以及管理漏洞遭到前员工起诉。曹德旺在一次接受媒体采访时称，这些媒体的报道“不实”，而且指责对方并没有来工厂采访过自己的高管。“这是个巨大的上亿美元的投资项目，涉及上千名外籍员工，福耀需要时间去学习和克服文化差异的问题。”莫瑞恩市政府相关负责人说，比如工厂里的安全标识，包括紧急情况下工厂如何离开，如果有设备损坏了，用什么程序去维修（而不是直接跳进来维修），这些在美国都是有完备的国家标准和流程的，与中国不同，这些都需要学习。“福耀非常善于学习，当被告知这个安全标准需要如何执行后，他们很快就做出了调整。”他说。按照计划，福耀会在近几年内持续对该工厂进行投资，全部投产后，美国每四辆汽车就会有一辆配有福耀生产的玻璃。福耀计划在五年之内将这家工厂完全交给美国人管理，但厂内的美国员工仍然担心厂里会有越来越多的中国高管。“你觉得会吗？你觉得这家中国工厂能持续多久？”杰克担心地问。

“福耀是个非常成功的项目，欢迎更多中国公司来莫瑞恩投资！”莫瑞恩市政府向中国的投资者伸出了橄榄枝。“我们这里有很多闲置的空间，可以用来投资制造业，同时俄亥俄的生活成本也非常低，你的钱在这里可以做很多事。”这位负责人说。此前，曹德旺曾对媒体称，美国工人的工资和福利将占到总营业额的 40%，但制造业的税负比中国低一半左右。美国的能源也比中国便宜，比如天然气的价格只有中国的 1/5。据美国咨询公司研究报告称，2015 年，在美国低成本地区生产已经和在中国生产一样划算，未来生产成本会比中国更低。

资料来源：福耀在美国：美国工人究竟怎么看待中国老板曹德旺.（2019-08-25）. https://new.qq.com/omn/20190825/20190825A05XWA00.html.

引导案例讲述了中国企业在美国办厂遇到的劳动关系和人力资源管理问题。全球化是 20 世纪末与 21 世纪的重要趋势与议题，它对劳资关系的影响相当深远。随着经济全球化的发展，各国之间的贸易和经济交往日益增多，了解跨国公司内部劳动关系和其他国家的劳动关系制度非常必要。本章将首先简要讨论跨国公司在经济全球化趋势下的运行情况，以及工会在和跨国公司交涉谈判时所使用的方法和面临的问题，然后关注全球化和自由贸易，讨论主要国家劳动关系制度的特征、劳动关系在当代的发展演变和发展趋势。

第1节 全球化对跨国企业劳动关系的影响

一、跨国谈判

美国劳资关系学者巴德（John W. Budd）指出，全球化就是国家之间越来越多的经济整合，它成为21世纪影响美国以及全世界劳资关系与就业最重要的压力之一（Budd，2010）[①]。美国华尔街的金融不当操作，竟引发全球金融风暴，欧洲与亚洲都不能幸免，这就是全球化的结果。全球化最重要的证据之一，是每一个国家或地区与其他国家或地区的经济互赖程度逐渐增加。经济全球化主要表现为市场全球化和生产全球化。市场全球化是指企业的产品可在全球各地销售，或者说可在一个全球性市场中交易。生产全球化是指企业为了寻求生产要素（例如劳动力、土地、资本、能源）与产品或服务品质的更有利条件，在全球不同地点生产货品或提供劳务，以此来增加产品竞争力。例如，美国波音公司生产的777型商用客机，共有十几万个零部件，这些零部件分别由全球500多个供应商生产。类似波音公司这样的全球供应网络，不仅对产品品质和成本有利，也拉近了企业与供应商所属国消费者的关系，有利于争取订单。在全球化的过程中，跨国企业的兴起成为货品、劳务和资讯生产的主导力量，伴随而来的是国际财务、研究和营销方面的重大变化；国家在经济和政治主权方面失去了很多象征，经济力量从欧美转向亚太以及低工资的地区。在全球化过程中，政府、企业和劳动者的行为都受到冲击，例如跨国公司内部首先面临的是文化差异的冲击，企业向低工资地区转移，这对工会组织也产生了影响。劳、资、政三方的行为也受到国际规范的制约或保障。

随着不同国家之间经济相互依赖程度不断增强，跨国公司的建立已成为经济生活中非常重要的方面。虽然跨国公司已有几百年的历史，但近年来跨国公司的数量以及在世界经济总产值中所占的高份额，仍极大提高了人们对跨国公司重要性的关注程度。

现在，跨国公司不仅在本国，而且在世界各国生产、销售它们的产品，跨国公司在其他国家生产、销售产品时，也遇到了越来越多的问题。在世界最大的一些跨国公司中，已有许多被贴上了“无国界公司”的标签，在这些跨国公司所销售的产品和所拥有的财产中有相当高的比例并不是来自本国，如美国非常有名的跨国公司IBM、NCR、可口可乐、道氏化学公司等，其超过50%的销售额来自美国之外。19世纪欧洲许多著名的公司，如德国的拜耳公司、瑞士的雀巢公司、法国的米其林公司等，均先后到其他国家设厂。

跨国公司规模巨大，对一些国家的经济发展形成了很大的威胁。如在爱尔兰，几乎有一半的就业岗位和2/3的产品是外国公司提供的。在澳大利亚，十家最大的跨国公司当中，每一家公司的年销售额都高于澳大利亚政府的年度税收总额。通常，跨国公司在

① Budd J W. Labor relations：striking a balance. New York：McGraw-Hill/Irwin，2010.

其东道国雇用的劳动力占公司雇员总数的 2/3，也比竞争对手支付更丰厚的工资，能更快地创造工作岗位。在土耳其，外国公司支付的工资是当地平均工资的 124%，雇员总数以每年 11.5%的速度增长，而土耳其本国公司的雇员总数每年的增长速度只有 0.6%。跨国公司通过在一个国家制造零部件、在另一个国家组装产品的方式，创造机会绕过一些国家设置的保护性关税。

美国跨国公司倾向于把工厂建在实行分散型谈判结构的国家，因此工会密度和罢工强度之类的劳动关系特征对它们来讲似乎并不是那么重要，建立工厂最重要的考虑是该国的国力。通常，跨国公司通过威胁把生产转移到其他国家的方式，迫使工会做出让步，从本质上说，它能够使某一特定群体的雇员与另一群雇员相互竞争。例如，某汽车生产商在俄亥俄州设立了一个工厂，并试图引进新的生产技术，但工会因担心其成员失去工作岗位而反对引进新技术。这时，公司可能会将工会领导带到该公司在墨西哥建立的一个新工厂内，告诉工会领导在该工厂所使用的生产技术，并指出，“这就是你们的选择，要么你们在集体合同谈判方面让步，要么我们就把在俄亥俄州的工作岗位转移到墨西哥”。跨国公司通常采用这种方式达到自己的目的，虽然这种做法并不违法，但很容易被认为是不道德的。

工会通常会批评跨国公司对本国就业和劳动关系的影响，例如，跨国公司因向外国投资而减少了国内投资，从而影响了本国经济增长，减少了国内新增岗位的数量；跨国公司通过剥削外国低收入劳动者，使国内雇员不能够享受技术进步带来的正当利益和报酬；跨国公司从低工资国家设立的工厂进口商品以替代本国商品，破坏了工资标准，使国内经济状况变得萧条，并降低了本国的就业水平和工资水平等。

随着跨国公司的迅速成长，其管理行为和就业行为与本国企业越来越相似，劳动关系行为和决策也日益倾向于本地化和高度分散化。美国工会已经感到，在外国的跨国公司内组建工会和在本国的跨国公司内组建工会一样困难。为避免工会进入，跨国公司在东道国设立的工厂也使用本质上和母国公司一样的策略和技巧，包括广泛使用律师和管理咨询师，采用积极的人力资源管理方法和策略，制定策略时征询雇员意见，运用国家规定的法律程序，获得当地政府支持等，同样，工会也使用本质上一样的策略和技巧来组建工会，最终的投票结果并没有什么明显的不同——工会最终获胜的概率在一半左右。

在某些情况下，跨国公司把它们的管理行为照搬到国外的分厂。近年来，日本的跨国公司已经成功地把公司总部的经验照搬到工会化工厂。在加利福尼亚州的弗里蒙特，美国通用汽车公司和日本丰田公司的合资企业新联合汽车制造公司虽然劳动关系记录很差，该工厂的工作绩效却是汽车行业中最好的。日本公司的经验包括：取消行政人员的特权（例如特别停车区域、特别自助餐厅），由 6～8 个可以轮换工作的雇员组成工作团队，重点关注管理人员与雇员之间的相互信任，创造和谐的工作氛围，管理人员把更多的时间和精力放在工厂基层，与雇员一起交流、沟通，按时召开会议，告知雇员公司生产和财务状况，让管理人员和雇员身穿写有“团队”字样的夹克，分配工作任务时增强灵活性，以及让每个雇员对产品质量负责。

然而，并不是所有管理经验的照搬都能取得积极效果，尤其当销售额下降、外国经理不懂当地的语言，或者雇员反对公司强制实施一项新的政策时，需要特别谨慎。例如，在阿肯色州福瑞斯特市，电视机和微波炉生产商日本三洋公司仅有一名日本经理会说英语，每次开会都需要一名翻译。当销售额下降的时候，三洋公司要求降低医疗保险费用，改变资历制度，以及能够有权把雇员从一个工作岗位调换到另一个岗位。工会则通过罢工三个星期的方式做出回应，并在罢工期间发生了一系列事件，如投掷石块、焚烧轮胎，以及试图使用汽油弹等，最终导致39人被捕，该工厂就此关闭。

二、工会应对跨国谈判的方法和雇主的反应

目前，发达国家工会不断寻求跨国谈判，寻求跨国公司内部劳动条件的标准化，其首要动机是减少来自低工资地区的竞争以及保护其已有的标准，也就是说，不让工资的高低成为竞争条件。为了抗衡跨国公司的力量，同时也为了达到对工会和工会成员双方都有利的目的，工会领袖通常使用两种方法：一是集体谈判；二是制定法令。如果是通过集体谈判，工会或试图直接与跨国公司谈判，或寻求与其他国家工会合作，通过共享信息和相互支持的行动方式，协调彼此间的谈判活动。由于在跨国谈判过程中工会遇到了很大挫折，因此工会集中精力通过制定行为公约的形式来约束跨国公司的行为。国际劳工组织是由来自187个成员的政府、雇主和工会组成的一个三方组织，它通过制定国际劳工公约和建议书方式，提供规范的劳动条件和标准，供参考遵循。国际劳工公约规定，跨国公司应该优先考虑人权、就业、职业安全、职业发展、社会正义以及当地的发展和进步，同时应该提供稳定的就业，以及支付具有可比性的工资。经济合作与发展组织（OECD）作为一个国际性组织，也制定了关注劳资关系行为的“跨国公司指导原则”。这些指导原则包括一些劳动者的特定权利，如集体结社权和集体谈判权，有权获得谈判所需数据，接受培训的权利，以及有权提前获得关于公司运营变化的通知。同时，倡导跨国公司的子公司能够采取与总部所在国家具有可比性的就业标准；期望跨国公司不要威胁把生产转移到其他国家，以影响劳资谈判或者阻止工会化；认为跨国公司应该向当地管理层的代表授权，使他们能够代表公司进行劳资谈判。

工会，包括一些国家的政府也认为，在面对跨国公司的强大力量时，建立在单个国家基础上的劳资谈判有相当大的局限。这种观点是基于这样一种理念，即跨国公司已经采取全球性战略，因此工会仅仅在一个国家内单独行动就不能有效地应对跨国公司的挑战。与此相类似，一些政府对无法轻易使跨国公司对其国家经济和社会政策负责的事实感到不安。此外，人们还担心，如果没有其他国家的工会或者政府支持，仅靠某个国家的工会或者政府单独行动，它将不得不承担跨国公司把生产和运营转移到另外一个更加友善、热情的国家的风险①。

欧盟的创立使人们对跨国谈判的前景比较乐观。但是，最近出现的措施是在跨国级别上采取联合磋商的形式，而不是采取真正的集体谈判的形式。在欧洲，已经出现了一

① 霍利，等. 劳动关系：第10版. 北京：中国人民大学出版社，2020.

些关于跨国磋商的案例。例如，汤姆森格兰特公共公司（TGP）和欧洲金属制造工人联合会（EMF）成立了欧洲工厂委员会（EWC）。欧洲金属制造工人联合会的工会成员包括来自法国、德国、意大利、西班牙以及英国的雇员。大众汽车和来自大众、奥迪以及塞亚特（Seat，西班牙的汽车品牌）的员工代表成立了欧洲级别的工厂委员会。但是，所有这些措施中没有一项考虑或者体现了跨国谈判，而且这些谈判仅仅局限于信息交换和磋商。现实是，跨国谈判仍然是一个遥远的梦。

虽然某种形式的跨国谈判看起来是不可避免的，但绝大多数跨国公司认为，这还是一个遥远的目标，而且不那么容易被管理方接受。管理方的反对立场部分源于工会可能会在全球范围内停止公司的生产。另外，跨国谈判将导致一种三层的谈判结构：跨国级别的谈判、国家级别的谈判，以及地方级别的谈判。这种附加的级别将提高谈判的复杂性，而且当工会在跨国级别举行罢工行为时，将暴露跨国公司的弱点，而在国家级别和地方级别，跨国公司就无须担心这些。

在某些情况下，发展中国家为了刺激经济增长，提高就业水平，增加国民收入，最终实现本国的全面发展，要努力寻求跨国公司来投资设厂。而跨国公司也发现这些国家非常有吸引力，具有极有利的优势，如工资水平较低、税收优惠以及政治保障等。对于那些要在充分竞争的产品市场上经营的跨国公司来说，这样的优势极具诱惑力。然而，当工会通过跨国谈判的形式施加压力，要求获得更高的工资、福利和工作条件时，就会成为与该国短期国民经济目标背道而驰的力量。如果跨国公司不在该国建立和发展工厂，那么跨国公司可能给该国带来的经济增长就无法实现。因此，跨国公司可以很好地利用这些因素，做出决策，避开那些进行跨国谈判的高工资、高福利国家。

（一）工会在与跨国公司谈判时遇到的障碍

目前，各国工会之间确实已采取了一些实际行动，来实现跨国的合作和协调。国际自由工会联合会（ICFTU）等组织已提议，联合国应该制定针对跨国公司的章程，强调跨国公司的责任和义务，如承认工会、遵循公正的劳动标准、遵循主要的工资率水平、努力改善社会条件、把在发展中国家获得的利润继续投资于这些国家、在全世界范围内成立工厂委员会，以及在尽可能的情况下使用劳动密集型的技术。在西欧，工会已经支持欧盟制定一些法令，要求雇员享有参与管理的权利，公司在诸如招聘、职业发展、解雇、培训、卫生和安全、福利和社会计划、支付方法以及节假日等方面取得工厂委员会的同意等。

但是，工会在试图组织跨国谈判时面临艰巨的任务，它们必须成功地调节和平衡跨国公司、跨国公司的雇员、工会领导以及政府之间的利益冲突。实际上，在跨国谈判的障碍中，有些障碍来自工会本身。工会只有克服这些障碍，才能把注意力转向影响谈判的外部因素。这些障碍包括：

（1）劳动关系法律之间的差异。不同国家劳动关系的法律制度有很大不同。在决定工会代表权、工会权限和工会结构以及谈判主题等方面，存在许多不同的做法。

（2）缺乏一个中央权力机构。工会缺乏一个负责跨国事务的强有力的、集权化的决策机构，而且绝大多数全国性工会的工会领导不愿意让某个跨国组织来制定影响他们的决策。

（3）文化差异。在许多复杂的因素中，不同文化之间宗教信仰和意识形态的差异对谈判的影响很大。例如，自由贸易主义工会和社会主义工会之间就存在明显的文化差异。这种差异使得发达国家的工会和其他地方的工会之间几乎不可能制定任何联合计划。

（4）缺乏协调一致的行动。在协调跨国谈判、联合抵制以及罢工行为等方面，工会并没有取得很大的成功。

（5）不同国家之间对不同因素的考虑顺序不同。对于跨国谈判来说，面临的另一个障碍是不同国家之间的经济、社会、法律以及政治差异。没有一个国家会愿意为了建立一个劳动关系的国际体系而牺牲本国的发展。

（6）雇主的反对。目前，雇主的反对还没有其他的障碍那么明显，这主要是因为工会还没有能力解决它们面对的其他障碍。一旦工会克服了上述障碍，毫无疑问，雇主对跨国谈判的意见和态度就将显现。

（二）工会对跨国公司的影响

这方面的研究主要是在欧洲国家进行的。研究结果表明，工会对跨国公司的投资政策和生产配置政策几乎没有产生过直接的影响。但是，工会能够产生相当大的间接影响，因为工会和雇主的关系会影响一个国家的投资环境和投资氛围。迄今为止，跨国公司很少能够使用把生产转移到其他国家这种威胁方法作为一种谈判手段或者胁迫工会的手段，因为转移生产涉及的成本实在太高。如果劳动争议使工厂的生产停止，而且生产转移在经济上具有可行性，同时实际情况也允许生产转移，那么毫无疑问，跨国公司会把生产转移到另外一个国家。但是，这种决策在很大程度上受到了限制，因为公司必须具备足够的生产能力，而且管理层必须在进行生产转移之前预期目前的劳动争议将持续足够长的时间，以证明生产转移的决策是正确的。

总之，在那些有跨国公司业务运营的国家，几乎没有证据证明，跨国公司对这些国家的劳动关系产生了实质性的消极影响。由于某些原因，跨国公司通常提供主流的或者更高的工资标准，并且提供具有可比性的工作条件。各个国家工会的力量、劳动关系体系中高度一体化和制度化的本质，以及社会、经济、政治状况明显地减弱了跨国公司潜在的直接不利影响。

（三）对跨国谈判的预测

对跨国谈判的系统性调查研究表明，目前仍然不存在任何实质形式的跨国谈判，而且跨国谈判在不远的将来也不太可能出现。跨国公司通常反对跨国谈判，而且工会对跨国谈判并不都抱有同样的想法。虽然已经出现了国际工会之间相互交流信息的情况，同时出现了一些劳资双方进行磋商的现象，但是只有一个工会秘书处——国际运输工人工会联合会——已经通过谈判达成一个实质性的劳动合同（与一些运输公司）。另外，只有在美国和加拿大两国特殊的环境中，才能够出现一些实质性的跨国谈判。

在美国、欧洲和日本，关于工会和跨国公司之间的跨国谈判并没有任何明显、确定的趋势。一些人认为，在不远的将来不可能出现有效的跨国谈判。但是，其他一些人却相信这样的跨国谈判是不可避免的。跨国谈判有可能首先在欧盟、北美或者中美洲发展起来，并且最初只能处理一些共同的主题，例如就业保护、投资政策以及公平劳动行为的公约，然后才能逐步扩展到其他谈判主题[①]。

三、工会在处理跨国公司劳动关系时遇到障碍的原因

工会在应对跨国公司劳动关系问题时存在诸多困难，其原因主要是：

（1）如果罢工发生在跨国公司的母国，由于工会并不能阻止公司的财务活动，跨国公司在其他国家的工厂可以继续生产并获利，从而减轻了管理层在谈判过程中的压力，并能够减少工会罢工带来的损失。

（2）如果跨国公司产品来自公司在其他国家设立的工厂，则公司可以利用这个条件，在谈判时要求工会降低工资、福利以及其他就业条件。如果某个工厂发生罢工，跨国公司就在另外一个工厂提高产量，消除罢工产生的压力和威胁。如通用汽车公司通过让德国的工会相信为了保持竞争力必须延长工作时间的方式，把每个星期的工作时间从37.5 小时延长到 40 小时。作为公司做出工资让步要求的一部分，通用汽车公司已经考虑在巴西和墨西哥的工厂提高汽车生产量。而当加拿大工会拒绝做出工资让步时，通用汽车公司考虑把加拿大的生产基地搬回美国。虽然谈判中可以使用生产转移作为谈判手段来施加压力，但很明显公司并不愿意在海外设立工厂，这样做的首要目的就是避免母国工会举行罢工。

（3）跨国公司管理层级多，通常并不授予当地管理层制定劳动关系决策的权力，这就使谈判过程变得复杂，因为工会不知道到底是谁负责劳资谈判。经验表明，在同本国跨国公司以及外国跨国公司打交道时，绝大多数工会并没有遇到不同的对待，但是在仲裁之前的申诉处理、谈判过程中的地方自主权以及谈判第一个集体合同的困难程度等方面，跨国公司之间的差异似乎比只在一个国家经营的公司要大。然而，因为预算和投资决策是由跨国公司的母国总部做出的，地方劳资谈判自然会受影响。

（4）工会在谈判过程中，通常会寻求必要证据加强谈判力量，跨国公司则通过把利润转移到不同工厂的做法，操纵内部交易价格，改变营销重点，故意迷惑工会。

通常，工会为了进行劳资谈判，有权依法了解公司的工资和财务信息，以评估判断雇主的支付能力。跨国公司可能只提供一些法律规定的必要信息，而拒绝向工会提供诸如在外国设立的工厂以及这些工厂的运营数据之类的资料，这也会加大工会在谈判中的难度。

四、文化差异与跨国企业劳动关系

在全球化的时代，劳动关系中的文化冲突是一条极为敏感的神经。下面用迪士尼乐

① 霍利，等．劳动关系：第 10 版．北京：中国人民大学出版社，2020.

园在法国和日本的公司作为案例，说明跨国企业劳动关系中的文化差异问题。

（一）欧洲迪士尼乐园的故事

欧洲迪士尼乐园于1992年夏季在法国巴黎开幕，虽然迪士尼是一个非常成功的美国跨国企业，但是在法国运营的头几年连年亏损。一个企业经营失败涉及的因素很多，就欧洲迪士尼乐园而言，文化差异成了其主要原因。该企业的美籍经理人欠缺对法国文化的认识，把美国的经验应用到法国员工身上，这种文化知识的不足，导致一些错误的管理措施和结果。

欧洲迪士尼乐园的管理层将其一贯的团队合作模式引入法国，这一做法在美国极为成功，可是在欧洲迪士尼乐园却行不通。迪士尼公司在美国的经验是面对一些穿着整齐、服务导向的热忱员工，而欧洲迪士尼所面对的员工则不是那么热忱。法国员工有自有的文化概念和工作哲学，当美籍经理人强加另类工作文化时，法国员工抗拒这种洗脑方式，选择辞职。在前九个星期的运营阶段，有1 000多位员工离职，占员工总数的1/10。

欧洲迪士尼乐园之所以选在巴黎建设其主题公园，主要是考虑到巴黎居欧洲中心，有地利之便，但是没有料到文化因素成了其经营管理上的挑战。设立之初，法国民众针对这一美式娱乐文化就提出了千奇百怪的批评，这些批评隐含着相当多文化上的冲突。然而，迪士尼似乎没有太重视，例如欧洲迪士尼乐园在园内不供应酒，但是对于法国人而言，如果在用餐时没有配葡萄酒，那等于是没有用餐，这就是文化差异。此外，员工的穿着打扮上也碰到一些问题，例如公司不准女性员工涂指甲油、不准男性员工蓄长发。尽管公司后来对女性员工涂指甲油做了让步，但仍然坚持不准男性员工蓄长发的规定，类似这种文化差异导致的劳资冲突不一而足。

迪士尼把美国经验移植到东京迪士尼乐园，结果就相当成功。日本人一般对美国文化很有好感，因此各式装潢、食品招牌都是美式的。由于日本具有集体主义的传统文化，在员工训练和管理上，团队合作的工作方式能顺利推动，日本员工乐于穿着整齐、热心服务顾客。因此，尽管美国与日本的文化有差异，可是这种差异并没有造成劳资冲突。

（二）文化的意义与重要性

从以上案例可以看出，文化差异影响跨国企业内部的劳资关系。文化是什么？文化对企业员工的哪些方面有显著的影响？

文化是历史过程中繁衍出来的价值态度与意义，这些价值态度和意义为同一社会的成员学习和共享。对企业组织而言，文化会影响员工的工作态度、成就动机和时间观念。工作态度是指员工对工作和出勤的看法，包括员工对组织的承诺、对努力做满8小时工作的态度；工作态度类似职业伦理，它会影响产出数量和品质。成就动机是员工投身工作的内在驱动力，在一个追求平均主义的社会，通常具有较低的成就动机；在一个讲求利润、竞争、效率和民主参与的社会，则通常具有较高的成就动机。在一个高成就动机的社会中，员工工作的目标放在自治、晋升、挑战、奖励和加薪上。时间观念则是另一个重要的文化因素。在某些国家，人们对时间的观念不强，习惯迟到而且接受迟到，他们不认为时间是一个限制因素。另一方面，时间也涉及对未来的规划。有些国家的文化只注意眼前的规划，不太关心较远的规划，有些国家则习惯做较长期和较远的规划。一个跨国企业必须掌握所在国文化对员工在以上三方面的影响，才能制定适合的管理政策，也才有可能降低劳资冲突。

五、TPP/CPTPP 中劳工标准对中国的影响

（一）将劳工标准纳入全球贸易规则

将劳工标准纳入全球贸易规则是一个必然趋势。因为一个国家的劳动法并不能解决贸易的公平问题。无论是历史上还是现实中，人们在讨论贸易竞争的公平时，总绕不开国际劳工标准。2015 年 10 月 5 日，包括新加坡、新西兰、智利、文莱、美国、澳大利亚、秘鲁、越南、马来西亚、墨西哥、加拿大和日本等 12 个谈判方在美国亚特兰大宣布《跨太平洋伙伴关系协定》(Trans-Pacific Partnership，TPP) 的最终协议基本达成。2017 年 1 月 23 日，美国总统在白宫签署行政命令，标志着美国正式退出 TPP。2017 年 11 月 11 日，日本与越南共同宣布除美国外的 11 国就继续推进 TPP 正式达成一致，11 国将签署新的自由贸易协定——《全面与进步跨太平洋伙伴关系协定》(Comprehensive Progressive Trans-Pacific Partnership，CPTPP)。2018 年 12 月 30 日，CPTPP 正式生效。

各方同意在各自法律和实践中采取或维持国际劳工组织 1998 年宣言所承认的核心劳工权利，即结社自由和集体谈判权，消除强迫劳动，废除童工，禁止最恶劣形式的童工劳动，消除就业歧视。各方同意由法律监管最低工资、工时以及职业健康和安全。这些共识同样适用于出口加工区。各方同意不为吸引贸易或投资而减损基本劳工权利法律的实施，不会持续性或经常性地怠于实施劳动法，从而影响缔约方间的贸易投资。除各国承诺在本国范围内取消强迫劳动外，劳工章节还要求阻止强迫劳动或童工生产的产品进口，及包含强迫劳动产品成分的产品进口，包含无论这些成分的来源是否为缔约方。

TPP/CPTPP 中核心劳工标准对我国政治、经济、法律的影响，主要是通过核心劳工标准的实施途径：一是国家义务。二是企业社会责任。在宏观层面，联合国前秘书长科菲·安南向全世界企业主管发出呼吁，实施有共同价值的全球协议。在微观层面，有企业生产守则运动，以及工厂检查或称人权查厂。要求全球供应链上的企业在各自的影响范围内遵守、支持以及实施一套在人权、劳工标准、环境方面和反腐败十项基本原则。三是社会条款。在贸易规则中写入保护人权、劳工权利、保护环境的条款，对于遵守标准的给予优惠，对于违反标准的予以惩罚。TPP/CPTPP 劳工标准也属于这一类。

（二）以核心劳工标准审视中国相关的法律和实践

在 8 个核心劳工标准中，中国已经批准 4 个核心公约。

（1）关于结社自由和集体谈判。《结社自由及保护组织权公约》第87号第二条规定："凡工人及雇主，无分轩轾，不须经过事前批准手续，均有权建立他们自己愿意建立的组织和在仅仅遵守有关组织的规章的情况下加入他们自己愿意加入的组织。"有学者认为，中国工会制度安排与结社权的内涵均有差异；也有学者认为，中国工会体制是历史形成的，并不违反第87号公约的规定。现实提出的问题是，如果一元化体制内的工会不能发挥作用，工人是否可以行使自由结社权。如果不能，显然就违反了结社自由的原则。从这个意义上讲，工会对工人结社的控制权与工会改革和自身建设是相辅相成的，改革的目的是加强其与工人群众的密切联系，使工会真正成为能代表和维护他们的利益的工会。

（2）关于废除强迫或强制劳动。强迫劳动是指以任何惩罚相威胁，强迫任何人从事的非本人自愿的一切劳动或服务的行为（第29号公约）。国际劳工组织强调，强迫劳动无关于工作条件的艰苦或危险，无关于根据国家法律属于合法或非法，也无关于是否被正式承认为"经济活动"。中国没有关于强迫劳动的系统性立法，废除强迫劳动的法律制度、规范分散于法律、行政法规以及司法解释之中。2013年12月，全国人大常委会废止了已实施56年的劳教制度。应当根据国际劳工组织强迫劳动的指标（乘人之危、欺骗、限制自由、隔离、身体和性暴力、恐吓和威胁、扣留身份证明文件、扣押工资、债役、恶劣的工作和生活环境、过度加班），结合我国的实际，全面、清晰地界定强迫劳动行为，并推动废除强迫劳动入宪。

（3）关于禁止童工劳动。中国批准了第100号《男女工人同工同酬公约》（第100号）和《消除就业与职业歧视公约》（第111号），实践中，我国对已批准的核心劳工公约只是实现了部分的纳入或转化。以1958年第111号公约为例，2006年，中国政府批准了该公约，并在2008年开始实施的《中华人民共和国就业促进法》中设"公平就业"一章，对消除就业歧视促进平等就业进行了规制。然而，遗憾的是，该法律并没有对就业歧视进行界定。中国消除就业和职业歧视的制度建设与国际劳工标准还存在差距，包括：国家政策不够清晰，制度建设不完善；法律确立的就业歧视范围过窄，缺乏可操作性；缺乏专门的反就业歧视机构；工人组织和雇主组织的作用未能很好发挥；反歧视教育计划的覆盖面比较窄。目前，中国缺乏完整、清晰的纳入或转化的规定，这是国际劳工标准在我国立法适用上存在的最大问题，也直接影响到执法与司法层面的适用。

（4）关于消除就业与职业歧视。我国在禁止童工劳动方面态度鲜明，已分别批准了《准予就业最低年龄公约》（第138号）和《禁止和立即行动消除最恶劣形式的童工劳动公约》（第182号），并把它们作为我国童工保护相关立法的重要依据，劳动立法总体上符合甚至高于国际劳工标准。然而，以国际劳工标准审视我国童工问题，状况不容乐观，执行和监管不力是首要问题。童工劳动的解决是一个系统性问题，需要教育制度、扶贫政策、就业保障等多方面协调配合，只有给潜在童工群体以更好的生活出路，才能保证从源头上遏制童工问题。

此外，在最低工资、工时以及职业健康和安全方面，中国加入世界贸易组织之后，国内最低工资标准不断增长。职工带薪年休假条例出台，劳动者获得了更多的休息休假。《中华人民共和国安全生产法》和《中华人民共和国职业病防治法》的修订，使劳动者受到更好的保护和更便捷的权利救济。但存在的问题是，虽然多部委频频发布治理拖欠工资的法规，甚至欠薪入罪，但拖欠工资的乱象并未得到遏制。超时加班在各类企业中仍然存在，工时制度立法与执法还不完善。在职业安全与卫生领域，职业病问题突出，安全事故时有发生。中国尚未制定职业安全与卫生法，国家层面监管机构之间“碎片化的权力结构”，对形成统一的管理格局和政策的制定执行都十分不利；企业层面工会力量弱，工人参与和监督机制虚化。

六、劳动关系发展面临的挑战

（一）劳动关系的发展演变

劳动关系问题起源于工业革命，工业革命初期的劳动问题产生在制造业，主要包括工资、工时、童工、女工、工作环境等，这些问题围绕着个别劳工的低劣劳动条件。工业革命之后的 200 多年来，劳动者意识逐渐觉醒、人类观念日益进步、技术与产业发展日新月异，劳动关系问题的内涵也随之演变。总的来说，劳动关系朝着三个方向演变：从个别劳动关系向集体劳动关系发展、从工厂内延伸到工厂外、从单纯变得复杂。

1. 从个别发展到集体

个别劳动者由于经济与人格上的从属性而处于相对弱势地位，难以凭借个人力量争取权益。劳动者逐渐意识到只有团结起来，共同向雇主争取权益，才能改善待遇。另一方面，当工厂制度发展到某种程度，聚集在同一工厂中的工人产生了集体意识，提供了成立组织的有利条件。因此，经过时间的变迁，工会应运而生。然而，受到自由放任思想的影响，普遍认为，经济领域的事情应当由个人与个人之间的契约来决定，任何人如果试图联合他人来扭曲劳动力市场的供需运作，就会阻碍交易秩序，影响经济发展。因此，劳动者的团结行动不仅受到雇主的打压，也被政府严加禁止。例如，政府通过制定法律，禁止、限制工人结社，对结社工人以“共谋罪”论处。如英国将普通法规定的共谋罪照搬到劳动关系领域，规定共谋是两人或两人以上合谋侵犯他人权益或损害社会的行为，如拒绝工作或要求高工资。其重要特征是，当单个人的合法行为由一群人共同实施时，就成为不合法的行为。这一规定后来广泛地适用于英国、美国、法国、德国等国家的劳动关系领域。雇主为限制工会发展而使用的其他策略还有“禁止令”和“黄狗协议”。禁止令是指雇主拥有的禁止某些工会运动的法定权力，包括罢工和联合行动；黄狗协议是指由劳资双方共同签订的禁止员工以个人名义参加工会及其活动的书面协议。

有关集体劳动关系问题，比如劳动者组织保障、集体协商的制度、劳资争议的处理、争议行为的合法性等，仍是当今世界各国争论的问题。

2. 从工厂内延伸到工厂外

传统劳动关系的研究领域大多局限在工作场所，工资、工时、福利和安全卫生是劳动者主要关心的议题，雇主则强调成本、利润、生产力和竞争力。但这种单纯的劳资之间的交换关系在20世纪末21世纪初已逐渐改变，劳动者个人生活或家庭生活方面的需求变得越来越重要。不论是从企业组织层面还是从国家的政策层面，劳动关系事务都应跨越工厂的范围，必须将部分关注放在员工的婚姻、子女和父母身上。劳动者的压力源不仅仅是工作，生活和家庭压力同样会成为压垮员工的“最后一根稻草”，而劳动者越来越在乎工作与家庭之间的平衡与和谐。

此外，围绕劳动者结社等种种问题，不仅影响劳资双方，有时也脱离了工作场所的范围，涉及政府，例如劳动者能否组织与参加工会、有无权利与雇主协商工资与劳动条件、可否罢工等，往往与政府的态度有关。当劳动者对劳动条件不满，进行罢工或抗争，自然会波及社会治安，甚至整个国家的经济发展。工会最主要的作用在于使劳资冲突得以制度化，使劳动争议能够以一种成本最低的方式得到解决。通过集体协商确定劳动条件和标准，不仅具有减少罢工所引起的潜在经济损失的作用，还能对稳定社会发挥作用。因而，工会被看作民主社会不可缺少的一个重要组成部分。工会的作用体现在：（1）解决了工人的结社自由问题，确定了工会代表维护员工权益的地位。（2）解决了工会代表如何维护员工合法权益的问题，主要包括：参加国家立法、集体协商签订集体协议、建立企业委员会、建立企业安全委员会、作为一方参加社会保险的管理和运作、参与社会对话、举行罢工等。（3）解决了国家对工会的保护支持问题，包括对工会组织、工会干部、工会行为以及雇主拒不执行法律法规时的约束等。

3. 从单纯变得复杂

随着社会变迁、技术革新、思想进步、产业变迁，劳动关系问题已由单纯变为复杂。20世纪人类社会的变化远比十八九世纪大，尽管过去的劳动问题仍然存在，不过内涵已大不相同，例如工资问题已由工资过低演变成最低（或基本）工资应如何制定问题；工时问题已由工时过长逐渐演变为弹性工时问题。许多新的劳动问题不断出现，影响劳动问题的因素也在持续改变。20世纪30年代，受经济不景气的影响，工业国家出现严重的失业问题。60年代，人权观念普及，福利、工资场所的种族与性别歧视问题逐渐受到关注。70年代，随着发达国家服务业的崛起，知识工作者人数越来越多，白领劳动者的工作时间、结社权利等成为新的问题。80年代，由英国开始推行的国有企业民营化变革导致许多劳动者因组织变革而失业，工人的遣散费、经济补偿以及退休金补偿问题相当复杂。90年代，派遣员工、外包、临时工等弹性劳动力的使用开始流行，这些新型的雇佣关系如何规范，引起广泛讨论。21世纪，每个国家都面临全球化的新挑战，劳动关系问题已经从国内问题演变为跨国性问题。

总之，在不同的时代，受不同因素影响，劳动关系展现出不同的面貌和内涵。今天我们所面对的不仅有个别劳动关系问题，也有集体劳动关系问题；劳动关系问题不仅存在于企业内部，也存在于整个政治系统中。劳动关系问题越来越复杂，如果不加以妥善处理，不但影响劳资双方、家庭、社区，也会影响整个国家、社会的安定与经济发展，甚至波及国际关系。

（二）劳动关系面临的问题

1. 工会密度降低，会员人数减少

近年来，全球范围内工会会员人数每年以 5%～7%的速度减少。20 世纪 80 年代以来，主要工业国家的工会密度都呈现下降趋势。以 OECD 国家为例，1980—2008 年间，澳大利亚下降了 31%，奥地利下降了 28%，法国下降了 10%，德国下降了 16%，意大利下降了 17%，新西兰下降了 48%，葡萄牙下降了 41%，英国下降了 24%，美国下降了 10%。工会化比例较高的部门从制造业变成了公共机构部门。工会会员人数减少的主要原因是：（1）产业结构发生重大变化，制造业萎缩，服务业迅速发展。而传统上，制造业工会会员比例较高，服务业白领劳工的工作时间分散，工作场所较小，增加了组织工人与进行活动的难度，工会会员比例较低。（2）年轻员工更关注高收入和良好的工作保障，较少关心工会的保护。（3）国际竞争的日益加剧使工人认识到和雇主团结的重要性，不同企业员工之间的团结已经被各企业内部雇主与部分员工的信任取代。（4）非全日制工人数量增加，而他们加入工会的意愿淡薄。如美国近年来非全日制工人数量是 20 年前的 3 倍。劳动力市场分割的趋势可能是工会权限及其国际影响力下降的信号。

2. 失业率上升

随着全球经济竞争的加剧，近年来失业率一直较高。欧盟统计局数据显示，受新冠肺炎疫情影响，2020 年 7 月欧元区失业率从 6 月的 7.7%升至 7.9%，欧盟失业率从 7.1%升至 7.2%。在欧盟范围内，7 月失业率最高的是西班牙，为 15.8%，其次是意大利，为 9.7%；失业率最低的是捷克，为 2.7%，其次是波兰，为 3.2%。青年失业问题依然突出。7 月欧盟失业人数达 1 518 万，其中 290 多万是不足 25 岁的青年。当月欧盟和欧元区青年失业率分别为 17%和 17.3%，高于 6 月的 16.9%和 17.2%。新冠肺炎疫情对欧洲经济和就业造成巨大冲击。欧盟和欧元区 2020 年第二季度 GNP 环比分别萎缩 11.7%和 12.1%，单季萎缩幅度均为 1995 年欧盟开始相关统计以来最高①。失业率上升，促使劳资双方进行合作，工会理解资方为刺激就业所需要的财政基础，放慢了提出增加工资要求的速度，通过降低员工工资增长率来减少失业率。雇主则在减少每周工作时数上做出让步。

3. 经济全球化的冲击

经济全球化和国际贸易把世界连成一个经济体，为了增强竞争力，各国都十分重视建立新型劳动关系。为了在经济不景气时能减轻企业的压力并保持就业率，欧盟许多国家的政府改变了过去长期实行的对雇员劳动报酬严格保障的制度，通过劳资谈判冻结工资，或者延缓工资的增长速度，使国家经济不因为劳动力成本过高而丧失竞争力。在政府的干预下，劳资双方通过谈判而不是对抗来解决经济纠纷，以合作代替对抗的做法进一步加强。

经济全球化使劳资谈判和工会已突破一国范围，成为全球性问题。如法国现有的关

---

① 根据新华网 2020 年 9 月发布的消息，2020 年 7 月欧元区失业率升至 7.9%，欧盟失业率升至 7.2%。

于保障员工合法权益的法律规定，要优于欧盟各国共同承认的法律，这使法国工会原有的有利于员工的法律面临怎么办的问题。对企业而言，不仅要研究其他国家的生产制度，还要研究其劳动关系制度。近年来日本和欧洲（尤其是德国）企业在国际竞争中表现出的优势已引起广泛的关注。通常认为，导致欧洲、日本企业成功的重要因素之一是其劳动关系制度体系。

4. 知识员工的出现

随着工人结构的白领化、干部化，工会会员人数急剧下降，工会面临是否“终结”的挑战。知识社会出现了大量的高知识、高技能员工，工人结构发生了巨大变化，而工会在吸引他们入会方面至今仍未找到好的办法，传统上体力劳动者的入会率大大高于脑力劳动者。如法国总工会巴黎冶金系统体力劳动者有 10 万人，其中 5 800 人加入法国总工会，入会率为 5.8%；干部有 10 万人，其中有 1 800 人加入法国总工会，入会率为 1.8%；工程师等白领人员有 10 万人，其中有 200 人加入法国总工会，入会率为 0.2%。知识员工的大量出现、工人结构的巨大变化，是会员人数急剧减少的一个重要社会背景。在我国，尽管工人总量仍然很高，但知识社会和工人阶级知识化的影响也开始显现，特别是在高新技术领域，组建工会难、加入工会难的问题比较突出。

第 2 节　主要国家劳动关系制度的发展

随着国家之间的相互依赖性不断增强，国家之间的沟通交流日益频繁，跨国公司扮演的角色也越来越重要，这些都使我们必须更多地了解世界上其他国家的劳动关系制度。本节将主要讲述世界主要国家劳动关系制度中的一些独特性，讨论其相似性和特征，以获得劳动关系制度方面更多、更全面的知识。

任何两个国家的劳动关系制度在实质上都不是完全相同的。关于解雇雇员是否必须具有正当理由，就是一个例证，不同国家法律对在没有正当理由的情况下解雇雇员的就业保护程度是不同的。在美国，大约只有 20%的雇员享有这样的保护，换句话说，大部分美国雇员可以在没有正当理由的情况下被解雇，除非解雇行为违反了契约协议的规定，如违反集体谈判合同或者触犯法律。而 50%的加拿大雇员能够得到这种保护。在澳大利亚和英国，90%的雇员能够得到保护。在比利时、法国、德国、意大利和西班牙，所有雇员都能得到保护，不会在没有正当理由的情况下被解雇。

同典型的美国劳动关系行为相比，欧洲的工会与政党之间有着更密切的关系，日本通常在公司级别组建工会，拉丁美洲的工会按照意识形态的界限划分为不同派别。与此形成对比的是，美国劳动关系制度的基础是多数决定原则、工会的排他谈判代表权以及政治独立性。美国和其他国家劳动关系制度的另一个显著不同是，雇员参加工会的比例低，美国与哥伦比亚、埃及、法国、墨西哥、葡萄牙以及西班牙一样，同处工会化程度最低的国家之列。丹麦、芬兰以及瑞典则是工会化程度最高的国家，80%以上的劳动力是工会成员。

一、美国

（一）工会拥有排他的谈判代表权

在美国，工会获得承认需要由相关谈判单位大部分成员投票决定，一旦获得承认，即具有排他的谈判代表权。排他的谈判代表权意味着工会对所有雇员的谈判拥有垄断权，而且法律要求雇主只能与获得合法授权的某个特定工会进行谈判。

（二）多数决定原则

工会要获得承认，享有集体谈判资格，必须获得多数雇员的授权，授权工会代表他们与雇主进行集体谈判。同时，集体谈判达成的协议需要多次广泛征求会员的意见，经全体会员无记名投票，得到多数同意，才能生效。

二、加拿大

加拿大劳动关系制度受到国外的影响，以及两大主要语言和文化群体的影响，其独特性主要表现在以下方面。

1. 受到美国的工会和公司的影响

在加拿大六个最大的工会组织中，有四个将总部设在美国。加拿大两个最大的工会——加拿大汽车工人工会和加拿大文书工作者工会以前也附属于美国工会。美国公司对加拿大的渗透已经对加拿大劳动关系产生了显著的影响，许多关键、重要的决策仍是在美国制定的。1956 年加拿大和美国的工会会员大约占劳动力总数的 1/3。现在，加拿大工会仍能够维持差不多和以前一样的力量，但美国工会的力量已经受到严重削弱。1980 年以来，美国工会已经招募不到足够的工会成员以弥补失去的工作岗位和工会成员，工会成员的数量已经下降到不足劳动力总数的 14%。而同期，加拿大工会招募了 70 万名工会成员，增长比例达到 20%。2019 年，加拿大工会组织率约为 30.2%，约为美国的 3 倍（10.3%）。加拿大工会已开始通过自己的力量来实现主要的谈判目标，并产生了相当大的政治影响，美国工会则处于一种防守型的谈判和政治地位。

加拿大工会的成功和美国工会的困境形成了鲜明对比，这可以归因于几个相互关联的因素：有利的劳动法律制度安排，更有效的工会组建行动，较少的雇主反对，以及公共政策的支持。加拿大的劳动法律有助于工会开展组建活动并获得成功，工会组建成功率大约是 70%，而美国大约在 50%。加拿大的法律限制雇主对工会的抵制活动，这有利于工会数量的增加。由于工会拥有较多的会员，能够调动的资源增多，例如财政资源、工会干事、成员参与和投票表决等，从而能在组建工会和集体谈判等方面取得更大的成果，同时获得更强的政治影响力。

2. 两个主要的语言和文化群体

加拿大分为英语族群和法语族群，这一特殊国情产生了两种截然不同的劳动关系运动。加拿大的管理人员绝大部分会讲英语，而工人则主要讲法语，因此劳资关系一直都不理想。

3. 分散型和零碎型的集体谈判

加拿大国土广阔，资源和生产区域性集中，这导致了分散型和零碎型的集体谈判。加拿大的集体谈判仍保持高度地方化，且绝大多数谈判单元都是单独组建的工会，60%以上覆盖500名或者更多雇员的集体合同采用这种谈判方式，且这种谈判方式覆盖了50%以上的加拿大工会成员。在铁路、广播、民航以及通信行业中，通常采用公司级别的谈判。

4. 集体协议只在本地区发挥作用

在集体谈判公共政策方面，加拿大和美国之间差别显著。在加拿大，集体谈判从来就不存在强制性谈判主题和自愿性谈判主题之分，也没有诸如工作权利法案之类的规定。集体谈判达成的协议只在本地区发挥作用，且每个省的规定也不尽相同。如不列颠哥伦比亚省和马尼托巴省要求集体谈判合同应该包括“正当理由”的规定，且马尼托巴省将试用期的雇员排除在集体协议的覆盖范围之外。在罢工期间，不列颠哥伦比亚省、安大略省和魁北克省要求雇主不得招聘罢工替代者（不管是暂时还是永久的替代者），且这一规定并没有导致更多或者时间更长的罢工行为。

三、英国

英国传统的劳动关系制度的显著特点是自愿的集体谈判，法律不强制执行那些由数量众多的多工会-多雇主型谈判委员会谈判达成的协议。英国存在将近600个工会，是美国工会的3倍多，一个制造业企业通常需要与大约7个工会进行劳资谈判。在英国，最重要的谈判之一是工程雇主联合会（EEF）与造船和工程工会联合会（CSEU）之间的谈判。工程雇主联合会代表了5 000家公司，而造船和工程工会联合会代表了34家工会以及超过200万名雇员，双方达成的协议为其他工厂级别的劳资谈判提供了指导原则，确定了谈判基础。通常谈判在工厂级别举行，但谈判达成的协议并不具有法律的强制执行效力，雇员申诉也属私人仲裁的范围。

工会干事是志愿者，在提供服务时没有报酬。英国工会管理层不能开除工会干事，工会干事经常能在工厂获得很高的权威和影响，且他们对地方工会事务的控制力超过任何全国性工会领导。在英国的劳动关系制度中，来自不同工会的工会干事组成的干事委员会以及代表不同部门成员的工厂委员会扮演着非常重要的角色。

工厂级别的劳动合同经常由全国性工会代表、干事委员会以及工厂委员会谈判达成。这些劳动合同往往没有固定的形式和内容，通常包括备忘录、短会以及口头谅解。虽然没有谈判义务，但工会还是获得了广泛的权力，控制了工作岗位，因而工会如果发现任何雇主持反工会立场，就会拒绝同这些雇主合作。

1979—1999年，在保守党执政领导下，工会成员的数量几乎下降了一半（下降到32%）。1979年90%的劳动者的工资是由集体谈判决定的，而现在只有不到40%的劳动者被集体合同覆盖，与此同时则出现了大量新的工资分配方式，如利润分享计划、员工持股计划以及基于雇员价值的工资分配计划。劳资关系的责任主要在公司这一级别，任何集体谈判合同只覆盖单个公司。管理方可以自由地决定是否承认工会。劳动争议被限制在特定方面，从事第二职业的行为受到禁止。工会领导号召举行罢工之前，必须通过雇员投票进行表决。强制性的工会成员资格制度被认为不符合法律规定，工人可以不服从民主方式表决的罢工决定而继续工作。1998 年，新工党提出了自己的产业关系计划，其特点是：（1）1999 年 4 月在英国历史上第一次提出了最低工资制度；（2）认为劳资关系的天平已向雇主倾斜太多，支持更公正的工作环境、工会承认以及个人权利的法令获得通过；（3）接受欧盟基本社会权利章程，支持限制最高周工作时间的立法，鼓励建立工厂委员会以扮演咨询和信息提供的角色①。

新工党的产业关系政策推进了工会的集体权利和雇员的个人权利。新的集体谈判规定了工会承认的法定程序，雇员的个人权利则包括不公平解雇、产假期间工资以及工会代表权等。政府的目标是在法定承认程序基础上促进劳资双方的良好合作关系，为此政府建立了一个与国家劳动关系委员会相似的机构，即中央仲裁委员会。如果工会能够证明工厂中大部分雇员属于工会成员，那么工会承认将是自动的。根据新工党的政策，个体雇员在 1 年服务期限后适用《不公平解雇法》。在案件进入产业法庭（industrial tribunal）之前，雇员有权获得听证会听证。如果产业法庭认为雇员受到不公平解雇，则该雇员可获得高达 5 万英镑的赔偿金。此外，雇员享有长达 18 个星期的产假福利，父母在孩子 5 岁前可享有长达 3 个月的停薪留职时间。允许雇员（不管是工会会员还是非工会会员）在提起申诉程序或者纪律处罚程序期间，获得工会代表和同事的帮助。布莱尔政府签署了《欧洲联盟基本权利宪章》，其中包括《工作时间指导意见》和《欧洲工厂委员会指导意见》，明确了每周工作时间为 48 小时，每周有 1 天休息时间，每年有 4 周带薪休假时间，夜班工作时间不得超过 8 小时等规定，并要求大的跨国公司建立工厂委员会，提供更多信息，对影响雇员和企业的各种事项问题进行交流和磋商。

四、德国

德国劳动关系制度的显著特点是雇员代表权的两种严格的级别和机制。在德国，16 个主要的工会通常每年都要与雇主协会谈判签订高度综合的集体谈判合同，这些综合协议为地方级别劳动合同的制定和执行提供了一个大的框架。地方级别的劳动合同一般更注重公司和工作场所的工厂委员会的特定环境和情况。

德国工资谈判最重要的正式形式是地区产业级别的谈判，然后是公司级别或工厂级别的谈判。因为德国工会是基于某个产业而组建的，通常不需要为了工会成员而进行竞争。德国最大的工会是工程工会，覆盖了 35％的雇员，其主要目标是提高机械制造业的就业水平，并保证工资增长水平不会损害机械制造业在世界上的竞争力。在劳资谈判中，需要花费许多时间讨论国际机械价格、出口前景、成本发展趋势、劳动生产率未来

① 霍利，等. 劳动关系：第 10 版. 北京：中国人民大学出版社，2020.

的预期发展速度以及汇率变化等。因此，根据每个企业具体情况以及工厂委员会制度运行情况，综合性的集体合同最终形成了不同形式和内容。产业工会与雇主协会之间的集体谈判覆盖了诸如劳动成本和人力资源管理事项，避免各个公司在这些事项方面陷入恶性竞争。

（一）工资决定集体谈判

德国统一后，为消除东西部在工资福利方面的差异，西部的劳动关系制度扩展到了东部。到1998年，东部的工资水平相当于西部的90%。但对绝大多数东部人来说，其休假时间更短了，工作周数更长了，而且奖金和红利更少了。

德国工资水平由集体谈判合同或者个体雇员的劳动合同决定。虽然法定每周最长工作时间是48个小时，但实际工作时间通常由集体谈判决定。德国法律规定，劳动者休假时间每年不得低于3周，但实际通过集体谈判可以将休假时间由3周扩展到6周。在西部，90%的工薪阶层处于集体谈判合同的覆盖范围。同时几乎所有雇主也都属于某个雇主协会成员，且通常以雇主协会成员身份参加集体谈判。一旦谈判达成协议，则该协议将对雇主协会的所有成员都具有法律约束力。如果集体合同覆盖了该领域超过50%的工人，且符合公共利益，劳工部通常将宣布该合同具有“普遍的约束力”，这时，不管雇主是否属于雇主协会会员，都必须遵守该协议。2000年，德国总理帮助雇主与代表340万名会员的工程工会达成了一个新协议，将工人工资增长幅度限制在生产力增长速度的范围之内，并且使劳资双方签署了一个持续数年的集体合同，而不仅限于一年。同时，合同维持了每周35小时工作制的规定，高于工会提出的每周只工作32小时的要求。

（二）工厂委员会

第二次世界大战以后，工会和雇主协会想重塑其社会、经济和政治制度，包括集体谈判制度。德国社会逐渐形成了一个广泛的统一意见，即经济集中不是德国社会所需要的，甚至对德国的健康发展来说是非常危险的，市场经济能够平稳、安全运行的唯一途径就是允许自由的集体谈判制度以及在管理中实施雇员参与或劳资协同经营制度（co-determination），通过这种方式调节、缓和私营企业的劳资冲突。1951年5月通过的《煤炭-钢铁协同经营法》规定，大煤炭和钢铁公司的监察委员会实行劳资双方完全对等的代表权。1952年通过的《工作宪法》在伙伴关系的理念和传统的工厂委员会制度基础上，建立了新的工厂委员会制度，在人事、经济以及社会事务方面承认广泛的咨询、磋商权利和伙伴关系权利。1972年修改的《工作宪法》进一步扩展了工会的权利。工会领袖被赋予实质上不受限制的参与工厂管理的途径，可以以顾问身份参与工厂会议，且有权提前获得有关会议议程的通知。1976年通过的《协同经营法》将劳资协同经营的权利扩展到钢铁产业之外的大企业，规定雇用满6个月的雇员有资格参与工厂委员会的选举。由于80%～90%的被当选工厂委员会成员属于工会成员，因而工会对雇员参与的手段方式具有牢固的、实质性的控制权。工厂委员会有权参与企业决策，如企业在实施变革时，对人事计划、休假、培训以及新工作方法等事项变革要告知并咨询工厂委员会。工厂委员会享有的咨询权覆盖了公司的组织结构变革、影响工作岗位要求的设备技术和工作方法改变、所有人力规划决策以及解雇雇员的决定。如果管理方在解雇某一雇员时没有与工厂委员会磋商，那么该解雇决定将被视为无效。工厂委员会在法律规定的一系列事项上完全拥有与雇主协同经营的权力，这些权力包括工作时间的开始和结束安排、规章制度、用以检查雇员表现的技术设备的引进以及使用、奖金比率以及职业安全卫生措施。双方不能就这些事项达成协议时，由调解委员会做出裁决。

关于解雇事项，工厂委员会并不能阻止公司解雇雇员，但当工厂委员会对管理方的决定提出质疑时，被解雇的员工有权继续工作直至法院做出最后判决。因此，德国的产业关系制度是由一系列促进劳方在特定事项上与公司分享权利的强制性机制以及双层谈判制度构成。在工厂级别，劳方的代表权和参与权是通过监督委员会中的雇员成员来实现的。监督委员会有权任命、监督执行委员会，执行委员会则控制公司的日常管理行为。在煤炭和钢铁行业，监督委员会由相同数量的雇员代表和雇主代表以及中立的第三方构成。小公司及中等规模的公司（不超过 2 000 名雇员），法律规定雇员在监督委员会中拥有 1/3 的代表席位，在较大规模的公司（拥有 2 000 名以上的雇员），劳方在监督委员会中拥有与股东代表对等的代表席位。

雇主反对平等协同经营制度，且对 1976 年《协同经营法》提出了控诉，但被联邦宪法法院驳回，法院裁决 1976 年《协同经营法》符合基本法。长期以来，工会一直渴望将其权力扩展到煤炭、钢铁产业之外的其他产业，且已经取得成功。虽然工会和管理方都有自己的盘算，劳资双方存在差异，但双方都认可雇员参与管理有利于形成稳定的产业关系制度。

五、日本

日本的劳动关系制度具有四个显著特征：劳资磋商和团队工作、终身雇佣、基于资历的工资制度以及企业工会或者公司工会。

（一）双方之间的磋商和团队工作

在日本，管理者和雇员之间的沟通和交流比世界上大多数国家要多得多。90%的日本企业存在某种形式的劳资磋商。信息的流动相当广泛，如管理者向雇员报告公司的财务状况、公司存在的问题、公司的预期以及计划，并且在实施技术革新之前向雇员报告预期的技术革新计划等。有关就业、培训、纪律、工作条件以及雇员福利的所有方面都是公开的，并接受雇员的检查，共同磋商的主题甚至包括被一些国家管理者视为管理方特权的事项。研究成果表明，当公司提高公司和工会之间的信息分享程度时，劳资谈判所需要的时间就会更短，谈判也会变得更轻松容易，工会倾向于要求和接受较低的工资增长，而利润率和生产率得到了提高。在日本，团队工作和协商一致是一种文化传统。日本雇员对这种方法感觉很舒服，而且劳资双方强调共同承担责任和预期目标，以及共同分享获得的回报。劳资双方沟通途径包括工作中的正式途径，如公司会议、时事通讯和布告栏、工会以及劳资委员会等。

（二）大企业实施终身雇佣制

终身雇佣（lifetime employment）是日本20世纪50年代以来普遍实行的一项行为准则。20世纪50年代，雇主为结束劳资关系动荡局面，开始接受并实施终身雇佣制。终身雇佣标准已普遍适用于大雇主（拥有500名或以上雇员）的所有正式雇员，这些雇员的数量大约是非农业劳动力总数的1/3。这些正式雇员是在完成高中或大学学业后被公司聘用的，他们普遍有这样一种预期，即他们将一直被公司聘用，直至60岁强制退休。虽然劳资双方并没有签订法律上的书面协议，但在雇员出现不可接受的行为时，则可能导致暗含的自愿辞职或者“潜在的解雇”。终身雇佣制带来的结果是，雇主热衷于对长期雇员进行投资培训，雇员也会积极响应雇主实施的培训计划，而且雇员愿意接受技术创新和技术进步，因为他们知道自己不会因此受到下岗失业的消极影响。

20世纪90年代以来，日本经济持续低迷，一些日本公司开始重新考虑改变传统的终身雇佣政策以及基于资历的工资制度。松下电器公司向新雇员提供更高的工资，并向他们提前支付雇员退休金，这些雇员在退休时将不再获得传统的一次性付清的报酬，而且在该年度将不能够获得奖金收入。富士通公司也宣布，雇员对公司的价值将决定雇员的报酬水平。

当日本公司在美国设立工厂的时候，它们极有可能不采取终身雇佣的概念和政策。虽然超过一半的日本工厂拥有明确的“不裁员”政策，但其在美国设立的工厂中却只有5%的企业采用了与此类似的政策。日本工厂使用临时雇员作为缓冲器，以提高工厂核心劳动力的就业安全，美国公司则采用裁员手段调节劳动力需求。例如，当工厂设备需要重装以满足新客户具体要求时，汽车零部件工厂通常让雇员下岗一个月。在日本，公司通过忍受一段时间的不充分就业来达到避免裁员的目的。实际上，一些日本公司在暂时困难时期会让它们的雇员去从事社区服务。

在金融风暴所导致的经济衰退时期，为了避免美国式的大量裁员，丰田汽车公司和三菱电气公司等日本制造公司已经陆续采用欧洲的工作分享方式。工作分享是一种由两人或两人以上分享一个全员工作的安排，工作分享者以部分时间的方式工作。这种工作分享的安排可以提供更多的弹性，而这种工作方式可能是工作组织、工作分享者或工作本身的需求。在经济低迷时期，工作分享也成为雇主避免解雇员工的做法之一，雇主通过降低员工工时和薪资，让两三个人共同分担原来一个人的工作。例如，日本的一家机械公司ASKK Ltd. 有50名员工，原先每人每周工作6天，后来减少为每周工作4天，该公司没有裁减任何一名员工。当然，员工的薪水减少了大约1/4。日本的经济在过去十几年一直都不景气，而工作分享的做法在21世纪初就已经在企业施行。工作分享其实是用社会稳定与经济效率作交换。企业和雇主也支持这一工作分享的做法，因为这是裁员解雇的替代方案，在经济恢复之前让员工至少可以保有一个部分工时的工作。但是，工作分享者与一般的非全日制工作者的工作性质有点不一样，工作分享者的工作技术、强度与责任仍维持原先的水准，只不过工作时间减少了，而非全日制工作者只是一种补充性的工作者，其工作技术、强度与责任往往都低于一般的工作者。日本的工作分享已引起了学术界和实务界的讨论，因为工作分享暂时缓解了裁员、解雇的问题，但这也衍生出一些劳动法令和管理实务方面的争议，例如工作分享者的劳动权益要保护到何种程度，这些都是日本劳、资、政三方需要面对的课题。

（三）特别重视资历的工资制度

日本工资制度具有以下几个显著特征：(1) 工资按月支付，即使该雇员已经脱离工作岗位（有正当理由）；(2) 正式流水线生产工人和一般职员之间的工资差异很小，这些雇员都是同一工会成员；(3) 基于工作（如效率产出）的收入与基于雇员资格的收入（如房屋补贴、交通补贴以及类似项目）之间存在差别；(4) 雇员工资收入是永久性的，工资收入将持续该雇员的整个职业生涯，包括一个最低的年度增长率以及雇员退休时获得的一笔报酬。在日本，雇员的年龄和在企业的服务年限同工资水平的紧密程度要高于其他工业国家。例如，40～50 岁的雇员的工资水平要比 21～24 岁的雇员高 67%，而在美国年龄较大雇员的平均工资仅比年轻雇员高 23%。日本雇员在职业生涯收入顶峰时期获得的收入比刚进入公司时获得的收入高 243%，而在美国这种收入差距只有 110%。

（四）企业级别的工会组织

在日本，企业工会占工会总数的 90%，且覆盖了企业所有从事技术工作的雇员，终身雇佣制和基于资历的工资制度为企业工会的发展提供了相当大的支持。与许多西方国家的典型雇员相比，日本雇员与公司建立了更加紧密的联系。

企业工会在国家级别上是相互关联的，而且在纺织、电力、造船、汽车、钢铁、器械以及化学产业中存在全国性工会。虽然工会之间也举行会议讨论产业政策，但并不涉及诸如工资、工作条件以及就业政策之类的问题，这些问题通常在企业工会内部讨论。在国家级别上，通常讨论一些宏观产业问题，例如经济增长、就业预测、退休年龄以及如何在劳资之间展开更好的沟通与合作。

在日本，工会代表的会员约占劳动力总数的 25%，这一比例要比美国高 10 个百分点。在过去的几年中，工会获得了微弱的工资增长，而且正变得更加具有对抗性，因罢工而失去的工作日平均比加拿大、澳大利亚和美国要少，但多于瑞典、挪威、德国、奥地利和荷兰等实行工厂委员会制度的国家。

在私营部门，集体谈判几乎覆盖了劳资关系每一个方面，集体谈判的结果被格式化，形成一个“全面劳动合同”，并影响公司的管理和生产事项，诸如新工厂的开业、新设备的采用以及合同转包，通常都要由工会与管理方定期举行密切磋商会议来处理解决。通常全面劳动合同并不包括工资事项，因为工资是在“春斗”期间举行的单独年度谈判上决定的，在产业工会协商的基础上，各企业与其工会举行工资谈判。公共部门的工资、就业条件由法律规定，国家人事权力机构（NPU）在工资调查的基础上，为制定公共部门雇员工资增长计划提供年度报告，由国家立法机构做出最终决定。

六、韩国

韩国劳动关系制度在1987年发生了戏剧性变化。在此之前的40多年中，政府实行独裁和高压统治，集体谈判和罢工权仅存在于文字中，集体谈判权从来没有作为一种强调产业公正、收入分配或工作条件的可行机制公开赋予雇员，因此20世纪80年代末集体谈判制度获得政府承认时，劳资双方在谈判决策方面缺乏基本的专门技术。因此，在1987年，韩国出现了3 749起停工斗争事件，是上一年的10倍。从1987年起，停工斗争事件逐年减少，1996年只发生了85起。

在承认工人和工会的谈判和罢工权一年之后，雇主通常向罢工雇员支付罢工期间的工资，但到1990年大多数雇主已经停止了这种做法，赞同“不工作，没有报酬”的罢工政策。

1953年韩国颁布基本劳动法时，这个国家正陷于朝鲜战争的泥潭。当时韩国向雇员提供了慷慨的福利，如几乎保证雇员终身雇佣，向所有女雇员提供每月一天的休息时间等。韩国虽然比较繁荣，却受到了低工资亚洲国家（例如中国、印度尼西亚）和拥有高技术先进国家（例如日本）的夹击。为避免工作机会持续流向亚洲和拉丁美洲的低工资国家，提高国际竞争力，获得国际货币基金组织一笔价值不菲的合同，韩国政府通过新立法，赋予公司能够更容易解雇冗员、在罢工时有权雇用替代雇员的权利。在新法框架下，公司提前60天通知工会后可以解雇公司雇员。

韩国有7 656个工会和161万名工会成员，占韩国劳动力总数的19%，产业联合会有20个，每个联合会都在其产业范围内拥有排他的代表权。全国性工会以及这20个产业联合会之中的大多数属于韩国工会联合会（FKTU）。韩国工会联合会因为与中央政府保持紧密联系而受到很多批评。《工会法》是管理劳动关系的主要法令，它允许工会拥有组建工会的权利和进行谈判的权利，提供第三方的僵局解决程序，并规定了工会举行罢工前要遵循的程序。《工会法》允许地方工会将自己的谈判委托给产业联合会，劳资关系的发展也趋于这个方向。

韩国劳动力的特点是年轻、受教育程度高以及有工作动力。按美元计算，韩国雇员平均每个月的收入（固定工资、工资等级提高、加班费、奖金和津贴）大约是1 000美元。韩国雇员每周工作54小时，这一数字高于产业劳工组织（IBO）报告的其他任何国家。在韩国，对女性存在着实质性的就业歧视。女性占韩国劳动力总数的40.7%，但她们的平均工资仅仅是男性雇员的61%。即使是最近的女性大学毕业生也发现她们的起始工资要比男性大学毕业生低40%。虽然韩国通过了《平等权利法》，但韩国女性并没有在工作中享受到平等的权利。另外，《劳动标准法》禁止雇用13岁以下的童工，但如果18岁以下的孩子能够从他们的父母或者监护人手中获得书面许可，就可以获得工作。在纺织、服装、鞋类以及电子工厂中，妇女和儿童是主要的劳动力。

第 3 节　劳动关系的发展趋势

一、企业劳动关系和谐之道

劳动关系是生产关系的重要组成部分，是最基本、最重要的社会关系之一。在我国，劳动关系是否和谐，事关广大职工和企业的切身利益，事关经济发展与社会和谐。在新的历史条件下，努力构建中国特色和谐劳动关系，是加强和创新社会管理、保障和改善民生的重要内容，是建设社会主义和谐社会的重要基础，是经济持续健康发展的重要保证。

（一）和谐劳动关系的特征

和谐劳动关系的特征如下：

（1）存在实质的工业和平，也就是没有停工、罢工、闭厂等争议行为。

（2）劳资双方都能接受他方的需求，并以此作为运作的制度，也就是公司不企图摧毁工会，而工会也顾及公司的利润。

（3）公司和工会都确认他们的关系是平等的，也就是劳资之间和平相处、公平对待。

（4）劳资双方不以其他消费大众、公众作为牺牲品，也就是劳资关系的效果不伤害社会公共利益。

除了劳动关系系统的环境因素之外，劳资双方的态度与做法也是影响劳动关系是否和谐最重要的因素。“坏的”劳动关系可能源于误解、过去所做的错事或内部的分裂，但是劳资间利益的差异并不是必然构成一个“坏的”劳动关系的因素。

（二）促进劳资和谐的基本原则与做法

劳资之间有着不同的目标、利益或观念，但也追求共同的目标和利益，劳动关系整体呈现的是双方的冲突与合作。换句话说，劳资之间存在不同之处，也有共同之处。

1. 基本原则

劳资和谐目标是否能达成，依赖于双方如何处理彼此的不同之处和共同之处，促进劳资和谐的基本原则是将不同之处极小化、共同之处极大化。劳资之间的不同之处，主要出现在分配方面，即劳资双方“各应分得多少”所引起的问题。资方必须讲求成本观念，并追求利润，而劳方则希望增加福利与提高工资。至于劳资间的共同之处，通常产生于他们共同面对的问题，而且必须通过相互合作予以解决，这些问题包括：（1）技术创新的冲击，例如资方要更新设备，劳方则要学习技术；（2）政府制定新的劳动法规带来的冲击，例如《中华人民共和国社会保险法》和《中华人民共和国劳动合同法》对劳资双方都产生了影响；（3）经济不景气的打击，例如资方要紧缩人事成本，劳方则希望避免失业；（4）全球化与国际竞争的冲击，例如资方必须提高生产力，劳方必须配合新的生产流程与人事制度。

2. 基本做法

根据“极小化不同之处、极大化共同之处”的原则，企业内部劳资双方可以采取充分沟通、注入更多民主与平等、借助公正的第三者、处理问题兼顾实质与程序、相互妥协等具体做法。

（1）充分沟通。

1）沟通的功能。劳资关系不和谐或是有争议，有时出自双方有不同的看法，或者彼此之间缺乏了解，如果能够充分沟通，往往就能大事化小、小事化无，有时甚至大事也能化无，避免无谓的冲突。组织本身是无生命的，组织中涉及的制度也是僵硬的，例如用来规范组织成员行为的法令或规章，往往只是条文而已，但是运作制度的人却是活的。每个人有不同的特性，如果企业提供了充分沟通的机会和管道，误解、对立、不满和歧视必定会逐渐减少，即使原本的劳资关系已相对和谐了，沟通也能使劳资之间更为融洽，组织成员更加团结。

2）沟通的工具。企业内部的沟通有许多工具可以使用，例如雇主正面看待工会活动、落实劳资会议精神、鼓励员工组织社团、设置意见箱、举办研讨会、发行内部刊物等。

3）提供充分资讯。劳资双方要极小化不同之处、极大化共同之处，往往需要说服对方，提供对方充分的信息则有助于说服工作。例如，如果员工抱怨劳动条件差与福利不足，而雇主则认为对员工的照顾与给付已相当优厚，为了缩短认知上的差距，资方至少应提供劳方营运与获利状况、同业的劳动条件水准，而双方更应该讨论物价水准、市场景气、遵从劳动法令的负担等。这些基本信息有助于促进双方对某一问题达成较为一致的看法，而且当一方提出一项要求或者一方拒绝对方一项要求时，均可以这些资讯为论据。

（2）注入更多民主与平等。劳资冲突的本质源于双方身份和立场的不同，如果能缩小劳和资的距离，自然比较容易产生共利和共识。将民主与平等的精神注入企业之中，有助于缩小这种距离，这也是产业民主和员工参与成为世界潮流的原因。今天的员工普遍要求成为资方的伙伴和共同工作者，希望分享信息与政策的决定权。召开劳资会议和签订集体协议是实施产业民主的有效方式。员工参与有关人事、财务、福利等事项的决策，这是实践产业民主的必要过程，这种民主与平等的做法，具有缩小劳资间距离的效果。尤其是分红入股这种财务上的参与是缩小劳资距离的最有效做法。分红入股是分红制度与员工入股制度的简称，分红是企业将利润与员工分享，入股则是企业鼓励员工认购公司的股份，或以增股配股的方式使员工成为企业的股东。日本的分红制度极为成功，一般企业员工每年分两次领取总共大约6个月薪资的红利，赚钱多分，赔钱少分，员工自然将自己与公司营运的成败结合成一体。

（3）借助公正的第三方。企业劳动关系中的第三方主要是指政府、民间团体、学术机构和专家学者。第三方的功能在于提供信息、协助沟通与调解纠纷。一个中立公正的民间劳资关系专业机构，如果能获得劳资双方信任，在平时可以扮演信息的提供者和沟通的协助者，在劳资发生争议时则可以扮演调解者。此外，在政治、社会上有声望的人士往往在关键时刻，能够以非正式的方式有效调处劳资争议。

（4）处理问题兼顾实质与程序。劳动关系是一个开放的系统，必然会受环境因素的影响，近年来，由于经济、政治、社会和技术的迅速发展和变迁，企业内的劳工问题更为复杂而棘手。面对环境因素的影响，处理企业内的劳工问题必须兼顾实质与程序。实质性问题是指劳工问题的实质内容，涉及法令、标准、数量、福利等，程序性问题则是指处理过程的安排或步骤，涉及时间、方式和参与的程度。以国企改制为例，实质性问题包含组织结构的重组、财务处理、新经营策略的确定以及与劳工有关的权益，程序性问题则包括政策制定过程中是否有员工代表或工会参与、沟通的诚意与频率、重要做法的宣传等。其中，程序性问题往往比实质性问题更重要。重视程序性问题，一是表示尊重；二是利用充分的沟通与辩论保障决策的品质；三是以时间消除阻力。在国企改制过程中，即使法令周全、办法完备，可是如果忽略了程序性问题，事前宣导不足、事中沟通不良、事后疏导不力，事倍功半、阻力重重也就在所难免。

（5）相互妥协。劳资冲突有时无法在满足双方需求或利益的情况下解决，此时双方必须相互妥协，用“不满意，但可接受”的态度取代“爱拼才会赢”。企业劳资之间往往因某一个案而起的争议，双方如果非要拼个你死我活，最后即使摧毁了对方，自己也难逃厄运，同时对于消费者和一般社会大众可能都会造成伤害。一些企业开展了相互让步式的谈判，如年终奖发放的数额少，劳资双方同意在调薪幅度上提高或者以其他方式补充；反之，如果加薪的幅度较小的话，双方协商将年终奖的额度予以提高。劳资之间的谈判，在必要时必须做出让步，但是这种让步也不能长久或永远由一方提出。这一次因为某种情况下劳方必须做出让步或牺牲，下一次谈判时资方必须有所回报，这样的劳资谈判才能发挥充分的功效。和谐的劳动关系不能单靠一方的好心，必须双方共同去营造，任何一方有错误态度或作为，就很容易造成一个不和谐的劳动关系。

二、工会适应变迁与冲击的做法

工会组织作为劳动关系系统的重要行为主体之一，如何适应就业市场的改变和全球化的趋势，是必须关注的课题。

（一）工会存在的必要性

1. 劳动者集体的话语权

工会最主要的特质是代表劳动者集体的声音，也是一种制度化回应机制，这也是工会能生存的基础。弗里曼（Sheldon Friedman，2001）说，劳动者“通过自己控制的组织，与雇主共同决定雇用条件，这是工作场所民主的最低条件。工作场所的专制，也就是由雇主单方面决定所有雇用条件，是现代民主社会无法接受的事”①。简单地说，工

① Friedman S. Ensuring respect for human rights in employment. IRRA（The Industrial Relations Research Association）Presidential Address at 53rd Annual Meeting. New Orleans，Louisiana，2001.

会代表劳动者集体的声音，提供给劳动者一个与雇主沟通的管道，并与雇主讨论工作场所可以改变的条件。

在一个没有工会的企业中，“退出和进入”往往是个别劳动者最主要的调整法则。因此，一般企业特别重视那些年轻的和就业市场需求性高的劳动者，至于那些高龄、无技术的劳动者，雇主则可能忽略回应其需求。相反，在一个有工会的企业中，由于选任的劳动者领袖必须回应每一位会员的需求，于是会将所有劳动者的需求向雇主反映，雇主就不得不兼顾。

2. 人性需求

人类本质上是社会动物，必须与同伴们自由地集体行动，以充分表达人性。工人组织工会与参加工会是作为一个完整的人的基本要件，这不仅是一项权利，更是一项需求。同时，工会是工人自治的持续性组织，除了代表会员与雇主沟通、协商之外，会员参加工会活动可以获得个人成长与发展的机会。

3. 工会在21世纪更为重要

工会组织兴起于工业革命后的工厂制度，在21世纪知识和服务导向的经济体系中，工会是否已失去存在价值？在21世纪产业结构快速变迁与信息科技大量使用到工作场所的时代，工会的角色与功能其实更为重要。德国服务人员联合工会在其英文网站上写道：“我们的经济环境和社会正受到巨大变革的影响，产业之间的分野正在转移，不同领域的企业互相合并，公司的结构正在改变，而新的工作内容与新型工作不断产生，员工既有的权利受到挑战，员工比以往更依赖一个强大工会给予他们支持的力量。”

4. 有备无患

假如雇主对劳动者极为关心，主动广设沟通渠道，提供优厚的劳动条件，采用人性化的管理措施，鼓励员工参与决策，这样的话，企业还需要工会吗？这个问题的答案是肯定的。经济景气是有循环的，技术革新是瞬息万变的，受到这些环境因素的影响，企业前景往往不能预料。换句话说，一个提供优厚劳动条件的雇主并不一定会“永远”如此，更何况一个企业可能经由股权转移、并购等更换经营者，新的经营者能像原来的经营者一样关心劳动者吗？如果这个企业原本就有工会，万一劳资之间产生冲突，工会就能代表劳工争取或保障权益。

（二）团结、合作与创新功能

1. 工会团结

工会是劳动者的团结组织，“团结起来、组成联盟”显示了工会的核心价值。在全球化趋势下，工会受到了就业结构改变、劳工类型改变、劳资关系的分权化与企业层级化、集体协商受制于提升竞争力等因素的影响，在这种情况下，团结对于工会而言更为重要。由于各国工会密度逐渐下降，工会必须形成跨产业的联盟、跨职业的联盟，甚至形成不同国家的工会组织跨国界的团结行动。工会内部，不同性别、年龄、工作类别的劳动者更应该摒弃成见，团结一致。

2. 与雇主合作

除了团结之外，工会还必须与雇主理性沟通，展现合作的态度与作为，万不得已才采取合法的争议行为。21 世纪的工会绝不是只为对抗雇主而存在，而是为了解决劳资共同的问题而存在，只有这样，才能增加企业和社会大众对工会的认同。

3. 创新功能

工业革命后兴起了工会组织与劳工运动，过去 200 多年中，工会在主客观环境改变之下，不断调整定位，在功能上推陈出新。面对新时代，工会功能上的创造更显得重要。在职位虚化的年代，工会的角色必须更新。由于职业界限变得不明确，劳动者将会经历多次的工作转换或失业，已成为无固定职业身份的流动工作者，工会应该调整其功能，变得更像是教育训练与就业服务机构，应提供会员咨询服务，协调会员与雇主的争议，同时也强化培养会员情谊的功能。新时代工会自我发展的重点应该放在服务功能的提升，例如在经济景气不佳和失业高涨之时，提供劳工第二专长训练，积极协助会员再就业。在工商业繁忙的社会中，工会可以协助会员完成报税、申请登记、缴纳罚款等琐事。唯有创新服务功能，才能赢得各种类别劳动者的心。

（三）促使政府提供工会运作的基本保护

1. 完善的集体劳动法有助于工会运作

集体劳动法对于工会组织的承认与保护，关系着工会运作的空间。因此，政府如果能够制定完善的集体劳动法，如工会法、集体合同法等，足以保障劳动者的集体行动，工会的生存空间自然宽广。反之，如果政府误解或敌视工会，处处以企业利益为先，忽略劳工的团结权，同时限制工会组织的协商权与争议权，那么工会的生存空间自然受限，甚至被封杀。

2. 强化立法参与

如何能让政府提供对工会的基本保护？一般而言，工会会从参与立法和抗争两条路线着手。工会通过直接参与立法，或者依靠游说、施压，通过有利于保障工会的法律。抗争路线是指劳工采取较为激烈的破坏性集体行动，展现团结的实力。就当前的大环境而言，强化立法参与是必须的，抗争路线则是辅助的。在欧洲，部分国家高层社会伙伴式的规划能力相当活跃，国家对于使用低廉劳工的社会倾销做法并非毫无对策。挪威早在 1992 年就制定了法律，规定集体协商当事人可将集体合同的条件用在同一产业所有受雇员工。1996 年，德国劳动法也将集体合同约束力扩大适用于制造业。由此可见，工会组织在面对全球化与国际化冲击下，更应该加强促进政府制定劳动法令，发挥内部规范的效力。

三、当前劳动关系的重要课题

（一）非典型劳动者的保护

在世界范围内，以平台用工、外包、劳务派遣为主要形式的非典型雇用所占比重越来越大，改变了许多人的雇佣关系的性质。数字时代的到来，使雇佣关系发生了极大改变，传统法律规则的适用在网络环境下产生了相当大的不确定性。互联网技术改变了企业的商业模式，使传统经济中处于从属地位的劳动者变得不那么必要。基于“按需经济”或“分享经济”，致力于将客户与个人服务提供者直接联系起来的新型企业正在涌现。这些企业通过建立一个虚拟平台而不直接对劳动者进行严格管理，使“搭建平台的组织”和“通过平台接到工作的人”之间很难建立起劳动关系，并将支撑起其核心业务的从业者定义为自我雇佣者，采用去劳动关系化的方式摆脱劳动法对企业用工责任的种种限制。非典型雇佣这种新兴的雇佣形态与就业市场的弹性化有关。非典型雇佣不同于典型雇佣之处在于：雇主与劳动者之间的雇佣关系并非建立在“全时”的基础上。非典型雇佣增加了劳动力市场的活力，在满足企业灵活用工需求和解决摩擦性失业、促进劳动者就业等方面具有一定的积极作用。但在实践中非典型雇佣的劳动形态也衍生出许多严肃的问题，例如劳动法如何保护非典型雇佣劳动者？非典型雇佣劳动者如何组织与加入工会？非典型雇佣劳动者的大量使用是否会弱化工会的力量？派遣劳动者与派遣机构或用工企业之间的争议如何解决？用工企业如何提升派遣劳动者的忠诚度与安全感？非典型雇佣劳动者的技术如何维持与提升？对于这些问题我们必须予以正视，并且找出正确的对策。

（二）应对失业问题

在全球化的浪潮之下，所有工业国家几乎都面临严重的失业问题。任何一个国家的经济或金融出现重大问题，都可能波及其他国家，瞬间造成大量失业。2020年的全球新冠肺炎疫情就是一个例子。根据投资银行高盛公布的报告，受新冠肺炎疫情影响，美国失业率峰值或将达到25%，这一数据相当于20世纪30年代美国经济大萧条时的最高失业率①。惠誉预计欧洲失业率在2021年上半年将大幅上升，而不是2020年晚些时候。失业人口增加连带产生了许多社会问题，包括贫穷、自杀事件增加、治安恶化等。解决失业问题是政府的责任，诺贝尔经济学奖得主克鲁格曼（Parl Krugman，2008）就大声疾呼，私有市场已无法提供需求，维持高就业率；此时此刻，政府该以超乎寻常的大手笔，投资于就业机会、基础建设和教育②。

（三）工作与家庭的平衡

工作是一个人一生中起码要用三四十年时间参与的活动，工作可以获得薪资报酬维持自己及家人的生活所需，也可以在其中结交朋友、持续成长与发展，工作更是社会地位的象征。但是劳动者在漫长的工作生涯中，必然会面临冲突与矛盾的阶段，那就是如何在工作与家庭之间取得平衡，也就是工作与家庭的平衡问题。

工作与家庭平衡，主要是希望劳动者在家庭成员面临生、老、病、死等人生必经事

---

① 高盛预测2020美国失业率峰值或达25% 堪比大萧条时期.（2020-05-14）. http://forex.eastmoney.com/a/202005141485308386.html.

② Krugman P. The return of depression economics and the crisis of 2008. New York：Norton，2008.

件发生时，能够从工作中暂时脱身而去处理或照顾；除此之外，劳动者也能在相关的支持系统或制度辅佐下，顺利完成相关事项。发达国家对于工作与家庭的平衡极其关注。推动工作与生活平衡，主要包括推动合理工作时间及促进缩减工作时间；促进职场工作平等及女职工孕产期权益保护；辅助雇主办理教育训练、活动、设施。未来这些课题将会受到劳动者更多的重视，工会、企业和政府一定要积极地面对这个问题，当劳动者的工作与家庭能维持均衡时，工作的基本意义才能实现。

此外，工作特征发生的天翻地覆的变化也对劳动者工作生活与家庭平衡带来了挑战。借助互联网技术，统一线上（online）和线下（offline）两种工作形态，使工作本身突破时间和地点的限制，带来了移动互联时代新的工作趋势。“云工作”突破了传统雇佣关系中的工作，对员工来说，云上办公、远程办公为其工作家庭的平衡，工作时间、地点的便捷性和灵活性提供了平台，也带来了挑战。

（四）工作场所危害的防治

随着工业发展与科技进步，工作中的危害因素越来越多，它不仅会对劳动者的安全与健康造成威胁，对于企业的营运以及国家的形象也会造成重大影响。我国职业灾害实际发生件数比发达国家多，每年工伤保险职业灾害给付都高达数万件。有的职业灾害剥夺了劳动者的生命，有的对劳动者身体和心理造成无法弥补的创伤。近年来，发达国家逐渐重视过劳死问题。“过劳死”是一个源自日本的词语，主要是指因超时工作而导致死亡。由于工时长、工作压力大，劳动者心脏、血管及脑血管产生病变，最后导致健康恶化而死亡。近几年发生了多起过劳死的遗憾事件，显示出工作场所中隐藏的可怕危险因素，劳、资、政三方都必须予以重视。另一个逐渐受到关注的职业安全卫生问题是职场暴力，医院等服务机构的员工时常遭遇服务对象的殴打、辱骂，其他工作场所也屡屡发生员工之间的谩骂、骚扰事件。目前，劳动者对于工作的看法已经普遍变成“工作时间越来越长”“工作压力越来越大”“工作环境需要改善”。因此，有关职业安全卫生问题应该持续列为劳动行政的优先事项，尤其是职业灾害、职业病、职场暴力的预防，以及灾害发生之后的补偿、医疗与重建措施。

（五）集体劳动关系问题

有关集体劳动关系问题已经普遍受到重视，特别是劳动者组织的保护、集体协商制度的推动、争议行为的行使、集体劳动争议的处理等。这些问题其实大多与工会法、集体合同法以及劳动争议处理法有密切关联。长期以来，我国重视个别劳动者权益的保护，政府制定了许多劳动法律法规，加强对个别劳动关系的介入和处理。但是，过去的经济和社会变迁表明，这些还远远不够，劳动关系的诸多事务，如基本工资的调整等需要劳资协商，集体合同的签订更需要劳资协商，而劳资争议的处理也要通过劳资双方的沟通与协商。21 世纪的劳动关系，不能依然依赖政府或雇主扮演主要角色，一定要有劳动者和工会的参与。关注集体劳动关系的调整应是劳动关系发展的重要方向。

➡ 关键术语

跨国公司　劳资协同经营制度　企业工会

➡ 复习思考题

1. 请分析雇员参与制度在欧洲国家发展如此充分的原因。

2. 日本劳动关系制度的四个显著特征是什么?

3. 虽然跨国公司似乎在规模和影响力方面持续增长，但在工会和跨国公司能够有效地进行跨国谈判之前，必须出现什么条件和情况?

4. 试述跨国谈判的特点。

5. 分析工会应对跨国公司劳动关系问题面临困难的原因。

6. 分析经济全球化条件下工会面临的问题。

7. 分析劳动关系面临的问题。

8. 为什么劳动者的工作与家庭平衡十分重要?

9. 和谐劳动关系有哪些特点? 企业在追求劳资和谐时，应该依照哪些原则，采取哪些做法?

后记

劳动关系就是组织中由雇佣行为产生的关系，是组织管理的一个特定领域，它以与雇佣行为管理有关的问题为特殊研究对象。劳动关系是市场经济中一个极其重要的领域，劳动力市场越发达，劳动关系问题越重要。如何从制度安排上建立劳动关系协调机制，以适应现代工作环境的变化，是世界范围内劳动关系调整面临的共同难题。20 世纪三四十年代，西方发达国家劳动关系从冲突对抗逐渐走向相对和平。劳资关系的改善和劳资双方的相互妥协是一个不断变革的过程，50 年代，雇主和工会迎来了一个空前合作的时代，但八九十年代以后，世界各国工会会员占劳动力总数的比例日益下降。

与过去相比，工人加入工会的意愿降低，集体谈判也越来越不普遍，组织起来已经不是雇员与雇主在工资、福利待遇方面讨价还价的唯一筹码。不断发展的劳动关系意味着工会必须适应现代工作环境带来的挑战，需要从整个文化上加以改变。随着人力资源管理技术的不断改进，工会的传统角色与劳动关系协调正变得越来越没有相关性。现在雇员有更好的途径与管理方进行对话，企业也更愿意与员工直接交流解决问题，而不是通过工会。

我国劳动关系变革的制度背景更加复杂，面临的问题解决难度也更大。在社会经济转型时期，随着经济体制、产业结构、生产方式和企业经营管理模式的变化，以此为基础的劳动关系也发生了巨大变化，面临前所未有的挑战。而我们处理市场经济中劳动关系的经验不足，缺乏系统的研究和理论指导，对变革、转型时期劳动关系的研究更是薄弱。自《中华人民共和国劳动法》实施以来，我国劳动纠纷逐年递增，劳资矛盾成为最主要的社会经济矛盾之一，构建和谐劳动关系成为建立和谐社会的基石。自《中华人民共和国劳动合同法》《中华人民共和国就业促进法》《中华人民共和国劳动争议调解仲裁法》实施以来，劳动关系领域出现了一些新情况、新问题。根据《2019 年人力资源和社会保障事业发展统计公报》，2019 年，全年全国各级劳动人事争议基层调解组织和仲裁机构共处理劳动人事争议案件 211.9 万件，涉及劳动者 238.1 万人，涉案金额 489.7 亿元。劳动争议案件数量仍处于增加态势，集体劳动争议和群体性事件发生的频率仍然较高。特别是当前出现了一些新情况、新问题、新态势，需要重点予以关注：

一是传统劳动关系领域矛盾风险加大。企业在供给侧结构性改革过程中进行兼并破产重组，易形成劳动者请求企业支付拖欠工资，以获优先清偿顺序的群体性系列案件。改制企业对长期未办理离职手续另谋职业的劳动者予以除名，劳动者请求撤销除名决定，要求赔偿社会保险待遇的争议还时有发生。劳动者相继达到退休年龄，对企业未缴纳或未足额缴纳社会保险费引发社会保险待遇赔偿争议的问题还比较突出。机关事业单位实行减员增效改革，劳务派遣工被列入精简人员行列，相关劳务派遣纠纷可能增多。

二是新型劳动关系领域问题逐渐显现。大数据、互联网、人工智能迅猛发展，新兴产业加快培育，传统产业改造提升，平台经济、共享经济等新经济业态发展带动社会分工细化和融合，带来新就业形态劳动保护新问题。2020年2月，网约配送员纳入国家职业分类目录，正式成为新职业。新就业形态去雇主化、平台化的就业模式为劳动者提供了更多类别、更加灵活的就业选择，特别是在新冠肺炎疫情中脱颖而出的劳动者和消费者直接对接的就业形态如网约配送员、网约车司机等，为受疫情影响的灵活就业者、小微企业创业者提供临时性、过渡性就业，成为劳动力市场创新的力量。根据《中国共享经济发展报告（2020）》的数据，2019年国内共享经济活动的参与人数约8亿人，其中提供服务者人数约为7 800万人，同比增长约4.0%，新就业形态对传统劳动法律体系、社会保障政策等提出新课题，涉及多重劳动关系法律问题，对新就业群体劳动者的保护问题受到广泛关注。

三是特殊时期劳动争议需要审慎处理。2020年初新冠肺炎疫情突如其来，为有效防控疫情，国务院、人力资源和社会保障部及地方各级政府部门出台特殊政策，包括延长假期、延迟复工、限制出行、交通管制、隔离观察等，出现特殊时期劳动争议处理问题。当前，全球新冠肺炎疫情蔓延，对宏观经济运行产生影响，波及国内众多行业企业的经营，旅游、餐饮、酒店、民宿及文体娱乐经营行业影响较大，中小微企业生产经营面临更多困难，稳就业压力继续加大，工资待遇、企业裁员、共享员工、弹性工时等新类型劳动争议案件疑难复杂程度加大，需依法稳慎处理。

经济社会转型时期我国劳动关系的调整问题，已经成为理论和实践中迫切需要深入研究的课题。党的二十大报告作出新战略新部署，提出了“健全劳动法律法规，完善劳动关系协商协调机制，完善劳动者权益保障制度，加强灵活就业和新就业形态劳动者权益保障”等新思想新论断，这为新时代新征程构建中国特色和谐劳动关系指明了前进方向，提供了根本遵循。出版一本既能借鉴国外市场经济国家经验，又能反映劳动关系发展的劳动关系教材，在理论上和学术上有利于确立劳动关系研究领域，填补我国在这一领域的空白，在实践上有利于研究和解决我国劳动关系的协调问题。

笔者在编写过程中参阅了大量国外文献及国内学者的研究成果。第1版于2002年8月出版，在劳动关系领域产生了广泛的影响，受到本领域研究者、学生以及实务部门的广泛关注和好评，被众多高校选为教材。2007年、2011年、2016年先后推出了第2版、第3版、第4版。本教材是作者多年来教学经验的浓缩，其目的是让学生能够理解和掌握劳资关系中的核心要素，设法让学生研究和参与这一领域，即使课程结束，仍然让他们对此不失兴趣。

此次修订，笔者在第4版的基础上进行了重新修订，具有如下突出特色和创新点：

（1）注重理论性和系统性。本书全面系统地反映了当前市场经济国家劳动关系的理论、制度、模式、价值判断以及在实践中所对应的劳动关系调整模式，分析了这些制度背后所隐含的理念和理论差别，全面介绍了当今国际劳动关系的理论学派和观点，在一定程度上填补了我国在这一领域的空白。本书的编写，实现了国内劳动关系研究与国际的接轨，弥补了劳动关系核心理论不系统的缺憾。从理论到实践、从国外到国内，给学生提供一种尽可能全面的也是新颖的透视和观察的角度。既借鉴国外市场经济国家的经验，又反映中国特色劳动关系发展的实践，是本书为构建我国劳动关系课程教学体系进行的有价值的探索和创新。

（2）体系结构完整，逻辑性强，内容规范。本书按照“理论、主体角色及具体制度”的脉络，系统介绍各个方面的理论和知识及其在实践中的应用，方便读者通过本书系统全面地学习和掌握劳动关系理论和知识。

（3）理论与实践均衡结合。本书借助通用的劳动关系理论分析框架，总结分析了中国劳动关系的现实问题，避免“概念知识有余、实际操作的技术和方法严重不足”问题。通过对国内大量劳动关系案例的调查分析，采集企业劳动关系案例，体现企业劳动关系管理和变革的活动。本书列举了大量新近、鲜活、有代表性的案例，较好地满足了当前劳动关系教学的实际需要。

（4）写作严谨，可读性强，能引发学生的学习兴趣。本书内容阐释准确、清晰，深入浅出，富有吸引力。在教材第1版、第2版、第3版、第4版出版后，作者根据广大教师和学生的反馈意见，在第5版中对具体内容进行了重新编排，整本教材更加精练、通顺，同时更新了部分案例、数据和最新研究成果，有利于教学计划的顺利完成和学生对知识的理解与掌握。

在修订过程中，王继平、王宇露、韩正荣在资料收集和文字校对方面付出了辛勤劳动，在此一并表示诚挚的谢意。同时，我们还要再次感谢参与本书第1版编写的作者，感谢他们当初的辛勤工作。此外，我们还要感谢董克用教授和中国人民大学出版社对本书出版所给予的热忱的帮助和支持。

尽管在第4版的基础上进行了修订，本书仍难免存在一些不足之处。在此真诚地希望使用本书的师生和读者多提宝贵意见和建议，以使本书日臻完善，从而推动我国劳动关系的研究再前进一步。

程延园　王甫希

中国人民大学出版社　管理分社

教师教学服务说明

中国人民大学出版社管理分社以出版工商管理和公共管理类精品图书为宗旨。为更好地服务一线教师，我们着力建设了一批数字化、立体化的网络教学资源。教师可以通过以下方式获得免费下载教学资源的权限：

★ 在中国人民大学出版社网站 www.crup.com.cn 进行注册，注册后进入“会员中心”，在左侧点击“我的教师认证”，填写相关信息，提交后等待审核。我们将在一个工作日内为您开通相关资源的下载权限。

★ 如您急需教学资源或需要其他帮助，请加入教师 QQ 群或在工作时间与我们联络。

中国人民大学出版社　管理分社

教师 QQ 群：648333426(工商管理)　114970332(财会)　648117133(公共管理)
教师群仅限教师加入，入群请备注(学校+姓名)

联系电话：010-62515735，62515987，62515782，82501048，62514760

电子邮箱：glcbfs@crup.com.cn

通讯地址：北京市海淀区中关村大街甲 59 号文化大厦 1501 室(100872)

管理书社　　人大社财会　　公共管理与政治学悦读坊